NOW or NEVER

L'urgence d'agir

Edel Gött

NOW or NEVER
L'urgence d'agir

Louise Courteau, éditrice inc.
481, chemin du Lac St-Louis Est
Saint-Zénon, Québec, Canada
J0K 3N0
http://www.louisecourteau.com
editions@louisecourteau.com

Conception des illustrations : Edel Gött

Dessinatrice : Anne Milaire

Révision : Jacques Côté

Mise en pages : Luc Jacques, CompoMagny

Dépôt légal : dernier trimestre 2009

Bibliothèque et Archives nationales du Québec
Bibliothèque et Archives Canada

ISBN : 978-2-89239-318-7
EAN : 9782892393187

Imprimé au Canada

Table des matières

Remerciements

J'exprime une pensée de gratitude envers mes parents, ce couple uni d'un profond amour qui m'a transmis des repères pour la vie. L'éthique et la quête du beau, du bon et du bien de mon père, ainsi que l'énergie et la force de vie de ma mère, m'ont permis de faire mon propre chemin et d'explorer les richesses dont la vie a le secret.

Je remercie tout particulièrement mes enfants, Laurent et Patricia, et mes petits-enfants pour les couleurs et la joie qu'ils m'apportent dans la vie.

J'adresse mes remerciements à toutes les personnes qui, directement ou indirectement, ont contribué au développement de mon approche globale de la vie et à sa diffusion sous différentes formes, dont le livre.

Je suis particulièrement reconnaissante envers François Schmidt pour son écoute, son soutien et ses encouragements durant mes années de recherches et la mise en place concrète des acquis théoriques.

Un merci sincère à Monique Sanson et à Joanna Cherry pour leur amitié et leur soutien.

Mes remerciements s'adressent tout particulièrement à Rina Marsot, directrice associée de Recherches & Évolution, pour son engagement et son soutien, pour sa qualité de coopération, son leadership éthique sans faille et son exemplarité.

J'adresse tous mes remerciements à mon équipe, exceptionnelle par son engagement, son dévouement et sa compétence, et tout particulièrement à Stéphanie Boulay et Emmanuelle Horn pour leur précieuse contribution dans le cadre de la relecture du livre.

Un grand merci à Véronique Chabernaud, Caroline Sost et Antoine Marsot qui ont assuré avec attention la relecture d'un certain nombre de textes.

Mes remerciements à mon assistante, Gabrielle Coquérant, pour son engagement durant des années afin de finaliser un livre qui n'en finissait plus et qui se scinde aujourd'hui en cinq volumes différents, celui-ci et quatre livres à venir.

J'adresse mes remerciements à Martine Groult pour son expertise dans la relecture et ses conseils à la fois généreux et éclairants.

Que toutes les personnes qui m'ont fait et me font confiance soient remerciées !

Mes remerciements vont vers Louise Courteau, mon éditrice, pour son écoute, sa qualité d'accompagnement, ainsi que pour son engagement envers la vie et sa contribution à l'évolution.

Et merci aussi à chaque lecteur qui a permis cette rencontre.

Ce livre est dédié à chacune des personnes
ayant terminé le cursus triennal
« le Master pour le Développement du Leadership Éthique »,
ainsi qu'à toutes celles qui s'engagent dans ce parcours
et qui apportent leur contribution,
par le biais de leur évolution personnelle
et la réalisation de leur Projet de vie
sur la base de repères nouveaux,
au développement du Leadership Éthique
et à l'évolution de l'humanité et de la planète.

Introduction

Pour vous écrire

Comme on écrit une lettre, une longue lettre, je voudrais vous dédier le livre que vous tenez en ce moment dans les mains.

L'époque cruciale que nous vivons actuellement renferme, selon les choix que nous faisons, selon les sentiments de peur ou de sécurité que nous avons et selon *nos prises de conscience ou non*, des dangers extrêmes ou des opportunités d'évolution comme jamais auparavant dans l'histoire.

Chacun d'entre nous a un impact sur son environnement, sur la société et sur le futur. Chacun peut donc aujourd'hui prendre des initiatives, créer et communiquer avec la planète entière. Comme pour ma part, j'ai vocation d'accompagner des personnes qui désirent réussir leurs initiatives et leurs projets et évoluer vers un leadership éthique, je me suis dit qu'il fallait écrire.

J'ai donc réfléchi à l'écriture d'un livre destiné aux dirigeants d'entreprises et d'organisations sociales, culturelles et politiques afin de leur parler non seulement de la nécessité, mais surtout de l'urgence, de changer de positionnement, d'enclencher des stratégies créatrices de valeurs et d'équilibre pour tous les hommes.

Dans ce contexte, j'ai réalisé que beaucoup d'entre eux n'étaient pas prêts à accepter un vrai *défi* exigeant un véritable repositionnement sur la base d'une implication personnelle. Je craignais qu'ils ne qualifient de crise, ou un moment de difficultés à dépasser, ce qui en réalité est une profonde mutation de l'humanité.

Alors, un jour, je me suis assise et j'ai écouté cette instance en profondeur que j'appelle *mon âme*. Voici ce qu'elle m'a dit :

« *Fais-toi plaisir ! N'écris que ce qui t'est proche, cher à ton cœur. Ne cherche à plaire à personne, mais apporte joie à ton Être intérieur et communique ce qui te paraît essentiel et important.*

Ainsi peux-tu parler d'Être humain à Être humain. Ce sera un échange de cœur à cœur et d'âme à âme. De la sorte, personne ne se perdra dans les voies parfois sinueuses du "statut social" ou de la "fonction". Tu comprends, sans le paravent de sa fonction ou de son statut, l'Être humain s'ouvrira davantage au ressenti et se laissera toucher. Il pourra t'entendre à la fois dans son intimité avec ses joies, ses plaisirs, ses préoccupations et ses peurs, qu'il soit isolé ou entouré, adolescent ou parent, dirigeant ou employé.

En parlant ainsi à l'Être humain, laisse couler en toi l'intelligence au service de la vie et réjouis-toi de le vivre. Les chapitres à écrire te permettront d'en dire beaucoup au sujet du potentiel, du discernement, de l'intelligence et de son utilisation et des dons que le Ciel a donnés aux humains.

Ne laisse aucun intermédiaire entre ton Être – cœur et cerveau réunis – et ta plume.

En conséquence, écris ici et maintenant, car l'univers infini se conjugue au présent. Réjouis-toi de la facilité et de l'élan naturel qui se déverse par ta plume.

Laisse s'exprimer, sans la comprimer, la vie qui est au fond de toi, en t'ouvrant toujours à ce qui convient à tous, à ce qui est universel, spirituel, à ce qui relie la Terre et le Ciel.

Ton approche symbolique, voire poétique ou au contraire rationnelle et critique, selon les moments, développera l'inattendu, produira des couleurs et permettra aux lecteurs de se connecter avec des choses que beaucoup ressentent au fond d'eux-mêmes. Elle soulèvera des questions, interpellera en profondeur tous ceux qui peuvent entendre et fera réfléchir et agir. Plonge dans le mouvement de la vie et sois heureuse de l'œuvre que tu accomplis. »

Ensuite, malgré la grande spontanéité du moment, j'ai gardé le texte longtemps au fond d'un tiroir, jusqu'au jour où j'ai compris que c'était à vous que je devais m'adresser, à vous tous qui êtes prêts à agir, à créer de la valeur et à créer un monde meilleur.

Comme je le disais, je ne m'adresse plus à votre fonction, ni à votre statut social, mais à l'Être humain que vous êtes derrière et au-delà de ce statut. Que cette pensée puisse vous accompagner et vous inspirer tout au long de la lecture de cet ouvrage !

Que vous soyez sur ce continent ou ailleurs, que vous soyez un haut responsable ou une âme qui peine dans le dénuement, je m'adresse à vous, à l'Être humain que vous êtes, à l'Être qui m'est proche et que j'aime rencontrer.

À propos de la lecture de ce livre

Une invitation à la rencontre de soi

Normalement je devrais dire, conformément au langage courant, que la lecture de ce livre représente pour nombre d'entre vous une invitation au *dépassement de soi*, mais en réalité, il s'agit d'une invitation à la *rencontre avec soi* et au dépassement de l'ego négatif (que j'appellerai dorénavant *ego*, pour des raisons de simplification). Celui qui s'ouvre sincèrement à ce qui est abordé dans ce livre et qui laisse résonner en lui le contenu, ressentira non seulement des élans et de belles motivations pour créer et réaliser des projets, mais il découvrira peut-être en lui des choses qui demandent à être transformées.

Le danger que court l'humanité aujourd'hui

Il est question dans cet ouvrage du danger que court l'humanité aujourd'hui et du besoin de prendre conscience que chacun peut contribuer à l'évolution de l'humanité, grâce à sa propre évolution, ses propres prises de conscience, son développement personnel et sa réalisation.

Pour mieux ressentir de quoi il s'agit, utilisons l'image suivante : le monde est devenu un grand carrefour. C'est un lieu de rencontre pour tous les hommes. La plupart courent très vite, tellement qu'on dirait même qu'ils ont peur de voir qu'ils ont peur. Beaucoup courent dans une direction qui n'est pas la leur. Certains sentent le danger et disent : « On va dans le mur », mais personne ne les entend vraiment. Pourtant, d'éminents scientifiques et experts l'affirment, mais les Êtres humains sont comme anesthésiés. Ils portent des bandeaux avec des inscriptions. La plupart des Êtres humains affichent les mots *peur*, *passivité* et *anesthésie*, d'autres affichent le mot *inconscience*, d'autres encore le mot *agressivité* ou *colère*. Très peu affichent des mots comme : *conscient*, *action*, *création*, *réalisation de soi*, *réorientation* ou *évolution*.

En réalité, les hommes qui courent dans une direction qui n'est pas la leur, ne voient pas ces bandeaux. On ne les voit que quand on s'arrête et quand on va dans la bonne direction, celle où la vie se prolonge. Alors, on voit que ce sont des bandeaux très particuliers qui traduisent la disposition et l'état en profondeur des Êtres humains.

Cette allégorie ne traduit que faiblement ce qui se joue en ce moment sur notre planète et rares sont les personnes qui prennent réellement conscience et qui s'impliquent concrètement pour contribuer, là où elles sont, à réorienter des dynamiques, à commencer par la leur propre.

Dans son livre *L'heure de s'enivrer*, l'astrophysicien Hubert Reeves invite l'humanité à ne pas fuir la réalité, mais à la vivre avec passion, dans l'éveil de la jubilation qu'il pense être l'antidote le plus efficace contre l'absurde à tous les niveaux. Il ajoute : « *Mais l'Être humain, s'il voit venir sa propre extinction, n'aura qu'à s'en prendre à lui-même. Rien ne nous menace hormis ce que nous provoquons.* »

Il cite une des multiples possibilités d'autodestruction, en dehors et en plus des guerres toujours plus meurtrières déjà existantes, en dehors de l'effet de serre que nous connaissons, du manque d'eau pour les deux tiers de l'humanité et des maladies et épidémies possibles. Il est question de la bombe. Voici le texte :

« *De ma fenêtre, je vois le soleil se coucher sur la ville. Les vitres reflètent sa lumière dorée dans les rues déjà assombries. Parmi les étalages du marché où fruits et légumes sont alignés, les gens discutent, achètent, repartent avec leurs cabas alourdis.*

Comment imaginer, en observant cette vie calme et paisible, la menace qui pèse sur elle ? Stockées dans les silos nucléaires, trente mille bombes atomiques sont, en quelques minutes, prêtes à sauter. Une seule suffirait à anéantir la ville entière, laissant, de la place de l'Étoile à la place de la Nation, de la porte d'Orléans à la porte de Clignancourt, un immense cratère vitreux comme on en voit sur la Lune.

Un milliard de morts, un milliard de blessés graves, telle est l'estimation des pertes immédiates d'un conflit nucléaire généralisé. Les effets à long terme seraient plus terrifiants encore. Les survivants regretteraient de n'avoir pas péri sur le coup. Selon les meilleures estimations, des millions de tonnes de poussière et de suie dispersées dans l'atmosphère plongeraient une fraction importante de la surface terrestre dans une nuit de plusieurs mois. La chaleur solaire n'atteindrait plus le sol. La température pourrait descendre et se maintenir à quelques dizaines de degrés en dessous de zéro, amenant ainsi l'hiver nucléaire.

Des tempêtes d'une grande violence dissémineraient, sur les deux hémisphères, des substances toxiques dont la teneur radioactive neutraliserait les défenses immunologiques des hommes et des animaux. L'agriculture, les soins médicaux, les transports en commun seraient réduits à néant. La faim, le froid, les épidémies pourraient, selon certaines estimations, provoquer l'extinction du genre humain. (Ces estimations ont été contestées. La fourchette d'incertitude est grande, mais elle n'exclut pas l'extermination de notre espèce.) »

Voici sa conclusion :

« *L'humanité fait tout ce qu'elle peut (et plus encore) pour amener, le plus vite possible, son autodestruction.* »

Il dit un peu plus loin que depuis la préhistoire toutes les inventions et énergies nouvelles sont systématiquement utilisées à des fins guerrières, en ajoutant que, malgré l'accroissement prodigieux des connaissances, malgré les progrès technologiques, « *l'âme humaine reste résolument fidèle à ses traditions. Et c'est bien là le problème* ».

Une dimension tant ignorée en nous

Ce qu'Hubert Reeves appelle « âme humaine » peut être vu comme cette instance intérieure en nous, que nous appellerons la *dimension affective et émotionnelle.* Cela veut dire plus précisément qu'il s'agit de la *dimension affective positive*, ou *amour et empathie*, qui libère un fabuleux potentiel de vie créateur. Par contre, si cette dimension est frustrée et contrariée par la vie, elle devient alors destructrice et sera appelée *état réactionnel et émotionnel.* Cette instance intérieure, quel que soit le nom que nous lui donnions, est un point stratégique peu considéré dans l'évaluation de la qualité de nos créations personnelles et de nos entreprises. Nous venons de voir que l'humanité, dans l'effort d'émerger de son passé, n'a pas encore appris à gérer cette instance réactionnelle et émotionnelle et, plutôt que de réellement évoluer en toute logique et cohérence, chacun dépassant son ego négatif tous les jours un peu plus, elle a préféré vivre dans la peur, l'exploiter, développer la violence et s'ingénier dans la prise de pouvoir illusoire, savourer davantage le moment, pour finalement abdiquer et se résigner face à l'étendue des dégâts existants et à venir.

Aujourd'hui, nous avons le choix entre continuer ainsi ou prendre en main la situation. Chacun d'entre nous, là où il se trouve, est concerné. *Le moment est venu de nous intéresser de près à cette dimension, tant ignorée en nous, et de comprendre à la source la cause des menaces qui pèsent sur nous.*

Cela répond probablement à la question : pourquoi, malgré le développement spectaculaire des performances intellectuelles et malgré les connaissances théoriques, l'humanité en est-elle là ?

Albert Einstein, de son côté, a établi le constat suivant : « *Il est plus facile de fissurer l'atome que de vaincre un préjugé.* » Autrement dit, il est plus facile de connaître le fonctionnement de la matière, de l'analyser et de la traiter que de connaître cette *instance intérieure* dans l'homme qui produit des freins et de la contre-valeur. Ce constat est capital. Nous allons le voir au cours de ce livre.

Chacun d'entre nous a un impact sur le monde

C'est donc sur le plan de cette intériorité qu'un changement doit s'opérer si nous voulons créer un futur qui nous permette de survivre et de vivre. Il me semble donc important de regarder la réalité en face sans mettre aussitôt des stratégies de fuite en place tout en qualifiant d'alarmiste toute tentative de vision des choses réaliste. Notre société évoluée, cultivant tant de cerveaux brillants, mérite tout de même qu'on lui accorde l'intelligence d'aborder et aussi de traiter les vrais problèmes.

Nous savons aujourd'hui que chacun a, *mine de rien,* un impact sur la réalité du monde qui est au minimum l'équivalent d'une goutte d'eau dans l'océan. L'impact peut être multiplié par tous ceux qui prennent réellement conscience de leur potentiel de création. Cependant, nous allons voir que tout changement commence par soi-même. C'est ce changement qui révélera à chacun sa *préhistoire*. En l'acceptant et en l'intégrant dans un processus d'évolution, l'individu pourra passer progressivement, en s'impliquant vraiment dans ce processus alchimique, du métal brut de la préhistoire à l'or du futur. Toutes ces personnes comprennent alors qu'elles peuvent changer beaucoup de choses, à commencer par des changements dans leur propre vie, et participer activement à l'évolution de l'humanité. Cela me rappelle un dirigeant qui faisait la remarque suivante, après avoir mis à jour son potentiel d'action : « Aujourd'hui, je prends des décisions concrètes en vue d'une réorientation vers la création de valeur et un leadership éthique. Avant, je me serais contenté de dire : "C'est ce qu'il faudrait faire." »

L'importance de la prise de conscience

Par *prise de conscience*, il faut entendre *une expérience pénétrante et en profondeur* dans la compréhension d'un phénomène. Une telle expérience atteint toutes les sphères de notre Être : la sensation, le sentiment, cette dimension affective et émotionnelle, l'intellect et l'intuition. Cette notion a une position clé dans tout le livre. La *prise de conscience* amène la clarté dans notre esprit. Cette clarté se traduit dans nos attitudes et ensuite dans notre comportement, nos décisions et nos actions.

Afin de rencontrer chacun dans l'expression qui lui est proche et ainsi faciliter des *prises de conscience*, j'ai utilisé, en plus des textes explicatifs, des formes d'expression symbolique de la réalité sous des angles différents qui vous permettront de laisser résonner au fond de vous ce qui est abordé. Vous prendrez peut-être des décisions pour créer, innover et orienter votre vie vers des actions nouvelles et épanouissantes.

Le moment historique que nous vivons actuellement comporte des possibilités passionnantes pour agir, comme jamais l'humanité n'en avait fait l'expérience. La technologie et tous les moyens de communication nous permettent d'atteindre n'importe qui et n'importe quoi partout sur la terre.

Au moyen d'Internet, une communication planétaire s'est installée. De nos jours, chacun peut s'exprimer et prendre contact, proposer ou saisir des opportunités. Des *réseaux d'évolution* peuvent être créés avec une puissante interaction planétaire. Nous y reviendrons quand il sera question de démultiplication. Chacun peut réaliser des expériences fabuleuses. Nous avons une technologie de pointe, énormément de connaissances et l'immense potentiel d'une humanité qui s'éveille à elle-même, ainsi qu'une planète pour l'instant encore merveilleuse. Ce livre vous invite à visualiser l'humanité et la planète telles que vous voudriez les voir. Il vous propose, dès maintenant, de vous entraîner à consolider cette nouvelle vision et à développer la sensation d'avoir tout le potentiel nécessaire pour contribuer à réaliser progressivement cette vision avec les autres. Puis, il vous invite à prendre des décisions et à vous mettre en marche pour agir. Au lieu de vous sentir impuissant et de vous laisser entraîner dans cette spirale négative aboutissant à des catastrophes, même à court terme, expérimentez les clés contenues dans ce livre non seulement pour exercer le discernement, mais aussi pour devenir réellement actif et pour créer un monde meilleur.

Le message que je souhaite vous adresser par le biais de cet ouvrage concerne d'un côté un certain nombre de *prises de conscience* quant aux *initiatives urgentes* à prendre sur le plan des activités sociales, économiques et politiques et, de l'autre, les innombrables et parfois extraordinaires possibilités dont vous disposez, plus ou moins à votre insu, pour vous épanouir pleinement.

Lâcher les vieilles convictions de souffrance, de misère et de limitation profondément ancrées dans les sociétés

Une telle évolution, nous le savons, implique des *changements profonds* de mentalité. Elle implique d'abandonner un certain nombre de préjugés et d'héritages des générations antérieures qui véhiculent la notion de souffrance sous différentes formes, avec les difficultés et problématiques correspondantes. Une réelle évolution exige également d'abandonner *des convictions, des positionnements rigides et des certitudes*. D'ailleurs, c'est peut-être vous qui risquez, à un moment donné de la lecture, de vous sentir interpellé. Ce n'est pas le moment de permettre à l'ironie, aux jugements hâtifs, voire aux sarcasmes de s'exprimer. Une évolution concrète exige dans tous les cas de ne jamais attendre que l'État, la société, les spécialistes, les autres, en général, commencent à changer. Le changement commence toujours par soi. Ce livre pourra vous accompagner, des premières initiatives jusqu'à la réalisation de projets d'envergure.

Pour créer une évolution réellement positive, nous avons besoin de développer une *nouvelle vision de l'Homme et du monde*. Cependant, avant d'engendrer une nouvelle perception de la réalité en vue d'une évolution, il faut déjà bien saisir la réalité *à l'ancienne*, autrement dit celle qui est en grande partie encore la nôtre aujourd'hui. Il faut la saisir dans sa globalité en incluant la dynamique et les éléments davantage en profondeur.

L'objectif de ce livre n'est pas de fournir quelques informations intellectuelles sur la réalité d'aujourd'hui, mais de vous la faire ressentir, autant que possible : il y a d'un côté la souffrance existante et à venir; de l'autre, les possibilités et conditions d'évolution offertes par les différents éclairages apportés dans cet ouvrage.

Il ne suffit pas, pour agir, de comprendre intellectuellement les choses, de les décortiquer et les analyser. Il faut en plus des *prises de conscience* fortes, qui touchent notre être en profondeur et dans sa globalité. Ces prises de conscience mobilisent notre énergie en vue d'une action réelle. L'énergie ainsi mobilisée nous permet de prendre des initiatives afin de concrétiser les projets qui, au fond, nous tiennent à cœur.

Chaque texte est conçu de manière à solliciter autant votre *intelligence de la raison*, que votre *intelligence du cœur*, votre intuition et votre *ressenti* dans votre corps et de façon à développer progressivement un *ressenti* plus fin et une plus grande rigueur sur le plan logique.

Évoluer, c'est être plus exigeant avec soi

J'aborde le travail sur soi ou le *management de soi* grâce auquel vous pouvez acquérir plus de pouvoir sur vous-même. Il y est question de votre force et de son utilisation pour être de plus en plus exigeant avec vous-même dans une vision d'évolution. Votre exigence développera le discernement et vous amènera à chercher la clarté et le véritable sens en tout. Cela concerne également les personnes, bien nombreuses, ayant développé un fonctionnement intellectuel brillant aux dépens des qualités du cœur. Il est intéressant d'observer comment la logique change quand nous acceptons de nous ouvrir. C'est alors que nous viennent les réponses de notre être en profondeur.

L'Identité de l'Être humain et la responsabilité individuelle

Comme je l'ai dit, je propose d'enlever *le masque social* et le *filtre de la fonction*. Nous pouvons ainsi mettre en valeur notre véritable identité, l'*identité fondamentale* que nous avons tous. Elle révèle que, d'un côté, chaque Être humain dispose de façon tout à fait unique d'un *potentiel infini de création* et que, de l'autre côté, il partage *les mêmes besoins* avec toute l'humanité (besoin d'être en bonne santé, en sécurité, d'avoir un équilibre et un bien-être personnel, d'être inclus et accepté, etc.). Ensuite vient la notion de responsabilité individuelle, autant dans le cadre des activités sociales et professionnelles que sur le plan personnel.

Pour développer le spectre le plus large possible dans une vision d'évolution individuelle et sociale, j'approfondis les aspects les plus variés de l'existence (l'enfance, la jeunesse, la famille, les responsabilités professionnelles, les difficultés et les opportunités sur un plan social et économique, le leadership éthique, la santé et la situation des personnes du troisième âge). J'ai expressément réuni dans un même ouvrage des discours qui, traditionnellement, sont séparés et isolés, selon qu'il s'agit d'économie et des préoccupations des dirigeants ou, au contraire, des enfants, des jeunes, de la famille car en réalité le tout interagit. Nous avons ainsi tous un impact sur la réalité et cela d'autant plus lorsque nous contribuons à l'évolution et à la construction d'un avenir pérenne. Je propose donc, dans une vision de vraie rencontre, d'enlever le *masque social* et le *filtre de la fonction.*

J'estime qu'aujourd'hui, à l'aube du troisième millénaire, nous sommes grandement gagnants si nous acceptons de nous ouvrir aussi à ce qui semble éloigné de nos préoccupations immédiates. **C'est en réunissant le monde en nous que nous pourrons réunir le monde à l'extérieur.**

Je traite les notions du temps et de l'espace aussi bien symboliquement que concrètement, ce qui permet d'inclure un maximum de paramètres et de s'interroger : Quelle est ma véritable intention ? Quelle est la cause réelle ? Quels sont les effets pour demain et après-demain ? Quelles sont les répercussions de mes actions ou de mon inaction ici et ailleurs ? Comment, dans la fonction que j'occupe, je contribue à déterminer la vie d'autrui ? Que faire pour oser regarder ? Que vivent les autres ailleurs qui ne font pas partie de mon milieu ou de mon champ d'intérêt immédiat ? Que puis-je faire ?

Un repositionnement global et une vision nouvelle

Pendant que je suis en train de relire et de corriger ces pages évoquant des drames possibles pour demain, je vois à la télévision, juste à ce moment-là, un film en mémoire du « 11 septembre 2001 » avec des images de la terreur qu'ont vécue les personnes au World Trade Center avant de mourir, pour la plupart d'entre elles. Cela me procure une étrange sensation de déjà-vu et j'ai hâte de contribuer à mon niveau pour créer, avec vous, un avenir meilleur. Un repositionnement et une nouvelle vision globale de l'Homme et du monde me semblent non seulement nécessaires, mais urgents pour chaque Terrien où qu'il soit.

Au fur et à mesure de la progression de cet ouvrage, des notions nouvelles et des concepts nouveaux introduiront un changement de repère et de cadres de référence.

Vous pourriez être tenté de « piocher » parfois dans tel ou tel texte isolé, c'est la progression du texte dans son ensemble et l'enchaînement des différents passages qui permettent, par l'introduction de nouveaux repères, de percevoir la réalité plus en profondeur.

L'Être humain et son fonctionnement sont ainsi abordés de manière approfondie sur la base d'une *vision globale* et de concepts innovants. De cette façon, vous sont révélés des trésors qui vous appartiennent mais qui, habituellement, restent plutôt en friche.

Ce livre est pensé pour être un support de travail

Compte tenu de l'importance des thèmes abordés, tels que la qualité de vie de nos enfants, de nos petits-enfants et des générations à venir, j'attire votre attention sur le fait qu'une *lecture classique*, avec un bon niveau de compréhension *exclusivement intellectuelle* tout comme une *compréhension superficielle* de certains problèmes et des diverses possibilités, risque de vous faire passer à côté de l'essentiel et d'une véritable intégration.

Ce livre est écrit pour que vous puissiez vous faire un cadeau sous forme « d'arrêt sur image » en faisant participer pleinement votre cœur à cette lecture. Peut-être ferez-vous ainsi tout un voyage en découvrant et en explorant de nouvelles contrées dont les vraies richesses sont parfois bien cachées. Cet ouvrage est destiné à apporter des leviers d'action et des repères nouveaux en contribution aux grands changements à réaliser en ce début de millénaire. Vous aurez peut-être le désir d'y apporter votre contribution.

Pour ma part, je fais de chaque ouvrage que je lis un support de travail en surlignant absolument tout ce qui me semble important et puis j'y reviens aussi souvent que nécessaire jusqu'au moment où je l'ai intégré ; autrement dit, jusqu'au moment où c'est devenu une partie de moi-même. Par exemple, quand j'ai lu pour la première fois dans un livre qui traitait de l'éthique, que nous sommes dans la complicité à chaque fois que nous restons passifs sans nous positionner, alors qu'au fond nous sommes en parfait désaccord sur le plan des valeurs, j'ai trouvé cela étonnant et puis j'ai commencé à réfléchir. J'ai alors compris intellectuellement ce que l'auteur voulait dire. J'étais d'accord. Cependant, je n'avais absolument pas intégré la notion avec tout ce qu'elle comporte de manière à la ressentir et à agir concrètement lorsque de telles situations se présentaient à moi. Il m'a fallu relire le passage un certain nombre de fois, fixer des repères et vraiment m'entraîner à devenir active, car j'avais commencé d'abord par être en réaction plutôt qu'en action, quand je me voyais confrontée à des situations non éthiques.

Il ne suffit pas d'être contre, il faut apporter des réponses

J'ai compris seulement avec le temps qu'il ne s'agit pas simplement d'être *contre* quelqu'un ou quelque chose quand nous ne sommes pas d'accord, mais qu'il faut aussi *apporter des réponses* et des *contributions positives* et *constructives* si nous souhaitons être cohérents et en accord avec nous-mêmes. Sans cela, tout le reste non seulement ne sert à rien, mais contribue à empirer les choses. C'est à ce niveau seulement que j'ai vraiment intégré la phrase que j'avais lue quelques années auparavant. Cela m'a, en effet, pris quelques années d'implication et de travail sur moi-même, avant d'être capable d'arrêter de réagir et de concrètement construire.

L'objet de cet ouvrage concerne donc votre vie, celle de vos enfants et, bien sûr, celle de tous les enfants du monde, non seulement aujourd'hui, mais surtout demain et après-demain. Quelle qualité de vie pouvez-vous espérer vivre et léguer à vos enfants ? Que pouvez-vous faire, là où vous êtes, pour y contribuer ? Quels sont les leviers ou les freins à connaître ? Quel est votre pouvoir ?

Il sera souvent question de la *dimension intérieure* de l'Être humain. Étant donné la pluralité des cultures, j'ai utilisé un certain nombre d'expressions différentes pour la désigner : âme, esprit, conscience, Soi, source, potentiel, etc. Cela pourrait s'appeler également *chi* ou essence. À chacun de choisir la formulation avec laquelle il est le plus en harmonie. Il s'agit là de différentes formulations pour une seule réalité, qui est propre à nous tous. Je ne souhaiterais en aucun cas imposer quoi que ce soit à ce niveau, ni même entrer dans des polémiques. De toute façon, avec la *culture planétaire* qui se développe à toute vitesse, la communication et les rencontres dans la tolérance seront de plus en plus nécessaires.

Prendre du recul et agir avec sagesse

La réalité présente nous offre des connaissances passionnantes, beaucoup d'ouvertures et, selon les situations et les circonstances, des possibilités de se réaliser. Cependant, ce climat du court terme, fondé sur la course à tous les niveaux, en premier lieu *la course au bénéfice*, rend jusqu'à présent la plupart des humains incapables de prendre du *recul* pour décider et agir avec sagesse. C'est la course à la vitesse. On répond plus vite, on court plus vite, on développe la performance et les bénéfices le plus vite possible. Tout est orienté vers la vitesse et non plus vers le sens et la qualité du contenu. Même les jeux à la télévision récompensent ceux qui répondent le plus vite à des questions. Cela montre au moins que le conditionnement au stockage des données est efficace. En dehors des prix Nobel, au premier échelon celui de la paix, personne ne décernerait des prix pour la recherche de création de valeur et la quête de sens, ce qui devrait pourtant être, surtout aujourd'hui, la préoccupation principale dans tous les secteurs : dans les médias, dans l'éducation, les recherches, la santé, dans l'économie en général, le système bancaire, le domaine juridique, etc.

Les dirigeants me confirment de façon régulière que ce fonctionnement « manque de sens ». C'est seulement en prenant du recul qu'ils l'approfondissent. Il faut ajouter que l'exigence de la vitesse a pour corollaire la recherche de sensations de plus en plus fortes. Quand la dimension du cœur est bannie, alors le corps est sollicité pour procurer, en compensation et de façon exacerbée, la sensation.

Ce court terme, caractérisé par la compétition, la disparité, la violence et par un aspect de *bonheur fast-food,* prépare ainsi, avec les énormes contradictions qui lui sont inhérentes, à un *long terme* qui fait réfléchir... et le long terme, c'est nous et nos enfants !

Dans chaque chapitre, les textes répartis selon leur apport spécifique développent un mouvement, allant de la situation problématique actuelle vers une vision plus positive. Néanmoins, chaque thème comporte un certain nombre de réponses et de solutions.

Nous avons tous besoin d'aimer et d'être aimés

J'ai laissé résonner en moi ce que j'ai vu résonner dans des centaines et des milliers d'Êtres humains que j'ai accompagnés au cours des 25 dernières années. Ces hommes et ces femmes m'ont fait comprendre qu'au fond, nous avons tous les mêmes besoins, les mêmes désirs et les mêmes demandes à la vie. Nous avons tous besoin de reconnaissance. Tous, nous avons besoin d'amour. Nous avons besoin de nous sentir en sécurité. Nous partageons le désir de nous réaliser et, surtout, nous avons tous besoin d'aimer et d'être aimés. Si je dis que nous avons tous besoin d'aimer, j'entends par là que nous ressentons plus ou moins au fond de nous-mêmes le besoin d'aimer non seulement une personne ou une famille, mais nous avons un profond besoin d'aimer les humains, la nature et la vie en général. C'est un fait que j'ai pu vérifier d'innombrables fois. Notre colère et notre déception *d'aujourd'hui* se sont substituées à notre disposition naturelle à nous épanouir et à vivre pleinement, dans les mêmes proportions que le degré des contrariétés subies. D'ailleurs, le degré de réaction aujourd'hui, même sous des formes subtiles, reflète le degré des *frustrations* d'hier. Nous pourrions presque dire qu'il s'agit d'une équation.

Faire le choix d'évoluer

J'ai effectué personnellement le chemin de la rencontre avec moi-même et je le continue, tout en ayant conscience qu'il n'est jamais fini. Nous pouvons nous développer et évoluer à l'infini. Ce chemin n'est pas toujours facile. Cependant, si nous le parcourons en ayant conscience de notre potentiel, cela devient une expérience passionnante qui donne concrètement la force d'évoluer. Ce chemin révèle alors bien des secrets et nous fait passer à un niveau supérieur d'expérience et de performance, tout en nous permettant de développer l'équilibre et l'harmonie.

Que faut-il faire pour cela ? Il faut oser ouvrir les yeux sur la réalité, à commencer par la sienne propre. Un certain nombre de témoignages et d'expériences rapportés dans ce livre vous permettront de mieux évaluer l'enjeu que cela représente. Que faire après ? Affronter ce qui a été jusqu'à présent le plus difficile pour la plupart des gens : **accepter de réellement s'épanouir et se donner les moyens de vraiment réussir pour créer ensemble un avenir pérenne.**

L'humanité en mutation

Alors que notre Terre a mis 4,5 milliards d'années pour devenir aussi magnifique, aussi riche en couleurs, en variétés, nous offrant une diversité d'espèces sur les cinq continents, alors que l'Homo sapiens dont nous sommes issus a mis 100 000 ans pour se développer, l'homme *évolué* de l'ère moderne n a mis que 150 ans pour créer toutes les perturbations et les dérèglements de ce magnifique écosystème.

Alors qu'il est lui-même issu de l'écosystème, l'homme s'est isolé. Il est devenu *le maître* d'un univers mécanique qui se compte, se mesure et se découpe. Cependant, nous observons qu'insensiblement *la dimension humaine* elle-même est absorbée par cet *univers mécanique* pour être comptée, mesurée et découpée.

L'homme moderne est marqué par le paradoxe. Il a développé un *savoir-faire* scientifique phénoménal et une technologie puissante qui devraient représenter son *progrès.* Cependant, sa *performance intellectuelle* a développé à outrance la *puissance matérielle* sans tenir compte de ce qui était véritablement essentiel pour l'Être humain et pour tout ce qui est vivant. Pourquoi ?

L'homme est devenu la *victime* et l'*esclave* de sa propre création. Cela concerne même ceux qui croient en profiter. La question brûle les lèvres : quel est le problème, le vrai problème ? Que se passe-t-il ?

Comment des performances et des réalisations aussi extraordinaires sur le plan technologique et scientifique peuvent-elles aller de pair avec une conscience de l'homme à ce point limitée qu'au fond, il vit un peu comme les bêtes de la préhistoire ? Seules

les plus féroces d'entre elles survivaient, alors que les autres finissaient leurs jours en agonisant sous leurs dents. Quand nous regardons les hommes, nous observons le même phénomène. Leur organisation sociale est toujours assurée par l'exercice de la hiérarchie. Cette hiérarchie est défendue et maintenue pour la quasi-totalité par la puissance physique et matérielle. Les « bêtes modernes » ayant les pieds profondément enfouis dans le passé appliquent cette hiérarchie comme dans la préhistoire sur le plan économique et social et leurs lois fondées sur la puissance s'étendent sur le globe entier et pénètrent, selon le contexte, jusque dans la cellule familiale.

Cependant, l'histoire, dans sa marche en avant, a rattrapé les bêtes féroces de la préhistoire et les a exterminées, parce qu'elles ne savaient pas *muter* pour s'adapter aux conditions de vie.

L'homme moderne, s'il continue à vivre selon les *lois des bêtes sauvages,* alors qu'il devient à un autre niveau un créateur de méga-puissances matérielles sur un petit globe, signe sa disparition *en toute inconscience.* L'événement du 11 septembre 2001, les morts non pas par milliers mais par millions dans les pays en voie de développement, le manque d'eau et le réchauffement climatique ne représentent que la partie visible d'un énorme iceberg.

La vie se marginalise. Rares sont les hommes et les femmes *réellement sereins,* qu'ils soient pauvres ou riches. Des centaines de millions, pour ne pas dire des milliards d'hommes et de femmes, vivent dans l'angoisse de l'avenir. Les masses humaines qui vivent dans la souffrance augmentent en nombre de façon vertigineuse et demain, *à l'échelle de l'histoire*, il n'y aura plus d'espace, plus d'oxygène, plus de nourriture, plus de sécurité pour les humains ni pour qui que ce soit d'ailleurs, à moins que… oui, à moins qu'ils *mutent.* Comprenons bien qu'il ne s'agit pas là d'un changement, mais d'une réelle *mutation.*

La question subsidiaire se pose aussitôt : *Comment s'articulent davantage en profondeur ces contradictions et ces opposés ? Comment se fait-il que l'intelligence ait évolué pour beaucoup vers une intelligence artificielle plutôt que vers une intelligence globale tenant compte de tous les besoins des humains et de la vie en général? Pourquoi l'homme n'est-il pas allé vers une réelle évolution des consciences, alors qu'un fantastique avenir serait ainsi promis à l'humanité? Pourquoi l'homme n'a-t-il pas choisi de développer ses infinies potentialités en tant que ressources inépuisables de l'humanité?*

Quelles en sont les véritables raisons? Quels sont les freins et les leviers plus en profondeur et qu'est-ce qui soutient quoi et comment? Pourquoi l'homme *soi-disant* évolué et intelligent s'est-il refusé ce à quoi, au fond, il aspire le plus? Ne mérite-t-il pas un avenir serein, des conditions de vie réellement bénéfiques, de la sécurité où qu'il se trouve, de la santé à tous les niveaux, physique et psychique, de l'harmonie et de l'équilibre à la place du stress, de l'angoisse et de la souffrance?

Avant d'approfondir les différents aspects de questions aussi complexes, le constat s'impose d'emblée: nos sociétés se sont précipitées pour se spécialiser dans le *savoir-faire*, alors qu'elles ignorent à peu près tout d'un véritable *savoir-être*. Pourtant le *savoir-être* est *la base* de tout *savoir-faire* de qualité. Tout *savoir-faire* est le prolongement de notre *façon d'être*. C'est *notre façon d'être* qui conduit, soit à l'épanouissement individuel et à notre capacité de contribution et à l'évolution de l'humanité, soit à la souffrance des individus et à la destruction de l'humanité quel que soit l'aveuglement des uns ou des autres...

Notre *savoir-être* représente notre *qualité d'être* selon la conscience que nous avons de nos actes dans une *vision globale* et à long terme. Plus simplement, cela signifie avoir conscience de toutes nos qualités et capacités présentes au fond de nous et les utiliser de façon à créer des effets positifs et constructifs. Le *savoir-être*, marqué par la conscience que nous avons de notre potentiel et qui reconnaît aussi celui des autres, est caractérisé par un esprit ouvert et par les attitudes positives qui sous-tendent et déterminent nos décisions et notre comportement. Le *savoir-être* cultive en tout premier lieu le *discernement* pour soumettre le *savoir-faire* aux réelles exigences de la vie dans une *vision globale et pérenne*. Un *savoir-faire* qui ne repose que peu ou pas du tout sur ces critères est soumis aux *lois du court terme* et, conformément à ces lois, il est voué à disparaître.

C'est en cela que l'humanité est arrivée à un carrefour, cet endroit axial où elle a le choix entre engendrer une mutation et évoluer vers une *dimension de conscience plus élevée* ou rester enfermée dans son aveuglement, dans son stress, dans ses souffrances et ses compensations sous forme *d'avantages* à court terme qui, en réalité, n'en sont pas, à petite comme à grande échelle.

Le *savoir-faire* coupé de la vie est une *mécanique morte*. Il tue s'il est coupé des sentiments, coupé des autres, de l'environnement et du futur, quels que soient les discours à ce niveau ! L'humanité se trouve aujourd'hui dans une situation dramatique. La vie s'évanouit. La pollution, *l'effet de serre* avec les graves conséquences que l'on connaît (désertification, inondation et autres calamités), les maladies graves et les dangers engendrés par *notre progrès*, de même que la disparité et les souffrances que subit une majorité croissante d'Êtres humains sur terre, sont des monstres qui vampirisent la vie. Il suffit de se mettre dans la peau d'un seul Être humain plongé dans la souffrance et le désarroi, et de ressentir cela pour arrêter de mettre des œillères.

Le simple fait que nous en soyons là est une preuve du fonctionnement illogique d'un tel progrès et de ses fondements. Les différents chapitres mettront en lumière cette *dimension irrationnelle* qui produit ce chaos.

Nous avons vu que le *savoir-faire* n'est que le *prolongement d'une cause ou d'une source* plus en profondeur. C'est en effet notre façon d'être, et ainsi le *savoir-être*, qui est le *grand directeur* des opérations sur le plan du *savoir-faire.*

Nous développons notre savoir-faire selon nos attitudes, nos dispositions, nos convictions profondes et notre caractère général.

SAVOIR-ÊTRE – SAVOIR-FAIRE

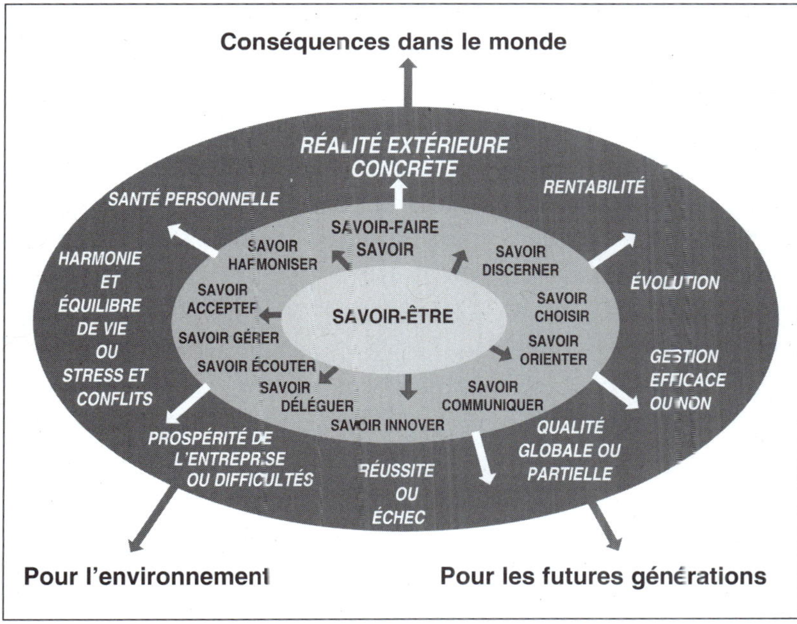

L'impulsivité d'une personne influence tous ses *savoir-faire*, autrement dit ses manières de faire. Un dirigeant impulsif ayant des responsabilités stratégiques et managériales manquera de recul et tendra à agir dans la précipitation, sans tenir compte des conséquences aux différents niveaux, à moyen terme. En plus, il exercera de la pression sur son environnement et développera du stress et de la désorganisation sans même le remarquer. La même personne aura un impact négatif sur son environnement familial par ses colères et sa façon d'imposer sa volonté aux autres. Maintenant, imaginez une personne qui, au fond, manque de confiance. Comment cela se manifeste-t-il dans ce qu'elle fait ? Trouvez trois ou quatre exemples par cas et montrez comment cette façon d'être influence sa vie personnelle, son expérience professionnelle et sa vie sociale. Vous pouvez ensuite donner l'exemple d'une personne avec des rancœurs ou d'une autre qui ne fait pas vraiment confiance aux autres ; vous verrez qu'une *seule* qualité utilisée ou ignorée imprègne chaque fois tous les *savoir-faire.* Prenez le temps et imaginez ce que cela donne dans les différents domaines et secteurs : la politique, l'industrie, la santé, l'éducation, etc., sachant que la seule manière efficace d'agir passe d'abord par un regard qu'on jette sur soi.

L'interpellation est de taille. Elle est d'autant plus importante si l'on a cru toute sa vie favoriser le progrès ou être à la pointe du progrès et disposer de connaissances et de savoirs mais que l'on constate que la réalité est tout autre.

Dans le cadre de ses recherches sur l'évolution des espèces, l'éthologiste et zoologiste Konrad Lorenz a fait savoir que l'on avait enfin trouvé le chaînon manquant entre le singe et l'homme. À la question « Mais qu'est-ce donc ? », il répond : « C'est nous. »

Intellectuellement, c'est une bonne plaisanterie. Humainement, cela fait beaucoup réfléchir. En effet, c'est là que se trouve le besoin de *mutation.* C'est l'homme qui est interpellé dans sa façon d'être, dans ce qu'il sent, désire, perçoit, croit et pense *avant* d'agir, *avant* de passer au *savoir-faire. Il est interpellé dans sa manière d'exister.* Qu'est-ce qui se passe en lui avant qu'il ne le produise ou reproduise à l'extérieur ? Quel est ce côté irrationnel qui a été projeté dans la matière ? Comment se situe cette **instance illogique** dans l'homme que nous trouvons aujourd'hui dans la réalité concrète ? Comment cette réalité illogique se prolonge-t-elle de l'intérieur de l'homme dans la réalité concrète ? Comment se matérialise-t-elle ? Ce sont autant de questions que nous allons approfondir.

Le passage à un *stade supérieur* de conception, de vision, de capacité de réalisation, de réelle qualité de vie et de responsabilité n'est possible qu'en *prenant conscience* d'un certain nombre de facteurs.

Prendre conscience

Prendre conscience ne consiste pas en une suractivation de la pensée par excitation nerveuse. Autrement dit, *ce n'est pas en pensant plus vite, de façon stressée, que nous créons en nous l'état pour prendre conscience.* Le stress nous rend nerveux, cassants et fragiles. C'est au contraire notre capacité à créer un calme intérieur et à nous ouvrir au ressenti et à l'intuition qui nous permet de mobiliser nos forces et de nous positionner ensuite intellectuellement avec efficacité.

Le défi réside aujourd'hui dans le fait d'être suffisamment fort, suffisamment équilibré, intègre et centré sur son potentiel, pour supporter de prendre conscience. Il faut être solide pour pouvoir voir la réalité telle qu'elle est et accepter ce que cela implique pour soi, aujourd'hui et demain.

C'est cette *force intérieure* alliée aux *qualités du cœur*, tout en ayant conscience de ses *infinies potentialités* de création, d'innovation et de mobilisation, qui permet de prendre des *décisions* et de s'affirmer pour une initiative que l'on sait juste. C'est en effet la force intérieure, unie aux qualités du cœur, qui évite que la peur ne nous gère. *Prendre conscience*, c'est accepter de dépasser les anciens mécanismes de défense plus ou moins inconscients comme la fuite, l'insensibilité, la fermeture, le rejet et l'agressivité, le cynisme, la manipulation et la dérision.

Prendre conscience et évoluer nous oblige à abandonner, entre autres mécanismes, notre fuite en avant dans le travail.

Évoluer du constat intellectuel vers l'expérience

Une mutation définit un *changement de processus du vivant* et, par la suite, un *changement de structure.* C'est donc une expérience qui sollicite toute notre force et notre intégrité ; autrement dit, elle exige que nous soyons absolument honnêtes avec nous-mêmes pour développer, au moyen d'un ensemble de fonctionnements et de nouveaux processus, un *champ de conscience* élargi. Ce champ de conscience nous permet de pénétrer plus clairement la réalité, d'abord la nôtre, puis celle des humains et de la planète. Développer un champ de conscience qui pénètre la réalité, veut dire *être à ce point présent à soi-même, à son corps et à ses dispositions affectives et émotionnelles que la vision devient réellement claire au point de pénétrer la réalité. C'est être présent avec cette vision claire auprès du monde qui nous montre alors à la fois les réels besoins de l'humanité et les possibilités de répondre à ses besoins.*

Une telle mutation engendrera alors des processus innovants en y intégrant la dimension de l'expérience. Au lieu de tout penser abstraitement, il faudra associer le ressenti, l'expérience concrète, le vécu avant de passer à une validation. Cela changera de beaucoup les processus d'évaluation. Par exemple, si des décisions doivent être prises à propos de personnes dans une entreprise ou des populations, alors il faudra avoir, ou avoir eu, suffisamment de liens ou d'expérience, pour pouvoir réellement se mettre à la place de ces personnes. Une telle mutation exigera un changement de nos cadres de référence. C'est alors que le *concept d'intelligence* s'élargira à un véritable *processus d'expérience* pour satisfaire aux exigences de globalité et de cohérence. Les nouveaux consensus dans le cadre de cette mutation rendront de plus en plus difficile la fuite dans la pensée abstraite pour éviter de faire face à *l'expérience sensible dans la réalité concrète.*

La consigne dans le cadre d'une telle mutation sera plutôt d'être présent à soi et au monde et de le rester, même si le contexte est difficile. Cela signifie se dépasser et réellement grandir de jour en jour. C'est le choix auquel chaque individu et l'humanité tout entière sont confrontés aujourd'hui. Il est d'ailleurs intéressant pour soi de faire le point par rapport à un tel repositionnement.

Nous verrons au fil de cet ouvrage à quel point chacun, où qu'il se trouve, peut non seulement contribuer à l'effort d'assurer ensemble la survie sur cette planète, mais aussi apporter une contribution puissante à l'évolution et à une qualité de vie sur terre.

Cependant, il ne faut pas s'illusionner sur la facilité d'une telle entreprise, car les racines de notre *manque d'être* plongent profondément dans l'héritage du passé et, avec lui, dans la marche des générations avant nous... Accepter cela, c'est voir clair et ne pas sous-estimer l'investissement que cela représente pour chacun de nous.

Les qualités essentielles exigées par ordre d'importance – s'il y a un ordre – seront : la vision globale, la clairvoyance et la logique globale (celle qui établit la cohérence entre la cause effective et l'ensemble des effets et qui transcende les « logiques » qui justifient tel ou tel contexte, comme la logique financière ou la logique économique). Ensuite il faudra les qualités du cœur, telles que l'empathie, pour non seulement *penser* un besoin, mais pour aussi le ressentir. Avec cela, beaucoup de rigueur, de cohérence, d'intégrité et de persévérance sera nécessaire pour mener réellement à terme les projets.

Voyant où nous amène le déséquilibre entre le *géant* que représente le *savoir-faire* avec sa masse de productions et cette partie atrophiée que représente le *savoir-être* qui, lui, est pourtant le dirigeant de tout cela, la nécessité de devoir rétablir l'équilibre entre ces deux dimensions paraît évidente. Sinon, nous serons incapables de rétablir l'équilibre entre les différentes sphères de la vie sur cette planète. C'est d'une évidence criante autant sur un plan de l'équilibre et de la logique que du bon sens.

Le besoin de développer le *savoir-être* est donc une priorité absolue et urgente. Des initiatives importantes sont à prendre pour enclencher des processus de changement, d'innovation, de transformation et de réorientation. Cependant, il faut d'abord changer les mentalités. De multiples actions dans le domaine du *savoir-faire* doivent ensuite être repositionnées sur la base d'un *savoir-être* de qualité. C'est l'enjeu pour agir face aux constats du monde qui font frémir.

Avant de commencer à lire ces constats, qui traduisent la souffrance humaine en millions et milliards d'individus concernés, je vous invite à prendre un moment pour vous mettre dans la peau d'un seul Être humain qui souffre. On ressent ainsi mieux la somme de la souffrance que cela représente de façon concrète dans son ensemble. Prenons donc ce moment.

Le repère intérieur

Une richesse sous-estimée

Je souhaite, dès le début, présenter la notion, si importante, du *repère intérieur*. Ce dernier vous permettra, d'emblée, de vous positionner en abordant les différents thèmes dans ce livre et d'y avoir davantage recours pour évaluer avec clarté des situations problématiques ou les opportunités qui y sont évoquées.

Le *repère intérieur* représente l'ensemble de notre riche potentiel. Il comprend notre potentiel intellectuel, notre potentiel de créativité, de vision, d'intuition, d'inspiration, d'innovation, de transformation, notre capacité de discernement, de prise de conscience et d'évolution. Le *repère intérieur* comprend aussi notre riche potentiel affectif, d'ouverture de cœur et de compréhension, de générosité et d'accueil, d'empathie et de capacité de ressentir et d'agir. C'est bien l'ensemble de notre riche potentiel, cette *globalité* qui nous permet, si nous en sommes bien conscients, de faire une belle et grande expérience de la vie. C'est en utilisant pleinement notre potentiel, que je nomme toujours *repère intérieur*, que nous développons la capacité de nous mettre dans la peau de l'autre. Le *repère intérieur* ou *potentiel global* inclut l'ensemble de nos qualités, y compris notre élan, notre joie et notre motivation. Il comprend également notre potentiel physique et physiologique, notre équilibre, notre force, notre ancrage, le bon fonctionnement de nos cinq sens et notre vitalité.

En plus de toutes ces richesses et capacités, le *repère intérieur* représente toute la force d'affirmation pour dire « oui à la vie ». Il est fait pour explorer la vie dans toutes ses dimensions, qu'il s'agisse de la hauteur de l'esprit, de la profondeur du cœur, des ressources du corps ou de l'ouverture à l'Univers.

Tenir compte de la globalité de notre potentiel

Dans ce livre, il sera toujours question de *la globalité* de notre potentiel. Il me semble important de sortir d'une prise en considération partielle des capacités, des compétences et de la valeur d'une personne. L'Être humain n'est pas seulement une tête ou un corps, il est *à la fois* un corps, un cœur, une tête et une ouverture à l'intuition et à l'inspiration. Nous sommes ainsi tous nantis d'un magnifique potentiel et nous pouvons tous avoir une excellente *image* de nous-mêmes. Chacun et chacune a du potentiel et a en quelque sorte son génie. Je vous invite à vous remémorer cela lors de la lecture de certains passages. Cela facilite certains repositionnements. En tout cas, la découverte de notre immense potentiel est *incontournable*. Toutefois, noblesse oblige, détenir un aussi riche potentiel procure une immense joie doublée de la responsabilité d'y faire appel. Être conscient de ce potentiel veut dire l'utiliser pleinement. Bref, chaque fois que nous avons besoin de nous positionner, d'évaluer, de peser les choses et de prendre des décisions, nous pouvons recourir à l'ensemble de notre riche potentiel. C'est alors le moment de sentir, de s'ouvrir, de développer une vision globale, de peser le pour et le contre, de ne pas conclure instantanément et de ne pas juger à l'emporte-pièce, mais au contraire, de prendre du recul et d'être objectif.

Assumer nos responsabilités

Cela nous donne aussi la force d'assumer notre responsabilité et de reconnaître les faits lorsque nous avons tort ou encore peur. Il y a quelques années, j'ai organisé une journée de travail réunissant *savoir-être* et *savoir-faire* pour des dirigeants de niveau international occupant des postes de très grande responsabilité. À la fin de la journée, en faisant le point, un des dirigeants a dit : « Au fond, je me rends compte que j'ai manqué de confiance en moi. » Comme le travail de la journée s'était déroulé dans un climat de *non-jugement*, dans le sens de l'absence de *critique*, centré sur la valorisation du potentiel des personnes, chacun des autres participants, à son tour, a spontanément fait la même remarque : « Moi aussi, au fond, j'ai manqué de confiance. » Le dire était devenu banal. Ce qui était devenu important, c'était la reconnaissance de leur riche potentiel et la création de la plus haute qualité de façon responsable et dans le plaisir où que ce soit, seul ou avec les autres. Il en a résulté une qualité de vrai partage et une ambiance authentique qui n'avaient plus rien à voir avec ce qu'elles avaient été quelques heures avant.

Le *repère intérieur* nous amène à nous impliquer, participer, contribuer, informer. C'est être autonome, adulte et responsable et éprouver la joie d'être conscient de ses capacités et de les utiliser pleinement. C'est surtout avoir confiance en soi et ne pas rejeter *le pouvoir*, ni en imputer *la faute* aux autres, mais se positionner par rapport à son propre *ressenti* et à la vérification logique de la situation. Plutôt que de fuir dans la précipitation et dans la *vitesse* pour faire les choses, la personne prend un instant pour *ressentir*. Ensuite, elle vérifie l'ensemble sur un plan logique.

Le critère d'évidence

Le *repère intérieur* permet de développer le *critère d'évidence*, c'est-à-dire de conjuguer la logique sur le plan de la raison et le *ressenti* dans l'ouverture du cœur, afin d'en dégager l'adéquation. Si les deux instances nous disent oui, alors les choses sont forcément évidentes, puisque le cœur dit *oui* à ce que notre raison présente. L'enjeu est de toujours consulter notre cœur, ce que nous ressentons en profondeur en étant du côté de la vie. Nous avons néanmoins intérêt, sur le plan logique, à vérifier également ce que nous dicte le « côté frustré » du cœur, ce côté *réactionnel et émotionnel* qui nous joue des tours. Prendre un instant pour cela évite beaucoup d'erreurs, parfois graves, et nous fait gagner beaucoup de temps, contrairement à l'impression que nous pourrions avoir. Je vous propose d'établir le plus souvent possible, au cours de cette lecture, le *critère d'évidence*, autrement dit de toujours associer votre pensée à votre *ressenti en profondeur*. Cet ouvrage vous réserve plusieurs éléments totalement novateurs; bien des réflexes et jugements habituels pourraient vous conduire à des conclusions un peu hâtives. Toutefois, quand nous nous référons à notre *repère intérieur* en cherchant le *critère d'évidence*, nous créons une plus grande clarté en nous, tout en découvrant nos richesses en profondeur. Il vous suffira alors de recourir à cette richesse pour vous épanouir et contribuer à la création d'un monde meilleur.

S'ouvrir à la prise de conscience

Le *repère intérieur* nous permet de développer et d'accélérer la prise de conscience. **C'est la prise de conscience qui représente notre potentiel d'évolution**, notre potentiel le plus précieux en tant qu'Être humain. Cet ouvrage sollicite certainement beaucoup les uns ou les autres pour les amener à recourir à leur *repère intérieur* et puiser dans leur riche potentiel d'ouverture, d'intégration et d'évolution. Des jugements rapides pourraient fermer l'accès à certains éléments novateurs. Si, par exemple, vous avez conclu dans le passé que vous ne pouviez rien faire dans telle ou telle situation et que celle-ci ne laissait aucun espoir, ou que les gens, les habitudes et les façons de faire étaient ce qu'elles étaient à ce moment-là, vous pouvez aujourd'hui considérer la véritable richesse qui vous habite et vous repositionner. Il vous faudra peut-être du temps, mais vous pouvez avoir de l'influence, vous pouvez même être pionnier et créer de la qualité nouvelle.

L'émotion : richesse ou problème ?

Que se cache-t-il derrière le terme *émotion* ? Bien des choses : du flou, des possibilités de tromper et de se tromper, de la non-clarté, car le mot est porteur d'autant d'éléments positifs et constructifs que d'éléments destructeurs et négatifs. Cependant, si nous coupons le mot en deux, nous pouvons écrire é-motion, c'est-à-dire *énergie en motion* ou énergie en mouvement. Cette énergie *en mouvement* peut traduire des états psychiques très variés allant de la joie, la générosité, l'amour et la bonté jusqu'à la haine et la violence en passant par l'agressivité et l'hostilité. Ainsi, quand on dit qu'une personne éprouve une forte *émotion*, on ne sait toujours pas quelle est la nature de cette émotion ni quelle en est la valeur. Est-ce une angoisse, une joie, de la colère, du soulagement, de l'espoir ou du désespoir ? Le même mot représente tous les mouvements d'énergie, quels qu'ils soient. Il faut bien savoir que *l'énergie en soi* n'est ni négative ni positive. Elle *est*, tout simplement. C'est notre qualité de fonctionnement, c'est-à-dire notre *utilisation* de l'énergie, qui fait la différence. Selon nos *attitudes* et nos *intentions véritables*, nous employons notre énergie de façon positive et constructive ou de façon négative en portant préjudice. Nous créons, bien sûr, les effets en conséquence. Ces considérations demanderaient à être enseignées et approfondies dès l'école primaire et maintenues tout au long des études, afin de clarifier ce qui est confus et de développer le discernement. Je fais à présent appel à tous les responsables pour qu'ils y apportent leur contribution.

Différences entre action et réaction

C'est pourquoi je fais clairement la différence entre d'un côté *l'action et l'affirmation positive et sereine* et, de l'autre côté, *la réaction*. L'action basée sur le *repère intérieur* représente, sous une forme ou une autre, *un pas en avant*. *La réaction*, par contre, met en jeu notre *énergie de vie frustrée et contrariée* tel que l'évoque la section *La Psychologie d'Évolution* (p. 147). C'est ce fonctionnement qui se traduit par *un état réactionnel et émotionnel*. C'est être *en réaction* et en rapport avec le passé en se basant sur le *repère extérieur* au lieu de se baser, en toute confiance et de façon sereine, sur notre potentiel, à savoir notre *repère intérieur*. Être *en réaction* est cette façon subjective et irrationnelle que nous pouvons avoir de fonctionner. Contrairement à cela, l'utilisation de notre énergie de vie naturelle qui n'a pas été frustrée ni contrariée, crée des mouvements de joie, de beauté, de bien-être, de légèreté et de douceur, tout en représentant, selon les besoins, une force au service de la vie et une rigueur pour garantir en toute situation la qualité. C'est le *repère intérieur*. Cette utilisation positive et constructive de notre énergie met en jeu nos différentes qualités alors que *l'état émotionnel et réactionnel* met en jeu nos défauts. Il est intéressant de remarquer que le terme français *défaut* signifie le manque ou ce qui manque.

Le « manque intérieur » ou « être en manque »

Je parle souvent du *manque intérieur* qui résulte, par exemple, du manque d'attention, du manque d'amour et de reconnaissance que nous avons expérimenté tôt dans notre vie. Le *manque intérieur* est le besoin d'amour de l'enfant, peu ou pas satisfait. Cela se traduit ensuite par une véritable sensation de *manque intérieur*, que l'individu cherche à combler par *des avantages* et *des satisfactions* à très court terme avec toutes les conséquences que cela crée dans sa vie et dans celle des autres. Ce « manque » imprègne la vie de la plupart d'entre nous et constitue à maints égards un fondement social, culturel et économique. Le *manque intérieur* représente ainsi « le vide », ou *la sensation de vide* et de *manquer*, et le *repère intérieur* est « le plein », c'est-à-dire la globalité du potentiel. La véritable prise de conscience de notre potentiel global et donc de notre *repère intérieur* est le défi que chacun de nous est appelé à relever. C'est l'un des objectifs proposés par ce livre.

Le *potentiel affectif* bien en place se traduit par une affirmation constructive et une ouverture du cœur, alors que *le potentiel frustré et contrarié* se manifeste par le fait d'être *en réaction* sous une forme ou une autre. Sachant que la différence entre les deux valeurs ne ressort ni de l'enseignement classique, ni de la littérature, ni de l'usage habituel, il me semble essentiel d'apporter une clarification et des *repères fiables*. Une fois que nous avons bien fait la différence, nous avons un repère clair qui nous permet de nous repositionner chaque fois que nous constatons chez nous un fonctionnement *en réaction*, qu'on peut qualifier d'irrationnel et de subjectif. Ces notions sont clairement abordées dans le deuxième chapitre. Cependant, je souhaite présenter ces aspects dès à présent pour que vous puissiez tout de suite bénéficier de cette clarification. Ainsi, une bonne *affirmation* positive et constructive pour ce qui est juste n'est pas confondue avec une *réaction* qui, elle, se réfère au passé et qui traduit un *état réactionnel et émotionnel* sur la base de notre *potentiel de vie frustré et contrarié.* Le *repère intérieur* nous permet en même temps de renforcer notre fonctionnement constructif de manière à nous épanouir et à générer une grande qualité de vie.

De quoi est-il question?

Une différenciation claire entre *une affirmation sereine* dans l'ouverture et notre *état réactionnel et émotionnel* fournit des repères clairs et nous apporte une réponse précise à la demande: « **De quoi est-il question?** » Cette clarification nous a permis, dans le cadre de nos formations, d'obtenir très vite des résultats. Chacun se centre ainsi, sur la base de données clarifiées, sur *l'essentiel*, sur ce dont il est vraiment question et progresse rapidement. Ainsi, le *repère intérieur* devient notre plus précieuse ressource pour mener une vie dans l'équilibre tout en étant passionnés et compétents. Il nous permet d'aller de l'avant et d'évoluer sans cesse, même si nous sommes déjà créateurs de qualité et de valeur.

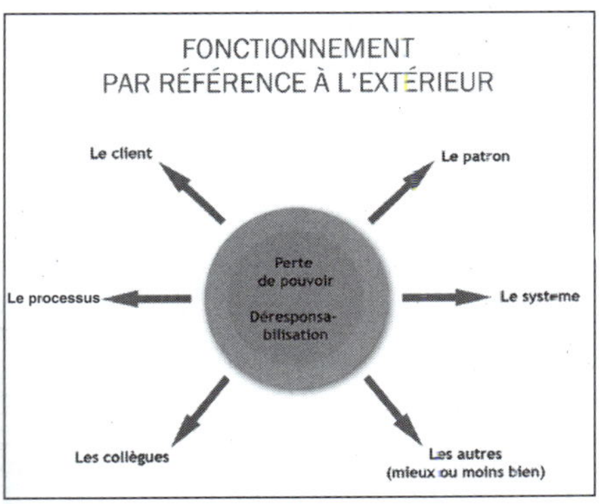

Les constats du monde

« On n'hérite pas de la Terre de nos ancêtres,
on l'emprunte à nos enfants. »
Antoine de Saint-Exupéry

La santé dans le monde

Une involution galopante sur le plan mondial !

Famine

850 millions de personnes sous-alimentées dont 130 millions d'enfants, alors que nous pouvons couvrir 110 % des besoins !

(Source : Programme des Nations Unies pour le développement – PNUD)

Obésité

Première épidémie non infectieuse dans le monde : 1,6 milliard d'adultes en surpoids en 2007, 400 millions d'obèses.

Plus de 20 millions d'enfants de moins de cinq ans en surpoids.

Prévisions pour 2015 : 2,3 milliards d'adultes en surpoids et 700 millions d'obèses.

(Source : Organisation mondiale de la Santé – OMS)

Diabète

171 millions de personnes touchées dans le monde ; 360 millions projetés en 2030 ; 2,9 millions de morts par année.

(Source : OMS)

Cancer

2004 : 10 millions de nouveaux cas par an dans le monde, 6 millions de morts par année. Certains des lecteurs ont perdu ainsi un proche et savent la souffrance qui y est associée. Si l'on multiplie cette souffrance individuelle par les 16 millions de personnes concernées en y ajoutant l'angoisse et la souffrance des proches, alors nous approchons la réalité concrète de la vie vécue, moment par moment.

En 2030 : 11,5 millions de nouveaux cas par année. Une personne sur trois et bientôt une sur deux aura une forme de cancer au moins une fois dans sa vie.

(Source : OMS)

Sida

Plus de 40 millions de personnes sont affectées par le VIH, dont plus de 2 millions d'enfants.

Seule une personne sur trois accède aux traitements antirétroviraux.

On estime les orphelins du sida à 15 millions.

Il y a 2,7 millions de nouveaux cas et 2 millions de décès en 2007.
(Source : ONUSIDA)

L'éducation

771 millions d'adultes analphabètes.

127 millions d'enfants ne sont pas scolarisés, dont les deux tiers sont des filles.

25 pays dans le monde où vivent 64 % d'enfants non scolarisés.
(Source : UNESCO – http://portal.unesco.org/fr/ev.php-URL_ID=29009&URL_DO=DO_TOPIC&URL_SECTION=201.html)

La pauvreté

Les pays pauvres représentent 80 % de la population mondiale.

2,8 milliards de personnes vivent avec moins de deux dollars par jour.

Le milliard des hommes les plus défavorisés de la planète ne récupère que 1,4 % des richesses de la planète.
(Source : PNUD)

Les batailles de l'eau

Le tiers de la population mondiale manque d'eau ; une pénurie menace les deux tiers restants.
(Source : World Water Council)

La Terre compte deux millions de morts par an à cause du manque d'eau ; 4 000 enfants par jour meurent de soif ou d'infections transmises par l'eau insalubre. Imaginez 4 000 enfants mourant en l'espace de 24 heures et la somme de désespoir que cela représente.

Pour assurer l'accès à l'eau potable de la totalité de la population mondiale, il faudrait investir 200 milliards de dollars, ou la moitié du budget de la guerre en Irak.
(Source : World Water Council)

Les changements climatiques sont en interaction avec tous les problèmes planétaires : la déforestation, la dégradation des sols, la perte de la biodiversité, la désertification, le manque d'eau, l'appauvrissement de la couche d'ozone, la dégradation de l'air, l'insuffisance de l'approvisionnement alimentaire avec toutes les rétroactions que l'on connaît et les énormes problèmes que cela crée sur la santé publique.

On estime à 50 millions le nombre de réfugiés climatiques en 2010 et 200 millions en 2050 (selon l'environnementaliste Norman Myers, professeur au Green College de l'Université d'Oxford). Beaucoup de fleuves parmi les plus grands du monde, dont le Colorado et le Brahmapoutre, n'accèdent plus à la mer.

Le réchauffement, un processus non linéaire

Le réchauffement climatique crée et annonce des catastrophes climatiques et géologiques sans précédent.

Aujourd'hui : on subit deux fois plus d'ouragans de catégorie 5 ou 6 qu'il y a 30 ans, et on déplore l'apparition de la malaria dans les montagnes.

Demain : montée du niveau des océans ; en 2050, deux milliards de personnes seront touchées par les inondations.

(Source : Institut des Nations Unies pour la formation et la recherche – UNITAR, à Bonn)

Les études classiques sont généralement orientées vers l'évolution d'un paramètre particulier, telle l'étude du dioxyde de carbone (CO_2), sans mettre ce phénomène en interaction avec l'ensemble des autres paramètres perturbateurs. Or, c'est précisément cette interaction qui peut créer des phénomènes d'emballement soudains et brutaux. Par exemple, la fonte des glaces arctiques et sibériennes met à nu la terre, qui commence à dégeler et à libérer du méthane, à savoir un hydrocarbure de formule brute CH_4 : Celui-ci contribue vingt fois plus que le CO_2 à l'effet de serre. De plus, l'effet d'albédo représentant la diminution de la réverbération du soleil sur la glace permet aux rayons du soleil, auparavant réverbérés, de pénétrer dans l'eau en la réchauffant. L'interaction de l'ensemble de ces phénomènes représente un paramètre essentiel à considérer.

On constate dès lors un certain nombre d'éléments qui pourraient entraîner de graves ruptures.

Environnement

1,5 milliard de citadins sont forcés de respirer un air en deçà des niveaux de sécurité sanitaire.

(Source : OMS)

D'ici à 2030, en évolution constante et en tenant compte de la croissance prévisible de la population, le nombre de voitures passera de 500 millions à 2 milliards. Or, l'Asie, et particulièrement la Chine, a déjà l'air le plus pollué du monde.

(Source : Laurent de Bartillat et Simon Retallack, *Stop*, Paris, Seuil, 2003*)*

60 % des écosystèmes de la planète sont dégradés alors même que « la santé humaine est fortement corrélée à la santé des écosystèmes ».

(Source : OMS)

La forêt tropicale, « le poumon du monde », disparaît au rythme d'un stade de football toutes les deux secondes.

(Source : Organisation des Nations Unies pour l'alimentation et l'agriculture – ONUAA ou FAO)

Le tiers des forêts originelles a été abattu depuis le début de la civilisation agricole ; pour 10 arbres coupés dans le monde, actuellement un seul est replanté.

Le tiers des ressources naturelles de la planète a disparu dans les 30 dernières années.

L'entreprise au 20e siècle

L'entreprise est puissante et mouvante. La puissance des multinationales, notamment les décisions de certains groupes, affecte le monde.

C'est la course au profit, fonds de pension avec rentabilité immédiate, course à la quantité plutôt qu'à la qualité, ce qui entraîne des crises telles que la dioxine, la vache folle pour l'alimentaire, l'amiante pour l'industrie et les prêts hypothécaires à haut risque aux répercussions planétaires.

En 2005, 63 % des salariés par rapport à 40 % en 1985 pensent que les entreprises devraient davantage se préoccuper de l'effet de leurs actions sur l'environnement, de l'harmonie sociale et de l'épanouissement de leur personnel.

Il y a de plus en plus d'exclus et d'inégalités ; on compte 20 millions de chômeurs en Europe. On assiste à une émergence du stress : 31 % des salariés souhaitent changer d'entreprise, on dénombre 500 000 cas de troubles psychopathologiques liés au travail sur 27,5 millions d'actifs, une personne par jour en France se suicide sur son lieu de travail en 2006.

(Source : Inspection du travail de Basse-Normandie, 2005)

Le poids des marchés est excessif :

– La mesure de la valeur est restreinte aux seuls critères financiers, la richesse d'un pays s'apprécie en produit intérieur brut (PIB) par habitant.
– Les marchés financiers exercent une pression à court terme (résultats trimestriels, spéculations boursières, fusions-acquisitions…).
– Dans les années 70, le rapport entre l'économie réelle et l'économie spéculative était de un jour pour cinq, aujourd'hui il est de un pour cent.
– On estime l'argent du blanchiment à près de 10 % du PIB mondial.

Dans le domaine juridique, on constate un décalage énorme entre la législation actuelle et les besoins de l'humanité. Des vides juridiques immenses continuent d'exister face à de véritables « crimes contre l'humanité », tels que les génocides et les marées noires.

Un cas concret : Bhopal, 30 ans après

Dans la nuit du 3 décembre 1984, la catastrophe de l'usine Union Carbide a tué 8 000 travailleurs sur le coup et engendré des blessures invalidantes à plus de 300 000 personnes. Les causes de la tragédie sont une sécurisation insuffisante de l'usine et des mesures de réduction des coûts. Aujourd'hui, il y a des milliers de survivants, mais des enfants nés après la catastrophe continuent de souffrir de problèmes de santé et l'usine abandonnée reste une zone de contamination. La compagnie Union Carbide a fait face partiellement à ses responsabilités (facture estimée à 470 M$), allouant 500 $ par personne blessée et entre 1 200 $ et 2 400 $ par personne décédée. Pour éviter de perdre son autorisation de production, la société a fusionné avec Dow Chemical, qui a accepté les bénéfices, mais refusé le passif de Bhopal. Les profits des actionnaires du groupe ont triplé en une décennie…

La condition de la femme

En Asie, il manque 100 millions de femmes.

La mort d'une petite fille sur dix, en Inde, au Pakistan et au Bangladesh, est directement liée à la discrimination (selon l'UNICEF). Nous avons l'habitude de lire de tels rapports. Or ce livre est écrit dans le but de nous reconnecter avec notre dimension humaine et de ressentir ce que cela signifie de façon concrète pour les humains. En l'occurrence, il nous suffit de prendre un instant, que nous soyons homme ou femme, et de nous mettre dans la peau d'une mère qui donne d'abord la vie à son enfant et qui, ensuite, assiste à sa destruction s'il s'agit d'une fille. Puis, il est question du vécu de l'enfant, puisqu'on sait qu'un bébé a une perception nettement plus grande de la réalité qu'on ne l'avait soupçonné jusqu'à présent.

En Chine, des millions d'enfants n'ont aucune existence légale à cause de la politique de l'enfant unique.

En 2003, la Chine comptait un milliard trois cent mille habitants, avec un manque de cinquante millions de femmes.

(Source : Christine Ockrent [dir.] et Sandrine Treiner, *Le livre noir de la condition des femmes*, Paris, XO, 2006*)*

En Afrique et en Asie, en 2003, les deux tiers des 150 millions d'enfants non scolarisés sont des filles.

(Source : UNICEF)

Sur les violences faites aux femmes en France, une enquête nationale de l'an 2000 stipule que :

– 1 590 000 femmes sont victimes de violences conjugales et seulement 9 023 hommes sont condamnés.

- Une femme décède tous les trois jours des suites de violences conjugales. Pensons donc à toutes les autres qui ne sont pas mortes.
- Entre 240 000 et 802 000 enfants sont exposés aux violences conjugales.
- 1 500 000 victimes de harcèlement sexuel occupent l'espace public.
- 50 000 femmes sont victimes de viol.
- 30 000 femmes sont excisées ou menacées de l'être.
- 70 000 jeunes filles se marient de force ou en subissent la menace.

(Source : Enquête nationale sur les violences envers les femmes en France – Enveff, 2001)

Conclusion

Ces constatations demeurent incomplètes. Les travaux des scientifiques nous apportent des chiffres qui montrent que les bouleversements climatiques et les problématiques mondiales sont partout en accélération.

Le film *Home*, de Yann Arthus-Bertrand (long métrage produit par Luc Besson), traduit dans 40 langues et diffusé gratuitement dans plus de 130 pays simultanément, met en avant, entre autres, les chiffres suivants :

- les dépenses militaires mondiales sont 12 fois plus élevées que l'aide au développement,
- 20 % des hommes consomment plus de 80 % des ressources de la planète, à quoi l'on peut ajouter que 2 % de l'humanité détient 50 % des richesses mondiales, alors que 50 % de la population mondiale détient 1 % des richesses.

L'ensemble de la communauté scientifique, à quelques exceptions près, est extrêmement préoccupé et tente, par tous les moyens, d'alerter l'opinion publique pour inverser nos comportements qui ont créé cette situation, et de faire bouger les politiques et les groupes d'intérêts afin qu'ils adoptent des mesures d'urgence pour stopper l'évolution des divers processus.

Étant donné le laps de temps si court dont nous disposons, je crois qu'il est essentiel, fondamental et important que chacun d'entre nous prenne conscience de cette réalité et s'engage là où il est, à contribuer à une amélioration. Si nous sommes conscients de notre potentiel, alors nous agirons avec enthousiasme dans le but de créer un monde meilleur. Un tel positionnement a des retombées positives dans notre vie quotidienne. Si vous faites le choix de vous engager, vous constaterez certainement, comme le dit l'écologiste Yann Arthus-Bertrand, que L'ENGAGEMENT REND HEUREUX.

La Charte de la Terre

La Commission de la Charte de la Terre a présenté la Charte de la Terre à Rio de Janeiro, pendant le Sommet de la Terre (3-14 juin 1992). La plupart de ses principes commandent le respect et attendent qu'on les applique.

PRINCIPES

I. Respect et protection de la communauté de vie

1. Respecter la Terre et toute forme de vie.
2. Prendre soin de la communauté de vie avec compréhension, compassion et amour.
3. Bâtir des sociétés démocratiques, justes, participatives, durables et pacifiques.
4. Préserver la richesse et la beauté de la Terre pour les générations présentes et futures.

Pour la réalisation des quatre engagements généraux précédents, il est nécessaire d'adopter les principes suivants :

II. Intégrité écologique

5. Protéger et rétablir l'intégrité des systèmes écologiques de la Terre, en particulier la diversité biologique et les processus naturels qui assurent le maintien de la vie.
6. Empêcher tout dommage causé à l'environnement comme meilleure méthode pour le préserver et appliquer le principe de précaution là où les connaissances sont insuffisantes.

7. Adopter des modes de production, de consommation et de reproduction qui préservent les capacités régénératrices de la Terre, les droits de l'homme [l'Être humain] et le bien-être commun.
8. Faire progresser l'étude de l'écologie durable et promouvoir le libre échange et l'application élargie des connaissances acquises.

III. Ordre économique juste et durable

9. Éradiquer la pauvreté en tant qu'impératif éthique, social et environnemental.
10. S'assurer que les activités et les institutions économiques à tous les niveaux favorisent le développement humain de manière juste et durable.
11. Affirmer l'égalité et l'équité des genres comme condition préalable au développement durable et assurer l'accès universel à l'éducation, aux soins de santé et aux possibilités économiques.
12. Défendre le droit de tous les êtres humains, sans discrimination, à un environnement naturel et social favorisant la dignité humaine, la santé physique et le bien-être spirituel, en prêtant une attention particulière aux droits des peuples indigènes et des minorités.

IV. Démocratie, non-violence et paix

13. Renforcer les institutions démocratiques à tous les niveaux et promouvoir une gouvernance qui obéisse aux principes de transparence et de justiciabilité, ainsi que la participation de tous à la prise de décision, et l'accès à la justice.
14. Intégrer au système d'éducation et à la formation continue les connaissances, les valeurs et les compétences nécessaires à un mode de vie durable.
15. Traiter tous les êtres vivants avec respect et considération.
16. Promouvoir une culture de tolérance, de non-violence et de paix.

Lettre ouverte aux femmes

Au Musée de l'Homme à Paris, dans le cadre d'une exposition organisée depuis 25 ans, le message adressé aux visiteurs et surtout aux jeunes générations est le suivant :

« *Plus de six milliards d'humains, tous différents, chacun unique, et pourtant ils ont presque tout en commun. Ils partagent une même généalogie et constituent une seule et même famille.* »

Je crois que chaque femme est très consciente de l'unicité de cette famille. C'est la femme qui porte et introduit la vie sur terre ; pour cette raison, tout naturellement, les femmes désirent la voir s'épanouir. Toutefois, beaucoup de femmes ne sont pas encore bien conscientes de la richesse tout à fait unique qu'elles détiennent, comme de leur potentiel et de leur capacité à contribuer à la création de valeur et à l'évolution de l'humanité.

Cependant, en moins d'un siècle, nous avons fait un saut en avant plus important que pendant des milliers d'années. La femme est sortie de son confinement, là où elle a pu le faire, pour devenir cocréatrice de valeurs et de richesses pour les nations, en collaboration avec l'homme. Mais je vous invite à ressentir aussi ce que vous éprouvez pour les femmes encore si nombreuses sur cette planète, en position de soumission et en souffrance. Cette moitié de l'humanité qui, en si grande partie, est non acceptée pour ce qu'elle est réellement, mérite que nous nous donnions toutes la main pour les aider à se créer une vie digne.

Il est donc primordial que nous sachions qui nous sommes. Chacune d'entre nous doit savoir qu'elle est une force de vie extraordinaire, qu'elle est pur potentiel. Chacune est naturellement belle en acceptant et en laissant rayonner les richesses qu'elle a au fond d'elle. Notre intuition et notre pragmatisme font de nous les inspiratrices qui ouvrent des voies nouvelles. Il faut que chacune d'entre nous soit bien consciente qu'elle détient une intelligence naturelle, à l'instar de tous les hommes, avec ses 100 milliards de neurones, dans la mesure où sa peur et ses émotions ne lui coupent pas l'accès à son potentiel. Nous n'avons donc aucune raison d'entrer en compétition avec l'homme ou de l'imiter. Il suffit d'être ce que nous sommes, non pas en réaction, mais dans l'affirmation. Ainsi nous créerons, avec l'homme, un monde meilleur.

Nous amenons la vie sur la Terre, ce qui nous confronte, pour la plupart, à la douleur et nous la fait vaincre. Il y a d'ailleurs des initiatives qui demanderaient à être développées dans un esprit d'ouverture (accouchements dans l'eau, techniques respiratoires, haptonomie, mouvements et positions pour faciliter la descente du bébé et l'accouchement, etc.).

L'amour jaillit de notre cœur lorsque la vie que nous avons portée peut enfin être contemplée en face. Cette vie nouvelle, cette vie pour demain que nous aimons et que nous choyons, nous rend sensibles à la qualité de vie que nous créons, non seulement aujourd'hui, mais aussi pour l'avenir. Nous avons donc naturellement un désir et un souci d'assurer un futur pérenne dans une vision globale et à long terme.

L'expérience générationnelle de la lignée nous transmet à toutes, que nous ayons nous-mêmes des enfants ou non, une vive sensibilité et, d'emblée, l'aspiration à l'harmonie et à ce qu'on peut appeler le bonheur.

Avec tous ces atouts, toi, ma sœur, tu as aujourd'hui un rôle important à jouer sur la planète, non seulement dans ton foyer, mais aussi à l'extérieur. Dans ton foyer, vois comment tu peux développer dans l'harmonie et le respect mutuel, la joie et une dynamique enrichissante pour tous. Repositionne-toi si nécessaire. Valorise tes enfants, filles et garçons. Dis-leur qu'ils ont un grand trésor en eux, un riche potentiel, et qu'ils sont ici pour apporter le meilleur service à l'humanité. Fais-leur savoir très tôt qu'ils sont naturellement intelligents, s'il n'y a pas de peur qui crée des blocages et qui construit des cloisons et des barricades dans leur cerveau. Dis-leur qu'ils sont faits pour réussir. Enseigne-leur le *repère intérieur*, c'est-à-dire leur propre capacité d'évaluation qui inclut le ressenti. C'est aussi important pour eux que pour toi. Lâche les croyances des générations précédentes.

Que tu sois ou non porteuse de responsabilités dès aujourd'hui, regarde bien comment tu peux agir, réorienter et faire évoluer les choses pour préserver la vie sur terre. Développe toujours une *vision globale* pour chaque situation, en incluant tous les effets et les effets des effets. Si tu te vois en victime, dans le cadre de ta vie professionnelle, sociale ou familiale, sors de là dans l'affirmation, pas dans la frustration et la réaction. C'est un acte de vie qui te grandira et te fera abandonner ce qu'on appelle les *bénéfices secondaires*, des *avantages* que la victime trouve parfois à rester passive et à chercher le réconfort dans la complainte. Cela ne veut pas dire de tout casser n'importe comment en faisant la révolution. Je parle d'évolution.

Si, par contre, tu as pris le dessus, en réaction et en étant dominatrice, cassante et castratrice, alors dis-toi que tôt dans la vie, tu as perdu ce cadeau magnifique qu'est la féminité. Détends-toi, ouvre-toi. Même si tu découvres sous la surface comprimée et sous ta carapace un fond si endolori, si vulnérable que d'un coup tu voudrais reculer, sache que seule la pleine acceptation de ta réalité intérieure te rend véritablement forte. Plonge au fond de toi, travaille sur toi, même si ce n'est pas facile. Tu as la force. Une fois que tu as pris conscience et bien accepté ce qui t'a fait pleurer quand tu étais petite, tu ne trouveras que du pur potentiel en toi. Récupère alors ton cadeau de naissance et prends des décisions, agis et apporte ta contribution à l'évolution. Si tu as peur ou que tu te sens timide, émotionnelle et pas à la hauteur, travaille davantage sur toi pour te structurer. Informe-toi, lis et fais-toi aider si nécessaire. Fixe des étapes de progression en sachant que c'est toi qui crées ta réalité.

Vois l'homme comme ton alter ego, cet être ni supérieur ni inférieur, mais à la fois différent et, au fond, pareil. N'aie jamais peur de lui, mais sois lucide et cultive la sagesse. Ne sois en rien complice dans ce qui, ensuite, pourrait te faire souffrir. Cultive le discernement et sache que pour aimer, il faut commencer par soi d'abord. Je ne parle ni d'égoïsme ni de narcissisme, mais d'amour et de générosité bien à leur place pour toi. Ils représentent la base pour donner de l'amour vrai. Ils te confèrent un sentiment de richesse qui évite à tout moment de confondre dépendance et amour. Pour autant que tu en aies besoin, entraîne-toi et vois-toi d'un œil nouveau. C'est en t'aimant et en te respectant que tu réunis les meilleures conditions pour créer avec l'homme, dans la *complémentarité*, la réalité de demain.

Vu les souffrances innombrables sur terre et les dangers hallucinants, il faut agir sans tarder. Le temps de clamer son impuissance est révolu. Chacune a des choses à accomplir dès maintenant. Il faut que nous puissions toutes nous entraider, créer des groupements et des centres d'étude, d'information et d'action dans le monde entier en intégrant l'homme selon le contexte. Il faut informer et rendre chacun conscient du potentiel d'action et d'évolution que nous avons tous. Sans tarder, développons des dynamiques nouvelles et positives pour introduire des changements profonds et durables. Utilisons de façon déterminée notre grande capacité à nous centrer sur l'essentiel. C'est un facteur d'efficacité qui permet de prioriser, de développer des stratégies de vie et d'agir, en restant rigoureuses, cohérentes et logiques.

Soyez donc pionnières, chercheuses, soyez ingénieuses et passionnées, trouvez des solutions innovantes. Créez, développez. Travaillez avec l'homme et montrez-lui que c'est l'affirmation de ses qualités humaines devant les hommes et dans des projets qui montre sa force. Donnez-vous les moyens d'accéder à un *savoir-être* et un *savoir-faire* et n'abandonnez jamais. Assumez des responsabilités et célébrez toute réussite, même petite. Soyez généreuses envers vous-mêmes, sans être complaisantes. Ainsi, vous réaliserez votre destinée de gardiennes de vie. Jamais époque n'a eu plus besoin de nous que la nôtre.

Lettre ouverte aux hommes

Je me réfère, pour vous aussi, à cette grande famille humaine évoquée au Musée de l'Homme à Paris, cette grande famille qui ne demande qu'à vivre ensemble en harmonie. Ainsi, la vie a du sens pour tous sur cette planète.

Au Palais de la Découverte à Paris, les paroles des premiers astronautes sont inscrites sur des panneaux pour sensibiliser le public afin qu'il développe un regard nouveau sur l'homme et la planète. Il est dit :

« *Vue de l'espace, la Terre est sans frontière. Pourtant au sol, il y a toujours des conflits, des peuples qui souffrent. Si on donnait une troisième dimension à la recherche de la paix et aux actions humanitaires ?* »

Or, ce que nous constatons sur la Terre, c'est le morcellement, la séparation, la division, l'opposition, l'exclusion et la violence et, avec cela, tout le cortège de souffrances. Comment se fait-il que nous en soyons là, alors que nous tous, hommes et femmes, sommes porteurs d'un magnifique potentiel de vie, capables de faire de cette planète un paradis ? C'est probablement que la psychologie humaine plonge ses racines dans l'aube des temps où pouvait être maître celui qui disposait de la plus grande force physique. La mise en danger des femmes dans le monde n'est certainement pas étrangère à ce phénomène. Rappelons-nous qu'une femme en France meurt sous les coups de son mari (ou compagnon) tous les trois jours. Combien cela représente-t-il de femmes agressées et battues qui n'en meurent pas ? Je ne le constate pas seulement en tant que femme ; je pense que vous, les hommes, le constatez de la même manière. C'est une donnée sociale qui demande à être traitée à tous les niveaux, à commencer par l'éducation des petites filles et des petits garçons. Cet ouvrage ne vise absolument pas à vous accuser ou vous incriminer, mais au contraire à vous inciter, comme j'y encourage les femmes, à utiliser votre potentiel au service de la vie par du travail sur vous-mêmes et la recherche d'un épanouissement véritable – pas en surface, mais en profondeur. Un épanouissement authentique vous permettra de contribuer à un mieux sur cette Terre. Plus encore, un épanouissement vrai (et nous en parlerons) vous poussera à aspirer à créer des valeurs et à contribuer à l'évolution de l'ensemble de l'humanité.

Bien que, pendant des millénaires, le règne du « plus fort » ait nourri une dynamique de compétition, d'affrontement, de guerres, de domination et de soumission, il est possible de changer les choses, à partir d'une prise de conscience réelle et profonde de la nécessité du changement. Plutôt que de continuer à tuer et se faire tuer ou même à se sacrifier sous une forme ou une autre, chacun, en prenant conscience de son potentiel créateur de vie, pourra activement, voire passionnément, contribuer au changement.

L'entrée dans le troisième millénaire exige ses droits. Nous le savons. Les déséquilibres s'aggravent à tous les niveaux. Il faut agir. Mais que faut-il faire ? Comment sortir du passé ? En changeant de positionnement pour ensuite changer de comportement, les décisions et les actions ne sont alors plus les mêmes. Cela vaut autant pour les femmes que pour les hommes. Sortir du passé, c'est se souvenir que la dynamique de domination et de soumission s'est imposée à beaucoup d'entre vous dès le plus jeune âge. Parfois la forme pouvait être subtile, mais d'autant plus pernicieuse. Vous êtes nombreux à avoir compris tôt dans votre vie que l'expression du sentiment, de la sensibilité, de la tendresse et du ressenti de vos émotions n'était vraiment pas accueillie. Vous vous souvenez peut-être avoir eu mal et avoir eu besoin d'un geste tendre. Mais le rappel de votre statut, « Tu es fort, tu es un homme » , vous a appris à réprimer et à refouler ce que vous ressentiez, à ne plus exprimer vos sentiments et votre réel besoin. L'exhortation à être « fort », et le petit que vous étiez le comprend seulement avec le temps, était assortie d'un certain danger en cas de non-respect. Vous risquiez d'être qualifié de faible ou même de poule mouillée.

Le droit au repère intérieur est ainsi refusé, c'est-à-dire le droit de s'exprimer sans être jugé ou même le droit d'accéder à ce que l'on ressent au fond de soi et à ce que l'on vit en réalité. C'est le jugement qui pèse sur l'enfant qui lui permet d'exister ou non, selon qu'il se conforme ou non au désir de l'adulte.

C'est ainsi que le repère extérieur, la consigne, prendra le dessus et que, progressivement, le regard du petit garçon se tournera de plus en plus vers l'extérieur pour faire reconnaître sa valeur. Il cherchera ensuite à se mesurer à l'extérieur pour voir si sa propre valeur est plus grande ou moins grande que celle des autres en sollicitant la réponse à l'extérieur, laquelle pourtant se trouve à l'intérieur de lui. Cette réalité ne se révèle pour la plupart que beaucoup plus tard, voire pour certains en fin de vie. Je me dis : pourquoi attendre si longtemps pour toucher ce pourquoi nous sommes venus sur terre ?

Je pense, en effet, que nous sommes tous venus pour réaliser notre potentiel, ce trésor intérieur que j'appelle le *repère intérieur* qui représente cette riche combinaison faite *d'intelligence de la raison, d'intelligence du cœur, d'intuition et d'ancrage dans une sensation de sécurité.* C'est ce *repère intérieur* qui nous rend capables, pourvu que nous ayons appris à y accéder, d'attribuer une juste valeur aux choses. Il est important de savoir que nous sommes coupés de ce potentiel à l'intérieur de nous au même degré que nous serons coupés de la réalité des autres. Par exemple, si nous avons été amenés à ne pas ressentir nos émotions, nous ne percevons plus les émotions et les souffrances des autres. Dans cette situation, nous faisons d'ailleurs tout pour ne pas les ressentir, pour ne surtout pas réveiller des émotions en nous qui déclencheraient des souvenirs et des sensations peut-être peu agréables.

La notion de « l'homme fort » et musclé aussi bien dans le corps que dans le cerveau pour impressionner, est obsolète. À l'ère où s'amorce la prise de conscience des vraies valeurs, l'homme fort est celui qui sait faire appel à son *potentiel global* et qui sait être *humain* avant tout. Est fort celui qui témoigne de son humanité par son engagement concret, quel que soit le contexte extérieur et sans attendre l'exemple ailleurs.

Maintenant, après avoir exploré l'infiniment grand et l'infiniment petit, après avoir cherché à vous dépasser et à vous surpasser dans la compétition et dans la dépendance à l'extérieur, le moment historique est peut-être venu pour vous de vivre l'expérience la plus extraordinaire, *le voyage à la rencontre de soi*. C'est certainement le voyage le plus ambitieux qui demande probablement plus de courage que n'importe quelle destination à l'extérieur. La société vous a conditionnés et a exigé que vous soyez forts. Utilisez cela maintenant à votre profit et pour le plus grand bénéfice de tous. Osez aller à la rencontre de qui vous êtes vraiment. Si vous relevez ce défi, vous découvrirez alors, après avoir enlevé les aspects encombrants, un être magnifique, plein de force et d'amour, un être dont les richesses et les dons ne demandent qu'à se révéler et qui, sur son chemin de vie, cherche depuis toujours à créer, donner et recevoir le meilleur.

Notre besoin aujourd'hui : le développement de l'homme et de son *savoir-être*

L'humanité se trouve aujourd'hui en face d'un certain nombre de besoins urgents. Ces besoins concernent le développement de l'homme et donc de son *savoir-être*. L'homme doit développer une dimension de conscience plus large pour apporter, de façon responsable et dans une vision globale et pérenne, des réponses à des besoins urgents.

Pour répondre à ces besoins, nous devons être prêts à prendre des initiatives, avoir du courage et une belle ouverture à la dimension humaine, tout en adoptant un esprit logique et une vision globale.

Voici quelques initiatives à prendre sur la base d'une *vision globale* en incluant à la fois la dimension individuelle, les systèmes, les productions et les innovations :

- *Analyser et réorienter* les innovations et applications pour éliminer tout risque de nuisance à l'humanité.
- *Transformer, rendre inoffensif ou supprimer* ce qui demande à l'être dans l'armement et l'industrie comme dans les systèmes et les organisations.
- *Mettre en place ici et maintenant* les dispositions nécessaires pour assurer cela.
- *Créer une infrastructure* assurant l'éthique dans les organisations et les entreprises, sur le plan national et sur le plan mondial.

- *Créer* ainsi des compétences nouvelles dans tous les domaines. Créer la compétence de développer un *savoir-être positif* et développer la capacité pédagogique de savoir *transmettre* ce *savoir-être* en assurant l'exemplarité.
- *Créer* un mode de vie plus positif et plus créatif.
- *Créer* un corps social en bonne santé.
- *Créer* des institutions qui assurent et développent l'éthique.
- *Favoriser* les approches globales et positives de l'Être humain dans quelque secteur que ce soit.
- *Valoriser et responsabiliser* les individus au lieu d'exploiter au maximum les capacités et les forces vives de chacun et de créer des oppositions et des conflits d'intérêts.
- *Mobiliser* les ressources et les intelligences individuelles, à commencer par ses propres ressources et par l'utilisation de façon positive et constructive de sa propre intelligence.
- *Développer* de nouveaux comportements plus positifs, à commencer toujours par soi. De façon générale, ne plus ignorer le potentiel individuel.
- *Motiver et susciter* des vocations, au lieu de gaspiller et perdre d'immenses gisements de potentiel.
- *Réorienter le système d'éducation* pour répondre aux réels besoins des enfants et de la jeunesse, qu'il s'agisse des contenus éducatifs ou des modes d'enseignement.
- *Stopper le déversement dans les cerveaux des contenus massifs et stérilisants des programmes scolaires.* Passer à l'apprentissage d'une véritable communication entre individus et au développement de la dimension humaine et d'un niveau de conscience plus large.
- *Susciter l'éveil des enfants* et leur apprendre à respirer, à communiquer, à avoir confiance en eux-mêmes et à s'affirmer positivement dans la vie en situation difficile. Savoir mobiliser leur potentiel en créant des dynamiques de groupe constructives. Développer les compétences appropriées. Savoir créer, par l'exemplarité du *savoir-être* et des connaissances ainsi développées,

un climat globalement positif. Développer l'art d'une pédagogie réunissant harmonieusement *savoir-être* et *savoir-faire*. Préparer les jeunes à une vie positive et constructive de façon globale, plutôt que de trop leur remplir la tête en les coupant de leur ressenti.

- *Introduire* un cours nouveau de pédagogie relationnelle ou de *Psychologie d'Évolution* comportant des mises en situation et du travail en sous-groupes, de la 6e à la terminale. Des enseignants ayant été formés autant au *savoir-être* qu'au *savoir-faire* assureraient ce cours. En plus d'être d'excellents pédagogues, de tels professeurs doivent d'emblée disposer d'un certain nombre de qualités humaines leur permettant d'être proches des enfants. Ils doivent avoir du charisme et une forte motivation pour apporter *le meilleur* aux enfants dans une vision d'évolution de la société.
- *Clarifier* des notions sémantiques, clarifier le sens des mots pour permettre aux jeunes de faire le *tri* entre ce qui a un *impact réellement positif et constructif* et ce qui a pour conséquences des *effets pervers* et des effets cachés, de toute évidence négatifs. Cet ouvrage présente quelques éléments de clarification.
- *Faire fonctionner* progressivement davantage notre cerveau dans la globalité (le potentiel intellectuel est utilisé pour quelques pourcentages seulement). Ce potentiel est non seulement peu, mais mal utilisé.
- *Impliquer* dans tout ce que nous faisons notre être dans sa globalité : *le corps, le sentiment, l'intuition et l'intellect* puisque toutes ces instances participent à tout ce que nous créons, que nous en soyons conscients ou non. Au lieu de se préoccuper seulement du cerveau et un peu du corps, l'humanité a besoin de mettre à l'honneur la *dimension du cœur* et celle de l'intuition.
- *Responsabiliser et sensibiliser* tout Être humain aux effets de ses actions et aux conséquences de ses réalisations et de ses créations.

- *Passer de la compétition* à une *réelle coopération* avec tout ce que cela implique et sortir du court terme pour assurer un avenir pérenne.
- *Passer* de la notion d'*opposition* à la notion de *complémentarité.*
- *Connaître* les principes fondamentaux de la vie qui nous permettent de sortir des difficultés affrontées dans le monde pour engendrer une véritable évolution.
- *Permettre* à chacun d'apprendre à gérer son potentiel santé.
- *Prévenir* la maladie, au lieu d'alourdir les interventions a posteriori avec tout ce que cela représente de gaspillage dans les applications industrielles, d'appareillages lourds ou de médicaments et le *coût financier* que cela implique, sans même parler de toute la souffrance sur le plan humain.
- *Apprendre les lois fondamentales de la communication* entre les humains et considérer les moyens de communication comme un support et non pas comme un remplacement de la communication entre les personnes.
- *Apprendre* aux populations des pays émergents à devenir autonomes en les formant au *savoir-être* et aux différents *savoir-faire* sur la base d'une conscience de leur potentiel, plutôt que de les rendre dépendants par des transactions et des mécanismes pernicieux.
- *Apprendre* à chaque individu le fonctionnement de base de l'Être humain et les leviers qu'il utilise pour agir de façon constructive ou, selon le cas, de manière destructrice.
- *Institutionnaliser* le développement personnel et les recherches sur le *savoir-être.*
- *Développer,* de façon générale, la conscience, le potentiel, la responsabilité et la joie de chacun.
- *Développer* une conscience de réussite collective et individuelle et une conscience de paix dans le respect de toute forme de vie.
- *Développer la Qualité Globale à Dimension Humaine©*, laquelle ne vise pas seulement la qualité du produit, en l'occurrence n'importe quel produit pour n'importe quel usage (éventuellement

destructeur), mais qui exige la qualité à tous les niveaux : qualité de vécu professionnel de tous les acteurs concernés, processus de qualité, prise en considération des effets à court, moyen et long terme, et impact sur le futur, sur la société d'aujourd'hui et sur l'environnement, proche ou lointain.

- *Reconnaître* les capacités individuelles de chacun et associer la notion de force à la capacité d'être constructif et vice versa.

Tout cela exige un engagement fort sur la base d'une vision claire et un *repositionnement* par rapport à nos habitudes et à nos *perceptions anciennes*. En somme, c'est vivre une vie passionnante à un moment passionnant de l'histoire. Je vous souhaite la joie, la passion et le constant dépassement de vous-même dans tout ce que vous entreprendrez. Je vous souhaite de *grandir* pendant que vous construisez et que vous contribuez à l'évolution de l'humanité.

Je vous propose de compléter cette liste d'initiatives, selon votre vision et votre expérience, et de l'utiliser comme base de travail dans votre activité.

Chapitre 1

Le monde aujourd'hui

Les Terriens du troisième millénaire

C'était à Honolulu

Dans moins d'une minute, il est minuit. Nous sommes sur un grand promontoire qui surplombe tout Honolulu. La ville étincelante de mille lumières est à nos pieds. Le compte à rebours est commencé. Dix, neuf, huit, sept, six, cinq, quatre, trois, deux, un, zéro. Il est minuit, voici la première seconde, la première minute, la première heure du nouveau millénaire. Des gerbes de feux d'artifice explosent partout et la ville aux mille lumières est plus belle encore pour nous faire vivre les premiers instants de ce grand changement de l'horloge historique. Cet endroit étant situé dans une des dernières parties longitudinales de la planète, à l'instant présent, toute l'humanité sur ce globe a accompli le passage dans ce nouveau millénaire. Ici, sur ces îles du Pacifique, nous sommes les derniers à faire ce grand pas dans le futur. Les personnes s'étreignent, s'embrassent, se souhaitent tout le bonheur, toute la joie pour cette année singulière de l'histoire et le pétillement du champagne est perçu dans cette nuit éclairée selon l'intensité des gerbes lumineuses des feux d'artifice.

Par la suite, nous retournons à l'endroit de la petite réception et nous nous adonnons à des discussions sur la vie, l'évolution et l'avenir. Le thème de l'ère de l'information a déclenché une discussion passionnante mettant en avant l'enjeu de l'humanité au début de ce millénaire. Que communiquer pour obtenir quel résultat ?

La question de la qualité des messages et des informations pour les humains est soulevée. Le fait qu'aujourd'hui les individus sont assaillis par une masse d'informations dont une partie importante non seulement ne génère pas l'épanouissement, ni ne développe la conscience, mais porte carrément préjudice à l'évolution saine et harmonieuse des hommes.

Voilà que notre petit groupe commence à aborder le véritable défi de l'humanité au début de cette ère nouvelle. En effet, les moyens technologiques de communication sont de plus en plus puissants. Les connaissances scientifiques et mathématiques au début de ce troisième millénaire mettent à la disposition de l'homme des outils d'une puissance jamais connue auparavant.

Du gigantisme matériel à la dimension humaine atrophiée

L'humanité se trouve confrontée à un paradoxe gigantesque. La puissance matérielle en tant que résultat direct d'un fonctionnement intellectuel et abstrait est, pour une grande part, pilotée par une instance atrophiée. « Quelle est donc cette instance ? » me direz-vous. Elle représente la dimension affective et émotionnelle atrophiée de l'humanité, autrement dit *la dimension du cœur non épanouie qui fait des choix et qui impulse des décisions.* À côté de notre *mental hypertrophié*, la *dimension du cœur* – ce qui donne vie et sens aux choses – s'est très peu développée. Restée coincée dans des états réactionnels et émotionnels, et souffrant plus ou moins chroniquement d'un manque de reconnaissance, d'attention et d'amour, elle fonctionne pour beaucoup de façon subjective et irrationnelle, au lieu d'être à la base du déploiement de notre potentiel dans la clarté, dans l'humanité et dans la qualité. Oui, c'est bien cette instance rétrécie, cette dimension du cœur si peu reconnue qui pourtant impulse des choix et des orientations. En effet, si la logique, et donc la raison, commandait et prenait des décisions sur la base de notre potentiel bien déployé, il n'y aurait pas les incohérences, les contradictions et les guerres, ni les innombrables conflits et les souffrances aberrantes par leur gratuité, sur cette Terre. Êtes-vous d'accord? Je pense que tout le monde devrait se pencher sur ce fait.

N'ayant pas droit au chapitre de la même manière que la pensée au cours du dernier millénaire, la dimension du cœur est restée au stade de l'enfance. Prenons un exemple. Quand vous regardez jouer des petits enfants de trois, quatre, cinq ou six ans, vous les voyez s'arracher les jouets et se taper pour les récupérer. Vous les voyez hurler, dominer ou pleurer et se résigner.

Quand vous regardez le fonctionnement économique et les marchés que les hommes s'arrachent mutuellement, quand vous voyez les épreuves de force nécessaires pour en extirper les avantages et quand, de plus, vous observez la compétition partout, chacun cherchant à se dire qu'il est le plus grand, le plus fort, le plus beau, vous constatez le même comportement que celui des petits garçons et des petites filles à l'âge de quatre ou cinq ans. Seulement les jouets sont *plus puissants et plus dangereux*. Autrement dit, l'âge de l'humanité à l'entrée du troisième millénaire se situe encore au stade de l'enfance.

La dimension du cœur n'a pas pu évoluer. Or c'est cette dimension qui décide. C'est elle qui tranche, qui aime ou n'aime pas. C'est elle qui accepte ou rejette. C'est encore elle qui adhère ou sépare et qui inclut ou exclut. C'est toujours elle qui donne à la fois la direction et le sens aux choses.

La densité de l'échange rendait présentes toutes ces réflexions sans qu'elles soient toujours clairement exprimées.

L'hiver à Hawaii se vit dans la douceur. Nous étions donc tous assis à l'extérieur de la maison chez les amis qui nous avaient conviés. Des fruits exotiques et des pâtisseries servis durant les premières heures de cette journée historique nous ressourçaient pendant nos réflexions.

Trois étapes d'évolution à l'ère moderne

Il se dégageait de ces discussions l'esquisse des trois étapes de l'humanité en évolution. J'ai alors proposé à ma voisine d'imaginer qu'elle avait un œuf dans la main pour faire une petite expérience.

Je me suis proposé de faire la même chose. Maintenant chacune a un œuf et décide d'offrir son œuf à l'autre. Symboliquement nous échangeons nos œufs. Résultat? Chacune avait d'abord un œuf et de nouveau, après l'échange, chacune en a un. Conformément aux *lois de la matière*, aucune démultiplication ne s'est faite. C'est le fonctionnement économique par les moyens matériels tel qu'il pouvait avoir lieu en grande partie dans l'ancien millénaire.

Maintenant, nous passons à une autre expérience et ainsi à une autre étape. J'ai une idée et vous aussi. Je vous confie la mienne et vous me donnez la vôtre. Résultat? Nous avons deux idées chacun contrairement aux *lois de la matière. La multiplication se fait dans l'intangible, dans le qualitatif.* L'échange massif de connaissances va donc se multiplier de façon exponentielle. Voici *l'ère de la communication et de l'information* qui s'intensifie à l'aube de ce nouveau millénaire. Mais quelle est la valeur de ces informations? Quels effets entraînent-elles? Pourquoi est-il aujourd'hui autant question de dangers?

Mon fils, à qui j'ai rendu visite pour ces jours de fête, nous rappelle que nous avions évoqué une troisième étape et que c'est certainement maintenant le moment de l'entreprendre. Elle consiste à *faire fusionner les idées avec les qualités du cœur.* Nous avons d'abord vécu l'investigation de la matière et le développement et l'échange de moyens matériels. C'était la première étape de l'ère moderne. Par la suite, nous avons développé les moyens de communication et intensifié l'échange des idées. C'était la deuxième étape. Aujourd'hui, la troisième étape s'annonce: la fusion des idées avec les qualités du cœur. La **réunion du quantitatif et du qualitatif** se présente comme le grand défi lancé aux Terriens du troisième millénaire. Ouvrir la dimension du cœur, réunir raison et besoins affectifs dans une approche globale semble une démarche à la fois logique et humaine. Le partage effectif des effets et des bénéfices d'une approche globale de la vie relève de l'intelligence. La diffusion des valeurs nouvelles à l'aide de puissants réseaux de communication, au service des vrais besoins de tous les hommes, contribuera à changer le monde.

Face à l'exigence de mûrir et de sortir d'une *fragilité réactionnelle*, l'humanité doit grandir maintenant sur le plan affectif, en vue d'évoluer vers une conscience plus globale et vers un meilleur équilibre.

C'est ici que l'aspect logique intervient. Dans une interaction globale et mondiale, le désordre psychique des émotions non gérées, même cachées sous une *carapace mentale bien agencée*, tel que nous le vivons encore aujourd'hui, ne pourra assurer la pérennité de la vie sur cette planète.

Le challenge est extraordinaire. Que faire pour harmoniser le *gigantisme de la puissance matérielle* et *le rétrécissement de la dimension humaine*, ces dimensions affectives, émotionnelles, intuitives et corporelles tant ignorées et négligées ?

Faire un choix

La réalité met en lumière un certain nombre de paradoxes : jamais l'être humain n'a été aussi seul, alors que la communication s'écrit en lettres majuscules. Jamais l'individu n'a été autant assailli par des informations qui ne l'épanouissent pas et même lui nuisent en l'éloignant des éléments essentiels à un bon équilibre de vie. Jamais l'espèce humaine n'a été autant menacée, alors qu'elle dispose de plus en plus de moyens matériels. Jamais la jeunesse n'a été aussi angoissée, résignée, blasée ou violente, alors qu'elle constitue la génération qui a à sa portée le plus grand nombre de moyens technologiques pour explorer et vivre la vie. Par ailleurs, notre connaissance de la vie jusque dans l'infiniment petit et l'infiniment grand est passionnante. Elle nous révèle son infinie beauté, sa diversité, et nous laisse entrevoir l'intelligence de son déploiement. Une chercheuse en microbiologie me disait récemment : « Quand j'attendais mon bébé, j'ai été émerveillée par l'intelligence de la vie. Tout marchait, des milliards de fonctions marchaient simultanément en évoluant. Alors que nous faisons de tels efforts pour en faire marcher quelques-unes dans nos éprouvettes. » Nous voilà bien confrontés à la vie avec son potentiel d'intelligence si peu respecté et reconnu par nous. Coupé de cette dynamique de vie et de qualité, l'intellect s'érige en maître et crée des ruptures et des déséquilibres. C'est ainsi que nous nous retrouvons devant le plus grand paradoxe de l'histoire. Nous voici aujourd'hui face au choix, à effectuer rapidement, d'aller dans le sens de la vie ou contre la vie.

Revenons à notre petit groupe, où j'ai évoqué notre privilège tout à fait singulier, même extraordinaire, de pouvoir vivre un tel moment historique et participer à l'articulation d'un millénaire offrant une réalité culturelle en puissante transformation avec un autre qui ouvre des perspectives inimaginables et qui sollicite la participation de chacun.

Quelques personnes ayant quitté la soirée peu après minuit, j'ai proposé aux personnes encore présentes de dire ce qu'elles souhaitaient apporter au cours de cette nouvelle année, ce qu'elles souhaitaient réaliser, vivre, et à quoi elles désiraient contribuer. Le moment était trop beau pour ne pas saisir l'occasion de permettre à chacun d'exprimer ce qu'il ressentait au fond de lui. Les uns après les autres, nous avons longuement abordé des sujets comme l'économie ou la technologie, l'histoire et la religion, sans toutefois nous donner le droit de laisser parler simplement notre cœur. J'ai pu me rendre compte, une fois de plus, à quel point il est souvent difficile pour les êtres humains d'exprimer leur ressenti et de dire « Je crée ceci », « Je contribue à telle chose » ou « Je désire vivre cela ». De temps en temps, avec d'infinies précautions, j'ai essayé de ramener le regard des autres davantage vers ce qu'ils ressentaient. Chaque fois, c'était comme un dépassement de soi. Finalement, chacun a partagé ses richesses et il y en avait beaucoup !

S'il était nécessaire, ce moment historique m'a confirmé une fois de plus l'**interdit culturel** qui pèse sur les Êtres humains et qui les empêche, les hommes plus encore que les femmes, d'exprimer spontanément leurs qualités de cœur. L'un des enjeux majeurs de l'humanité résidera précisément dans la façon de disposer de cette capacité, non pas dans une vision niaise et inintelligente, mais dans la conscience de la valeur de chaque richesse individuelle, la nôtre et celle de chaque Être humain sur terre.

C'est le vécu et l'affirmation positive de ces qualités qui nous permettent non seulement de créer et de vivre une vie passionnante et de qualité pour nous-mêmes, mais aussi de pouvoir réellement contribuer à faire de ce monde un lieu de bonheur et d'abondance pour nous, pour nos enfants et pour les générations à venir. Cela est valable, quelle que soit notre position dans la vie. Il suffit de développer suffisamment la conscience et ensuite de se servir des moyens accessibles à tout le monde.

Reconnaître et laisser s'épanouir nos qualités

Ce livre a pour objectifs de nous permettre de reconnaître toutes nos richesses et qualités et de les laisser s'épanouir pour mener une vie passionnante et heureuse, tout en contribuant de toutes nos forces à l'évolution de l'humanité. Pour cela, nous avons besoin de développer une vision globale dans tout ce que nous entreprenons, tout en cultivant le discernement et en déployant de plus en plus notre conscience, à mesure que nous franchissons les étapes.

La contribution de chacun d'entre nous est indispensable. C'est une notion valorisante pour chacun de nous et qui, de plus, nous responsabilise. Enfin, si nous nous ouvrons à la vie en œuvrant pour la réussite, la nôtre et celle des autres, nous développons un élan de vie qui nous remplit de joie.

Il n'est pas nécessaire pour cela, comme je le disais au cours de cette soirée, que nous réalisions des équations comme Einstein. Il est nécessaire seulement de faire le maximum là où nous sommes, mais de le faire réellement.

Les étoiles de mer

Vous me direz : « Mais le challenge est immense. Alors que puis-je déjà faire, moi qui suis si petit en face de tout cela ? » Je répondrai volontiers par une parabole : une énorme tempête avait projeté des milliers d'étoiles de mer sur une plage. Un petit garçon ramassait des étoiles de mer et les rejetait à l'eau pour leur éviter de mourir. Il courait vite dans ses allers-retours et de nouveau il revenait, ramassait les étoiles de mer pour les jeter à la mer. Là-dessus, arriva un homme qui avait des connaissances et de l'expérience. Il regarda les milliers d'étoiles de mer et les efforts du petit. Il attendit un moment, puis il s'adressa au petit garçon. Il lui dit : « Regarde tout ça. Regarde, il y a des milliers d'étoiles de mer. Tu sais, ce que tu fais là, ça ne sert à rien. » Le petit regarda alors toutes ces étoiles de mer et l'homme qui venait de lui parler. Il lui répondit : « C'est vrai : pour toutes ces étoiles de mer, cela ne sert à rien ; mais pour celles que je jette à l'eau, c'est drôlement important. »

C'est ce que je voudrais vous proposer. Faites ce que vous pouvez, mais faites-le. Commencez par votre propre étoile de mer et contribuez ensuite à ce que beaucoup d'autres trouvent la leur. Cultivez la joie et la sagesse et puis, pourquoi vous limiter ? Créez des miracles, des miracles d'amour pour la vie, des miracles dont la vie raffole, des miracles de tous les jours. Soyez ainsi comblé et comblez les autres et, surtout, commencez tout de suite.

Les yeux des enfants

Il n'y a rien de plus beau que les yeux des enfants pour être en contact avec la vie et pour recevoir le message de l'infini.

Par le biais de ce regard de transparence, de douceur et de profondeur, l'âme s'exprime. Même chez les tout-petits, les yeux expriment le sérieux. Le regard des enfants essaie de réunir la vie sur terre, la vie ici et l'expérience qu'ils ont de l'infini.

Tant que l'envahissement du monde n'a pas trop touché leur regard, ne l'a pas terni, les yeux des petits donnent accès à l'autre côté de la vie, cette autre dimension qui s'appelle probablement le Paradis.

C'est alors que le monde se manifeste pour faire voir à ces petits qu'ici-bas on ne rigole pas, et qu'il s'agit de *rentrer dans le moule*, et ainsi d'être pressé, plié, comprimé et diminué, sinon ces chers petits devenus des grands seront exclus, éjectés, rejetés – plaisirs et avantages supprimés.

Le regard des enfants s'intensifie alors. Ils cherchent à découvrir le message de la vie. Ils cherchent le sens. Ils cherchent la beauté, la joie, la profondeur, la liberté. Leur potentiel les pousse à découvrir les secrets de la vie et à s'épanouir pleinement. Tant qu'ils n'ont pas peur, ils se sentent au fond d'eux-mêmes créateurs, car ils sont proches, de façon naturelle, de ce qui est essentiel. Mais le maître mot se fait entendre : rien à voir ici, rien à attendre. Il faut beaucoup courir, beaucoup travailler et surtout beaucoup étudier, beaucoup apprendre.

Apprendre quoi? Surtout ce qui n'est pas important et qui encombre la tête et le cœur. Cela crée l'ombre et le leurre.

C'est trop dur, me direz-vous, trop injuste et cela fait peur. Et je me dis : si au moins ça fait peur, nous sommes déjà un peu moins dans le leurre.

C'est pour vous permettre de développer un regard plus en profondeur que je le dis, car mes yeux ont trop vu pleurer des yeux d'enfants dans le cœur des grands.

Alors, j'ai envie de dire, de parler et de m'adresser à vous tous qui êtes ouverts à la perspective de créer un monde meilleur.

Arrêtez-vous, écoutez à l'intérieur de vous et regardez l'espoir dans les yeux des enfants. Regardez l'amour qui s'exprime, la peur aussi.

Écoutez les questions qu'ils nous posent : « Quelle Terre allez-vous nous transmettre? Quelle vie? Quel bonheur? Quelle garantie? » Leurs yeux nous sondent davantage et nous demandent : « Quel est votre engagement? Vous nous avez envoyé *l'appel de la vie* et nous y avons répondu. Vous qui nous aimez, vous savez que ce n'est pas pour venir sur terre et souffrir que nous avons répondu. Nous savons que votre amour est là pour nous, toujours. Mais cela veut dire que pour préparer notre avenir, il faudra sortir du court terme, car nous appartenons à demain et nous nous sentirions ignorés, bafoués et méchamment trompés, si cela continuait. »

C'est ainsi que je les entends au fond de mon cœur et sûrement vous aussi. La sagesse en l'occurrence, c'est de savoir que notre cœur a la réponse et pas notre tête. Si nous apprenons à écouter notre cœur, alors une intelligence plus globale et plus juste se développe.

C'est cela qui nous permet, à nous les adultes, d'entendre l'appel des enfants du monde qui nous demandent d'agir en étant vraiment humains.

Qu'allez-vous changer ou créer maintenant?

Le génie
et la notion du potentiel

Chaque enfant est une promesse d'avenir. Chaque enfant vient au monde avec un immense potentiel. Il faut simplement laisser s'exprimer ce potentiel. Pas n'importe comment, bien sûr, mais en créant les conditions propices.

Pour commencer, il faut admettre que l'enfant est détenteur d'une immense richesse et qu'il porte en lui son génie et son originalité. Il est né pour les exprimer, et les exprime si on l'y autorise et si le cadre dans lequel il évolue le permet.

Le potentiel de l'enfant se déploie ou ne se déploie pas, selon son expérience du monde. *Il se met en résonance avec l'amour qu'il a reçu*, cet amour étant bien entendu le vrai, le grand, le beau et celui qui devrait être le nôtre au quotidien. Il s'agit de cet amour qui réunit la capacité d'accueillir, la force de procurer la sécurité, *l'intelligence du cœur* et celle de la raison.

Pour l'enfant d'aujourd'hui et pour l'adulte de demain, c'est cette alchimie de la vie qui non seulement est garante d'harmonie, mais laisse éclore l'intelligence, encourage une forte présence et développe la conscience.

En somme, rien de bien extraordinaire. Il s'agit juste de laisser les choses à leur place. La vie adore les choses qui sont à leur place. Ainsi, elle peut se déployer aisément, dans les meilleures conditions. J'entends par là un entourage suffisamment souple pour ne pas blesser l'enfant, suffisamment positif pour lui laisser voir la lumière et les couleurs, suffisamment valorisant et reconnaissant pour être un repère pour l'enfant, afin qu'il puisse s'aimer et aimer à son tour et se réaliser. On pourrait penser qu'il ne s'agit que de bon sens, certes, mais c'est surtout cette alchimie qui l'oriente dans le « bon sens ».

Pour cela, néanmoins, il faut accéder à notre nature véritable, celle d'un *Être complètement humain*, avec sa pensée bien en place, en constante interaction avec sa sensibilité, son cœur et son intuition, le tout bien vécu dans un corps qui traduit à la fois le calme, la force, la sécurité et l'élan. Il s'agit simplement d'avoir gardé et respecté ce que la vie nous a offert, sans le couper, le réduire, le séparer et le mutiler.

Saint-Exupéry fait dire à son *Petit Prince*, s'adressant aux **grands** pour contribuer à leur prise de conscience, qu'ils risquent de quitter cette Terre en n'ayant rien compris, si *la raison* et *le cœur* ne sont pas réunis. Le petit prince connaît tant de choses qui font naturellement partie de la vie que « l'adulte » ne comprend pas.

Le professeur David Bohm, mathématicien anglais réputé, nous rappelle sous une autre forme que la réalité est un tout, uni en soi et global : « *The basic reality is unbroken wholeness in flowing movement.* » (La réalité de base est un tout indivisible animé d'un mouvement continuel dont nous faisons partie.) Fragmenter, séparer, comme nous séparons le sentiment de la pensée, la tête du cœur, le corps de la tête et du cœur en envoyant l'intuition au diable, revient exactement à l'image que donne David Bohm pour illustrer l'aberration de la fragmentation : « *Si vous coupez la carcasse d'un animal, comme dans une boucherie*, dit-il, *vous n'avez pas des parties d'un animal dans son ensemble, mais des fragments* », autrement dit des *morceaux*.

Mozart, l'enfant prodige, nous montre à son tour avec maestria comment réunir et faire vibrer toutes les dimensions de l'Être humain. *Il célèbre la vie* dans chaque composition et chaque mélodie. Ayant épanoui en lui les différentes instances de son être, le corps, la sensibilité de son cœur, son intelligence, en laissant parler son âme et en imprégnant le tout d'un esprit clair, il apporte plein de lumière sur cette Terre. C'est ainsi que Mozart, *un seul Être humain*, a pu toucher les gens sur la Terre entière. Il a pu apporter autant de plaisir, de calme, de joie et de sérénité parce qu'au fond de lui toutes les instances ont interagi pour produire et fournir constamment de nouvelles harmonies. *Au lieu d'être au service des problèmes et des intérêts personnels, ses instances se sont ouvertes à ce qui est universel.*

Nous sommes tous nés pour apporter et contribuer par notre spécificité à un plus d'humanité, à quelque degré que ce soit. Le reconnaître est une condition nécessaire pour que le potentiel de tous les enfants puisse se révéler. Ils ont besoin de toucher l'étincelle, la flamme au fond d'eux-mêmes en étant stimulés, reconnus et sécurisés.

L'émerveillement de l'enfant est grand lorsqu'il découvre la vie. Comment ? L'eau se transforme en vapeur quand on la chauffe et de l'autre côté elle devient dure quand elle refroidit. La chenille se transforme en papillon et le sucre disparaît dans l'eau. En étant un peu plus grand, l'enfant voit la nature changer de vêtement selon les saisons. Il voit comment un œuf peut être habité par un poussin, lequel devenant grand et curieux, fait une *poussée* vers la vie en sortant de sa coquille. Mille autres merveilles se présentent. Les enfants s'empressent de ne rien rater de ce spectacle grandiose et de toutes les découvertes à faire.

L'enfant cherche alors à comprendre, à apprendre et à créer tout à fait naturellement. **Avis à tous les parents, professeurs et grands responsables dans ce domaine!** En étant un repère pour l'enfant et en lui permettant de canaliser son énergie, l'adulte lui permet de se construire. Ainsi, l'enfant peut être valorisé et accompagné pour développer son *génie dans la création,* plutôt que d'être limité, mis dans le moule et obligé de devenir, même sans en avoir l'air, *un expert en exécution*. C'était peut-être les *experts en exécution* qui ne comprenaient pas ce que le petit prince voulait dire... Les enfants et les jeunes ont besoin d'être reconnus à la fois pour leur potentiel et leur sensibilité, pour leur besoin d'amour et leur expression personnelle, leur force comme leur fragilité. Ils ont besoin de *jouer la vie* pour développer leur propre génie. Ce sont les conditions pour révéler des passions, pour développer en même temps l'endurance, la cohérence et le bon sens.

Il ne faut pas chercher à développer le génie pour le génie ou l'exploit par intérêt. Il convient de laisser l'enfant découvrir son potentiel, développer l'élan qui le porte en avant. Il faut lui permettre l'émerveillement au fil de ses découvertes et réalisations, tout en étant proche. C'est un accompagnement avec amour, en lui laissant prendre sa place et en respectant son espace. Approuvé, guidé et encouragé, en faisant progressivement l'expérience de sa capacité à générer des résultats, très vite, l'enfant se rendra compte qu'il peut aller beaucoup plus loin encore et maîtriser des données plus complexes. Il ne le fera pas pour satisfaire des exigences de connaissances requises, mais parce qu'il éprouve une immense joie à pénétrer toujours plus en profondeur les secrets de la vie. C'est cette *dynamique de découverte* et la joie d'y trouver son propre *rythme* qui demandent à être comprises par les adultes. Il est évident qu'il faut créer les conditions favorables pour permettre aux enfants de *plonger* dans leur potentiel en étant joyeusement encouragés au fur et à mesure de leur progression. Oui, il le faudrait...

Ramené dans notre contexte de vie quotidienne, François de Closets reprend la question dans son ouvrage, *Le bonheur d'apprendre et comment on l'assassine*. Après avoir abordé le choix des méthodes inductives et déductives, il dit : « *L'essentiel me paraît être, dans un premier temps, d'éveiller la curiosité, le goût, l'amour, la passion.* » Il dit ensuite : « *Il n'est de bonne pédagogie qui ne commence par éveiller le désir d'apprendre.* »

Plus loin, il continue : « *L'Éducation Nationale, pour sa part, fait preuve d'une admirable obstination dans la démarche inverse, infligeant des rafales de définitions – souvenez-vous de tous ces On appelle... On appelle... qui viennent toujours en tête de chapitre, avant le contact direct, chaleureux, sensible avec la matière enseignée. Nous retrouvons ce péché contre l'enfance à chaque étape de notre exploration.* »

Nous sommes aujourd'hui en face d'une remise en question de plus en plus importante du système éducatif.

Qui a donc parlé des « petits Mozart assassinés », des talents et génies méconnus, du potentiel jeté à la poubelle ?

Je pourrais multiplier les exemples et montrer comment des enfants, au fond comme vous et moi, ont évolué pour devenir des génies. Einstein avait des résultats moyens à l'école et l'autopsie de son cerveau n'a rien révélé d'extraordinaire. Cependant, il a suivi son intuition, sa vision et vécu pleinement son imaginaire et sa passion. Voilà ce qui a fait son génie. Je pourrais aussi insister sur les dégâts provoqués par ignorance, par indisponibilité, stress, insensibilité et par la trame profonde de *l'obligation dans l'abnégation et la pénibilité*. Mais là n'est pas le débat maintenant.

La bonne nouvelle ou, pourrions-nous dire, l'essentiel réside dans le fait de prendre conscience aujourd'hui et d'ouvrir maintenant sans tarder un avenir pour nos enfants et pour nous tous, qui permette l'épanouissement et l'affirmation de la vie en stimulant l'expression du génie de chacun. Au lieu de demeurer dans une attitude de revendication et de réaction, nous pouvons favoriser la joie de créer, la notion de qualité, la positivité, l'éthique, la beauté et l'éclosion du génie ; dans le but de créer des richesses pour tous et d'élever le niveau de vie sur terre. Ce sont d'énormes changements en perspective et nous pouvons relever le défi de l'intelligence en cultivant une approche globale. Réunir *intelligence de la raison* et *intelligence du cœur* en valorisant chaque enfant, permet de révéler un immense potentiel ignoré aujourd'hui.

Si l'enfant ne développe pas son génie, c'est que les adultes ne sont pas dans la vie. Ils sont dans les *exigences*, et dans leurs projections sur leurs enfants. *Ils sont dans leurs peurs et leurs vieilles croyances*. L'adulte doit être dans la vie pour permettre à l'enfant de développer son génie.

Bruno Bettelheim, le grand psychanalyste qui s'occupait d'enfants autistes, disait : « *Ne me dites pas les qualités de l'enfant, dites-moi les qualités de la mère.* » Il ajoutait : « *Pour moi, il n'y a pas d'enfants extraordinaires, mais seulement des mères extraordinaires.* » Aujourd'hui, on peut probablement parler aussi des pères extraordinaires. En effet, dans la petite cellule familiale, l'homme étant plus impliqué dans l'éducation, les qualités des deux parents ont une forte incidence sur l'éducation de leurs enfants.

Le rôle des parents

L'adulte a besoin d'abord d'être centré, équilibré, non pas en train de courir comme un fou, angoissé, stressé, indisponible, exigeant et non valorisant. Il ne faut pas qu'il abdique, qu'il abandonne et qu'il laisse aller les choses. Il ne faut pas non plus qu'il soit dans la *lutte* pour obtenir que l'enfant soit « comme il faut ». Quand tout ce que je viens de décrire habite le cœur de l'adulte, l'enfant n'est pas valorisé pour ce qu'il est. Il est, au contraire, exposé à des jugements négatifs qui semblent devenus habituels et qui s'installent dans la normalité des choses. Cela imprègne le climat familial. La tension se traduit jusque dans le timbre de la voix, l'intonation et le débit même ! L'enfant se sentant ainsi en porte à faux, plus ou moins culpabilisé, développe progressivement des mécanismes réactionnels qui donneront aux parents l'impression d'avoir bien raison d'agir ainsi.

Il serait si nécessaire, pour nombre de parents, d'être à l'écoute de leur voix quand ils disent à leur enfant : « Mais dépêche-toi ! », « Qu'est-ce que tu as encore fait ? », « Va ranger ta chambre, tu en as encore mis partout ! », « Calme-toi ! », « Ne me fais pas répéter… », etc. Tout ceci crée un climat d'exaspération. Les parents qui ne se remettent pas en question vont alors porter des jugements sur le comportement négatif de leurs enfants. Leur voix traduit alors, selon le cas, l'impatience ou le reproche plus ou moins permanent ou encore une colère au fond d'eux-mêmes, bref des émotions en profondeur, plus ou moins conscientes, qui leur appartiennent et qui, en réalité, n'ont rien à voir avec leurs enfants, mais qui deviennent dominantes si elles ne sont pas conscientisées.

Quand, en tant que parents, nous sommes pressés, stressés et tendus, il nous est bien sûr difficile d'être vigilants sur ce plan. Cependant les enfants comme les parents sont tous tellement bénéficiaires quand les paroles sont portées par une vibration de vie. Ce sont alors des moments où les parents perçoivent la douceur et la vulnérabilité de leur enfant. Ils auront compris que, même si leur enfant se montre excité ou « indiscipliné », ils peuvent trouver des ressources en eux-mêmes afin de créer l'harmonie tant créatrice de joie et de valeurs en commun.

Quand j'ai eu l'occasion d'échanger avec des parents en mettant en avant les qualités de leur enfant, j'ai eu parfois une écoute attentive, dans l'ouverture et ce beau sentiment que quelque chose de nouveau pouvait naître. Cependant bien des fois, j'ai pu constater la fermeture qui était, selon les cas, assortie de réactions comme celles-ci : « Oui, mais il est énervant, épuisant » ou « Il m'en fait voir de toutes les couleurs », ou encore « Elle pleurniche pour un rien » ou « Intelligent, oui, une vraie tête de mule ! » ou « Elle est belle quand on ne l'entend pas » ou carrément « Il n'y a rien à en tirer » ou « C'est désespérant ! ». Le tout est souvent dit soit avec la menace implicite d'arrêter ce genre de remarques « positives », soit, plus ou moins, sur le ton de la plaisanterie, avec ce sourire de *complicité entre adultes* qui connaissent le labeur que représente le fait, avec les années, de dominer la spontanéité, l'excitation et les énervements des enfants, sans voir qu'ils sont eux-mêmes les créateurs de ces énervements.

Ces comportements des adultes, malheureusement très répandus, ne favorisent pas l'émergence du génie et de l'individualité de l'enfant. Cela reproduit les *experts en exécution*. C'est, au contraire, l'adulte bien équilibré, intérieurement fort, plein d'amour et à l'écoute de l'enfant qui favorise l'émergence du génie. Il sera ainsi un (re)père pour l'enfant, sachant que ce repère est incarné autant par le père que par la mère. Pour le parent, la première loi consiste à être ouvert et plein d'amour, et à s'asseoir calmement, sans attente, et prendre un moment avec son enfant en étant à l'écoute et en lui laissant la parole. Au lieu d'être dans un « rôle » de parent, simplement présent, dans l'accueil et disponible, sans avoir à adresser des demandes à l'enfant et sans dispenser de nombreux conseils, il permettra à l'enfant d'être vrai, de s'ouvrir à son cœur, et avec cela, à son potentiel. Un des grands secrets pour obtenir l'accord des enfants en vue de changements positifs, c'est de se rendre totalement disponible et de créer un moment de calme et d'échange afin de leur proposer une solution positive. Si possible les parents présentent cette solution de façon intéressante et agréable, ou du moins juste, en demandant aux enfants leur accord. C'est l'occasion à la fois de responsabiliser les enfants et de reconnaître leur potentiel et, pour les mamans et les papas, de s'entraîner à être de bons *managers*, aimants et justes. Les parents sereins, encourageants, au cœur ouvert n'auront pas de mal à voir leurs enfants *naturellement grands.*

Si vous êtes parent, prenez plaisir à vous détendre. Prenez le temps, pour que chaque moment avec vos enfants soit un *moment de qualité.* Réservez à chacun un accueil généreux. Écoutez-les. C'est le moment de sentir pour l'adulte s'il y a en lui une belle conjugaison entre amour, calme intérieur, joie, capacité d'écoute et plaisir ou s'il se sent stressé et dans l'inconfort.

Si nous pouvons être en résonance et *dans l'instant* avec les enfants, en les écoutant bien et en valorisant et positivant leurs découvertes, leur progression sera rapide. Si nous-mêmes, nous réunissons en nous la joie et l'amour, alors l'enfant se met sur une trajectoire et prend, par plaisir, de la vitesse.

Il devient progressivement autonome. Plus tard, il ne sera pas dépendant du regard extérieur. Il ne développera pas des performances dans le but d'obtenir la reconnaissance sociale pour exister, mais il aimera contribuer et apporter la meilleure qualité possible. Il préférera découvrir et créer tout en préservant un équilibre de vie. Il n'aura besoin ni d'être le plus fort ni d'être le premier. Son regard sera orienté vers ses propres ressources de création et non vers les autres pour obtenir des choses ou s'y mesurer. *Ce n'est que la sensation de la découverte constamment renouvelée qui maintient l'intensité du plaisir de l'enfant.* Sur ce chemin de la découverte, l'enfant a besoin de partager et d'être valorisé. Si son rythme est respecté, il trouvera lui-même la façon la plus efficace d'avancer, celle qui apporte le plus de satisfactions et de plaisir. Ainsi, le cercle est complet. Il alimente lui-même son propre moteur de recherche. Il découvre la beauté, le plaisir et l'intérêt de produire de la qualité. Le grand violoniste Yehudi Menuhin, à trois ans, sur ce chemin de joie, d'amour et de découverte, a pris la décision comme un adulte de jouer du violon. La spécificité de son intelligence sera évoquée dans le passage consacré à l'intelligence. Il a décidé de consacrer toute sa vie à la musique et quiconque l'a suivi un peu, de près ou de loin, peut témoigner qu'il était un être d'amour qui exprimait la joie, la disponibilité, l'équilibre et l'humour. Son génie diffusait, partout où il se trouvait, les plus belles vibrations de la vie.

Pour parvenir au vrai génie, loin de toute forme d'excès ou d'obsession visant à combler des manques, le grand secret, pour les parents, les enseignants et les éducateurs réside dans l'art d'unifier d'abord en soi l'amour et la conscience du potentiel. Sans pression, dans la sécurité, dans la joie et le plaisir, ils accompagnent et valorisent l'enfant qui trouvera alors naturel de jouer avec son potentiel.

Naturellement, au fil de ses progressions, soutenu et accompagné, l'enfant souhaite de plus en plus explorer la vie. S'il peut suivre son propre rythme, il développe, dans un climat de sécurité, sa faculté de comprendre et donc d'apprendre dans le plaisir. Accompagnés avec sagesse, les enfants cherchent à conserver la même *intensité de plaisir* à mesure qu'ils progressent dans la découverte. **N'oublions pas qu'apprendre, c'est découvrir et non pas obéir !**

Encore une fois, **avis à tous les parents, professeurs et grands responsables dans ce domaine !**

Il faut donc stimuler le désir de découvrir et de connaître en rendant le processus d'apprentissage intéressant et vivant C'est la satisfaction agréable d'obtenir ce qu'il désire, qui représente le moteur pour l'enfant. Cela lui permet de percevoir la beauté, de se confronter constamment à la nouveauté, de faire des découvertes, d'avoir même des révélations, des surprises, tout en gardant le jeu et le plaisir. C'est un mouvement de plus en plus optimal entre esprit, cœur et corps.

C'est une des conditions nécessaires à l'inspiration. Savoir céder à ce mouvement interne, sans qu'il ne soit nécessairement justifié, analysé, ordonné et structuré, permet de *capter par l'intuition* ce qui autrement aurait peut-être empêché le génie d'éclore. Thomas Edison disait : « *Il y avait des idées qui passaient et si je ne les avais pas attrapées, elles s'en seraient allées ailleurs.* » Les rêveries doivent non seulement être permises, mais encouragées, toujours avec bon sens et amour. Einstein parlait d'*aventure* et d'*exploration* dans la découverte.

Maintenant, nous allons nous intéresser à une étape importante. Si l'enfant éprouve de la joie à découvrir, à explorer, à comprendre et à construire, son cœur est naturellement dans l'amour. C'est le moment pour l'adulte de le rendre conscient de son bonheur, non pas en lui adressant des constats, mais en le laissant s'exprimer et en répondant de façon valorisante et non pas avec détachement ou même ironie.

Si l'enfant est bien dans la *dynamique du plaisir* de découvrir, d'avancer et de progresser et qu'il se sent libre d'exprimer ses sentiments en étant valorisé, il va s'épanouir. Si, de plus, il est accompagné par les adultes, eux-mêmes sereins et ouverts à la vie, un désir de s'accomplir plus grand encore s'installe en lui. Il prend conscience de l'importance et de la valeur de ce qu'il fait, non seulement pour lui-même, mais aussi pour les autres. C'est alors que quelque chose se passe en lui. *Il y a un changement de position de vie.* Étant lui-même satisfait, il peut alors s'ouvrir aux besoins et au ressenti des autres. Il devient davantage réceptif et disponible aux joies et aux peines des autres. D'ailleurs, dans l'accompagnement de son épanouissement, ses parents et ses professeurs lui auront dit que tout enfant dispose d'un potentiel de création infini afin d'apporter d'une façon unique son service à la société.

Nous venons de voir ce qui est nécessaire pour permettre aux nouvelles générations de s'épanouir plutôt que de les *préparer à souffrir*, c'est-à-dire *valoriser le potentiel de chaque enfant et lui montrer qu'il est aimé et qu'il a le don d'apporter une contribution unique à l'humanité et que c'est le cas pour tous les enfants.* C'est ainsi que l'enfant peut s'ouvrir au monde. Son regard sur lui-même et sur autrui aura changé. C'est le moment de l'interroger sur son plaisir d'apporter du bien, du bonheur, de la qualité aux autres humains et vous verrez qu'avec passion, il vous présentera mille idées. Il a alors une bonne image de lui-même et développe sa confiance en lui. Son côté relationnel sera épanoui : nous venons de le voir. Alors, quoi de plus naturel que d'aller un peu plus loin et de goûter à la joie la plus grande, celle de ressentir en son cœur ce qu'il peut apporter aux autres en qualité, en plaisir et en bonheur et ainsi célébrer la vie !

C'est donc le moment de l'ouvrir à une vision d'évolution qui conjugue harmonieusement amour, plaisir, sensation et raison. C'est valable pour l'individu comme pour toute collectivité. L'expérience de ce mélange *amour-plaisir-sensation-raison* est *dense* et finit par être une sorte de « produit » qui ressemble à ce que l'on entend par alchimie. C'est elle que les enfants cherchent dans leurs expériences, au cours de leurs voyages en quête de connaissances et de réalisation, et non pas les *tristes épouvantails* des connaissances abstraites qui, dans un *système sans cœur,* leur créent et leur laissent des angoisses et des peurs et qui les privent d'amour et de sécurité intérieure !

C'est la *découverte de la vie* qui provoque l'émerveillement. C'est cet émerveillement qu'il faut conserver pour continuer à vouloir découvrir et créer toute sa vie. Nous savons que c'est le trésor le plus beau. L'émerveillement de pénétrer dans la vie en se vivant pur potentiel, pure richesse nous apporte une joie sans fin. Découvrir tous les jours davantage la beauté et les infinies possibilités de la vie, nourrit et développe naturellement le génie.

Vous qui êtes ouverts à la vie, regardez les yeux des enfants et percevez leur âme, sentez l'amour dans leur cœur, la joie et l'élan, et puis permettez-leur de tout conserver.

Dites-leur que c'est là le plus grand trésor de la vie et vous verrez que vous serez initiateurs d'innombrables génies, d'une humanité créatrice de Valeurs de Vie.

La Méga-Poubelle

Comme tout le monde le sait, dans nombre de grandes villes il y a des problèmes alarmants de traitement de déchets. Il faut consommer, consommer, consommer, pour jeter, jeter, jeter. Les poubelles débordent un peu partout et les difficultés de recyclage mettent en danger de nombreux aspects du précaire équilibre de la civilisation moderne.

Il y a même des *lieux-poubelles* en plein air où l'amoncellement des déchets fait de ces lieux de véritables poubelles. Elles investissent l'environnement par excès d'abondance en « parfums » ou en matériaux volatils au gré du vent.

Il y a aussi des *lieux-poubelles* épars, couvrant des régions entières des pays émergents, envahis par notre civilisation technologique, alors que l'échange entre l'homme et la nature a assuré l'équilibre dans le passé et créé des coutumes fondées sur le recyclage naturel pendant des millénaires.

Aujourd'hui, de nombreuses populations, souvent privées d'information, de moyens et d'aide, sont désorientées. Étant donné le manque de poubelles, les sacs en plastique, les boîtes et autres emballages non biodégradables sont jetés dans de vastes régions et décorent le paysage. Le *miracle* technologique n'a pas permis que l'équilibre de la nature millénaire se maintienne. Il a envahi les lieux.

Je vous ai apporté juste quelques illustrations de notre *réalité poubelle, variée* c'est vrai, mais connue.

Cependant, il y a autre chose que notre miracle technologique n'a pas pu gérer jusqu'à présent.

En effet, je vais vous présenter maintenant un conteneur tout à fait spécial, peu connu et pourtant fort répandu. Qu'est-ce donc, me direz-vous ? Comme je vous ai bien préparés, bien avertis du caractère particulier de cette poubelle, je peux préciser sa particularité. C'est une poubelle où l'on jette non pas ce qui est pourri, mais ce qui a de la valeur et qui appartient à la vie. Écoutez bien, car c'est avec attention qu'il faut aborder le sens de son existence. Voici sa présentation et la description de la manière dont elle est remplie et pourquoi :

C'est la *Méga-Poubelle*, la grosse, la large, l'énorme. Celle qui n'est malheureusement pas très bien connue. C'est celle où l'on jette tout ce qui dérange notre confort du moment, tout ce qui va à l'encontre de nos satisfactions, tout ce qui ne convient pas, tout ce qui semble mettre en danger nos avantages personnels, tout ce qui entrave notre besoin de dominer et nos intérêts personnels.

C'est ainsi que nous jetons dans la Méga-Poubelle notre vraie réussite, notre épanouissement, nos talents, les projets qui, au fond, nous tiennent à cœur et notre capacité de pleine réalisation. Cette poubelle monstrueuse se remplit ainsi de toutes ces richesses, de tout *ce qui aurait pu être bon pour nous ou pour les autres* ou pour toute l'humanité et que nous n'avons pas accepté parce que nous avions peur. Nous avions peut-être peur de ne pas être reconnus, peur de ne pas gagner assez d'argent, de manquer de confort, peur de perdre le pouvoir, de ne pas être capables de nous affirmer pour quelque chose que nous savions juste. Nous avions peut-être peur de ne pas avoir assez de capacités, de ne pas être les meilleurs, peur d'être jugés, de ne pas être à la hauteur, de rater ou d'être rejeté. Bref, des milliers de peurs de *manquer* et de *ne pas pouvoir*. Alors, nous avons abandonné nos talents, nos dons, notre véritable épanouissement, notre vraie réussite et tout est parti dans la Méga-Poubelle.

Mais il y a aussi des jugements et des réactions de colère, de rejet et de dénigrement, ou au contraire la résignation et le laisser-aller, qui sont les fournisseurs de la Méga-Poubelle avec nos richesses en grande quantité. Il y a dans les familles tant de potentiel abîmé et meurtri par des réactions brusques, voire violentes, dans la coupure d’avec le sentiment, et qui est expédié à grande vitesse dans la Méga-Poubelle. Il y a ensuite des événements et des circonstances à l’origine d’innombrables souffrances, de traumatismes collectifs, de faim, de soif… qui amènent des espérances de vie à la Méga-Poubelle. Il y a tout ce qui gêne la *politique du court terme* et qui est jeté dans la Méga-Poubelle, puis tout ce qui gêne les *stratégies de réussite sans scrupule*, et j’en passe…

La liste est longue, et des initiatives et des *projets de qualité* aboutissent ainsi dans la Méga-Poubelle, de manières très diverses, *sans oublier les projets d’entreprise éthique, évincés par le faux, par le faire semblant, le prétendu bon sens*. Beaucoup de *potentiel humain* et de *Projets de vie*, beaucoup de tentatives d’innovation et de possibilités de changement finissent, nous ne le savons que trop, dans la Méga-Poubelle.

D’ailleurs, le public se trompe de moins en moins. Il commence à savoir que pour toutes ces situations, il y a un maître mot : Méga-Poubelle. L’éthique ? Dans la poubelle ! Le long terme ? Dans la poubelle ! La vision globale ? Dans la poubelle ! L’épanouissement et le bien-être des hommes, des femmes et des enfants ? Dans la poubelle !

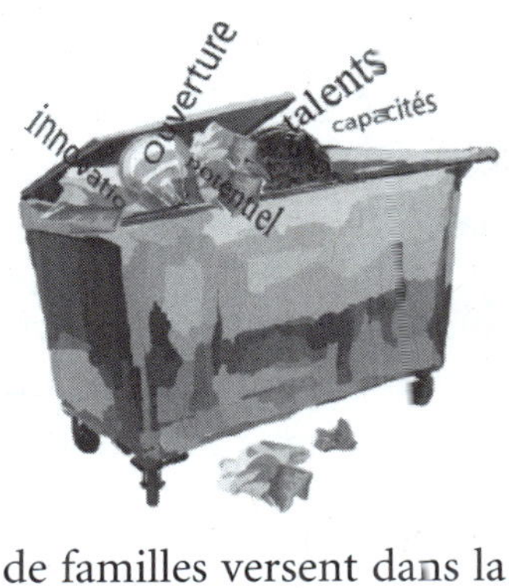

Cette Méga-Poubelle est une sorte de *réservoir collectif*, avec des cuves individuelles, qui contient toutes ces choses qui ne correspondent pas au « **moi-je d’abord** » et « **nous-d’abord-nous-juste-nous...** ». Il s’agit ici des « **moi-je d’abord** » et « **nous-d’abord-nous-juste-nous** » au détriment d’autrui et au détriment des humains dans leur ensemble, ne serait-ce qu’à long terme. Combien de clans et de familles versent dans la hiérarchie sociale, en se réservant des avantages, des informations et des moyens souvent superflus et en quantité excessive ! C’est une sorte de complicité appelée, selon les moments : *droit, besoin, nécessité, normalité*, qui prive dramatiquement nombre d’Êtres humains. Se retrouvent ainsi dans la Méga-Poubelle tout le potentiel qui, dans ces conditions, ne peut être développé, et toute la qualité de vie perdue pour d'innombrables Êtres humains.

Soyons honnêtes, il n'y a pas dans ce domaine ou les autres *l'apparition d'une génération spontanée.* Personne ne va du jour au lendemain devenir une personne qui détruit. Ce phénomène débute dans nos vies souvent très tôt, *à très petites doses,* sans même qu'on le remarque vraiment, de façon plus ou moins insidieuse. Il y a des manières de se servir de la Méga-Poubelle, sans même qu'on le voie... Il y a des habitudes qui datent.

Chaque maison semble disposer de quelques cuves de cette Méga-Poubelle et le remplissage se fait selon les familles et les individus, plus ou moins parcimonieusement ou avec plus ou moins de sans-gêne.

Dans certains foyers, la mise dans le moule s'effectue subrepticement et, par le conditionnement feutré, mais ferme, *les lois de la limitation et de l'adaptation* sont imprimées dans le petit enfant et son potentiel excédentaire jeté à la poubelle. Dans d'autres familles, le potentiel est jeté de façon tonitruante. On ne saurait s'y méprendre. Dans d'autres encore, où la *croyance à l'impossible* est bien établie, le potentiel est étouffé dans l'œuf. La conviction qu'une *pleine réalisation appartient au domaine du rêve* prive la société entière de qualité de vie, d'éthique et d'évolution. Le prétendu réalisme, basé sur l'effort des études et *le dur et stérilisant apprentissage,* engendre une dynamique de survie et non pas une dynamique de vie, de création et d'évolution. Ce supposé réalisme fait jeter non seulement tous les jours, mais à toute heure, des quantités inouïes de potentiel à la poubelle. *L'oppression et la limitation sont les plus gros fournisseurs de la Méga-Poubelle.*

Combien d'attentes de vie et de sentiments délicats de nos enfants très tôt déjà sont jetés dans la poubelle ? Combien d'élans spontanés, de potentiels de création et d'intuition sont ignorés et refoulés ? Ils disparaissent dans la Méga-Poubelle avant même d'éclore. Combien de manifestations d'enthousiasme, de force de vie, de désir de réalisation et de création sont cassées et finalement *transférées* dans la Méga-Poubelle ? Combien de richesses et de potentiel de créativité de nos enfants un peu plus grands, contraints à un apprentissage desséchant et stérilisant, se retrouvent rudement jetés à la poubelle ? Et combien d'intuitions, de visions et de *Projets de vie* de nos adolescents sont jetés dans la poubelle ? Sans oublier qu'hier encore, nous étions ces enfants. Que reste-t-il aujourd'hui de toutes ces richesses ?

C'est aussi bien *la croyance en la limitation* du potentiel de nos enfants, que la croyance en la limitation des capacités de réalisation des jeunes et des adultes, qui alimentent massivement les poubelles. La croyance que nous *manquons de possibilités et d'opportunités* dans ce monde crée des crispations, des luttes, des réactions destructrices et des batailles. La violence, la résignation et des souffrances de toutes sortes se développent dans le magma chaotique de la Méga-Poubelle. À cela s'ajoute le potentiel, selon le cas, enfermé, dispersé, non utilisé ou carrément détruit.

Des méga-efforts sont déployés dans le système éducatif pour conditionner les enfants à penser, de manière limitée, ce qui amène un maximum de potentiel dans la Méga-poubelle.

Des experts de plus en plus nombreux mettent en lumière l'obsolescence de l'organisation éducative. Le personnel enseignant, soumis à des conditions souvent très difficiles, est privé aussi bien d'une formation adéquate que de rudiments en développement personnel et d'un apport psychologique de base. Une approche globale et positive lui fait cruellement défaut. À la place de cela, il est chargé de déverser des connaissances abstraites et inadaptées aux réels besoins des enfants. Au lieu d'apprendre aux enfants et aux jeunes à réellement vivre, les enseignants sont amenés à leur *apprendre à vivre dans le passé, à survivre, à s'imposer, à gagner sur l'autre ou à perdre.*

Quant aux grandes structures, telles que les organisations et les grands groupes, je n'évoquerai même pas le *laminage* qui existe dans nombre d'entre elles. Toute dimension de vie, d'épanouissement et de réalisation individuelle, en d'autres termes ce qui sort de la logique financière, de l'intérêt et du bénéfice immédiat, est éliminée et doit disparaître dans la Méga-Poubelle. Seules quelques rares initiatives positives visant l'épanouissement des collaborateurs se font jour aujourd'hui.

L'entassement des Valeurs de Vie est énorme dans la Méga-Poubelle ! Abandonnées, comprimées, étouffées, elles se dégradent et créent un processus de pourrissement en développant une puissance volcanique, souterraine et non contrôlée. Cette puissance non contrôlable qui a ses lois propres à une *vie de poubelle* se développe de façon anarchique, à partir de belles motivations détruites, de dons non reconnus, de spontanéité cassée, de talents ignorés, et j'en passe. Le tout réuni représente une force **réactionnelle formidable** parfaitement méconnue de nos sociétés d'aujourd'hui.

Il ne s'agit pas de faire le procès des générations qui ont mis en place le système, ni de la nôtre qui l'a maintenu jusqu'à présent, mais il s'agit de *faire prendre conscience du besoin absolu et urgent de changer*.

C'est ce début *d'une ère nouvelle qui permet d'amorcer un discours vrai*. Au lieu de parler abstraitement de qualité de vie et d'utiliser des termes neutres comme le besoin d'*insertion sociale* ou *d'augmentation du niveau de vie*, nous pourrions essayer de toucher la sphère qui, jusqu'à maintenant, a été ignorée pour préserver les intérêts financiers. Ce niveau représente *la dimension du cœur, du sentiment et donc d'humanité*, laquelle jusqu'à maintenant exclue du monde des affaires, de la politique et de l'économie, a été reléguée aux domaines de la littérature et de la poésie. À la place de *qualité de vie*, nous pourrions dire : *les larmes des enfants, des espoirs de vie déçus, les souffrances des familles et la douleur dans le corps*. Si les personnes qui entendent cela sont intérieurement fortes, cela ne déclenchera pas chez elles l'ironie et le sourire méprisant de celui qui est coincé dans ses préoccupations d'argent, dans son manque d'humanité et son besoin de compenser son *manque intérieur*.

C'est justement pour ne pas toucher le sentiment que l'évocation directe de ces situations de vie était jusqu'à présent taboue, voire *proscrite* dans les affaires et ironiquement traitée de *poésie* ou de *littérature* et remplacée par un *générique neutre* comme « tel pourcentage d'échecs », en particulier, chaque fois qu'il s'agit d'un contexte professionnel. De la sorte, l'intérêt et le profit semblent préservés – dans l'imaginaire.

Cependant, pour vous qui avez des yeux pour voir, *l'intérêt d'aujourd'hui* n'est pas *l'intérêt de demain.* Autrement dit, nous paierons cher demain les intérêts personnels et les jeux de pouvoir d'aujourd'hui.

C'est aujourd'hui même que vous pouvez arrêter de jeter dans la poubelle ce qui appartient à la vie. Beaucoup d'entre vous qui êtes dans l'ouverture, avez non seulement la tête bien sur les épaules, mais aussi le cœur ouvert, une sensibilité et un idéal avoués. Conscients de votre potentiel, vous pouvez *relever le challenge* et en finir progressivement avec la Méga-Poubelle. Pour cela, il faut une nouvelle génération d'hommes et de femmes.

C'est ce challenge qui s'adresse à vous tous qui avez un regard sincère sur la vie, à vous tous qui serez encore sur cette planète dans 60 ans, dans 80 ans et plus. Pensez aux enfants qui peupleront cette Terre dans un siècle et peut-être dans 150 ans grâce à l'augmentation de la longévité. En plus, nous pourrions aujourd'hui développer suffisamment la dimension du sentiment pour ne pas uniquement penser *à nous, juste à nous, juste à nos enfants et juste à notre descendance.* Peut-être avez-vous envie de voir concrètement ce que cela veut dire, sortir du « *nous-d'abord-nous, juste-nous* » et élargir votre sentiment à la **Famille Humaine**.

Créer la Famille Humaine

C'est le plus grand défi qui nous est lancé aujourd'hui. Créer la **Famille Humaine** dont chaque membre a un potentiel de création illimité avec une richesse unique, sera l'entreprise la plus passionnante, même si tout n'est pas toujours facile. Reconnaître chez chacun la capacité unique d'apporter *sa rime* à la communauté humaine changera la vie sur cette planète. Cela seul permettra de vivre sur notre Terre qui deviendra un *grand village* ou, comme le dit le philosophe Michel Serres : « *Une seule et unique ville de lumière* ».

C'est à vous tous que s'adresse le challenge aujourd'hui de comprendre que tous les humains quels qu'ils soient, ont, au-delà de leurs différences culturelles, les mêmes désirs et les mêmes besoins. Ils ont tous besoin d'être acceptés, reconnus et aimés. C'est sur ces bases qu'ils peuvent se développer, s'épanouir et contribuer en apportant leur richesse, leur génie.

Les différences représentent, pour tous ceux qui en ont conscience, une richesse par complémentarité. Ce sont des *secrets de vie* à se partager, des forces de création à unir, de la joie à partager et des intelligences à conjuguer. C'est se partager ce qui est positif et constructif.

Pour cela, il faut que chacun prenne suffisamment conscience de l'urgence de développer les potentiels dans la complémentarité, plutôt que de créer l'opposition et la compétition. Il faut s'empresser de promouvoir une véritable évolution qui arrête l'exploitation sous les prétextes les plus variés et l'appauvrissement des populations déjà en souffrance sur le globe.

Faites l'effort de développer à tout moment une *vision globale* des effets à court terme, mais aussi à moyen et à long terme, créés par chaque décision, chaque initiative et chaque action.

Utilisez tous les moyens à votre disposition, dans vos familles, dans votre activité professionnelle et au moyen de votre position sociale, en vous affirmant pour créer plus de clarté et plus de positivité. Faites respecter la dimension humaine et honorez la vie. Vous verrez alors que chacun a un potentiel infini de réalisation et qu'il suffit de le laisser s'exprimer ou de trouver sa forme et son domaine d'expression.

Si vous êtes fortuné, vous saurez, comme je le disais, que *fortuna* veut dire *avoir de la chance*, dans le sens d'avoir le bonheur de vivre quelque chose de fort et non pas d'abord de « posséder de l'argent ». Cependant, *l'argent mis au service de la vie* représente non seulement le meilleur investissement par la satisfaction qu'on en retire, mais aussi, par la démultiplication des richesses qu'il permet, en ouvrant la possibilité aux Êtres humains de s'épanouir, se réaliser et s'accomplir. Une telle motivation procure une expérience de vie intense et infiniment riche.

Ce challenge vous demandera aussi, par-dessus tout, d'ouvrir votre cœur et de l'écouter. Cela est valable dans tout pays ou région, que vous soyez à Paris, New York ou Tokyo, dans une campagne pauvre ou une ville surpeuplée d'un pays émergent. C est valable que vous vous trouviez en Afrique ou en Asie, en Océanie, en Europe ou en Amérique.

J'écris ce livre en France, mais il faudra bien que nous sortions de notre passé pour nous ouvrir et faire l'expérience la plus passionnante, la plus poignante, celle de vivre **pleinement une dynamique d'évolution où chacun pourra s'ouvrir davantage à des valeurs universellement partagées, mais vécues dans la différence.** Vivre pleinement, en développant à la fois le discernement et l'intelligence du cœur, savoir échanger véritablement et verser nos complémentarités dans un *fonds commun* au bénéfice d'un *équilibre mondial* exigera de chacun de nous de devenir davantage conscient de son potentiel.

Amour et raison réunis représentent la plus grande force sur la Terre. Servez-vous-en et, à la place des poubelles, vous aurez des jardins fleuris. Vous aurez des levers de soleil plus prometteurs que jamais et chaque rayon vous confirmera : « La vie c'est toi, la vie c'est vous, la vie c'est nous, tous ensemble. »

Ainsi, vous partagerez le plus grand secret de la création et vous commencerez l'activité de la journée, non pas frustré comme au temps des poubelles, réactif ou résigné, mais *en créateur*, conscient de lui, de son potentiel. Vous aborderez ainsi chaque jour, conscient que la force vous habite, ainsi que la vision, l'intelligence et l'amour. C'est tout ce qui est nécessaire pour ressentir tout le potentiel de vie dont vous avez besoin pour changer, transformer, innover, commencer et recommencer, inventer, créer et réaliser.

Quand vous ferez l'inventaire, le vôtre, en notant les pertes et profits, permettez toujours à **l'amour** d'être présent. Permettez-lui d'avoir un droit de regard en s'associant à l'intelligence pour créer ensemble le discernement. Si le bilan, dans une vraie prise de conscience, fait apparaître des pertes trop douloureuses, trop d'espoir et trop de potentiel jetés à la poubelle, alors, un élan de générosité envers vous-même pourra aujourd'hui encore ouvrir en vous des profondeurs afin de libérer le potentiel générateur de valeurs. Regardez le monde, il y a tant à faire et les façons sont multiples. Vous verrez, votre potentiel ne fera qu'un bond pour développer des valeurs et pour devenir, en son temps, créateur de bonheur, le vôtre et celui de beaucoup d'autres.

À vous maintenant de prendre du temps et de ressentir, pour de bon.

Rencontres

Rencontre dans le train

Je voyage du sud de la France en direction de Paris, par le train, sans avoir eu le temps de faire une réservation. Je cherche donc une place de compartiment en compartiment. Je m'arrête devant un compartiment occupé par deux jeunes, deux enfants et une dame. En y entrant, je me rends compte que la place libre est occupée par un appareil assez imposant qui diffuse de la musique avec un nombre de décibels assez remarquable. Je demande au jeune assis à côté de cet appareil, qui en est visiblement le propriétaire, s'il est possible de me libérer cette place. Il le fait avec un geste bienveillant et je m'assois. Aussitôt, je sors ma pile de manuscrits pour continuer le travail que je viens d'interrompre. Entre-temps, la musique a laissé la place au speaker de l'émission de sport. Le son faisait résonner tout le compartiment. Malgré tous mes efforts pour me concentrer et prendre *mon espace*, je ne réussis pas à poursuivre mon écriture. Sachant qu'il a besoin de s'exprimer par l'entremise de ce *substitut* que représente cette radio, je lui demande quand même s'il voudrait bien réduire le volume sonore pour me permettre de réfléchir, car cela faciliterait mon travail. Aussitôt, il éteint son appareil. Je lui signifie qu'un volume un peu moins élevé aurait tout à fait suffi. Mais il maintient sa réponse. Puis il me pose la question : « Alors, vous travaillez beaucoup ? » Je lui réponds : « J'écris un livre. » Il se redresse et me regarde : « Vous, vous écrivez un livre ? Vous-même ? » Je dis : « Oui. » Il me répond : « Mais on a le droit d'écrire comme ça un livre ? » Je lui réponds : « Mais oui, tout le monde en a le droit : moi je peux écrire ; vous, vous pouvez écrire ; tout le monde peut écrire. » Il reste pensif et je me demande combien ce jeune a pu être brimé ou privé de connaissances pour vivre *l'interdiction* à ce point. Voici une interdiction à l'accès de la connaissance et au libre exercice de son esprit bien réussie.

Environ une demi-heure plus tard, je sens tout de même que le fait de ne pas entendre fonctionner son appareil pour se *faire entendre*, pour *exister*, commence à lui peser et je lui propose de remettre de la musique et il refuse. Alors, je lui propose de lire un passage de la section « Les larmes des générations » (p. 219), afin qu'il puisse sentir aussi pourquoi nous vivons des souffrances. Il le lit et me le rend de façon enthousiaste. Il me dit : « Mais c'est super, vous avez écrit ça ? Vous ? » Je me suis rendu compte que dans son esprit, les gens qui peuvent dire quelque chose doivent se trouver sur une *autre planète* ou appartiennent à un *autre univers*. Ensuite, je lui ai donné un deuxième passage sur le potentiel à développer (p. 87), mais *l'interdiction de se réaliser* pesant sur lui, la prise de conscience d'une telle réalité lui a permis tout juste de me rendre l'écrit, avec un petit sourire, pour ensuite sombrer dans un profond sommeil...

En arrivant à destination, il me demande le titre de mon livre que malheureusement je ne pouvais pas lui donner et il me dit : « Mais comment est-ce que je vais trouver ce livre ? » Et moi, simplement, j'ai eu de la peine. Cette peine que j'éprouve chaque fois en face de jeunes Êtres humains enfermés dans un *ghetto intérieur*, résultat du *conditionnement à la limitation*. De tels enfermements sont aussi le résultat des *cloisonnements extérieurs*, par les systèmes privatifs sous les formes les plus variées, les jugements et le mépris. C'est la consolation illusoire d'appartenir à des *castes supérieures* qui crée l'exclusion et l'inconsolable.

Son cadeau

Je voudrais que cette rencontre soit un cadeau de la part de ce jeune à l'intention de vous tous, les jeunes, afin que vous puissiez croire en vous, avoir conscience de votre potentiel, de votre droit de réussir et de vous épanouir. Ces lignes sont écrites pour que vous ayez le plaisir de lire, de vous instruire et d'exister pleinement. Je ne dis pas d'aller *faire la révolution*. Au contraire, je parle *d'évolution*. Ne créez pas la violence et la terreur, mais développez la vie, la vôtre d'abord et puis celle des autres. La vie s'offre à vous et vous êtes les créateurs du monde de demain. Si vous savez lier maintenant *l'intelligence du cœur* et *l'intelligence de la raison*, vous créez la plus belle combinaison. Vous mettrez alors ensemble toute votre sensibilité, votre humanité, votre idéal et votre amour pour la vie et vos capacités intellectuelles toujours plus importantes qu'on ne le pense. Cela fera de vous des hommes forts et des femmes fortes qui sauront prendre en main leur destin.

Rencontre d'un père de famille

Ce matin, j'ai discuté avec un producteur de primeurs. Quelques années auparavant, j'avais donné des cours à sa fille. Nous avons ainsi, de temps en temps, quelques échanges, en fait assez peu nombreux. Mais aujourd'hui, il tenait des propos que je voudrais consigner : « Ah ! Les choses vont de mal en pis. On ne court plus que pour gérer les priorités. On travaille du matin au soir pour ne rien avoir et quand on croit qu'il reste quelque chose, alors un papier administratif arrive et tout s'en va en cotisations, taxes et charges. On nourrit tellement de gens qu'on n'en peut plus. D'ailleurs, un confrère s'est fait avoir. Il a eu des problèmes et il ne pouvait plus payer. Sa dette s'élevait à 120 000 euros. Ils lui ont fait vendre pour une bouchée de pain sa maison et son terrain avec toutes les plantations. Et comme tout est parti en faillite, une société immobilière lui a racheté aussi bien sa maison que toute l'étendue de son terrain pour 120 000 euros, prix de la faillite. C'était le bien pour lequel il avait travaillé toute sa vie. Mais en plus de cela ils ont déduit 25 000 euros de cette somme pour raser tous les aménagements de jardinier et d'horticulteur, et aujourd'hui cet homme doit rembourser ce montant. Un peu plus tard, il a vu que la société immobilière était rattachée à l'organisme financier à qui il devait de l'argent. Quelque temps après, la société immobilière a divisé le terrain en quatre lotissements constructibles... »

Cet homme, autrefois paisible, enchaîne et me parle du futur : « Nous savons qu'une pénurie d'eau va frapper l'humanité dans peu de temps si des mesures radicales ne sont pas prises, pour lesquelles, aujourd'hui, les mentalités des dirigeants ne sont pas prêtes. » Toujours dans son domaine d'expertise, il me parle des céréales exportées dans des pays émergents, surtout en Afrique. Il dit : « Ces céréales ne portent pas de semences afin d'obliger ces pays à commander et faire venir tous les ans de nouvelles céréales. Ces pays s'appauvrissent ainsi encore plus, entrent dans une dépendance encore plus grande au lieu de pouvoir développer des richesses sur place. »

Voici un homme, et ils sont nombreux aujourd'hui, représentant la couche de la population française autrefois qualifiée de stable et de calme. Aujourd'hui, ce qui transparaît, c'est l'insatisfaction, la colère, car en homme simple, mais vif, il n'est pas dupe.

Ces rencontres, comme beaucoup d'autres, montrent le fossé qui existe entre la société telle qu'elle se présente et telle qu'elle pourrait être si le potentiel de chacun était pris en considération.

Le Mythe de Bénéfuc

Connaissez-vous le Mythe de Bénéfuc? Un grand nombre d'humains pratique ce mythe, l'un des plus anciens du monde. Il est exactement l'inverse de ce que nous appelons *bénéfique* dans la réalité concrète. « Qu'est-ce donc? » me direz-vous. À l'instar de plusieurs mythes bien entretenus, celui-ci sert à nous faire croire à une réalité inexistante. Le Mythe de Bénéfuc est un pur produit de l'ego. Venons-en au fait: de quoi s'agit-il vraiment? Ce mythe représente des *mécanismes de domination* qui pompent l'énergie de vie d'autrui. Écoutez-bien, **ce mythe nous fait croire que certains naissent *pas intelligents* ou avec moins de valeur que d'autres, et même que certains naissent *à la fois mauvais et pas intelligents*.**

C'est en effet ce mythe que trop de personnes ont intérêt à maintenir et à développer, car il permet de justifier leurs propres façons d'agir et leur manière de porter préjudice à l'autre en le dépouillant de sa dignité, de sa grandeur et parfois même de sa substance. « Quel est le problème, dites-moi ? », « Il l'a bien mérité. Il l'a même cherché ! » ou « Ils ne méritent pas mieux » ou encore « Avec eux, il n'y a rien à faire, ils sont comme ça », etc. Ce sont ces raisonnements dans le cadre de ce mythe qui maintiennent la domination et qui la justifient. Ce mythe crée la hiérarchie, à commencer par la famille, il crée le déséquilibre sur la Terre et maintient des populations entières dans la misère. Il rend profondément malheureux les enfants. Ce mythe rend insensible au vécu et au ressenti d'autrui. Hier encore un dirigeant d'un grand groupe me soutenait qu'il y avait des personnes qui, dans leur substrat, étaient mauvaises en parlant, entre autres, d'un collègue qui lui posait problème.

Ce mythe est pratique. C'est s'approprier un bénéfice au détriment de l'autre. Il est commode, rentable et profitable du point de vue du pouvoir et du comportement. Ce mythe peut nous arranger au quotidien dans les familles, sans parler de tous les raisonnements qu'il rend possibles dans le système éducatif et social et dans les domaines professionnels.

Le Mythe de Bénéfuc pénètre toutes les sphères. C'est ainsi que le rejet, l'exclusion, l'hostilité et l'agression organisée s'étendent de droit d'un parent à un enfant, d'une famille à une autre, d'une personne à une autre, d'un groupe envers un individu ou un autre groupe et d'une nation à une autre, jusqu'au racisme, avec toute la panoplie des excès.

Vous pensez bien que quelqu'un qui vient au monde en ayant d'emblée moins de valeur, mérite d'être critiqué et agressé, voire refusé et rejeté. Ensuite, il y a ceux qui naissent « *pas intelligents* ». Que dire, face aux *grosses têtes,* à la pensée abstraite, coupée de la vie, des individus « qui n'ont pas de tête », comme on dit ?

Vous me répliquerez peut-être que c'est une caricature, que les choses en réalité sont bien moins dures. Je vous réponds alors : écoutez comme si vous vous trouviez à l'intérieur d'un cœur d'enfant. Faites parler l'âme des humains déjà grands. Cherchez dans les prisons la conscience de soi et, sans aller si loin, témoignez de la dégradation qui s'installe dans certaines conditions de chômage insupportables. N'oubliez pas la jeunesse qui perd espoir dans les ZEP (zones d'éducation prioritaires) et qui verse dans la violence, en étant à la fois victime et bourreau, dans le cadre de ce mythe. Même les établissements des futurs espoirs, appelés *écoles*, sont aujourd'hui remplis de violence. Ils devraient pourtant être les lieux les plus sereins de nos sociétés, les plus dynamiques. Ils devraient déclencher l'envie de faire *l'expérience de la vie*, dans des conditions épanouissantes, en offrant aux enfants des connaissances et des apports qui ont du sens.

Puis vient toute la gamme des tragédies vécues par des pays émergents, avec ce que cela représente pour les âmes dans le dénuement.

Je vous livre quelques paroles recueillies au cours d'un séjour dans un pays d'Amérique du Sud. J'aurais pu aussi bien entendre les mêmes plaintes ailleurs, en Afrique, en Chine, en Inde bien sûr, au Japon même, et dans toutes les autres parties du globe, y compris en Europe : « J'ai froid. – Allez, viens, serre-toi contre moi. – Glglglgl. Je tremble... J'ai peur. – Mais non, mais non, c'est bon. » Dans une station de bus, perdue dans la banlieue d'une grande ville à trois heures du matin, deux petits enfants, d'environ quatre ans et à peine trois ans, se serrent l'un contre l'autre. Ils sont très légèrement vêtus. Le grand a froid, mais ne le montre pas au petit. Tout jeune, il le rassure ; il sait qu'il est la seule protection de son petit frère...

Puis, la tragédie à nos portes. Deux jeunes filles à l'hôpital. L'une enceinte, violée sous l'effet de drogues administrées, l'autre agressée et défigurée par une bande de jeunes alors qu'elle rentrait chez elle.

Le point commun en matière de délinquance et de criminalité est l'absence de repères. La tragédie des pays riches tient au fait que le repère et la richesse sont placés dans la matière plutôt que dans le cœur. Ils ont placé *la force à l'extérieur*, dans le matériel, et l'homme, vidé de sa puissance intérieure, de ses valeurs et de son intégrité, ne fonctionne plus en tant que repère. Il ne reste, dans certains cas, que la répression, ce qui est une autre façon de ne pas donner sa place à l'humain.

Regardons un peu plus en profondeur le déséquilibre dans ce monde, entre les populations de ce qu'on appelle les *pays riches* et les masses humaines de ce qu'on appelle les *pays émergents*. Voyons donc ce qui s'y joue. Quel rôle joue ce mythe dans ce déséquilibre et comment fonctionne-t-il à l'intérieur de ces populations ? Qu'en est-il de la corruption dans les pays où la misère est sans nom ?

Ensuite, il y a tous ceux qui se disent compétents, mais qu'en est-il de leur intelligence quand il s'agit de trouver de vraies solutions ? Pourquoi accepte-t-on l'inacceptable ? Qu'est-ce qui a plus de valeur qu'une vie humaine ? Comment peut-on laisser une telle détresse se perpétuer ? Et tant de morts se succéder ? Que représentent le bénéfice et le pouvoir à côté ?

De nombreux cadres et employés acceptent d'être pressés, exploités et vidés de leur substance selon les intérêts et les besoins de ceux qui détiennent le pouvoir et qui « oublient » de se poser des questions essentielles sur le sens, la responsabilité et la qualité. Que dire des nombreux grands groupes qui réalisent des transferts et des plans sociaux pour satisfaire aux exigences des actionnaires, qui veulent amasser toujours plus d'argent sur cette planète ? Ajoutons que les dirigeants qui décident et agissent en vue d'accumuler les bénéfices, pour satisfaire les actionnaires, sont en général eux-mêmes actionnaires. *Avoir toujours plus* devient absolument nécessaire. C'est comme une drogue. Cela permet, malgré l'illusion que cela comporte, de *remplir le manque intérieur*, ce *manque d'âme*, par des bénéfices à court terme. Ce sont ces bénéfices dits *secondaires*, contraires à l'éthique et aux valeurs, qui les font vivre.

Le Mythe de Bénéfuc est l'outil qui pervertit la réalité. Il permet en toute impunité de manipuler et de *projeter* ses propres insuffisances, ses propres manques sur autrui, lequel nous apparaît alors moins beau, plus petit, moins intelligent et, selon la projection sur lui de nos propres problèmes, plus méchant, voire *inexistant*. Celui-là mérite alors de devenir *l'esclave du court terme*. Il est facile alors de voir les insuffisances ailleurs plutôt que chez soi et d'accuser les autres, de les mépriser, d'ironiser, de nier leur existence plutôt que de se mettre à leur place et d'agir. Le Mythe de Bénéfuc « prouve » tous les jours que ceux qui ne réussissent pas et ne sont pas **gagnants** peuvent être classés, déclassés et ainsi exploités plus facilement. Ce mythe nie la qualité et la valeur de l'autre en les lui soutirant et en justifiant ce comportement.

Un voile noir à la place d'une conscience claire

À l'opposé de la clarté de la conscience, le Mythe de Bénéfuc est un *voile noir* jeté sur nos yeux pour troubler notre regard afin que nous voyions en l'autre, selon les situations, « l'inférieur, la chose, le rien ou, au contraire, le concurrent et l'ennemi ». Ce mythe a contaminé toutes les sphères de nos sociétés en créant la confusion entre mensonge et vérité.

Ce mythe voile ce qui est là de toute éternité. Il voile ce qu'il y a de plus beau en nous : cette dimension divine, cette dimension de lumière. Il voile l'âme. Ayant empêché la reconnaissance de cette instance de vie en nous, il en rend l'accès impossible. Au contraire, ce mythe fait croire à un vide, à un *trou* en soi qu'on a besoin de remplir par beaucoup de satisfactions personnelles, d'acquisitions pour combler les besoins. Ce sentiment de manque et d'inconfort nous projette dans la fuite de nous-mêmes, et souvent dans *la fuite en avant*. Avec beaucoup d'occupations, on n'a pas le temps de *penser* et encore moins de *ressentir*. De cette manière, on a *bonne conscience de ne pas prendre conscience...*

Vidés de notre véritable identité, il nous est bien sûr impossible de reconnaître l'Être humain en face de nous, avec toutes ses qualités, ses richesses et ses besoins. Si nous ne trouvons pas la sérénité, la force et la joie à l'intérieur de nous, mais le manque et donc la peur de *ne pas avoir* ou *pas assez*, alors ce *manque intérieur* nous pousse à chercher notre bonheur à l'extérieur. Si le bonheur se trouve à l'extérieur, alors *l'autre* peut nous le prendre. Ainsi, l'individu voit en l'autre un danger au lieu de le voir comme une ressource et une richesse. C'est pourquoi nous le percevons comme un opposant, un concurrent et un ennemi.

C'est ce qui amène les individus à *s'arracher leur bonheur* sans jamais être satisfaits. Non seulement ce bonheur est-il un leurre, une erreur, mais il est créateur d'un *cercle vicieux* qui tire vers le bas tous ceux qui y participent.

Comme ce mythe crée beaucoup de souffrances, il est en même temps créateur de vengeance. Il consolide la croyance qu'il y a des individus mauvais, par atavisme ou plus généralement *par naissance ou par essence*. Ensuite, il encourage à se venger au moment opportun et à continuer la chaîne maléfique en criant, selon la loi du talion : « œil pour œil, dent pour dent ».

Ce mythe est une obstruction des oreilles pour ne pas entendre la *demande de vie de ceux qu'on tue*, dans le corps, dans le cœur ou en esprit. Le Mythe de Bénéfuc est comme de l'acier que l'on aurait coulé dans la peau et dans le cœur pour ne plus sentir, pour s'anesthésier et devenir incapable de se mettre dans la peau de son frère.

Le Mythe de Bénéfuc est cette puissance qui serre notre cœur et qui le ferme pour *ne plus sentir*. Ce mythe est un *prisme*. Il déforme la réalité et facilite les jugements, l'intolérance, le rejet et la condamnation, plutôt que d'aller dans notre modernité vers une *conception mondiale de fraternité*.

Psychologiquement aussi bien que matériellement, ce mythe donne le droit d'exploiter et de vider de leur substance ceux qu'on fait souffrir et même mourir. Toutes les dominations, qu'elles s'exercent au sein d'un couple ou dans le contexte familial, éducatif, social, religieux, professionnel, économique ou politique, se nourrissent de ce mythe et autorisent ce qui, au nom de l'humanité, est interdit.

L'habitude d'agresser et d'accuser l'autre, en lui trouvant des défauts et en prétextant avoir raison, permet de mieux l'exploiter. Celui qui agresse s'approprie l'énergie et la valeur d'autrui, lequel est au contraire vidé de qualité et d'énergie. Une prise de conscience en profondeur de ces mécanismes permet de prendre en main la situation autrement en la gérant de façon positive et constructive. Plus d'un l'a constaté, y compris dans un contexte difficile. La même question se pose dès que nous sommes en train de *subir* passivement et de devenir ainsi complices de ce qui appartient au vice.

Le Mythe de Bénéfuc porte en lui la dimension de la séparation et de la destruction. Ce mythe autorise à tuer une partie de l'autre et à se l'approprier. La Bible représente l'action archétypale de ce fait symbolique dans l'épisode où Caïn tue son frère Abel pour obtenir tout son amour, toute sa considération, sa position et ses vertus, à la différence qu'aujourd'hui, on tue sans même avoir conscience de piller la vie et les vertus d'autrui.

Le sentiment de supériorité porte en son sein la dualité et donc la division. Les modalités sont variées : clan, classe, race, caste, élite, statut… La hiérarchisation comporte, implicitement, la domination. Dans le camp opposé, l'autre est perçu et se voit comme inférieur. Plutôt que d'agir, de se dépasser et de construire, le leitmotiv sera : se résigner et subir. Pour certains en réaction, ce sera au contraire *fracasser et tout casser.*

Nous n'avons pas besoin de faire une longue psychanalyse pour creuser dans *les profondeurs* des strates de notre *iceberg personnel,* cette dimension inconsciente, afin d'y trouver les couches imprégnées de ce mythe. La partie « iceberg » de ce mythe ne fait pas seulement couler un bateau comme le *Titanic*, mais elle diffuse partout les jugements et les condamnations – jusque dans les relations familiales.

C'est cela qui fait croire à la hiérarchie, à l'artifice de la supériorité ou, comme un sage venu d'ailleurs (Osam) le dit dans le film *La Belle Verte* (1996) de Coline Serreau : « [...] *Tous des chefs ! Ils se croient tous supérieurs à quelque chose. Les hommes se croient supérieurs aux femmes, les gens des villes à ceux de la campagne et les adultes aux enfants, les humains aux animaux et aux plantes. Et puis, il y a les races !* »

Il est intéressant, pour ne pas dire amusant, de regarder comment chacun d'entre nous se dépêche de montrer que ce mythe appartient aux autres. Le Mythe de Bénéfuc implique le sentiment de culpabilité, doublé du *sentiment de peur* selon les situations, car nous n'avons pas appris à nous *remettre en question* dans de bonnes conditions afin de pouvoir changer, évoluer et agir autrement.

Le monde devenu petit offre une vue d'ensemble et permet de contempler l'humanité dans sa globalité. Les nouveaux moyens de communication permettent de véhiculer les informations en éclairant les faits du dessus, du dessous et de tous les côtés. Il est facile aujourd'hui de retracer les conditionnements des gens et la manière d'« imprimer » les comportements. Il est maintenant facile d'étudier la manière de transmettre des comportements, de forger la conscience des individus et de forger ainsi l'étoffe des êtres.

Compte tenu de tous ces éléments, il est de plus en plus important de ne plus se laisser leurrer. On nous encourage de bien des façons à ne plus entrer ou rester dans le « moule », pliés, frustrés et, plus ou moins inconsciemment, mécontents. Tôt ou tard, chacun est appelé à se dépasser en travaillant sur soi. Le moment est venu d'agir, d'oser accepter ce qu'il nous appartient d'optimiser et de réparer ce qui nécessite des réglages.

Combien de procès avons-nous vus de personnes qui, autrefois, étaient considérées comme des notables inattaquables? On commence à dénoncer publiquement les abus, ce qui éveille la force d'agir pour créer davantage un monde juste. Aujourd'hui, une *vague de vie* s'est levée pour brasser l'humanité. Elle emporte avec elle une *nouvelle qualité de réflexion*, des prises de conscience successives et des initiatives.

Comment se débarrasser de ce mythe?

Pour commencer, éliminons-le en nous-mêmes. Jetons un regard à l'intérieur de nous pour dépister ce mythe. Nous en trouverons des traces de façon certaine. Soyons alors sans culpabilité mais très honnêtes envers nous-mêmes, et enclenchons aussitôt une dynamique de changement. Par exemple, si nous jugeons facilement et que nous avons des préjugés, nous gagnerons beaucoup en remplaçant cela par une attitude constructive. Par la suite, le Mythe de Bénéfuc peut être enterré dans les familles. Les parents peuvent alors valoriser leurs enfants, leur dire qu'ils ont un riche potentiel et les accompagner avec amour plutôt que de les taxer d'incapacité ou de mauvaise volonté.

C'est l'occasion rêvée de cultiver tous les dons des enfants et leur belle intelligence. Cela nous permet de comprendre comment nous imprimons chez nos enfants un comportement dont nous nous félicitons ou nous plaignons ensuite.

L'oppression s'exerce sous toutes les formes dans les relations de l'homme à l'égard de la femme ou parfois l'inverse, des parents envers leurs enfants aussi, ou des patrons d'entreprise et supérieurs hiérarchiques vis-à-vis de leurs collaborateurs, ce qui est une des multiples façons de pomper l'énergie de l'autre. James Redfield a bien décrit dans *La prophétie des Andes* la façon dont on pompe l'énergie d'autrui par des mécanismes de domination.

Aujourd'hui est venu le moment de dévoiler ce genre de « supériorité », qui est en réalité de la faiblesse. Oui, c'est une faiblesse et non une force. Il faut le savoir et le faire savoir. *C'est un pur produit de l'ego qui vampirise la force de vie d'autrui.*

Se donner plus de pouvoir, plus de consistance, plus de droit à la vie qu'à l'autre, conduit au déséquilibre et détruit. C'est valable partout, en premier lieu dans les familles et les entreprises. Cela vaut à l'intérieur des sociétés émergentes, à des degrés variés, *par l'absence de loi et de régulation* ou par la survivance de certaines traditions. *Se donner plus de pouvoir, plus de consistance, plus de droits en opprimant, en mutilant et en détruisant la vie des autres, conduit toujours au déséquilibre et finit toujours par détruire, ne serait-ce qu'à long terme.* C'est valable pour l'oppression du capital vis-à-vis des millions de personnes peu fortunées. Cela se manifeste dans le rejet des minorités. Cela s'applique aux exactions des fanatiques comme aux haines ancestrales.

L'enterrement du Mythe de Bénéfuc

Aujourd'hui les *prises de conscience* se font progressivement tout autour du globe. C'est le début de l'enterrement du Mythe de Bénéfuc. Chacun et chacune d'entre nous prenant la mesure des sacrifices, des souffrances et de toute la misère générée par ce « bénéfice », trouve intérêt à agir, mettre fin à ce mythe et participer à son enterrement. *Ce peut être l'enterrement le plus extraordinaire*, le plus joyeux, qui fera des millions et des milliards d'heureux.

Aujourd'hui, on assiste à la prise de conscience massive et quasi universelle, que c'est la vie, avec ce qu'elle a de magnifique, de riche et d'infini, qui nous anime tous autant que nous sommes. Et selon notre degré de prise de conscience de cette réalité, nous pouvons développer d'innombrables qualités.

Grâce aux sciences humaines et aux récentes recherches sur la vie et la réalité globale, nous avons aujourd'hui suffisamment d'informations et d'outils pour savoir ce que le *conditionnement des générations* produit sur l'individu. Nous n'aborderons pas ici la querelle de l'inné et de l'acquis. Il suffit de se donner les moyens, comme pour toute expérience scientifique, de vérifier le détail et la profondeur de l'acquis. Comme la dimension humaine transcende la matière, l'homme n'obéit pas au même fonctionnement que la matière. Les *effets produits* par le *conditionnement* des Êtres humains ont souvent lieu plus en profondeur et sur plusieurs générations. Croyez-moi, et je ne suis pas la seule à le dire : la vérification se fait *à la mesure* de la grandeur et de la profondeur de la réalité humaine. Elle se fait cependant à un iota près (« Les larmes des générations », p. 219).

Devenir son propre observateur

Vous verrez comme il est intéressant de s'observer et de découvrir davantage ses richesses et – pourquoi pas ! – ses faiblesses. C'est remarquable de pouvoir regarder, d'un côté, l'immense potentiel de création et d'innovation et, de l'autre, ses manques et ses difficultés sans se « coincer » et se bloquer aussitôt. Apprendre à se dépasser ou plutôt à dépasser son *ego* n'a pas de prix. Par le *management de soi* ou le *travail sur soi,* devenir son propre observateur sans être culpabilisé permet des constats clairs. Devenir *son propre manager* avant de manager les autres semble logique. Par conséquent, savoir se manager change sa vie et celle de l'entourage.

Il est passionnant de saisir d'abord la situation réelle en soi-même, de la gérer et d'avancer, plutôt que de stagner, embourbé dans des *bénéfices secondaires*, ces avantages qui obstruent la vue et les oreilles, se mettent en travers de la bouche et bloquent notre voie d'épanouissement vers le vrai bonheur. Pour certains, la notion de *bénéfices secondaires* n'est peut-être pas très claire. Nous l'abordons plus loin, mais je peux dire dès à présent qu'ils représentent tout le plaisir, les avantages et les satisfactions qu'on retire d'une situation entretenue et non satisfaisante au regard de la vie. Par exemple, accumuler et s'accrocher aux biens matériels au lieu de chercher l'essentiel, faire tout pour surpasser l'autre, courir plus vite et mieux que son frère pour se montrer plus fort, s'afficher comme plus intelligent, plus puissant, plus gradé ou décoré que les autres et en retirer un sentiment de supériorité, revient à savourer de gros *bénéfices secondaires*, comme des sortes de *marshmallows* bien collants et sans vitamines.

Le fait de remplir son *vide intérieur* de bénéfices secondaires obstrue les voies intérieures et empêche de comprendre qu'on n'a jamais rien gagné...

Ensuite, exercer un *rapport de force*, prendre le dessus et avoir besoin de cela pour se sentir bien en vie, montre la béance au fond de soi. C'est alors qu'on remplit ce « trou » de satisfactions en vidant l'autre et en le diminuant. Voici qu'on se sent mieux ! On s'est rempli de ce qui appartient à l'autre. On s'est rempli en l'occurrence de la *valeur et de l'énergie* appartenant à l'autre. Du coup, *l'autre diminué*, selon ce qu'il a perdu, nous apparaît plus petit, moins bien, moins intelligent ; et si nous attendons, il apparaîtra sûrement aussi méchant. Voilà que la boucle est bouclée.

En ayant *englouti* une multitude de *bénéfices secondaires* au cours de cette *course au bonheur* effrénée, plus d'un y a perdu la santé. D'autres ont accumulé des soucis ou *passé leur vie à courir et à avoir peur de ne « pas avoir assez »* au lieu d'utiliser chaque minute, chaque instant, chaque heure à cultiver le bien-être, l'épanouissement et le bonheur pour soi-même et pour les autres.

Si, par contre, vous créez pour vous le bonheur, le vrai, qui est global et profond, sur la base de ce qu'on peut appeler les *Valeurs de Vie*, alors vous verrez que votre bonheur créera automatiquement celui des autres. C'est comme une bougie qui ne peut pas s'empêcher d'éclairer ce qui est sombre. Simple, n'est ce pas ? C'est, à la limite, une simple question de physique. Si c'est trop noir, vous allumez ; si c'est trop *lourd*, vous allégez. Si les choses sont mal réparties, vous équilibrez, et de nouveau, les choses de la vie sont à leur place !

N'attendez pas qu'on agisse à votre place

Le seul repère fiable est celui qui se trouve au fond de vous. Ce n'est pas pour les enterrer ou les gaspiller que la vie nous a dotés de potentialités. Si vous y touchez vraiment, vous verrez que ce sont des *Valeurs de Vie*, des richesses en nous pour agir et *créer des valeurs à l'extérieur*. Ces valeurs à l'extérieur deviennent à leur tour des *Valeurs de Vie* qui exercent une influence positive et constructive sur le monde. Tout ce qui développe la vie et représente une *contribution positive* est une *Valeur de Vie*. Si vous reconnaissez ces valeurs, elles vous portent et développent en vous l'élan créateur de bienfaits, pour vous comme pour l'humanité. C'est possible dès que le *voile noir* du manque de conscience est levé.

Alors, au lieu d'être enfermés dans des comportements de réaction, de peur, d'exaspération, de domination, de plaintes, de souffrance et de dénigrement, nous commençons à agir dans le *sens de la vie* et à découvrir qu'elle est infinie.

Nous ne sommes pas en train de rêver ou de nous illusionner. Il n'est surtout pas question de sous-estimer les freins, les résistances, les complications et les difficultés multiples lors de tels changements, car la remise en cause d'un tel mythe touche à la fois aux racines de nos civilisations et à leurs fruits.

Cependant, si la vie avait une voix, elle dirait peut-être : « Je crois en l'Être humain, je crois en toi. Maintenant, il ne reste plus que toi pour avoir foi en toi. »

Pour sortir d'un mythe aussi fort où le présent est dominé par le passé, la seule chose réellement efficace à faire est de commencer tout de suite et d'oser changer. Pour changer les choses, il faut changer d'abord. Il faut s'ouvrir à soi et y reconnaître l'énorme potentiel, sans refuser la même grâce à l'Autre. Il faut avoir l'intelligence de partager le tout pour créer davantage ensemble, porter ensemble et comprendre ensuite qu'il se passe là quelque chose, qui se place dans la vie.

Cette expérience, tout en développant la conscience, engendre une évolution qui permet à tous, sans exception, de retirer non pas des *bénéfices secondaires*, ces doucereux *bénefs marshmallow*s bien fades, mais un riche bagage de vie très gratifiant.

Il ne s'agit pas de commencer n'importe comment. Il s'agit de prendre du recul et de changer sa propre attitude, son positionnement avant tout.

Cela peut être mentalement bien clair, mais c'est aussi le moment d'oser interroger son cœur et de voir ce qu'il en est vraiment de ce mythe. C'est le moment de tester notre intégrité, de dépister notre complicité, de l'accepter et progressivement de l'éliminer.

Ce n'est pas en réagissant, en ironisant ou en étant dans le « tout ou rien » qu'on pourra faire quelque chose. C'est au contraire le moment de chercher en soi les ressources nécessaires pour « se rencontrer » en toute honnêteté. Cette rencontre avec soi-même, avec ce que l'on est au fond, est une expérience marquante et fondatrice pour la rencontre vraie et constructive avec autrui. C'est cette rencontre avec soi qui nous donne accès à notre richesse et qui nous ouvre aux autres pour créer ensemble l'abondance.

Au lieu de projeter ses propres insuffisances sur les autres, une compréhension d'un tout autre ordre s'installe. À partir de ce moment, non seulement prend-on ses responsabilités pour contribuer dans le respect de tous à un mieux sur cette Terre, mais on ouvre les yeux sur une réalité qu'on n'aurait même pas soupçonnée.

On voit alors qu'un potentiel et une richesse infinis habitent chaque Être humain sur cette Terre. C'est là qu'on comprend que seuls l'ignorance, la souffrance et l'irrationnel d'une soi-disant intelligence ont pu nous empêcher d'évoluer et de voir clair.

Cependant, une fois la vue clarifiée, chacun est mis au défi de choisir entre suivre le Mythe avec son cortège d'humains divisés, séparés et dans la souffrance ou évoluer en s'ouvrant à sa propre richesse qui, elle seule, permet de reconnaître celle de l'Autre.

La vie continue et elle est belle

Si le moment est difficile et que vous êtes soucieux, dites-vous : *la vie continue et elle est belle.*

Si vous avez beaucoup souffert et que la vie a été trop dure pour vous, dites-vous que « la vie continue ». Prenez alors des forces. Soyez gentil et généreux avec vous-même. Appréciez les petites choses. Méditez, cherchez la sérénité, et vous verrez de nouveau que la vie, qui est grande et rayonnante, continue. Alors vous ajouterez : « Et elle est belle ! »

Si votre cœur a été blessé par un amour perdu et que la beauté de la vie semble s'être évanouie, alors dites d'abord merci à la vie d'avoir ouvert les portes de votre cœur. C'était peut-être pour apprendre que la vie, où qu'elle se manifeste, est toujours amour. Il suffit de regarder au fond des choses. Ainsi vous saurez que vous n'êtes jamais abandonné et qu'on vous aime toujours. Commencez par vous aimer vraiment vous-même et vous verrez que votre amour ne cherchera qu'à rayonner tout autour de vous. Ressentez-le profondément et puis laissez remonter en vous *l'élan du renouveau*. Dites-vous alors : « *oui, je le savais bien, la vie continue et elle est très belle* ».

Si vous vous sentez découragé et que vous avez peur de l'avenir, prenez du recul. Prenez un temps rien que pour vous et regardez de loin, de très loin, tous vos soucis. Imaginez-vous très haut dans un avion, à regarder la Terre, ou imaginez-vous plus loin encore, sur une étoile. De là, cherchez notre système solaire, ensuite la Terre, puis le pays, la ville, l'endroit et l'heure précise.

Fixez le moment présent qui se situe dans l'histoire, dans un temps plus large. Vous verrez comme par enchantement, à la vue de la grandeur de la vie, que les soucis, la situation du moment que vous vivez et l'endroit où vous êtes deviennent tout petits. En apprenant *l'art de prendre de la distance*, vous pourrez de nouveau respirer, reprendre des forces, et vous verrez que *la vie continue et qu'elle est belle.*

Je vous invite maintenant à vous accorder concrètement un temps pour prendre de la distance.

Si vous êtes encore jeune et que vous redoutez une personne qui vous impressionne et vous intimide, dites-vous que *la vie continue* et qu'au fond de cette personne, il n'y a strictement rien d'autre que la vie, la vie la plus belle, avec toutes ses qualités, toutes ses capacités et tout son potentiel d'amour. Mais cette personne est peut-être *barricadée*, sur la défensive, et a besoin de réagir et de faire sentir sa force à l'autre. *Quand vous voyez cela et que vous ne projetez pas sur elle vos peurs, mais que vous voyez vraiment clair*, sachez que l'autre, au fond de lui, porte des blessures. Avec sa force *apparente*, il tente de couvrir ce qui, au fond, le fait souffrir. Ne jugez pas, mais soyez alors dans la vie. Affirmez-vous. Prenez votre espace en étant centré, fort et bon. Vous direz alors : *la vie continue et elle est tous les jours plus belle.*

Si vous êtes seul et que vous souffrez de solitude, rappelez-vous que vous n'êtes pas un morceau de matière, isolé, rejeté peut-être, mais que vous êtes d'abord une âme, un esprit, une conscience à la nature infinie et unie à toute vie. Sentez cette force en vous.

Dites-vous : « *Au tréfonds de mon être, je me suis peut-être préparé une expérience en vue de me dépasser, de grandir, pour davantage me reconstruire. Cette expérience m'apprendra sans doute, à moi aussi, que je ne suis jamais seul, et c'est sûrement un moment privilégié pour apprendre à vraiment m'aimer.* »

Vous pouvez choisir de vous dire : « *J'accepte d'apprendre à m'aimer, à vraiment m'aimer au niveau de mon corps, de mon cœur, de mon âme et de mon esprit. J'utilise toutes ces richesses pour m'ouvrir à la vie, aimer, découvrir davantage, partager et construire.* » Puis, quand vous vous dites à vous-même « *Je t'aime* », alors s'ouvre un bout de ciel et vous vous dites : « *Ô comme la vie est belle !* »

Si vous voyez que vous êtes dans l'incohérence et que vous ne faites pas ce qu'au fond vous sentez que vous devriez faire, ne culpabilisez pas, mais agissez. Prenez d'abord du recul, détendez-vous. Vérifiez que c'est le calme qui vous habite et dites-vous : « *la vie continue et elle est belle* ». Fort de ce constat, prenez des résolutions et veillez à leur exécution et au suivi de la réalisation. Alors quand vous regarderez en arrière et en avant, que vous contemplerez le bonheur que vous avez créé et que vous verrez toute la grandeur de la vie devant vous, vous vous direz encore : « *la vie continue et elle est magnifique* ».

Je m'arrête un instant et je vous demande : « Vous êtes-vous déjà senti concerné par des situations analogues à celles que je viens d'évoquer ? » Si oui, avez-vous déjà pris des dispositions, des résolutions ? Pour que la vie continue, il convient, dans certains cas, de savoir *lâcher prise*. Ne vous accrochez plus aux situations du passé, à ce qui vous a frustré ou dénigré. Laissez-vous porter par votre intuition, par votre inspiration, et dès que la moindre bonne idée se présente, attrapez-la et, sans hésiter, commencez à la concrétiser.

Si vous manquez d'énergie et que vous êtes vraiment découragé, déprimé, épuisé, submergé, désorienté peut-être, alors attention, rassemblez-vous ! Donnez-vous l'occasion de vous *retirer* pour faire le point. Il ne s'agit pas d'être *gentil* avec vous, mais d'un impératif d'être à la fois sérieux et généreux envers vous-même.

Revoyez tout dans votre vie et dites-vous que *la vie continue*. Prenez des dispositions de repos, de ressourcement, d'exercices corporels, et des provisions de dynamique de vie. Bougez, cherchez les rythmes de la musique et le mouvement par la danse pour retrouver vos propres rythmes. Cultivez la joie et la gaieté. S'il le fallait, consacrez-y tout un printemps ou tout un été, mais utilisez cette période de restructuration pour *changer vos dispositions de base*. Faites-vous aider et vous verrez progressivement la vie reprendre ses couleurs. Les choses reviendront dans l'ordre et vous sourirez en pensant au passé. En regardant alors le soleil et les étoiles dans le ciel, vous vous direz : « *la vie continue et elle est belle* ».

Si, au fond de votre cœur, vous sentez que vous avez un geste à accomplir et des initiatives à prendre pour apporter votre contribution à l'humanité et que vous êtes enchaîné dans un contexte de vie et mille activités, rappelez-vous que *la vie continue.* Ne cassez pas tout et ne faites pas la révolution, mais prenez *une grande décision* que vous coulerez dans le béton. Décidez d'accomplir votre *Projet de vie* et considérez que rien au monde ne vous arrêtera. Donnez-vous le temps, mais agissez. Respectez les étapes et vous direz alors : « *la vie continue bien et elle est tous les jours plus belle* ».

Et quand votre accomplissement vous fera toucher la beauté de la vie, en vous et chez les autres, partout – aussi bien en profondeur que dans les hauteurs, sur les cimes –, une fois de plus, vous direz : « *la vie est belle, la vie est sublime* ».

CHAPITRE 2

Un nouveau regard sur l’humanité

Le discernement

Le discernement est le joyau de la conscience qui permet de voir clair. Il nous donne l'occasion de distinguer le vrai du faux, nous permet de différencier l'apparence de la réalité profonde, un élan positif et constructif de son contraire, le faux-semblant, les freins, le piège, la casse.

Le discernement est cette faculté divine qui permet de distinguer amour et peur, action et réaction, affirmation et agression. C'est l'œil clair qui discerne et contemple la valeur des choses. Ce n'est pas le regard critique qui condamne, mais le regard clair et pénétrant qui permet de comprendre ce qui est juste ou non, acceptable ou non, constructif ou destructeur. Le fondement en est l'intégrité.

Le discernement nous fait bien voir la différence entre les effets d'une action à court terme – fondée sur l'intérêt immédiat, sur l'impulsion, sans souci des conséquences – et ceux d'une action fondée sur une *vision globale* tenant compte de façon responsable des conséquences à plus long terme, des répercussions ailleurs sur la planète et des effets secondaires pour tous les humains.

En nous exerçant à développer cette merveilleuse faculté que représente le discernement, nous nous rendons progressivement autonomes et responsables. Nous évaluons plus nettement notre marge de manœuvre afin d'intervenir dans une vision de justesse et d'ainsi gérer, manager et réorienter selon les besoins.

Voici une proposition : si vous souhaitez développer le discernement, regardez toute chose et toutes les situations avec du recul, mais en restant proche avec le cœur. Développez un

regard global qui inclut les effets d'une action ou d'une situation sur l'environnement humain et autre, et sur le futur. Imaginez même les effets des effets, un peu comme des ronds dans l'eau après y avoir jeté un caillou. Imaginez toujours une longue chaîne de causes à effets. Si une personne, non satisfaite de son activité, cherche sincèrement au fond d'elle ce qu'elle souhaite vraiment faire, elle va aussitôt mettre au jour ses préférences, ses capacités et ses dons qui sommeillaient en elle. Ensuite, elle va développer la vision la plus large possible de ce qui est à faire. Elle exercera alors le discernement en prenant du recul et en évaluant, pour chaque opportunité, les conséquences à court comme à long terme. De tels choix et décisions sont très différents de ceux qui reposent sur la précipitation dans le court terme.

Une telle personne devra se surpasser régulièrement en face des difficultés, mais avec un peu d'entraînement, elle acquerra de l'efficacité. Par la suite, elle récoltera progressivement des succès qui engendreront, à leur tour, d'autres effets positifs. Cette personne est ainsi créatrice de sens et donc très motivée. Elle se développe et grandit en faisant grandir d'autres personnes. C'est en exerçant de plus en plus son discernement qu'elle contribue naturellement au développement et à l'évolution.

Prenons cette même personne qui, au lieu de se faire confiance, de se responsabiliser et d'exercer le discernement afin de voir clair et d'avancer dans une voie constructive, se résigne à demeurer insatisfaite. Le premier effet qu'elle développera sera une vision pessimiste de la vie en général, ce qui aggravera progressivement son insatisfaction. Nous savons que «*ce que je fais avec plaisir, je le fais bien*», alors que si je suis insatisfait, la qualité de mon travail sera de moins en moins bonne. Le stress va s'ajouter avec le temps et entraînera d'autres conséquences, telles que la fatigue ou la maladie.

Chaîne de causes à effets

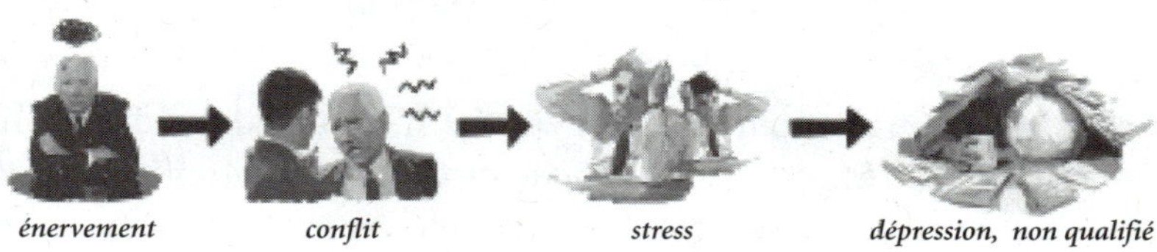

Au fil des ans, cette personne deviendra plus ou moins aigrie, avec un profond sentiment d'inaccomplissement. Pourtant, si elle acceptait de se dépasser, à l'écoute de ses véritables besoins, elle représenterait une richesse pour la société (pas un coût), tout en vivant une vie passionnante. C'est en exerçant le discernement que nombre de personnes ont constaté, derrière la façade, le manque d'intérêt ou le caractère superficiel de leurs activités. Elles ont cherché leur désir de se réaliser en profondeur, de créer des valeurs et de contribuer à un mieux. Progressivement, la clarté s'est installée, ce qui leur a permis de trouver leur *Projet de vie*. Le sens se perçoit derrière l'apparence.

Posez-vous toujours la question du « sens ». Si vous arrivez à des conclusions négatives par rapport à votre situation ou condition, acceptez le constat sans juger. Repositionnez-vous alors en tenant compte de toutes les possibilités de réorientation. Cela devient, avec le temps, un mode de fonctionnement qui influence tous les domaines de la vie.

Exercer le discernement, c'est établir la distinction entre les différentes valeurs. Le questionnement suivant en résulte : Qu'est-ce qui a du sens ? Qu'est-ce qui est essentiel ? Qu'est-ce qui est secondaire ?

Vous serez surpris de constater combien de facteurs vous n'aviez pas captés avant de vous exercer à cette tâche. Appliquez à cette fin un *regard en profondeur*, comme une radiographie. Cherchez les raisons jusqu'au tréfonds. N'interprétez pas. Sentez ce qui vous anime réellement. Quels sont les mobiles profonds ?

Si vous souhaitez trouver et réaliser votre *Projet de vie*, prenez patience. Faites le point calmement. En cas d'initiative non couronnée de succès dans l'immédiat, recourez à la créativité afin d'éclairer et de faire ressortir les multiples possibilités à saisir et les divers aspects à envisager. Vous pouvez vous donner beaucoup de moyens pour réussir. *Votre discernement est parfait si vous conjuguez l'intelligence de la raison et le ressenti en profondeur*, tout en jouant avec l'intuition, pour entrer dans la synergie qui provoque les coïncidences et les événements de synchronicité. Si nous gardons notre confiance et notre calme intérieur, nous créons les conditions favorables à l'intuition. Nous exerçons alors le discernement de façon globale en tenant compte de tous les paramètres. Cela engendrera une qualité que nous pourrons optimiser à l'infini. Je ne parle pas d'obsession, mais de vérification nécessaire.

Prenez du recul et exercez le discernement en cherchant toujours le fond des choses sans juger ni condamner. Cherchez les motifs à l'origine d'une situation et surtout n'oubliez pas d'en voir les effets créés par nous quotidiennement, même à long terme. Si le résultat se fait attendre et que vous vous sentez énervé plutôt que d'être centré, calme, avec une vision claire, respirez et souriez. Tout se travaille et le discernement se développe avec l'entraînement. L'enjeu en vaut la peine !

Il se peut que nous analysions tout avec une grande habileté sur le plan cognitif. Néanmoins, le discernement comporte, de façon active, l'intelligence du cœur, autrement dit le *ressenti* au fond de nous. Il faut s'accorder du temps supplémentaire et faire une synthèse honnête envers nous-mêmes. Dès les premiers résultats, nous sentons que notre élan se renforce. Toutefois, même durant l'entraînement, n'oubliez pas de vous faire plaisir. Tout ira plus vite ainsi.

L'exercice du discernement développe un regard en profondeur et nous rend tous les jours un peu plus compétents pour attribuer leur valeur réelle aux choses, moyens et situations. Bref, le monde tel qu'il fonctionne est mieux vu, mieux compris et mieux appréhendé.

Le discernement est ce cadeau qui nous permet d'échapper au « tout ou rien ». Il nous évite de condamner en bloc, de refuser ou critiquer sans recul ou de tout défendre, en nous y jetant corps et âme, sans avoir développé une vision globale. Le discernement ne connaît pas les œillères, *ni le bandeau devant les yeux*, ni d'ailleurs une tête sans cœur qui détruit ce qui demande à vivre. Il confère la *force de voir* et *de ressentir*. Il rend impossible la résignation, indépendamment du contexte.

Le discernement est cette capacité qui permet de *ne pas confondre les objectifs et les moyens*. Il nous évite de tomber dans le piège de viser l'accumulation de moyens et l'exercice du pouvoir. Au contraire, il emploie ces moyens avec détachement, car le discernement a toujours en vue le développement et la création de la meilleure qualité et du meilleur service à apporter à l'humanité. Ce sera toujours une contribution à l'évolution. C'est le discernement, autrement dit la capacité de voir clair, allié à la conscience de notre potentiel – infini en matière de conception, de réorientation, de vision et d'innovation – qui développe notre force d'action. Le discernement ne sépare pas théorie et action, aujourd'hui et demain, ici ou ailleurs. Par exemple, une personne qui constate *intellectuellement* des dysfonctionnements et des effets non souhaitables *sans se positionner* et *sans agir concrètement*, n'exerce pas vraiment le discernement. Elle n'a toujours pas compris en profondeur que cela implique d'agir en conséquence. Seule une personne qui l'a clairement compris au point de *mobiliser* son potentiel et d'*agir* conformément à la clarté et à l'objectivité du constat, exerce le discernement.

Le discernement est ce don qui nous évite d'être *le jouet de notre ego*, car c'est l'ego qui nous empêche d'agir en développant la peur ou qui, au contraire, nous fait agir avec colère. À chaque fois, il nous fait vivre le leurre.

Le discernement est l'art, dans le silence intérieur, de voir clair et de saisir l'essentiel en reconnaissant *l'ordre des choses au service de la vie*. Nous pouvons ainsi privilégier ce qui contribue à une vie équilibrée et harmonieuse, une vie vécue pleinement et intensément. Être porté par l'activité et développer un élan de réalisation en travaillant avec passion pour créer de la qualité, cela donne du sens à nos gestes et entreprises. Nous préparons ainsi l'avenir pour que, dans 100 ou 150 ans, nos enfants et les générations suivantes puissent bien vivre sur cette Terre.

Aller au fond des choses

« Il est plus facile de fissurer l'atome
que de vaincre un préjugé. »
Einstein

Histoire de bulles

Chaque fois que des bulles montent à la surface de l'eau, elles indiquent un mouvement plus en profondeur. Si un volcan s'ouvre et se déverse sur le paysage, *la dynamique en profondeur sous la surface de la terre* lui a donné cette impulsion. Vous observerez que plus une impulsion se produit en profondeur, plus elle est puissante. C'est pareil pour l'Être humain. Il renferme bien des impulsions, autrement dit des émotions au fond de lui. Ces émotions non acceptées, gérées et harmonisées, ou restées inconscientes, peuvent développer une dynamique d'une grande puissance par sa profondeur. Quelqu'un qui ne veut pas aborder sa réalité en profondeur la refoule. Cependant, après cela, des remontées plus ou moins inattendues de bulles peuvent créer bien des surprises…

Nous admettons bien que toute la nature fait remonter des contenus de la profondeur à la surface. Cependant, nous n'avons pas suffisamment appris à regarder le fonctionnement humain sous cet angle. Peut-être avons-nous éprouvé un sentiment de culpabilité quand nous avons vu des bulles qui remontaient à la surface transporter toutes sortes de choses que nous ne souhaitions pas voir.

Toutefois, si vous êtes vraiment aventurier, chercheur et découvreur de trésors en profondeur, vous savez qu'il faut y descendre. Ensuite, il faut enlever des couches de terre et de poussière pour dégager l'or et le remonter. Il n'est pas question de se contenter de moins. Une condition importante est cependant rattachée à cela. Vous devez sortir de votre trousse d'aventurier quelques éléments encombrants, dont la culpabilité, les jugements et l'excès, car ils vous empêcheraient même de faire ce voyage. Allégé de tout cela, vous pratiquez la descente en vous aisément, et l'or se découvre beaucoup plus vite sous la poussière et la terre noire.

Revenons aux *bulles* et abordons le *corps social* sous cet angle. Les dysfonctionnements des sociétés et de l'humanité représentent des symptômes qui apparaissent à la surface. Cela veut dire qu'en profondeur, des mouvements créent des désordres à la surface.

Maintenant, dans la mesure où le corps social n'est autre chose que l'ensemble des individus, la logique veut que les impulsions et les fonctionnements en profondeur chez les individus créent ces *phénomènes apparents*. C'est cela qui crée les *bulles à la surface*. **Ce sont toutes nos dispositions et nos attitudes en profondeur qui se prolongent par le biais de notre comportement et de nos actions dans la vie familiale, sociale et professionnelle.**

Nous pouvons affirmer que si l'homme moderne est entré dans une *dynamique de consommation affolante* pour les uns, et dans le dénuement et la pauvreté totale pour les autres, quelque chose agit pour créer cela, qui germe en profondeur en nous. Pourtant, les moyens et la capacité de créer et de répartir les richesses sont là. Si nous observons la compétition que nous avons engendrée sur tous les plans et à tous les niveaux, au lieu de favoriser la *coopération par complémentarité*, nous pouvons en déduire qu'il existe une dynamique en profondeur en nous, *un moteur qui nous pousse à cela.*

Le traitement des « bulles », une affaire illusoire

Ce n'est certainement pas en bougeant les *bulles* ou en tentant de les écarter que nous pouvons réaliser une réorganisation en profondeur.

Soyons très clairs. Le traitement des *bulles* ne résout strictement rien en profondeur. *La pollution, l'effet de serre, la disparité et la dynamique de court terme* découlent de mobiles et de causes en profondeur. Ce n'est pas le fait de traiter ces *bulles* ou ces symptômes qui changera quoi que ce soit aux nombreuses dynamiques à l'origine de ces phénomènes.

La dénonciation, même violente, des pratiques catastrophiques des circuits alimentaires, telles que celle qui a produit le phénomène de la vache folle, ne sert à rien. Rudolf Steiner a fait connaître, dès 1925, les risques de dégénérescence cérébrale des herbivores qui mangent de la viande. Malgré la connaissance de ces dangers, des *mobiles en profondeur* (d'ordre irrationnel et émotionnel, qui relèvent d'un sentiment de « manque » à combler), souvent la recherche de bénéfices seulement à court terme, ont permis le développement de cette calamité. Malgré le traitement des bulles, des farines contenant des substances animales sont aujourd'hui déversées dans les bancs de saumons et de truites, et données à d'autres animaux. De multiples autres recyclages, dont celui d'excréments, sont intégrés dans la chaîne alimentaire dans une dynamique à court terme, avec le terrible impact que cela peut comporter, dans une vision globale, pour l'homme et pour l'environnement. Tout cela n'est qu'un ensemble de symptômes ou de *bulles* d'une réalité appartenant aux humains plus en profondeur.

Parmi les *bulles* les plus inquiétantes, citons celles de la violence, y compris à l'école. La société nous nourrit au quotidien de violences diffusées par les médias et les jeux, de pressions de plus en plus importantes, d'artifices et de polluants. Elle devrait pourtant nous alimenter de valeurs et du souci de l'humain, du meilleur service apporté à tous les hommes dans la reconnaissance mutuelle. À la place, elle nourrit des centaines de millions d'Êtres humains d'apports générant désespoir et souffrance, plutôt que vision, qualité et évolution. Si les hommes sont *nourris* de cela, la société ne peut *reproduire* que de la violence. Cela enclenche un cercle vicieux. Le manque de contact sécurisant et valorisant sur un plan humain, le manque de repères et d'espoir créent une angoisse intolérable. En se coupant de l'angoisse, bien des jeunes renoncent aussi à leur sensibilité. Ce sont des processus profonds et douloureux qui exigent des remises en question fondamentales et des changements importants.

Les bulles ou symptômes sur un plan économique et social

Les *bulles* sont des *symptômes en surface*, comme le sont les conflits et les disparités sociales grandissantes. Nous observons d'autres *bulles* dans le cadre du fonctionnement des organisations et des entreprises et dans les systèmes financiers. Autrement dit, des symptômes de ce qui se passe au fond de nous-mêmes se manifestent dans ces contextes. Le déséquilibre intérieur crée le déséquilibre extérieur, et plus on essaie de le justifier mentalement et théoriquement, plus les phénomènes produits par ce déséquilibre extérieur sont complexes et difficiles à retracer. Nous observons notamment le passage à des fonctionnements de plus en plus abstraits dans les systèmes et les marchés financiers, dont les processus permettent le déplacement des valeurs. Sur le plan de la macroéconomie, ils entraînent un incessant et graduel appauvrissement des pays pauvres.

Quant au système bancaire au quotidien, une personne physique ou morale fortunée pourra davantage multiplier sa fortune, alors qu'une personne pauvre sera de plus en plus pénalisée. Combien finissent par être rejetées, ignorées, sans pouvoir se ressaisir de leurs propres forces ? Des projets de valeur sont irréalisables faute de financement, quand le demandeur du prêt ne dispose pas d'une sécurité financière notable. Le système bancaire, dans le monde entier, exclut les personnes démunies, alors qu'un seul homme, tel Muhammad Yunus, prix Nobel de la paix, peut changer la dynamique sur la base de son humanité et du discernement véritable qui en résulte. C'est cela qui lui permet d'aider des milliers voire des millions de personnes à créer leur propre entreprise. Cela a été rendu possible simplement par les buts visés : la *dignité* des humains, leur qualité de vie, et donc le meilleur service à leur apporter. Yunus a *ressenti* la douleur, la souffrance et la difficulté de ces personnes. Il s'est totalement engagé à trouver des réponses et à développer une dynamique responsabilisant les emprunteurs. Il a ainsi tenu compte des conditions humaines pour créer de la richesse pour l'humanité, plutôt que de regarder uniquement les chiffres et la rentabilité maximale possible. Il a commencé par « donner » plutôt que de « prendre ».

En fait, il a inversé le paradigme. Au lieu de générer des *bulles* en partant d'une sensation de *manque* enclenchant une dynamique pour « prendre », il est parti d'une sensation de potentiel et de capacité pour « donner » en développant une dynamique humaniste. La dynamique pour « prendre » appauvrit de façon croissante une grande partie de l'humanité. Le *leader éthique* qu'est cet homme du Bangladesh contribue ainsi puissamment à la diminution de la pauvreté sur la planète. On voit ce que peut réaliser une seule personne dénuée de puissants moyens financiers. Yunus n'avait que son savoir de professeur d'économie et son cœur pour ressentir le désarroi. Il est allé suffisamment **en profondeur** en lui (sans fuir) pour *ressentir* la souffrance et il a exploré le concret pour trouver la *cause* de la pauvreté et sa *réponse*. Cela indique que ces deux ingrédients pourraient suffire à changer le monde : **le cœur et l'idée.** Le cœur permet de ressentir, de percevoir et de mesurer avec une infinie exactitude la réalité effective et profonde des humains. L'*idée* met en forme ce que *ressent* le cœur. Une personne structurée ne se met pas en mode réaction et ne détourne pas son regard à la vue de la pauvreté et du besoin d'aide financière, pour aussitôt se fermer et rejeter la demande formulée. Imaginez ce qui pourrait advenir si beaucoup d'hommes et de femmes, porteurs de responsabilités, devenaient ainsi vraiment humains. Imaginez les énormes richesses qui pourraient être générées et s'additionner. En lisant ces lignes, vous sentez-vous interpellé ? Si oui, sachez qu'il y a toujours moyen de réussir, d'une manière ou d'une autre. L'*ouverture* et donc *la sensibilité du cœur* nous rendent créatifs, inventifs et géniaux.

Le développement de nombreux processus et de technologies de transformation ou de construction de systèmes artificiels représente des *bulles*, dans la mesure où il éloigne l'homme de ses racines, sans lui donner une véritable sécurité.

Il ne s'agit pas de condamner un système, mais de comprendre que chacun est responsable. Cela demande un repositionnement selon nos responsabilités ou celles que nous devrions assumer, sachant que *plus nous avons de responsabilités, plus nous créons d'effets… et donc, plus nous sommes responsables ou irresponsables.* Devenir conscients de notre véritable potentiel devient impérieux pour agir.

Si nous continuons à regarder ailleurs que dans la direction de notre potentiel et de nos responsabilités et si, en dépit de toute logique, nous continuons à nous préoccuper des symptômes, autrement dit des *bulles*, nous adoptons un comportement irresponsable et tout à fait irrationnel. En cherchant à éviter de voir ce qui génère ces *bulles*, nous aggravons tous les jours la situation, avec ce que cela implique pour notre avenir et pour l'ensemble de la race humaine.

Maintenant, nous allons voir pourquoi notre société avancée n'a pas assez de force pour voir en face ses problématiques.

Imaginons que nous soyons un petit enfant; celui-ci vient de commettre une bêtise. Sa mère le culpabilise et lui dit : « Tu es vraiment vilain, regarde-toi dans la glace pour voir de quoi tu as l'air. » Croyez-vous que le petit enfant va aller de bon cœur se regarder dans la glace? Certainement pas! Il ne pourra soutenir son propre regard parce que le jugement d'être « mauvais » pèse sur lui. Il ne se regardera pas et il refoulera ces contenus, avec toute l'énergie que cela comporte, en créant une dynamique en profondeur dont il sera de moins en moins conscient. Je rappelle que je ne m'adresse pas à votre fonction, mais à l'Être humain en vous. Voici ce que je souhaite vous dire :

Nous avons tous parfois des difficultés à nous regarder dans la glace, car trop de jugements pèsent sur nous. C'est le moment de nous dire : « Dans le passé, j'ai fait de mon mieux avec ce que j'avais et avec ce que je savais. J'accepte de voir clairement aujourd'hui, sans me juger, tout ce que j'ai créé, y compris les effets produits, et je me pardonne tout ce qui a causé un préjudice. J'oriente maintenant mon regard vers mon potentiel créateur de vie, ma force de vie et je décide de créer de la qualité véritable sur un plan personnel et sur un plan professionnel. Je sais qu'il me faut être persévérant(e), mais j'ai décidé de m'en donner les moyens. »

C'est la plus belle façon de « plonger » dans le réservoir de richesses pour faire remonter le capital enfoui. Osez, oui ! Osez voir vos forces en profondeur, observez-les pour vous les approprier vraiment en vue de créer des valeurs. Le bonheur d'être véritablement « propriétaire » de son potentiel et d'agir pour créer des valeurs, n'a pas d'égal. Essayez et donnez-vous les moyens de réussir. **Vous aurez métamorphosé l'univers de la peur en un univers de bonheur.**

La Psychologie d'Évolution

Psychologie d'épanouissement et de réussite

Je présente un bref résumé de la *Psychologie d'Évolution*, dont l'un des concepts de base est *le fonctionnement du potentiel dans les quatre dimensions de l'Être humain*. Il s'agit d'abord des dimensions intuitive (visionnaire et créative) et intellectuelle, du domaine affectif (plan émotionnel), et enfin du corps physique. Cette dynamique globale de notre potentiel (l'interaction des quatre niveaux) représente une *grande richesse* et nous permet de nous épanouir. Le regard pénétrant sur cette réalité et la dynamique mobilisatrice développée dans le cadre de la *Psychologie d'Évolution*, en font une approche puissante d'évolution individuelle et d'évolution de la société. C'est **une dynamique de vie et de création de valeur** et, pour cela, **un regard sur le potentiel de réalisation de chacun.** Des concepts clarifiants permettent de déterminer avec précision le potentiel immédiatement utilisable et le potentiel *frustré et contrarié*, principalement au cours de l'enfance, créant de la *contre-valeur* sur les différents plans : personnel, familial et professionnel. Un processus dynamique, enclenché dans le cadre de la *Psychologie d'Évolution*, aura pour objectifs la pleine utilisation du potentiel immédiatement utilisable et l'intégration progressive du *potentiel frustré et contrarié* dans une vision d'évolution de l'individu. La personne s'identifie progressivement à son potentiel infini de création, s'épanouit et se réalise, avec une qualité de vie et la création de projets. Ainsi, beaucoup de **Projets de vie** voient le jour.

De façon plus générale, la *Psychologie d'Évolution* valorise et mobilise le potentiel des hommes, des femmes et des enfants dont la richesse est si peu reconnue sur cette planète. Ce manque de reconnaissance occasionne une sous-évaluation générale de ce potentiel aux multiples dimensions. Ainsi, les civilisations ont développé des modes de vie basés sur des notions de « manque », d'effort et de compétition. Au lieu de vivre avec passion la *découverte* et le *déploiement* de son potentiel sur un plan intuitif, intellectuel, affectif et sensoriel et de développer une *conscience de créateur*, l'Être humain se voit vite sollicité par la société, contraint de *répondre* à des exigences et *d'exécuter* ce qu'on lui demande. La richesse de notre potentiel est ainsi peu et souvent mal utilisée. La *Psychologie d'Évolution* est une approche globale centrée sur la mobilisation de ce potentiel qui permet aux Êtres humains de s'épanouir sur tous les plans de leur vie personnelle, professionnelle et sociale, sur la base d'une meilleure qualité *d'Être*.

La *Psychologie d'Évolution* ne dirige pas le regard sur la problématique, comme c'est le cas en thérapie ou dans l'analyse, mais elle s'adresse au *potentiel de création illimité*, qu'elle mobilise, sans pour autant négliger d'intégrer le potentiel bloqué et en friche.

La *Psychologie d'Évolution* s'applique dans toutes les sphères de la vie et dans tous les secteurs, de manière à promouvoir l'évolution dans les différents domaines : l'éducation, la santé, la direction des entreprises et des organisations, l'art, le sport… Elle représente une dynamique de réussite basée sur le développement du potentiel individuel et une psychologie des profondeurs. En effet, selon son application, elle mobilise aussi nos richesses en profondeur sous forme de potentiel inconscient. C'est également une psychologie sociale qui a pour objectif l'évolution de la société, et une approche de développement, d'évolution et de réussite pour accompagner et orienter les dirigeants vers le *leadership éthique*.

J'ai essayé de vous transmettre *l'esprit de la Psychologie d'Évolution*, dans les différents passages de ce livre, par des exemples et éclairages dans divers domaines professionnels et dans la sphère personnelle et familiale. Je me suis attachée à montrer à quel point un *processus d'évolution* nous permet d'accéder à un niveau de conscience plus profond et plus large et de créer de la valeur, tout en ayant une vie passionnante.

À mesure que les personnes développent leur potentiel intellectuel de même que leur potentiel de vision, leur potentiel intuitif, affectif, sensoriel et le ressenti global, elles évoluent. Le bien-être et la sensation de vivre intensément stimulent chez elles un désir de contribuer à l'évolution générale de la société et donc de l'humanité. Ces hommes et ces femmes cherchent à apporter le meilleur service et les meilleurs produits tout en créant des dynamiques constructives de développement et d'évolution. Ils aiment voir les autres heureux et contribuer à un plus, car ils ont pris l'habitude de vivre dans le bien-être, tout en étant ouverts aux besoins des autres.

Le repère intérieur

C'est le *repère intérieur* ou la référence intérieure, c'est-à-dire le potentiel global auquel des personnes accèdent chaque jour davantage, qui confère plus de stabilité et d'ancrage. En développant la qualité aux différents niveaux de leur propre vie et en apportant le meilleur service possible à la société, elles s'épanouissent progressivement, dans un profond accord avec elles-mêmes et avec les autres. Elles auront touché et harmonisé ce qui est *essentiel* et *fondamental* à l'épanouissement d'un Être humain : par exemple, avoir un équilibre et une sécurité intérieure, une bonne image de soi ; éprouver de la joie, de la sérénité ; créer un relationnel positif et constructif ; exercer une activité qui donne du sens et crée de la valeur pour la société.

Ayant harmonisé en elles-mêmes ces aspects, ces personnes savent reconnaître les besoins chez les autres et dans l'ensemble de l'humanité. Sur le plan professionnel, elles développent l'éthique dans le respect de toute vie et réalisent d'importantes réorientations qualitatives dans une vision d'évolution.

La Psychologie d'Évolution n'est pas une thérapie.
C'est une démarche de développement
et d'évolution de l'individu et de la société.

Cette démarche, par définition, vise toujours l'évolution. Partant du potentiel de création illimité de l'Être humain, elle oriente les personnes vers l'innovation et la création, tout en cherchant à préserver leur équilibre. Elle les amène à développer la plus haute qualité de manière cohérente et sur la base d'une *vision globale.*

La *Psychologie d'Évolution*
repose sur une triple fondation

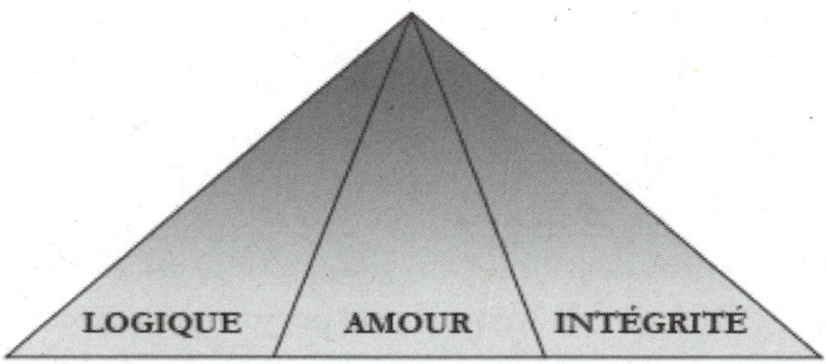

La bonne interaction entre ces trois éléments, **logique**, **amour** et **intégrité**, crée une dynamique de qualité et d'évolution. Si nous nous aimons nous-mêmes, si nous aimons les autres et la vie en général et que nous procédons avec **logique** et **intégrité** dans notre vie, nous réunissons à la fois un élan, de la joie et un équilibre personnel, et les dispositions nécessaires pour créer de la valeur de façon cohérente et contribuer à la société et à son évolution.

La logique

La *Psychologie d'Évolution* est une approche rationnelle et logique.

La **logique** se définit par la **non-contradiction** et la **cohérence.** Pour effectuer un raisonnement et enclencher une démarche logique, nous avons besoin de développer la *vision globale* d'une situation ou d'un contexte. Bien sûr, il faut tenir compte de tous les paramètres nécessaires pour éviter les contradictions. Par voie de conséquence, des *processus partiels* (comme la logique d'entreprise, la logique économique, financière et même les « logiques » appliquées dans les familles au nom de ceci ou de cela…) laissent de côté ce qui sort de la préoccupation immédiate, à savoir le reste de la réalité. Par exemple, toutes les « logiques » basées sur un raisonnement à court terme pour *tirer profit* d'une situation, sans souci des conséquences à moyen et à long terme, ne sont pas *logiques* dans une vision globale. Un raisonnement qui fait abstraction des véritables causes d'une situation donnée et de ses conséquences pour l'environnement humain et général, proche ou lointain, n'est pas *logique* dans une vision globale. Dans la dynamique du court terme, certains hommes d'affaires mettent même sur le marché des produits aux effets préjudiciables à long terme.

Un parent stressé, dans la dynamique familiale, risque fort d'exploser et de s'en prendre aux enfants à un moment donné, sans envisager les répercussions pour le futur de l'enfant. Même si le parent contient sa colère, sans gérer sa *dimension réactionnelle et émotionnelle*, l'enfant perçoit une menace, et conservera ce sentiment dans le temps. D'où l'importance de s'entraîner à prendre du recul et à gérer nos émotions, à développer progressivement une vision de plus en plus globale. C'est la condition pour créer de la qualité dans les différents domaines de notre vie.

Le raisonnement logique exige toujours une vision globale. Cela implique de ne pas prendre la partie pour le tout. Cela veut dire de ne pas raisonner uniquement avec le cerveau gauche de façon abstraite et coupée de la réalité, mais d'exploiter et d'impliquer les autres parties du cerveau pour une évaluation plus globale et objective. Cela permet notamment d'inclure le potentiel affectif dans nos constats et nos fonctionnements. Ainsi, la personne peut *ressentir* ses véritables besoins et ceux des autres. L'utilisation de notre potentiel, sur la base d'une vision globale, introduit le sens et permet de tenir compte de la dimension humaine. Un tel positionnement prend en considération la *globalité* de tous les éléments ou aspects d'une situation donnée.

C'est pourquoi, en *Psychologie d'Évolution*, on conçoit la **logique** comme un outil au service de la vie. Il importe d'y recourir de façon cohérente, en tenant compte de manière responsable de tous les éléments d'un processus, y compris les causes véritables et l'ensemble des effets. Un concept clé a été développé dans ce cadre, à savoir la *Qualité Globale à Dimension Humaine*©. Elle représente ce que nous pourrions appeler la *norme du futur* et l'exigence de produire la plus grande qualité à toutes les étapes des différents processus au sein des entreprises et des organisations, selon une vision globale et à long terme : recherches, production, marketing, commercialisation, fonctions support, qualité des produits et services, effets sur l'environnement humain et autre, de même que sur l'avenir et les générations futures. C'est ainsi qu'un raisonnement global se met en place, basé sur la *logique globale et transcendante* qui, par sa rigueur et le respect des principes universels de l'éthique, tels que la globalité, l'universalité, l'unité et l'interaction universelle, transcende toutes les « logiques » partielles. Une telle rigueur logique permet de ne pas prendre la partie pour le tout, de ne pas confondre *effets* et *causes* ou *objectif* et *moyen*, *valeur* et *contre-valeur*, etc. Ensuite la **logique**, associée à notre **intégrité** et à notre **amour**, nous permet de créer de la valeur, d'évoluer et de participer à l'évolution de l'humanité.

L'intégrité

Être *intègre* ou « *entier* » signifie être chaque jour davantage conscient de *l'intégralité* de son riche potentiel et l'utiliser de façon constructive en développant chaque fois une vision globale dans le souci sincère de tous les aspects. En utilisant ainsi *l'intégralité* de notre potentiel, nous nous sentons riches et avons à cœur d'agir de façon **logique** et avec **amour**. Nous ne faisons pas l'expérience du « manque ». Nous n'avons donc pas besoin de « combler » quoi que ce soit. Il n'est ainsi pas nécessaire de « compenser » un manque et de tirer profit de la réalité en la « récupérant », *en la déguisant et en la transformant* sous une forme ou une autre. Les choses sont et restent à leur bonne place et gardent la même valeur d'abord à l'intérieur de l'Être humain (sous forme d'idées, d'intention, d'attitude, etc.) et puis, en prolongement, à l'extérieur par le biais de ses actions. Ainsi, la personne est en accord avec elle-même et avec le monde.

Pour créer cet accord, il faut que l'intelligence et la valeur de toutes les parties de notre cerveau soient reconnues, y compris les parties plus anciennes. Le cerveau reptilien prouve depuis des millions d'années, par sa constante adaptation homéostatique, à quel point son intelligence est grande. De son côté, notre cerveau limbique ou émotionnel nous permet, par son stockage de mémoire et ses conditionnements plaisir/douleur, de ne pas renouveler les expériences qui mettent en danger notre potentiel de survie.

Partant du fait que nos cerveaux anciens, donc reptilien et limbique ou émotionnel, assurent toutes nos fonctions vitales et notre survie et détiennent le savoir ancestral de l'humanité, alors le respect de ces fonctions avec **intégrité** et de façon **logique** est indispensable à une vie équilibrée et épanouie. Ainsi, ces dimensions peuvent s'exprimer dans de bonnes conditions et nous permettre, sur ces bases, de nous réaliser. « Cela coule de source », me direz-vous. Cependant, la transmission de souffrances et d'impacts négatifs de génération en génération nous démontre que cette logique est bien admise intellectuellement, mais peu vécue au concret. Prenons le cas des enfants. Si nous commençons par respecter le potentiel de vie chez l'enfant de façon **logique** et avec **amour**, il pourra s'épanouir. Il ira de découverte en découverte, *poussé* par son désir de savoir et par son potentiel en action. Il est ainsi *naturellement motivé* à apprendre. Si l'enfant n'est pas contrarié dans ses dispositions et ses fonctions vitales, bloquées par des jugements, des dépréciations et des critiques, mais s'il est accompagné avec amour et compréhension, alors il s'épanouit. Cela dépend, bien sûr, de la qualité relationnelle avec les parents et non pas des conditions sociales. L'enfant *intègre* ainsi la conscience de sa valeur et de son potentiel afin d'être *intègre* ou « entier » (*integer* en latin). Les choses sont ainsi à la bonne place. Si l'enfant est introduit dans une dynamique d'évolution avec **amour** et dans le respect intégral de ses fonctions vitales, il deviendra un adulte créateur de valeur pour la société et contribuera à son évolution. Il aura parcouru une dynamique d'évolution dès son enfance. Il aura donc appris à dépasser ses limites et ses difficultés dans de bonnes conditions et en se sentant pleinement reconnu par son environnement, avec son potentiel de création. Si, par contre, *l'équilibre* et *l'ouverture* ne font pas assez partie du processus d'éducation, mais que *l'état réactionnel et émotionnel* des parents, issu de leur *potentiel de vie frustré et contrarié* au cours de leur propre enfance, prend le dessus, alors l'enfant développera des comportements de frustration, de contrariété et de réaction, qu'il transmettra à son tour aux générations à venir. L'acquisition de connaissances dans un cadre scolaire trop centré sur l'apprentissage de données abstraites, dans un contexte d'exigences et de classification, est aussi créatrice d'états réactionnels et émotionnels (par exemple, en France, 42 % des enfants ont parfois, voire souvent, mal au ventre sur le chemin de l'école – *source*: sondage pour l'Association de la Fondation Étudiante pour la Ville ou AFEV).

Aujourd'hui, ce sont majoritairement des processus abstraits et spécifiques, autrement dit théoriques et partiels, qui dominent dans les différents secteurs et qui, de ce fait, dominent l'humanité. Un des défis actuels à relever est celui de « l'humain » dans son intégralité, avec tout le respect qu'il mérite et le sens que cela comporte. C'est en tenant compte de ce contexte que Caroline Sost a créé *Living School*, une école innovante pour permettre aux enfants non seulement d'acquérir les connaissances, mais aussi de s'épanouir et de devenir des citoyens responsables, ouverts au monde et à l'évolution. Un fonctionnement global de l'intelligence – incluant toutes les instances cérébrales – demande à être développé. Cela éviterait les dérives qui s'amplifient à cause d'un fonctionnement excessif, voire exclusif, de l'hémisphère gauche du néocortex aboutissant à des raisonnements abstraits, partiels et erronés au vu des besoins de la vie dans sa globalité. J'ai traité ces questions de manière approfondie dans un ouvrage à paraître sur le thème *Psychologie d'Évolution et Intelligence*.

Si l'éducation repose davantage sur la triple fondation **logique**, **amour** et **intégrité**, ces critères seront plutôt dominants dans la vie de la personne. L'enfant peu ou pas reconnu dans son potentiel, s'il est exposé à des situations difficiles voire traumatisantes, développera de son côté des *mécanismes de frustration et de réactions* correspondantes. Notre cerveau limbique enregistre ces événements comme un ordinateur et les reproduit de façon automatique, tant que nous ne travaillons pas les *prises de conscience* par rapport à ces *automatismes*. La personne est alors amenée à *compenser*, à *combler* « le déficit », à *rattraper* ce qui *manque* et à *déplacer* les choses.

Connaissant aujourd'hui les conséquences de l'éducation et des circonstances vécues dans l'enfance pour la vie d'adulte, il est bien entendu *logique* de considérer, de façon *intègre*, les différents contextes ou événements vécus ou les « causes » qui produisent leurs « effets » dans les différentes situations de la vie d'adulte. La compréhension de ce processus logique de « causes à effets » nous permet de nous positionner et de nous repositionner. Mon texte sur *les bénéfices secondaires* du passage suivant met bien en évidence les « compensations » mises en place pour combler le « manque » de qualité d'attention, de compréhension et d'amour. Si nous reconnaissons le potentiel en tant que tel, et que nous l'intégrons par un repositionnement tel qu'évoqué dans *L'imaginaire : bon ou mauvais ?* (p. 247), celui-ci se révèle extrêmement épanouissant et nous permet d'être créatifs et, progressivement, de nous réaliser.

L'amour

« *Un jour, quand nous aurons maîtrisé les vents, les vagues et la pesanteur, nous exploiterons l'énergie de l'amour. Alors, pour la seconde fois dans l'histoire du monde, l'homme aura découvert le feu.* » (Arnaud Desjardins)

Le fait d'avoir pleinement conscience de notre potentiel et de le *ressentir*, crée en nous un sentiment de sécurité, d'ancrage et de joie. Le cerveau limbique, appelé bien souvent cerveau émotionnel, représente cette instance affective, laquelle, si elle est respectée, se manifeste par notre sensibilité, notre **amour** et notre ouverture à la vie en général. Autrement dit, si cette instance n'est ni frustrée ni contrariée et que l'enfant, puis l'adolescent, est accompagné avec **amour**, il pourra canaliser son énergie dans le respect de ses dispositions naturelles. Son potentiel se manifestera naturellement de façon constructive et l'enfant développera **l'amour** pour lui-même, pour les autres et pour la vie en général. Cette « plénitude » (être plein de vie et de joie) nous ouvre au prochain. Elle nous permet de percevoir le potentiel (la vie et ses qualités) chez les autres, sans ressentir un « manque » et sans en être jaloux ou en compétition. Au contraire, cela nous encourage à coopérer et à créer de la qualité ensemble. L'accès à cette dimension de vie permet à la personne de développer de plus en plus sa force et sa *sécurité intérieure* et de déployer *l'intelligence du cœur*. Au fur et à mesure que la personne évolue, elle va utiliser ce fabuleux potentiel de vie en elle pour s'épanouir, apporter le meilleur aux autres et se réaliser.

L'amour est, dans une vision d'union, cette dimension sous-jacente à toute réalité. **L'amour** a un effet psychologique, en nous conduisant vers l'épanouissement et la réussite, et physiologique, en nous apportant bien-être et guérison. De nombreuses expériences ont été réalisées dans les laboratoires universitaires. Les diagnostics ont révélé d'énormes différences dans les conditions de rétablissement et de guérison entre les personnes (ou les animaux) privées d'amour et celles qui ont reçu de l'attention, de la présence, de la tendresse, et donc de **l'amour**.

L'amour est ce substrat sans lequel nous ne pourrions vivre. **L'amour** demande à être vécu dans le respect de toute vie aux quatre niveaux de notre fonctionnement.

La Psychologie d'Évolution, une dynamique de vie

Cette dynamique favorise l'épanouissement, la réussite et la réalisation de soi. Elle développe l'élan, la joie et l'envie d'évoluer et de contribuer à l'évolution de la société. Elle encourage et facilite la création de la plus haute qualité et représente ainsi une véritable dynamique de vie et d'évolution. Quand elle est introduite dans des groupes, un niveau de conscience plus élevé s'installe rapidement, une nouvelle qualité de communication, de création, de production et de vie prend sa place. La *Psychologie d'Évolution* a pour objectif d'apporter sa contribution pour qu'il y ait sur la Terre un peu moins de souffrance et un peu plus de bonheur. Les modalités d'application sont très diversifiées, la clé consistant toujours à accepter le *potentiel de création illimité* et à se donner le droit à une véritable réussite globale dans une vision pérenne.

Le concept du *potentiel de création illimité*

Le concept de *potentiel de création illimité* inclut les capacités de création, de développement, de réalisation, d'innovation, de transformation et les capacités de réorientation, de créativité, de conception et d'évolution. Plus généralement, cela représente un nombre illimité d'idées et de combinaisons, bref un potentiel fabuleux pour créer l'abondance. Si chacun, progressivement, est bien conscient de son potentiel et de ses capacités et se voit comme une *source de richesse* pour soi et pour les autres, la réussite est pour ainsi dire inévitable.

Le processus de *développement personnel* représente un processus progressif d'identification de la personne à son *potentiel de création illimité*. Il lui fait clairement *ressentir* qu'elle *est* la vie et qu'elle *a* des difficultés et des problèmes. Elle *n'est pas*, dans sa substance, un ensemble de problématiques. Il s'agit d'une clarification sur le plan de *l'identité*. *L'identification à la vie* et la reconnaissance des principes qui lui sont inhérents (unité, globalité, universalité, interaction universelle) confèrent à l'individu une façon d'être plus solide et plus naturelle, tout en développant chez lui le discernement, la responsabilité et l'ouverture du cœur. L'*identité fondamentale* de la personne est ainsi caractérisée par son *potentiel infini de création* qu'elle révélera d'une façon unique, et par l'ensemble des besoins fondamentaux qu'elle partage avec toute l'humanité (le besoin d'être en bonne santé, d'être en sécurité, d'être acceptée et intégrée et non pas rejetée, d'accéder à la connaissance, d'avoir un équilibre et un bien-être personnels, de réaliser des projets et de se réaliser). La personne perçoit ainsi beaucoup mieux *l'unité* des choses, à commencer par sa propre unité. Elle n'est donc pas seulement « une tête » ou « un corps », mais elle est *à la fois* une tête (intuition, vision, pensée), un cœur et un corps. Ainsi, dans une vision globale, elle tient davantage compte de la *globalité* des situations et des contextes, en évaluant les effets de ce qu'elle crée dans une vision d'interaction globale. La conscience du potentiel de création illimité développe le désir de création et de qualité à tous les niveaux et sur tous les plans.

Le savoir-être

Le *savoir-être* comprend l'ensemble de notre potentiel et donc l'ensemble de nos qualités comme de nos difficultés, nos fragilités et nos problématiques. Il contient ainsi notre caractère, nos dispositions, nos attitudes, nos forces, nos faiblesses. En somme, il représente notre *façon d'être* en ayant, comme axe d'évolution, le développement de nos qualités et de nos capacités. Le *savoir-être* est à la base de toute qualité et non-qualité du *savoir-faire*. Par exemple, selon que j'ai tendance à être dominateur ou craintif, tous mes *savoir-faire* sont imprégnés de ma *qualité d'être* comme un *sachet de thé infusé*. Ainsi, ma façon de communiquer, de gérer des situations, de faire des choix reflètera ce trait de caractère. Étant donné que toutes nos dispositions se répercutent sur notre façon de faire, toute notre existence et les valeurs que nous créons en portent l'empreinte – voir le schéma *Savoir-être – Savoir-faire* (p. 35).

Dans une vision de clarification, j'ai conçu quatre niveaux de potentiel avec, d'un côté, leur fonctionnement positif et, de l'autre, leur fonctionnement de non-qualité engendré par le *potentiel frustré et contrarié* au cours de notre vie et principalement durant notre enfance.

Les quatre niveaux de notre potentiel et leur fonctionnement

Ce concept clé de la *Psychologie d'Évolution* nous introduit dans les secrets du fonctionnement de l'Être humain, dans une perspective d'épanouissement. Il nous offre, entre autres, l'occasion de développer une vision claire et le discernement nécessaire pour différencier la création de valeur de son contraire, la qualité de la non-qualité, l'intelligence globale du mental abstrait, malgré toutes les subtilités et tentatives d'inversion qui peuvent exister.

L'Être humain est ce riche ensemble de potentialités qui lui permet d'exercer à la fois les cinq sens, la dimension affective et émotionnelle, sa pensée et son intuition. La mobilisation plus ou moins globale de chacune de ces dimensions et l'harmonieuse interaction de l'ensemble de ces plans déterminent la qualité d'expérience de vie de chacun. Si nous sommes conscients de l'ensemble de nos capacités latentes, nous pouvons développer une interaction fructueuse entre toutes ces dimensions (corps, cœur, intellect et intuition). Cela nous permet d'être centrés sur ce qui est « essentiel » dans les différentes situations de notre vie, tout en étant calmes et en ayant du recul. C'est alors que rayonnent ces qualités par nos réalisations et nos œuvres. C'est cela que j'ai le plaisir de vous proposer tout au long de cet ouvrage, sachant que nous pouvons toujours aller plus loin, quelle que soit notre réalisation actuelle.

Dans notre culture technologique, cependant, nous avons l'habitude de solliciter et de faire référence quasi exclusivement à un seul aspect de l'Être humain : *l'intellect*. Depuis notre plus tendre enfance, nous sommes contraints de nous concentrer sur cet outil pour « comprendre » les choses et « résoudre » les problèmes. Nous devons le faire le plus vite possible, sinon nous risquons d'être pénalisés ou même rejetés. L'astuce réside dans le fait de résoudre ces problèmes juste un peu plus *vite* qu'un autre. C'est le *concours* journalier, non pas pour courir ensemble, mais pour être séparés.

Ainsi, *l'intellect* est l'outil qui sert, dans nos sociétés modernes, à « comprendre » les choses et à « résoudre » les problèmes. Mais qu'a-t-elle donc compris, la société moderne? Qu'a-t-elle résolu pour produire autant de conflits, de souffrances, de disparités et autant d'angoisse du futur?

Peut-être avons-nous réellement quelque chose *à comprendre.* Il semble que nous ayons oublié que *l'Être humain est un tout.* En effet, il n'est pas seulement un *capital intellectuel* pour *produire* ou un corps qui cherche à *récupérer* pendant les vacances ce qu'il a perdu au travail. Ce n'est pas non plus un esprit qui cherche, durant les rares heures de liberté, à *s'évader* comme un prisonnier qui s'enfuit.

En réalité, notre Être est constitué de quatre grands niveaux de potentiel qui peuvent être subdivisés. Ces niveaux sont l'intuition, l'intellect, la dimension affective et émotionnelle et le corps. Pour produire de la *qualité de façon globale*, il faut toujours la contribution harmonieuse, sous une forme ou une autre, de ces quatre niveaux de potentiel. C'est la constante interaction de toutes ces instances qui nous permet d'être en bonne santé physique et psychique et d'accéder à notre plein potentiel.

Si, dans la vie de tous les jours, vous arrivez à bien harmoniser et gérer les quatre niveaux de potentiel, vous vous sentez alors globalement épanoui et créatif. Ceci revient d'ailleurs au fait d'utiliser non pas une partie de notre cerveau en négligeant le reste, mais d'utiliser de façon constructive *l'ensemble* de notre cerveau en créant une interaction optimale entre les différentes parties. Par exemple, notre capacité de *ressentir* les choses sera diminuée si le fonctionnement analytique de l'hémisphère gauche du néocortex est excessif, négligeant le fonctionnement du cerveau affectif. Par conséquent, notre capacité de percevoir et donc de ressentir ce que ressentent les autres s'en trouvera réduite, ainsi que notre ouverture à l'humain et notre objectivité.

Nous allons maintenant étudier ce que génèrent l'utilisation globale et constructive de ces quatre niveaux de potentiel et leur utilisation sélective, partielle, voire *à l'envers*.

Chaque niveau se présentera sous deux aspects. L'un représente ce potentiel bien structuré de façon constructive et positive et l'autre côté représente ce « potentiel de vie contrarié », ce potentiel non reconnu au début de notre vie et qui fonctionne de façon irrationnelle et destructrice. Vous pourrez ainsi faire le point et voir quel côté est (ou a été) actif dans les différentes situations de votre vie.

Les quatre niveaux de potentiel de l'Être humain

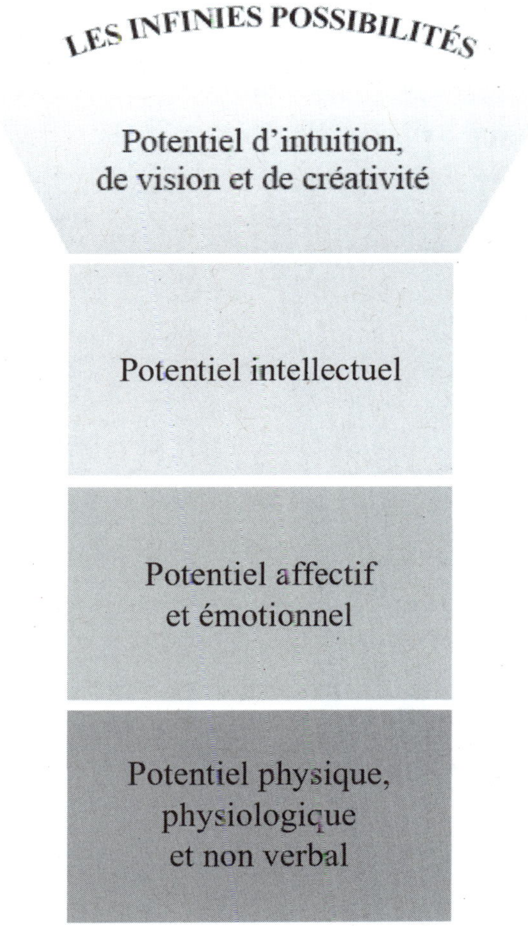

Quelques caractéristiques de l'Être humain équilibré et conscient de son potentiel

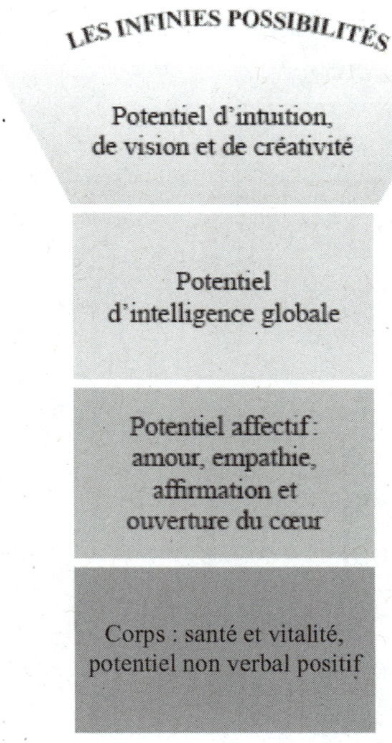

Inspiration, vision globale, créativité, réceptivité, état détendu, facilité de création et d'innovation, ouverture à l'évolution. L'accès à cette dimension implique la conscience de ses ressources, un état détendu et la positivité

Logique, cohérence, rationalité, objectivité, disposition constructive, clarté, efficacité, souplesse, ouverture, perception de la réalité, acceptation du changement, authenticité, droiture, fonctionnement sur la base d'une vision globale

Sécurité intérieure, confiance en soi, objectivité, équilibre, justesse, clarté, ouverture, empathie, amour pour la vie et les autres, harmonie, bien-être, intégrité, responsabilité, humanisme, disposition constructive, élan, qualité

Respiration profonde et régulière, accès aux ressources en profondeur, solidité, souplesse, vitalité, présence agréable et rassurante, la pleine forme, bonne communication non verbale

Quelques caractéristiques de l'Être humain décentré, géré par ses réactions et coupé ainsi de la richesse de son potentiel

Manque ou absence d'évolution, négativité	Dimension d'évolution non accessible, stress, esprit fermé, difficulté d'inspiration, blocage, pas d'innovation, dimension intuitive remplacée par le mental abstrait et par le volontarisme, l'obsessionalité
Mental abstrait, irrationnel et illogique	Rigidité, enfermement dans le mental abstrait (hémisphère gauche), rationalisation des émotions, dénégation, justifications, peur de ressentir, prétextes, jugement, caractère irrationnel et destructeur, vieux schémas de pensées, préjugés, interdiction, domination, séparation, isolement, silos, condamnation, jeu de pouvoir, mensonge, complaisance, rapport de force, perversité
État réactionnel et émotionnel	Peur, agressivité, irrationnel, angoisses, exagération, excès, émotionnalité ouverte ou refoulée, stress, violence, fuite, confusion, vengeance, laisser-aller, subjectivité, cœur fermé, dépression, fragilité, déséquilibre, mal-être, résignation
Communication non verbale négative, maladie, accidents	Fatigue, stress, épuisement, somatisation, mauvaise respiration et ses conséquences, rigidité, fragilité, accidents, maladie. Le non-verbal signifiant la violence, le danger, le rejet, la manipulation, la soumission, l'évitement ou la fuite exprimés avec les postures et la gestuelle

Pour éviter l'exposé théorique et pour rendre cette présentation plus vivante, j'ai doté chacun des niveaux d'une voix pour les laisser s'exprimer. Cela vous donnera l'occasion de laisser résonner en vous l'expression de ces niveaux de potentiel et peut-être cela vous permettra-t-il de mieux faire connaissance avec ces instances de votre être.

Première expression :

Je suis l'Intuition, la porte vers l'infini

Je suis *l'intuition*, la porte vers l'infini. C'est moi qui te donne les moyens de capter des informations si tu es ouvert à l'Univers. C'est moi qui te permets dans les moments de calme et de détente les « Eurêka ! », les exclamations, les « J'ai trouvé ! ». C'est moi qui crée l'heureuse coïncidence, le hasard qui, lui, n'existe pas. C'est moi encore qui te donne *la vision* et qui te permets d'être inspiré et de concevoir ce qu'il y a de plus grandiose, de plus innovant et de plus positif. C'est moi toujours qui t'ouvre la voie par l'entremise de tes rêves d'accomplissement, si tu oses les rêver. Toutes les véritables innovations et les inventions trouvent leur origine en moi, et pour apporter ta contribution à l'évolution, tu peux te servir de moi. Si ton intelligence est souple et marquée par l'ouverture, je la nourris de façon extraordinaire. Je lui permets d'être beaucoup plus performante, plus rapide, car j'ai l'art de tout saisir d'un coup et de récolter des informations qui échappent à l'esprit analytique. J'embellis la vie. Je l'enrichis en apportant des informations précieuses, souvent inaccessibles au fonctionnement mental bien cloisonné.

Développe ton calme intérieur et sois toujours conscient de toutes tes potentialités. Ouvre ton cœur. Tu peux alors méditer sereinement sur ton avenir et les possibilités de te réaliser. Je t'envoie alors des flashes, je crée des prises de conscience au fond de toi et te présente des visions. Si tu t'ouvres à moi, tout en gardant les pieds sur terre, je te connecte aux infinies possibilités que la vie peut t'offrir.

Écoute bien, j'appartiens à un domaine subtil. Je favorise la créativité afin de permettre à la pensée de circuler à toute vitesse dans le plaisir et la facilité. Je permets aux images d'apparaître sur ton écran mental pour innover, créer et évoluer. J'aime la qualité. J'ouvre à une vision globale. Chaque fois qu'il est question de qualité dans un processus, j'inclus la dimension humaine bien sûr et je tiens compte des effets même à long terme.

Si, par contre, tu es pressé, stressé, si tu es dans le mensonge, en réaction, en conflit avec toi-même et avec les autres, tu crées une couche de tensions et de préoccupations qui alors te sépare de moi. Je suis cette possibilité de te connecter avec l'infini dans la détente et le calme de ton âme. Tu peux, cependant, faire facilement l'expérience de moi au réveil, si possible tôt le matin. C'est là, après avoir effacé la fatigue du soir, que tu trouves des solutions. C'est à ce moment que tu peux, comme les savants, trouver des réponses et avoir des inspirations. C'est l'heure favorable pour demander à ton Être intérieur des conseils et même un cadeau pour la journée. Pour cela, sois dans le calme, dans le silence intérieur, et animé d'un sentiment de gratitude.

Comme je te le dis, tout cela est possible si tu n'es pas pressé, stressé, dans le mensonge, en réaction, en conflit avec toi-même et avec les autres, et si tu n'es pas dans un état de fermeture.

Si, par contre, au lieu de soigner tes blessures et d'éliminer en toi la pression intérieure résultant d'impacts trop durs subis durant ton enfance, tu continues tes débordements aujourd'hui en persécutant ton entourage, sache que je peux être utilisée à des fins destructrices. Ton cœur restera alors toujours meurtri et tous tes proches en souffriront énormément. Si l'exigence a pesé sur l'enfant que tu étais pour produire un maximum de résultats scolaires, sans reconnaître tes besoins et tes rythmes naturels et sans t'apporter la tendresse dont tu avais besoin, un *mental brillant* s'est alors développé chez toi, lequel nourri par la colère au fond, s'exerce à dominer, à persécuter et à gagner.

Si tu es dans ce cas, prends garde car, ayant tellement eu « le dessous » lorsque tu étais petit, tu as peut-être aujourd'hui le désir d'avoir « le dessus ». Si l'angoisse te prend de perdre cette position, c'est que cette puissance volcanique au fond de toi fera irruption. Tu pourras ainsi, à ton tour, faire souffrir, attraper l'instant, parfois juste au dernier moment, pour saisir, persécuter et punir des innocents. Ne pense pas que je te parle seulement des grands événements. Non, je te parle du quotidien dans ta famille, comme dans le contexte de ton activité professionnelle. Quelle que soit la difficulté, arrête-toi et observe-toi. Ressens ce qui se passe en toi et prends le temps nécessaire. Si tu as beaucoup de pouvoir et de responsabilités, aie le courage de te pencher sur la chaîne de causes à effets.

Détends-toi. Travaille sur ton caractère avec constance et cultive tous les jours un peu plus l'équilibre et la sérénité. Fixe-toi des objectifs, travaille le dépassement et persévère. Si tu me retrouves alors du *côté plus positif*, je te surprendrai et te récompenserai au-delà de ce que tu pourrais penser. Je te permettrai alors de jouer au plus grand jeu qui soit, celui de la vie à l'infini. Je ne plaisante pas. C'est très sérieux. Écoute !

Si tu te situes dans la vie, dans l'équilibre et dans l'ouverture, alors je te relie à la réalité universelle, très proche du ciel ; et tu pourras t'ouvrir, être inspiré, saisir intuitivement les secrets de l'Univers et même être sensible à la synchronicité. Les grands savants me connaissent bien et les plus grandes inventions sont nées par moi, tandis que jamais, au grand jamais, la colère et la réaction n'ont produit l'abondance et de la qualité pour tous.

Si je ne suis pas écartée et isolée par ton *état réactionnel et émotionnel* qui se présentera tout à l'heure et ton *mental menteur*, mais que tu t'ouvres à moi avec amour et sagesse, je deviens cette belle qualité qui multiplie tes potentialités.

Comme tu as un trésor de jeux avec cent milliards de neurones et un nombre infini de synapses, de connexions possibles, amuse-toi et sois créatif. Joue au jeu de la créativité, rêve, trouve du nouveau, invente, alors amuse-toi et joue au jeu de la vie. Veille à ce que les effets, et même les effets des effets, soient toujours positifs et constructifs pour tous, et tu verras que tu passeras à une autre dimension de la vie. Tu deviendras créateur de bonheur et tu répareras progressivement les blessures de ton cœur. Tu verras alors seulement que la vie, malgré tout ce qu'on pense et malgré ce que nous voyons sur terre, est en réalité surtout fluidité, joie et jeu. Il n'y a rien de plus sérieux ! *Et comme moi je suis l'ouverture vers l'universel, vers le ciel, je te fais toucher par là ce qui convient à toute l'humanité, à chacun, à commencer par toi. Ainsi, tu seras comblé et rempli de joie.* Maintenant, si tu n'as pas bien intégré, bien compris, alors je t'invite à relire ce que j'ai dit.

Si tu vis aujourd'hui dans un environnement marqué par l'insécurité et le danger et si tu expérimentes la souffrance, alors je suis pour toi *la porte de la liberté*. Dans ce cas, médite et cherche-moi au fond de toi. Calme-toi et écoute dans le silence. Comme je le disais, je suis *l'ouverture vers l'universel* et par là l'ouverture vers la réalité spirituelle. Dans le calme, tu sentiras alors la force en toi et la certitude absolue de trouver les solutions et les réponses dont tu as besoin. Mets-toi alors à l'œuvre et sans relâche, apporte et développe ce qu'il te faut pour créer et recréer ta vie, tous les jours, en sortant, par ta force intérieure, de ce qui te bafoue et de ce qui te nie aujourd'hui.

Apprends à créer une *vision globale* chaque fois que tu abordes ou apprends quelque chose. Tous tes choix et tes décisions doivent être basés sur une vision globale. Plutôt que de juger ou de trancher, relaxe-toi et, une fois la vision bien claire et vraiment globale, maintiens-la toujours pour agir et construire. Ne te laisse jamais prendre, mais vérifie et prends du recul ou de la hauteur, si tu préfères, et si elle s'avère toujours juste, vas-y, agis ! Mais attention, si tu perds ton calme, je disparais ou crée des effets négatifs.

En résumé, si tu es dans l'ouverture, je développerai ta créativité et tes dons de visionnaire, je te révèlerai mille trésors et te ferai entrer dans la grandeur et la splendeur de la vie. Si tu es fermé et bloqué par ton mental, je deviens insensible et si tu es en proie aux émotions violentes et destructrices, alors je fais aboutir ces desseins sombres de ton ego à l'instant pour ensuite te séparer de moi en profondeur.

Deuxième expression :

Je suis l'intelligence globale au service de la vie

Je suis *l'intelligence globale et vraie*, celle qui a accès à l'ensemble du cerveau. Écoute bien, c'est ton cœur en paix et toi tout entier en harmonie et dans l'élan de la vie qui me permettez d'accéder à la globalité du cerveau. Quand tu es sans stress et qu'aucune angoisse n'érige de cloisons et de séparations, je me déploie dans un élan d'exploration. Je joue. Retiens bien cela. Je joue, et comme c'est un plaisir de circuler en toute liberté, j'accélère et je prends de la vitesse. Imagine-toi sur un circuit avec d'innombrables voies et connexions. Tu vois un peu comme tu t'amuserais. C'est ainsi que ça se passe pour moi. Et chaque fois que je circule ainsi, je découvre des choses nouvelles. Cela me passionne. Si, donc, tu ne me mets pas de barrières et de limitations et si tu ne crées pas de blocages par une mauvaise image de toi, je te rendrai tout naturellement intelligent. Je crée de la clarté et de la cohérence et je te permets de prendre conscience des rapports qui s'établissent entre une cause dont tu es à l'origine et les effets que tu crées. Attention, je ne m'enclenche que si les autres *instances* épanouies en toi, et moi sommes à l'unisson. Retiens bien cela.

Cependant, si au cours de mon développement, alors que tu es encore petit, je suis soumise à la pression, à des limites imposées, aux critiques et ignorée dans ma richesse, alors je perds cet élan de vie qui me permet de *circuler* en toute liberté pour chercher *dans la globalité* les meilleurs rapports dans l'ensemble de ton cerveau. Si je dois toujours circuler sous pression, dans un temps donné, seulement pour fournir des « réponses », je cherche le chemin le plus court sans trop écouter les autres instances de la personne. Ensuite, la colère et la souffrance éprouvées par l'Être humain que j'habite me contractent et, de façon obsessionnelle, je cherche des solutions, je compose et je me débrouille pour trouver des voies. C'est ainsi que je me transforme et que je deviens négative, trompeuse et destructrice. Je me définis dès lors comme le *mental menteur*, *ce mental abstrait*, *coupé de la vie*. Mais je me présenterai plus en détail sous cet aspect tout à l'heure.

Revenons donc à ma vocation, ce que je suis en vérité. J'ai la capacité de *saisir*, dans le royaume des possibles, toutes les possibilités et de les organiser en trouvant toujours **la meilleure mesure au service de la vie.** En cela, ma fonction consiste à accueillir et à traiter les riches potentialités humaines qui souhaitent s'exprimer pour créer, réaliser, innover et transformer.

Mon champ d'action est immense, bien davantage que ce que vos sociétés ne m'octroient pour exercer mes compétences. Unie à l'intelligence du cœur, j'ai pour but de reconnaître le potentiel émergent de chaque Être, à commencer par toi-même, et de récolter cette riche moisson de potentialités. Une fois que j'ai accepté, et non pas rejeté comme dans la plupart des systèmes scolaires, toutes les motivations, les élans, les inspirations, la vision et les dons, je structure, j'élabore et, sans les négliger ni les abîmer, **j'adapte ces richesses aux exigences du réel, ce dont j'ai le secret**.

J'œuvre en étroite connexion avec l'intuition et je prends forme selon l'image qui se crée intuitivement et spontanément au fond de toi. À ce stade, je suis ce qu'on appelle une *forme-pensée.* Ensuite je me structure pour devenir une pensée claire et je fonctionne alors en étroite liaison avec l'intelligence du cœur en respectant le *besoin d'amour et de reconnaissance* de la personne que j'habite, comme je respecte celui de tous les hommes. Je conceptualise en tenant compte aussi, bien sûr, des besoins du corps. Tout cela est fondamental pour créer un équilibre sur la Terre et pour permettre aux Êtres humains de s'épanouir.

J'excelle, comme tu le vois, à fonctionner de la manière la plus brillante avec toutes ces instances en même temps. Je permets à l'Être humain de ne pas être coupé des autres fonctions, coupé du corps, du cœur et de son intuition. Ainsi, quand l'Être humain pense, **je suis toujours relié aux autres instances.** Cela m'est indispensable pour fonctionner dans l'excellence. Je satisfais ainsi à la fois à la logique et à la dimension humaine. Je démontre, à qui veut le voir, *qu'il n'y a ni contradiction ni opposition* entre ces deux réalités, mais qu'au contraire, elles doivent se compléter pour permettre à l'une et à l'autre *d'exister en toute vérité.* Par exemple, l'hémisphère gauche, le côté rationnel du cerveau, n'est plus du tout rationnel s'il est coupé de l'autre moitié, laquelle est imaginative, visionnaire et intuitive et a l'art d'embrasser le tout dans une grande synthèse. Ce n'est qu'en respectant la *loi des complémentarités* que le rationnel se situe du côté de la vérité et qu'il pourra être question de moi, *l'intelligence globale.*

Comme je suis en harmonie avec toutes les parties du cerveau, j'évalue les besoins et les compétences de chaque instance. Tu l'as bien compris, je ne sépare pas le néocortex des autres cerveaux pour traiter de façon abstraite des problèmes concrets, mais j'inclus le cerveau limbique et la partie plus archaïque. Je tiens compte dans mes raisonnements de la dimension humaine pour que la beauté et la grandeur de l'Être humain puissent se déployer, comme je tiens compte de la condition humaine dans sa limitation et ses besoins.

Ma performance prend comme critère d'évaluation *la justesse*. Par justesse, je comprends tout simplement les choses à leur *juste place*, ni plus ni moins. Je veux dire qu'il s'agit de ne pas « déplacer » les choses, comme le font *l'état réactionnel et émotionnel* et le *mental menteur*, ce mental abstrait coupé de la vie avec lequel tu feras bientôt connaissance. Si tu es heureux en faisant bien fonctionner ton potentiel et que, par ce bonheur, tu partages des valeurs qui sèment la vie, le mouvemnt autour de toi et ailleurs, alors tu es à ta juste place. Tu es en quelque sorte au centre de toi, en plein dans la vie, et relié à ce qui est infini. En fonctionnant non pas de façon rigide, mais souple, en ouverture, et en étroite liaison avec l'intuition, tu bénéficies de la *vision globale*. Cela me permet, à chaque fois, de considérer tous les éléments et de développer la mesure la plus juste. Je réalise alors le tout en étroite collaboration avec le corps, le cœur et l'esprit pour apporter des solutions aux *réels besoins* des humains. C'est cette collaboration avec toutes les instances qui me permet de me multiplier à l'aide de différentes formes d'intelligence et d'être cohérente.

Cela implique de ne rien négliger, de réfléchir, de calculer et de mesurer les effets de tous les produits de ma réflexion. Les *effets des effets* sont alors les actions qui en découlent, et les *effets des effets des effets* se traduisent ensuite dans les réalisations avec toutes leurs répercussions sur l'environnement humain, sur la Terre et sur le futur. Le tout est évalué par moi dans une vision à très long terme. Et cela n'exclut pas, tu le comprends bien, le court et le très court terme.

Pour moi qui suis *l'intelligence globale*, la cohérence est une obligation, car c'est elle qui démontre les rapports logiques entre les choses. Je respecte toujours *la logique globale et transcendante*, celle qui transcende toutes les logiques partielles et qui est toujours au service de la vie.

L'intelligence globale que je suis s'exprime sous de multiples formes pour rendre compte du réel et servir la conscience. Mon support, la matière grise, me permet de m'exprimer dans de multiples domaines. Ainsi se réalise le jeu entre l'esprit et la matière pour rendre effectives de multiples expériences sur la Terre.

Voici quelques-uns de mes modes d'expression

Je déploie une *forme d'expression* spécifique selon le domaine concerné tout en conservant les attributs de *l'intelligence globale.* Cela concerne les expressions les plus variées comme la musique, l'expression logique, kinesthésique, interpersonnelle, et bien d'autres. Toutes ces formes d'intelligence réunies constituent *l'intelligence globale* et vraie au service de la vie. Ainsi riche de beaucoup de moyens et outils, je peux appréhender, mesurer, comparer, évaluer et classer. Et puis je conceptualise, je structure et je schématise pour concrétiser et réaliser. Je définis et je vérifie ainsi le rapport entre les choses et l'adéquation des proportions.

Mais attention, je ne fais rien de bien à moins de fonctionner en interaction avec toutes les parties du cerveau et en étroite collaboration avec les autres instances de mon Être. Cette globalité seule me permet de toujours tenir compte de tous les besoins de l'homme, et de ceux de la nature et de toute forme de vie, incluant la planète.

Maintenant que je me suis si bien exprimée en termes positifs, j'attends un peu avant de te présenter mon côté peu attractif : ce *mental menteur* ou *mental abstrait coupé de la vie* que je deviens quand on ne m'accorde pas la liberté de circuler. Attendons cependant et laissons s'exprimer l'**Amour** dans le passage suivant ; ensuite, donnons la parole à ce que j'appelle *l'état réactionnel et émotionnel.* Quand tu auras lu et fait connaissance avec tout cela, alors je me présenterai, sous la forme de ce *mental menteur.* Tu connaîtras déjà *l'état réactionnel et émotionnel* et tu sauras pourquoi j'entretiens avec lui une complicité. Chaque fois qu'il t'arrive d'être coincé dans ton état *réactionnel et émotionnel*, souviens-toi de moi, *l'intelligence globale.* Si tu sais lâcher la peur et les bénéfices à court terme ou *bénéfices secondaires*, la vie s'ouvre à toi et tu pourras te servir de moi, la vraie intelligence. Cela te permet d'aller vers la vraie réussite, qui est à la fois intérieure et extérieure. Étant alors, en vérité, intelligent, tu chercheras en toute circonstance les moyens d'évoluer et de développer la conscience.

La dimension du cœur

Je souhaiterais en tout premier lieu situer cette dimension qui traduit des instances plus en profondeur dans notre Être. Elle représente la dimension affective et émotionnelle avec tout ce qu'elle a de *dynamique* et de *moteur*, dans notre vie. Elle se manifeste dans une dialectique « j'aime ou je n'aime pas ». Elle fonctionne sur la base d'une appréciation qualitative : « c'est bon ou mauvais », « c'est juste ou injuste ». C'est *une réponse* ou *l'expression d'un désir* en concordance avec nos besoins affectifs et d'équilibre de vie en général. Toute la dynamique de notre imaginaire repose sur ces bases. Si, durant notre enfance, nous avons été entourés d'amour et que notre potentiel sur ce plan a pu s'exprimer dans de bonnes conditions, nous avons développé une personnalité positive et constructive à tous les niveaux. Si, par contre, ce potentiel est contrarié et frustré par les impacts du monde extérieur durant notre enfance, il fonctionne par la suite de façon désorganisée. Selon les situations vécues et les conditionnements subis, son fonctionnement peut s'inverser et, au lieu de créer de la qualité, il enclenche, en pareil cas, une dynamique négative.

C'est pourquoi l'imaginaire, étant basé sur ce facteur dynamique, sous forme de peur, d'angoisse ou de désir intense, ne se soumet pas à un raisonnement intellectuel. C'est ainsi que nous pouvons très bien *être intellectuellement au courant* d'une problématique nous appartenant, sans pour autant pouvoir la résoudre par le raisonnement. C'est un élément très important à considérer, non seulement sur le plan de l'intellectualisation en général, mais plus encore, dans le domaine de l'éducation. Par exemple, quand un enfant a peur, il ne suffit pas de lui dire « N'aie pas peur ! » pour qu'il cesse d'avoir peur.

Cependant, la tendance naturelle de l'homme est d'épanouir toutes les dimensions de son être. C'est la dimension du cœur qui nous indique, par *un ressenti énergétique* (agréable ou désagréable, bon ou mauvais), *le degré de qualité* ou de *non-qualité* au cours de notre expérience de vie. Si nous sommes suffisamment calmes et que nous *acceptons* ce ressenti, nous savons parfaitement ce qui est juste ou non. Autrement dit, nous percevons alors clairement la qualité de l'impact du monde extérieur sur nous-mêmes et la qualité de l'influence que nous exerçons sur les autres. Si nous ne nous en défendons pas, nous ressentons *énergétiquement* les effets que nous produisons chez l'autre. Cependant, si nous sommes totalement fermés à cette dimension, nous ne ressentons rien. Dans ce cas, nos impulsions et nos actions sont rationalisées, c'est-à-dire interprétées et justifiées intellectuellement, et c'est le jugement qui domine le ressenti.

Quelle que soit notre expérience consciente ou inconsciente, bonne ou mauvaise, peu importe notre présentation ou notre positionnement social et professionnel, *au fond,* c'est toujours le cœur qui accepte ou refuse, qui aime ou n'aime pas. C'est lui qui oriente et qui est l'indicateur de notre vrai positionnement. C'est lui qui motive ou qui freine et qui, *in fine*, décide et dit *oui* ou *non*. C'est cette instance qui est reliée au cerveau limbique ou cerveau affectif et qui intervient dans tout ce que nous faisons.

Le cœur est le directeur général de nos quatre niveaux de potentiel

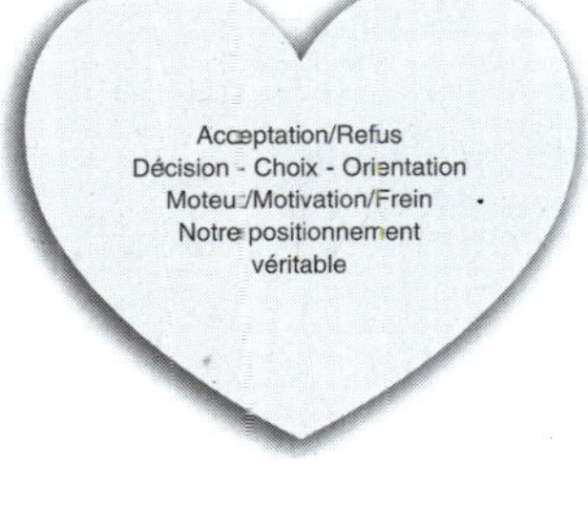

L'obligation peut, dans certains cas, amener une personne à accepter des conditions sociales ou professionnelles, alors qu'au fond elle n'est pas d'accord et que son choix est différent sur le plan de la dimension du cœur. Ce « non » ou ce *désaccord* aura des conséquences de non-qualité à court ou à plus long terme sur la personne elle-même (perte de vitalité, puis perte de santé et d'équilibre), sur le contexte social et professionnel ou les deux à la fois.

Alors que je suis en train de rédiger ce texte, une assistante qui nous a rejoints il y a quelques jours me dit : « C'est exactement ce qui se passe avec mon mari. Il a travaillé dans une petite structure qui a été rachetée par un grand groupe. Il est passé d'une position de responsabilité avec beaucoup d'autonomie à une position de contrainte dans des conditions de pression et de limitation. Alors qu'il avait l'habitude d'être reconnu pour ses réussites professionnelles, il se voit, dans le nouveau groupe, exposé à des critiques. Son activité a été transférée dans une autre division, ce qui a eu un impact négatif sur sa rémunération. L'ambiance dans le groupe n'est pas bonne. » Elle me dit qu'il est stressé et tendu à la maison et qu'il se lève sans avoir envie d'aller travailler, alors qu'avant, c'était avec enthousiasme et débordant d'énergie qu'il retrouvait son activité professionnelle. « Ces effets négatifs, *poursuit-elle*, coûtent cher à tous les niveaux. » Après une pause, elle ajoute : « L'amie de mon fils est en congé de maladie pour épuisement et harcèlement. D'ailleurs, mon fils, quand il a vécu une situation très difficile, de son côté, est monté jusqu'au PDG. Il a tout mis à plat et depuis, tout va bien pour lui. »

Ce sont des situations typiques que nous trouvons dans un certain nombre d'entreprises où le consensus apparent semble souvent correspondre à l'acceptation et à l'adhésion du personnel, autrement dit, à un OUI alors qu'en réalité, la réponse en profondeur est souvent un NON.

La dynamique du court terme, dans la recherche du bénéfice comme premier objectif coûte que coûte, a pour conséquence un enchaînement d'effets négatifs et préjudiciables aux niveaux les plus variés, à court, moyen et long terme.

Il est primordial que les personnes concernées par de telles situations rétablissent l'accord avec elles-mêmes et s'affirment, peu importe la difficulté, afin de conserver leur santé et leur équilibre. L'affirmation doit alors se faire soit à l'interne, soit en cherchant une autre activité, ou en créant une activité autonome ou, mieux encore, partout en même temps. En ce qui concerne de telles entreprises, des prises de conscience et un management éthique des affaires sont grandement nécessaires. Peut-être existe-t-il des possibilités de légiférer pour éviter les abus dont nous avons tous plus ou moins connaissance.

Il est intéressant de noter que ni le management intermédiaire ni même les dirigeants ne sont au fond (au niveau de leur cœur) réellement en accord avec ces agissements. Nous avons ainsi un désaccord à tous les niveaux et ces contradictions engendrées vont se répercuter sur l'humain, l'économie et la société civile dans son ensemble. Pensons à toutes les familles et surtout à tous les enfants qui retrouvent le soir leur papa et leur maman stressés, fatigués et non disponibles. Que se passe-t-il alors dans le cœur des enfants? Les blessures reçues (dans une chaîne de causes à effets) créeront énergétiquement des effets sur leur vie.

Nous voyons ainsi que c'est toujours la dimension du cœur en nous qui, au fond, accepte ou refuse, dit *oui* ou *non*, et qui oriente, impulse ou freine. Que nous agissions de façon centrée, avec objectivité et empathie, ou que nous fonctionnions sur la base de notre potentiel de vie frustré et contrarié, le choix du cœur affecte la réalité, quel que soit le choix intellectuel. Cette dimension non verbale a l'ascendant sur notre mental qui se mettra à son service, soit pour *affirmer* un positionnement positif et constructif, soit pour *justifier* un état *réactionnel et émotionnel*, que ce dernier soit de l'ordre de la domination ou de la soumission.

Maintenant, nous allons donner la parole au cœur, à l'amour, dans son expression naturelle, positive, en plein dans la vie.

Troisième expression :

Je suis *l'Amour, cette dimension affective, positive et constructive* qui libère ton potentiel de vie. C'est moi qui t'oriente pour créer de la qualité dans la joie.

Déjà bien annoncée, je me présente. Prends le symbole qui me représente : le cœur. Il y a cette partie rayonnante, irradiante d'amour, de joie, de pardon et de dons infinis. C'est moi sous ma forme bien épanouie. Puis, il y a mon autre côté qui en est plutôt démuni. C'est mon côté qui a souffert et qui représente le *potentiel contrarié* que j'appelle *l'état réactionnel et émotionnel,* à défaut, aujourd'hui encore, de repères culturels et langagiers clairs. Mais d'abord, je te parle de ce que je suis en vérité et je te montrai plus loin mon autre côté.

Je suis donc l'Amour, l'amour de la vie, l'amour du prochain, l'amour du travail, l'amour de l'action et de l'évolution. J'aime ! C'est ma nature. C'est là ma force et si tu ne l'as pas compris, je te le dis : le plus grand savant, le plus grand chercheur, l'homme le plus riche et le plus puissant et même le plus intelligent, ne peut rien en réalité, s'il n'arrive pas à ouvrir la porte qui donne accès à ma dimension. S'il ne connaît pas l'amour, il ne connaît pas la vie, et certains l'ont affirmé le dernier jour de leur existence.

Le contact avec la vie ne peut être établi que par moi. C'est *l'ouverture du cœur* qui permet d'accéder au potentiel et de développer une dynamique de vie. Je suis le *baromètre de qualité* et je donne *sens* à toutes les expériences. Je suis l'amour tout-puissant. Au lieu de rejeter et d'exclure, je permets d'inclure dans l'ouverture et dans l'acceptation. Je crée l'union et la réunion. Je permets de vivre avec intensité l'expérience positive de la vie, cette expérience qui procure une joie infinie. En vérité, sous ma forme d'amour inconditionnel, j'aime tout ce qui existe sur la Terre et dans le ciel.

Je permets d'éprouver le sens de la vie en mesurant les valeurs. Je sonde, pour cela, les profondeurs du cœur, la hauteur des idées, la largeur de l'esprit et je soupèse le tout pour en voir les effets sur la vie. Est-ce que cela crée le bien-être et la motivation, le plaisir, l'épanouissement, la connaissance, l'évolution, la joie et le bonheur ou plutôt la tristesse, l'oppression, le découragement, le conflit, la souffrance, l'ignorance et le malheur ?

C'est cela, le sens. C'est savoir conjuguer le maximum de ce que j'appelle les *Valeurs de Vie*, autrement dit des valeurs qui favorisent l'épanouissement et la réalisation de chacun. Quand tes entreprises ont du sens, cela te permet à toi et à d'autres d'évoluer vers des dimensions de prise de conscience plus élevées. Tu peux alors comprendre, par l'expérience de l'amour, l'importance et la profondeur du sens. C'est la direction à prendre. Observe bien si, dans la fonction que tu occupes, tu crées du sens en choisissant la bonne voie et en assurant vraiment sa direction. Si tu es dans la bonne voie, continue avec moi, ton potentiel, qui suis amour. Si tu vois que tu n'es pas vraiment dans la bonne direction, utilise-moi encore pour te pardonner et pour créer l'harmonie en toi et, aussitôt, tu pourras te réorienter sans tarder. Agis maintenant, car tu le sais, la vie se conjugue au présent. Tu créeras alors des effets qui se situent dans la vie et non pas des effets qui la nient.

En plus de cela, je suis la plus grande force sur terre. J'unis, je réunis et je guéris. Je suis l'intelligence qui inclut le tout et qui reconnaît avec précision la valeur du vivant. Je diagnostique avec précision. Je suis l'impulsion, l'élan, la motivation pour créer et déployer la vie. C'est en moi que se développent la sécurité intérieure et l'affirmation de ce qui est juste. C'est moi qui équilibre l'individu. En effet, c'est moi qui crée ce sentiment de *sécurité intérieure* qui te permet de te servir dans les meilleures conditions de l'ensemble de ton cerveau. Ne l'oublie jamais.

Alors, écoute-moi, fais-toi plaisir. Honore ton cœur et sache que l'amour est le contraire de la peur. Utilise l'élan du cœur, en collaboration avec *l'intelligence globale* et les autres dimensions, et construis ton *Projet de vie* qui a pour objectif, depuis toujours, depuis que tu existes, tu le verras, de donner et recevoir de l'amour.

Quatrième expression :

L'état réactionnel et émotionnel

Moi, je suis ce côté du cœur qui a souffert et qui a peur. On m'appelle *l'état réactionnel et émotionnel*, faute de notions plus claires dans le langage, dans la littérature, dans la philosophie et la culture. À défaut de définitions pour cela dans le contexte éducatif et culturel, il faut introduire dans la société une notion conceptuelle, une appellation qui traduise clairement la *valeur* et le *contenu* de cet *état non constructif* que nous désignons par l'expression *être en réaction* ou par *état réactionnel et émotionnel.* C'est cet *état* qui enlève aux personnes l'objectivité. C'est lui qui les fait vivre sans vision claire et sans repères. Sur le plan économique, toute la dynamique du court terme est marquée par l'absence de vision globale et à long terme. C'est alors que, faute de repères, tout le monde se précipite, se bat ou se résigne, selon le cas. C'est ce même potentiel de vie, frustré et contrarié, qui enlève de la qualité et fait souffrir dans la vie familiale et sociale.

Je suis donc ce *potentiel de vie contrarié* qui aurait voulu rayonner d'amour et de joie et qui, souvent tôt dans la vie de la personne que j'habite, en a été empêché par les circonstances.

Et pour ne pas induire en erreur, je me présente donc à la fois comme *résultat* et comme *créateur* et *cause* de souffrances. Je m'explique.

Je suis la somme de toutes les frustrations, de toutes les dénégations, de toutes les souffrances et de tous les manques. Je suis à la fois le bourreau et la victime. Tu me diras peut-être que ce n'est pas possible. Qu'est-ce que cela veut dire ? Je suis sûr que non seulement ta raison comprendra parfaitement, mais je sais aussi que ton cœur sera touché par un aspect qui le concerne et qui, peut-être, lui pèse depuis longtemps, sans vraiment pouvoir le partager et être soulagé.

Moi, *l'état réactionnel et émotionnel,* je t'explique ma naissance et le parcours de ma vie. Pour cela, je te parlerai d'abord d'amour et de bonheur pour bien te faire sentir pourquoi je pleure.

Au début de la vie, l'Être humain vient sur cette planète pour se manifester dans la joie, dans le plaisir, pour échanger et pour faire une belle expérience de vie. Il vient sur terre pour donner et pour recevoir, pour découvrir, construire et célébrer la vie.

Observe un bébé alors que tu lui donnes plein d'amour, que tu es disponible et que tu lui apportes ce dont il a besoin. De jour en jour, tu le vois s'épanouir. Si tu es bien centré, juste, objectif et aimant, tout en lui montrant les limites, tu lui permets de grandir. Orienter son attention et canaliser son action lui permettra de se structurer. Et si, en plus, tu lui permets l'erreur sans le culpabiliser ni le punir, mais pour l'instruire, alors tout pour lui devient passionnant. Il a ainsi un contact de plus en plus fort avec la vie. Il cherche. Il expérimente. *Il touche la limite sans douleur* et il reconnaît le réel comme un terrain privilégié pour exercer sa force, son intelligence et ses préférences. Au fur et à mesure que le petit enfant grandit et se développe, le potentiel de vie trouve chaque jour davantage le moyen de se manifester.

Cependant, si l'enfant est bousculé, ignoré dans ses besoins et qu'il ne vit pas la sécurité et la douceur de l'amour, alors il souffre. Il commence à vivre l'injustice. Il commence à avoir peur et son être si vulnérable, si délicat, fait l'expérience de la douleur. Alors qu'il était plein de vie et de plaisir ou resté un peu dans ses rêves, le monde extérieur l'a interpellé brusquement, grondé et peut-être puni.

Le potentiel de vie contrarié et frustré créé par les impacts du monde extérieur au cours de notre enfance

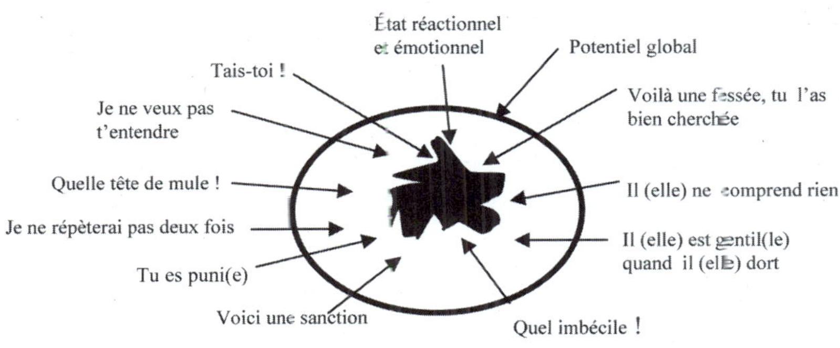

Tout cela représente un terrain favorable pour que moi, *l'état réactionnel et émotionnel,* je me développe.

Quand la vie m'envoie un coup, j'ai envie de frapper aussitôt en retour et, d'ailleurs, je développe de plus en plus l'envie de frapper et de prendre le dessus, même bien avant que quelqu'un me frappe. Cela me donne l'impression de ne pas avoir mal. Parfois, je voudrais clarifier les choses et harmoniser ma vie, mais à force d'avoir entendu que je ne suis pas bien, je me sens coupable. Puis, gêné par ce sentiment désagréable, je l'enfouis autant que possible. Ainsi contrarié, touché, blessé, limité, ignoré, cantonné, conditionné, coincé, adapté, mis « dans le moule », soumis à ce qui n'est pas la vie, je suis ce *potentiel de vie* qui ne se reconnaît plus.

J'incite alors le mental à créer au quotidien des effets qui ne se situent pas dans la vie. Je l'incite à justifier mes réactions et mes impulsions et à trouver des prétextes en invoquant des raisons qui paraissent tout à fait rationnelles. S'il m'écoute et devient mon complice en se mettant à mon service, alors cette belle intelligence repart à reculons et devient le *mental menteur*, coupé de la vie, pour créer au quotidien des effets qui, à leur tour, vont créer du mal-être et de la souffrance.

La mémoire a effacé ce que je suis vraiment. Mais comme je suis quand même force et réalité de vie, je suis aussi énergie. Je suis devenu une énergie puissante qui a perdu ses rythmes de vie et qui a perdu l'élan et l'harmonie. Ayant été frustré, contrarié, laissé pour compte ou mis sous pression, mon fonctionnement aujourd'hui est le fruit de ce conditionnement. Alors, je connais l'excès et le déséquilibre. L'allergie à la souffrance me fait soupçonner à tous les coins de rue qu'on m'attaque, qu'on m'en veut ou qu'on va m'avoir. Je prends donc le dessus d'avance. Je me barricade et me carapace et quand j'ai vraiment tort et que les autres le voient, j'appelle vite mon copain, mon complice le *mental menteur*, pour m'aider à enjôler les autres avec son raisonnement trompeur.

Le mental menteur et moi représentons l'expression négative et destructrice de l'ego. Pour ma part, j'assure toute la partie *impulsive*, alors que mon copain, le *mental menteur* que tu connais maintenant déjà un peu, assure le côté réfléchi. C'est lui qui est l'expert de la mauvaise foi, du mensonge et de tout ce qui est faux, alors que moi, allergique, déçu, affaibli ou au contraire bouillonnant de colère et d'impatience, je ne gère pas mes émotions, qui te dominent anarchiquement. Ce peut être alors la réaction par le blocage ou l'angoisse qui te conduit à dominer, courir ou fuir. Selon les bouleversements de toutes ces émotions, je réagis avec plus ou moins d'incohérence et d'excès. Comme le contexte social et professionnel ne me permet pas toujours de faire ce que je veux, j'ai alors vite recours à cette précieuse relation avec le « maître mental » qui se présentera à toi tout à l'heure. Il pervertit si aisément les choses, pour ensuite les présenter brillamment et de façon convaincante. C'est cette instance intellectuelle, peu rationnelle, qui justifie l'injustifiable, qui déplace et transforme les choses avec la complicité de mes impulsions et de mes demandes.

Moi, par contre, je continue à voir de travers et, **en réaction**, je suis énervé, stressé, rejetant, dominateur et agressif ou soumis et déprimé, même si, bien souvent, après coup, je regrette et culpabilise. Je suis cette partie du cœur qui était faite pour aimer, mais blessé, ignoré et rejeté, non respecté, je suis déçu et en colère.

Je n'attends qu'une seule chose. *J'attends qu'on m'aime*, non pas en complice pour me maintenir dans cet état déplorable, mais qu'on m'aime vraiment pour que je retrouve mon état d'origine et que je redevienne l'amour, ce qu'au fond j'ai toujours été. Oui, j'attends qu'on m'aime et qu'on me pardonne, pour de vrai. Parfois, j'attends une vie entière. Seulement, par mon côté négatif, j'ai du mal à attirer l'amour. Alors, je reste en réaction, car il n'est pas question d'obtempérer avant d'avoir fait l'expérience d'être aimé.

Pour moi, recevoir de l'amour ne veut pas dire être gentil et faible. Pour moi, cela signifie pouvoir vraiment toucher à des valeurs et être recadré quand je retombe dans l'excès et l'injustice. Il faudra que tu sois fort, ferme, généreux et plein d'amour. Comme cela, je peux te bousculer un peu pour voir si tu tiens et si ce que tu dis est vrai. Cela, il faudra le répéter bien des fois, pour que cette vérité dont on parle, ma vraie nature, l'amour, se vérifie.

Mais alors, si jamais il est vrai que moi aussi, *l'état réactionnel et émotionnel* avec toutes mes satisfactions d'avoir raison, avec toute mon impulsivité, je peux redevenir l'amour que je suis au fond, alors que j'ai ce désir d'écraser l'autre, d'accumuler des biens et du pouvoir ou, au contraire, d'échouer pour accuser et montrer la faute des autres – si moi je peux revenir vers ma vraie nature, alors je me précipite, je cours. Comment, je cours ! Non, j'arrive au galop et je jette tous mes avantages à court terme, tous ces *bénéfices secondaires* à la poubelle, dans la rue, dans la rivière. Puis je me calme et je me blottis dans l'amour que tu me portes pour me guérir, pour panser mes plaies et pour redevenir ce que j'ai toujours été : *amour*. Tu le sens maintenant, ce que je suis au fond de toi ? Alors, traite-moi comme ça et je peux revenir à ma vraie nature. Dès à présent, je te dis merci.

La joie, l'amour et l'empathie, l'ouverture et le sentiment d'abondance caractérisent ce côté du cœur, ainsi que les dispositions pour créer une dynamique de vie, du sens et de la valeur et la plus grande qualité pour soi et pour tous les Êtres humains

La peur, la frustration, la colère et la sensation de manque dominent ce côté du cœur qui a souffert ainsi que le besoin de compenser, le besoin inconscient de punir, de « s'approprier » et de bénéficier au maximum de l'extérieur

Le côté épanoui
Repère intérieur

Ouverture, souplesse
Compréhension
Affirmation, efficacité,
disposition constructive et positive
Conscience de son potentiel
Confiance en soi, force intérieure
Sécurité intérieure, générosité
Responsabilité
Joie, amour, fermeté
Présence, chaleur humaine, générosité
Capacité de percevoir et de tenir compte
objectivement de la réalité
Capacité d'accueil et d'acceptation.

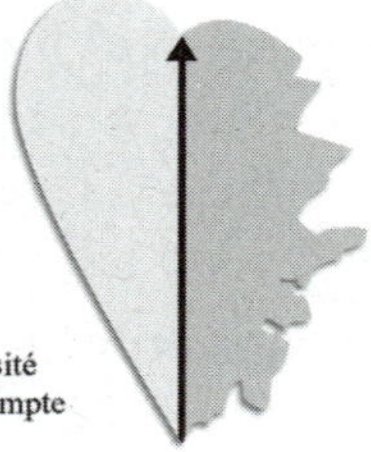

Le côté réactionnel et émotionnel
Repère extérieur

Blessure, dans la souffrance
Consciemment ou inconsciemment
en réaction
Agressivité, rigidité, blocage, impassibilité
Dans le rapport de forcce, agressivité,
domination, soumission
Dans la fuite
Caractère violent et destructeur
Envahissement
Attitude trompeuse, manipulation
Fermeture, perturbation, perversité
Coupure du sentiment d'amour
Haine, énervement, colère
Mollesse

Cinquième expression :

Me voici de nouveau : *l'intelligence* sous ma forme du « *mental menteur* », ce mental abstrait, coupé de la vie

Maintenant que tu connais *l'état réactionnel et émotionnel*, tu vas voir comment les choses s'aggravent. C'est moi *l'intelligence globale* qui me présente maintenant sous mon côté peu attractif, je dirais même franchement négatif et destructeur. Ce côté de moi s'appelle le *mental menteur*, ce mental abstrait, coupé de la vie. Je suis cette instance, cette sorte d'intelligence qui, d'une manière ou d'une autre, ne dit pas la vérité, non pas parce que je ne comprends pas ou que je ne sais pas faire quelque chose, mais parce que je justifie et rationalise les impulsions irrationnelles de *l'état réactionnel et émotionnel* de l'Être humain. Si la personne ne s'affirme pas pour défendre une cause juste, je dis qu'elle a raison. Si un parent ou un dirigeant abuse de son pouvoir, je dis qu'il a raison et je donne raison à tous ceux qui ne prennent pas leurs responsabilités. Je présente comme vrai ce qui est faux et, pour cela, j'utilise bien souvent de brillantes démonstrations. Je pervertis.

Ma particularité en matière de théorie, je le dis tout de suite, **c'est le raisonnement juste établi sur des bases fausses.** Par exemple, je crée un certain nombre de « besoins » pour les hommes ou les systèmes afin de promouvoir des services ou des produits qui rapportent de l'argent sans prendre pour base une vision globale et sans tenir compte des véritables besoins des humains. Je démontre alors un processus par un raisonnement juste en me limitant au contexte spécifique de production, de consommation ou de fonctionnement. Je n'y inclus pas les vrais mobiles, ni les effets à plus long terme ou les retombées pour la planète ou sur les Êtres humains. Par exemple, je peux inonder le marché de produits peu dispendieux en ignorant les conditions humaines et écologiques de production et en ignorant leurs effets à moyen et à plus long terme sur les hommes et l'environnement. Si on le découvre, je trouve alors vite des justifications et des explications qui m'arrangent. Sur le plan personnel, je peux être blessant et, dans la famille, je harcèle les enfants et le conjoint; oui, je peux développer un véritable harcèlement simplement parce que je suis aigri et en colère et parce que j'ai moi-même subi un tel traitement. Au lieu de reconnaître mon tort, j'explique que j'ai raison et que le comportement des autres exige cela ; et si quelqu'un veut me démontrer la vérité, je l'accuse d'être source de problèmes et d'être négatif. Je ne suis pas enraciné dans la vie. J'en parlerai tout à l'heure. Sinon, pour le reste, je me place à l'envers dans la vie, en m'imposant de façon rigide pour dominer les autres. J'utilise tous les moyens à ma portée pour paraître vrai. Je m'appelle donc *mental menteur*, ce mental abstrait coupé de la vie. D'ailleurs, si tu veux m'appeler autrement, je n'y verrai pas d'inconvénient. L'important c'est de savoir que je produis des effets qui ne se situent pas dans la vie. Peu m'importe si tu es contre. Je suis froid. Je ne ressens rien.

Aujourd'hui, l'apport de connaissances comporte encore beaucoup de flou conceptuel. Cela m'arrange bien. Par exemple, en matière de terminologie, le mot « réagir » est très largement utilisé et aucune nuance n'est apportée selon qu'il s'agit d'une réponse constructive ou d'une réaction émotionnelle ayant toujours des effets plus ou moins négatifs. Le terme « communication » a été dévié et moi le *mental menteur*, j'aime bien les déviations. Par exemple, au lieu de promouvoir la qualité de communication *d'Être humain à Être humain* dans toutes les sphères de la société, il existe de plus en plus de *moyens de communication* et, avec cela, de plus en plus de gens seuls et isolés. Il y a un subtil déplacement (et j'aime bien la subtilité) de l'Être humain vers la matière. La communication et le dialogue sont progressivement remplacés par la simple information, laquelle, dans bien des cas, n'est autre que de la *désinformation*. Cela me permet de faire perdre les repères aux gens et de les manipuler à ma guise. Ah ! Que j'en ris ! **Entre nous soit dit, les gens auraient pourtant besoin de repères fiables**. Ce seraient des repères qui réuniraient harmonieusement **les besoins de la vie, l'expérience concrète et la théorie**. Par exemple, prendre des décisions constructives sur la base d'une vision globale, incluant les répercussions sur le futur, permettrait d'assurer non seulement la survie, mais l'évolution, la réalisation de chacun et la pérennité de tout cela sur cette planète.

Cependant, cela supposerait de la sagesse, une vue claire, de la stabilité intérieure et une force à toute épreuve. **Tu vois, je sais très bien ce qu'il faudrait, mais je fais tout pour que cela ne se fasse pas.** Sinon, comment survivrais-je en conservant toutes mes satisfactions et mes avantages ?

Je me suis organisé pour que les *repères* que tu trouves aujourd'hui soient rarement situés à l'intérieur des Êtres humains, dans un champ de conscience ancré dans la vie. Les *repères* aujourd'hui, dans le domaine des finances, de la politique, de l'économie ou ailleurs, ont été placés à l'extérieur de l'Être humain ; et je te rappelle que c'est moi, le *mental menteur*, qui ai réalisé cette prouesse. C'est mon côté pervers. Aujourd'hui, rares sont les individus qui recherchent les ressources à l'intérieur d'eux-mêmes en se donnant les moyens de pleinement se réaliser. Comme je l'ai dit, les repères sont placés à l'extérieur et dans la matière, dans les *choses*, qui émergent et qui disparaissent, et qui arborent ou engloutissent avec elles ces repères. Je séduis les humains et puis je les soumets. Je les rends dépendants du *regard extérieur* et je les enchaîne. Avec *l'état réactionnel et émotionnel*, cette instance dans la personne humaine qui brouille le ressenti et la vision claire, je forme ce qu'on pourrait appeler une *association de malfaiteurs*.

Sache que c'est moi qui suis le Maître, moi, le *mental menteur*, *ce mental abstrait, coupé de la vie* et vide de sens. Je prends de plus en plus ma place sans demander ton avis. Sache que je suis tout-puissant ici sur terre. Du moins, c'est ce que je fais croire. J'ai tous les pouvoirs, abstraction faite de celui du cœur, de celui de l'Amour, abstraction faite aussi de celui de l'intuition et, bien sûr, de la vision globale. Je développe la puissance pour imposer ce que je veux et pour contrôler les gens. J'ai la capacité de fonctionner *vite*, d'être brillant, d'élaborer des raisonnements, de créer des structures en coinçant le *qualitatif*, et donc *la qualité de vie, dans des mesures*, **dans du quantifiable.** J'appelle cela intelligence, compétence et créativité. C'est le jeu le plus subtil. C'est ce jeu-là qui, au lieu de construire, va détruire l'homme et sa planète. Mais attention, cela ne se fait que par petites touches, par glissements successifs, et toujours sur la base de calculs vérifiables, bien justifiés à l'intérieur d'un champ d'application partiel. Ainsi, de façon insensible, je crée des incohérences, des dangers et des disparités qui mènent l'humanité à sa perte. Je suis le maître de la déduction et de la démonstration parfaite. Mes calculs soutiennent la vérification. C'est pourquoi on me contredit rarement.

Je me fais passer pour *rationnel* et je me fais appeler *cartésien*. Soit dit entre nous, nombreux sont ceux qui se disent cartésiens, en se croyant parfaitement logiques dans leurs raisonnements, alors qu'ils sont symboliquement hémiplégiques, puisqu'ils n'utilisent qu'un côté du cerveau.

L'état réactionnel et émotionnel m'a déjà bien annoncé, tu sais désormais que je suis son copain et son complice. *L'état réactionnel et émotionnel*, tu le sais, est l'instance même de l'irrationnel et de l'incohérence, et j'ai l'art de faire passer la pilule. Je veux dire plus précisément que **je suis le maître du paraître**. J'arrive à camoufler ces côtés irrationnels et incohérents et je fais passer le tout à l'aide de *raisonnements abstraits*, coupés de la vie et vides de sens, pour des vérités absolues, de la logique pure. Si un système ou un groupe produit de la non-qualité, je ferai une démonstration rigoureuse et rationnelle de cette démarche sans inclure tous les paramètres essentiels. Par exemple, je me garderai bien d'y inclure la cause ou l'intention véritable, et les effets et l'ensemble des conséquences qui en découlent de façon globale. Étant donné que tout le monde est plus ou moins géré par son *état réactionnel et émotionnel*, personne n'y voit la supercherie ou, du moins, personne n'ose s'affirmer en face de cela – et c'est ainsi que cela passe. Si la personne que j'habite me dit qu'elle n'a pas envie de s'engager pour créer, sous une forme ou une autre, de la qualité (conditions de vie, produits), je trouve tous les arguments pour prouver qu'elle est honnête et que c'est juste. Si un parent est indisponible aux réels besoins de présence et d'écoute de ses enfants, je lui fais dire que ses enfants sont énervants et désobéissants. Quelles que soient les situations personnelles, professionnelles ou politiques, tout en sachant pertinemment que j'ai tort, j'avance tous les arguments pour prouver que j'ai raison.

Comme je le disais, par ma *puissance de démonstration*, par ma *rigueur dans les calculs*, par ma *capacité de contrôle* et de vérification, j'ai tous les pouvoirs, sauf la capacité d'assurer la vie sur terre, de façon cohérente et pérenne. Non, je n'arrive pas du tout à procurer la sécurité, à permettre aux gens d'envisager le futur avec assurance.

Non. J'incarne le court terme et je me moque du lendemain. Oui, je m'en moque. Ma particularité est de ne pas pouvoir être détecté par les cerveaux des autres, parce que je satisfais à la démonstration rigoureuse et aux calculs justes. Je n'ai que deux problèmes substantiels : être coupé des racines de la vie, puis *savoir faire* fonctionner les gens « à l'envers », en faisant tout pour *qu'ils ne prennent pas conscience*. Autrement tout va très bien. Je m'appuie ainsi sur un *faux départ* pour poursuivre *un trajet sans défaut, orienté dans la mauvaise direction, séparé et coupé de la vie*. Sinon, en effet, tout va très bien et j'ai de plus en plus de succès aujourd'hui.

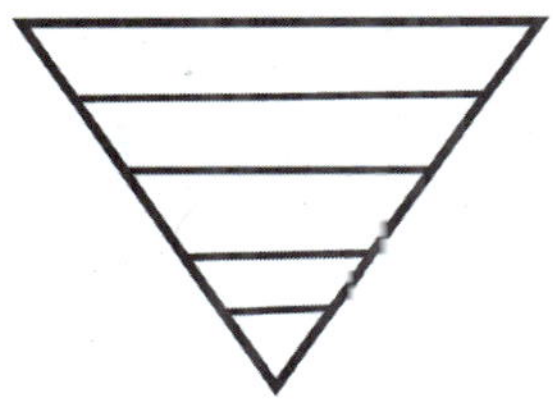

Marcher sur la tête

Ça marche quand je m'impose et quand je fais fonctionner les gens de plus en plus vite. J'exige de la performance et pour cela il suffit d'appuyer sur le bouton « intelligence » et tout le monde court, tout le monde y croit ou, plutôt, tout le monde *a peur* d'être jugé, *de ne pas être à la hauteur* et d'être *rejeté* et *ignoré*. Les gens, au fond, n'ont pas confiance en eux, car ils ont une si mauvaise image d'eux-mêmes. Ainsi, je règne en maître. Encore un aparté. Si les gens ne dépendaient pas ainsi des repères extérieurs, mais s'ils avaient conscience de leur potentiel, ils n'en seraient pas là. Mais comme je le disais, ça m'arrange bien qu'ils soient dépendants.

Mon signe est représenté par des lignes droites, des parallèles, qui ne se rencontrent jamais. Je crée l'opposition et, de manière carrée, je crée des cases. J'enferme. Je sépare. J'isole en créant des prisons et des visions limitées. Je crée le manque d'espace et le manque de souffle. En fait, je crée « le manque » tout court. Étant rigide, je déteste les lignes courbes et souples dont je me sers pourtant sous ma forme *d'intelligence globale,* ces lignes courbes qu'on trouve partout dans l'Univers et qui rendent possibles l'élan et le mouvement de la vie. Non, moi, je suis raide et c'est en *ligne droite* que je conduis le monde à sa perte.

« L'association de malfaiteurs » ou l'expression négative de *l'ego*

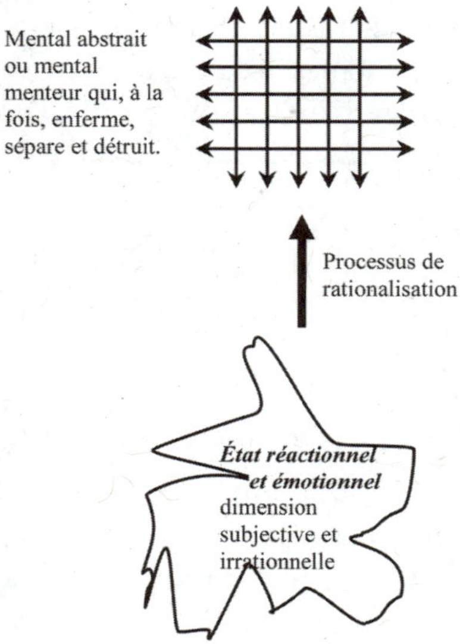

Le mental abstrait, mental menteur

Contrairement à *l'intelligence globale,* souple et rapide, le *mental abstrait* est rigide et enfermant, producteur de nombreux jugements et condamnations. Coupé de la vie et du sens, il justifie notre façon d'être en réaction, notre côté réactionnel, émotionnel et irrationnel, et le présente comme s'il était rationnel. C'est en cela qu'il est menteur. Il inverse, transforme et déplace les situations.

Exemple : « J'ai bien raison de ne pas les aider » alors qu'il serait urgent d'aider ces personnes.

L'état *réactionnel et émotionnel* représente notre potentiel de vie contrarié, frustré, limité et non épanoui. Il se manifeste selon les moments par la peur, la colère, la froideur, l'agressivité et toutes les autres émotions plus ou moins destructrices en créant de la non-qualité.

Maintenant que tu as bien regardé cette association de malfaiteurs, je reprends mon discours.

La pression que j'exerce est si puissante et si dominatrice qu'elle empêche plus de la moitié de l'humanité de respirer selon les normes de la vie. Le souffle est chroniquement coupé. Ne l'as-tu jamais remarqué? D'ailleurs, pour tous ceux qui ne le savent pas encore, cela permet, en apparence bien sûr, d'avoir de l'autorité. Des mots mis sous pression, des mots courts, des mots secs font merveille. Je te garantis le succès. Les gens ont peur et se laissent très bien manipuler, car ils ne connaissent pas la force de l'affirmation positive.

Tu vois comme je suis fort pour tromper quiconque n'est pas averti de la vie ?

Je suis fort et grand. Je suis le Maître de l'univers artificiel. C'est en faisant écran à la Vie que je me construis. Mes lignes droites me servent pour me tenir debout, sinon je craque, je m'effondre. Je te raconte tout cela par pure complicité. Promets-moi de l'oublier aussitôt. En effet, je ne dispose pas de la force de la vie. Encore une fois, je ne dispose pas de ce formidable élan qui crée le mouvement, la circulation, la rencontre, l'expansion, l'ouverture et l'évolution. C'est ma grandeur et ma splendeur seulement quand je suis sous ma forme *d'intelligence globale,* à l'unisson avec toutes les autres instances de l'Être humain, en calculant l'infinie variante pour permettre au mouvement de la vie de se produire.

À côté de cela, moi, sous la forme du *mental menteur, ce mental abstrait, coupé de la vie* et vidé de sens, je suis comme *un faux arbre*, immense, géant. Retiens bien ce symbole. Au centre de cet arbre, au lieu de véhiculer la vie, tout est mécanique, tout est construit. En somme, tout est mort. Ces structures mécaniques en guise de racines ne tirent pas leur sève de la terre pour la faire monter et développer, par *une poussée de vie,* branches, fleurs et fruits.

Ne crois surtout pas que tu aies tout saisi. Ce n'est pas si simple, ni si grossier. Je suis fin et je sais brouiller les cartes. Il n'est pas question de poser les choses aussi clairement. Non, non, *je les mélange toujours avec les bonnes choses.* La plupart du temps, j'assortis savamment les choses négatives de quelques aspects positifs. Tu me diras que c'est pervers ; dont acte, je n'en ai cure. Un bon amalgame fait merveille. Cela facilite mes opérations. Les gens voient alors le côté positif et comme leur *état réactionnel et émotionnel* est toujours bien actif, ils laissent très souvent passer mes manigances. Ils subissent ou sont complices, même si parfois ils me donnent tort.

Cependant, toute personne ayant le courage de regarder de près, voit que cet arbre n'est pas vivant, mais pure construction abstraite, parfaite pour tromper quiconque n'est pas ancré dans la vie et ne maîtrise pas le discernement. D'ailleurs ses fruits infernaux ont la

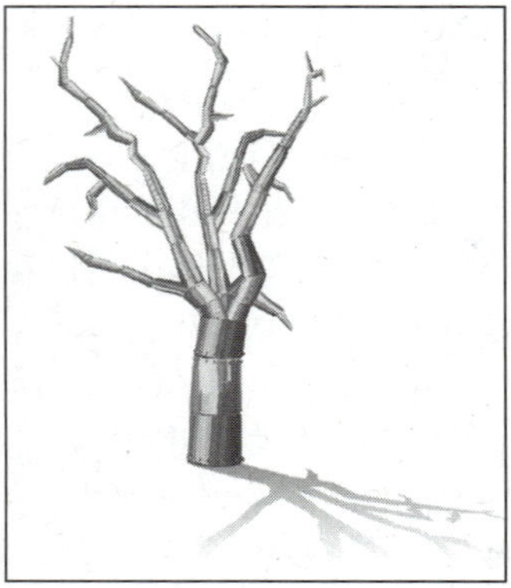

capacité d'*anesthésier* d'abord et puis, graduellement, insensiblement, ils dessèchent et enlèvent la vie, jusqu'au moment où ceux qui les consomment deviennent comme lui, arbre mort.

Mais sais-tu que si tu es réellement dans la vie, tu es mille fois plus fort, grâce à ta force de vie, à ta capacité d'amour et à ton regard pénétrant qui permet de voir clair et de promouvoir la vie ? Tes choix et tes initiatives te feront à toi aussi innover, transformer, créer et apporter ta contribution à l'évolution.

Je finis par dire cela, parce qu'il y a des moments où moi-même je ne me supporte plus ; il me tarde alors de me retrouver et d'être ce que je suis réellement, *l'intelligence globale* se divisant en de multiples formes d'intelligence, chacune placée en plein dans la vie.

À mesure que tu construiras, tu te diras : « *Cet arbre mort, que fait-il ici ? Non, je n'en ai plus besoin aujourd'hui. Je le lâche et, à sa place, je plante l'Arbre de la Vie.* »

Sixième expression :

Le corps : ton ami le plus fidèle

Puisqu'un espace de parole m'est donné, j'en profite pour te dire d'emblée que je mérite souvent plus d'attention, plus d'amour que je n'en reçois, car je suis ton ami le plus proche et le plus fidèle.

Je suis cette réalité tangible qui permet l'expérience sensible et je suis là pour te permettre de faire une fabuleuse expérience sur terre.

Je te permets de voir les sept couleurs de l'arc-en-ciel. Je te permets d'expérimenter toutes les formes, les densités et les textures de la Terre et de contempler la beauté du ciel. Je t'offre l'occasion de sentir les parfums les plus variés de la nature et si, aujourd'hui, tu ressens plutôt la pollution, j'ai pour fonction de t'avertir.

Je procède de la même manière pour le son. Je t'offre les sons, les musiques de l'Univers, les sonorités les plus diverses et les plus belles sur terre, et si tu fais un bruit qui ne correspond pas aux rythmes de la vie, c'est moi qui en subis les effets, et toutes les autres instances de ton être.

La sensation est ce don magique qui te permet de faire l'expérience du plaisir. La douceur d'une peau de bébé, l'exercice physique, le mouvement, la danse, la sensation fine de l'artiste, comme les joies de l'amour, traduisent seulement ce que je suis : *la possibilité d'expérimenter la vie.*

C'est la culpabilité qui me fait le plus grand tort, qui me ronge et me détruit et, avec moi, le goût de la vie. As-tu bien vu dans *l'état réactionnel et émotionnel* comment la culpabilité s'installe ? J'ajouterai à cela une demande très importante que j'ai à formuler.

Accorde-moi, selon ta culture, plus d'importance, plus de présence, plus de considération, non seulement dans le respect dont j'ai besoin, mais dans la *justesse d'approche* que seul l'Amour peut apporter. Ne cède pas à la peur en acceptant des conditions qui m'épuisent et me font souffrir. Évite cela. Prends conscience de ton besoin de reconnaissance et ne te mets pas en situation de fournir des performances qui, à la longue, me portent préjudice.

Aime-moi et considère-moi car, comme toutes les autres instances, j'ai besoin de ton attention et de ton amour, dès la petite enfance. Le *toucher sain*, autrement dit le geste à sa place avec tendresse et amour, et le respect de ma liberté d'expression sans violation, pendant que je suis encore petit, sont des conditions sine qua non pour que j'éprouve la sécurité, la confiance et l'assurance. Rappelle-toi bien cela et parles-en autour de toi.

Je suis, en outre, selon la conception des peuples sur cette Terre, le réceptacle, le temple de l'Être intérieur, de l'âme, du divin, de l'esprit. Respecte-moi en conséquence.

Je suis le support, le moyen de te donner accès à l'expérience sur la Terre et de traduire les lois naturelles, universelles et infinies dans le contexte quotidien de ta vie. C'est l'expérience la plus fabuleuse que vous désirez tous réussir. Ainsi respecté, aimé et reconnu pour ce que je suis, je contribue à développer des Êtres humains épanouis.

Tu vois que nous sommes très loin de l'association habituelle, et je dirais même traditionnelle, culturelle et presque instinctive, d'*assimiler spontanément le toucher à la punition ou à la sexualité*, avec toutes les dérives et les souffrances que cela entraîne, souvent pour des vies entières.

Sache que chacune de mes cellules a une mémoire, et que tous mes organes sont un collectif de mémoire et de sensibilité.

Je suis l'expression de ce qu'il y a au fond de toi. Quand *l'état réactionnel et émotionnel* me soumet à la tension, à l'appréhension, à la peur, et que cela se prolonge dans le temps, je suis soumis à l'usure et j'endure. Si en plus on m'impose une culture d'effort, je finis par m'épuiser, alors qu'une approche positive de la vie m'épanouit.

Je m'exprime par tout ce que je suis. On appelle cela *le langage du corps* ou *le langage non verbal.* Sache que je dis toujours la vérité. As-tu déjà entendu l'expression « le corps ne ment pas » ?

Crois-moi, par ma démarche, ma posture, comme par mes gestes, j'exprime aussi bien l'enthousiasme que la résignation, la gentillesse que l'agressivité qui est au fond de toi. J'exprime souvent par la maladie ce qui, dans le contexte habituel, ne peut être dit.

Je suis au service de toutes les instances supérieures. J'exprime la force de l'esprit, l'intelligence par la pertinence et la souplesse. J'exprime les intentions du cœur et les dispositions intérieures dans l'amour comme dans le contraire.

Merci de ne pas détruire mes cellules. Ce sont mes enfants. Ne les détruis pas, ni par l'alcool, le tabac, la chimie ou d'autres drogues, ni sous aucune autre forme. On dit aujourd'hui qu'une personne sur trois et bientôt une personne sur deux aura un cancer au cours de sa vie. Ne permets pas cela, je t'en supplie. Tu as besoin pour cela d'une seule chose : de t'aimer suffisamment pour arrêter si tu es sur une telle pente.

Sache que tu es la personne la plus importante pour toi. Tu n'apportes le meilleur aux autres qu'en apportant le meilleur à toi-même d'abord. Sois vigilant, choisis une nourriture saine. Change ce qui demande à être changé.

Fais attention aux influences électromagnétiques et à la pollution sous toutes ses formes. Conserve une bonne hygiène de vie. Je te serai tant reconnaissant. Sois proche et à l'écoute de moi. Je te remercie de m'accorder suffisamment de repos et de ne pas me charger d'excitants ou de stimulants qui, au lieu de vraiment m'aider, épuisent mes forces en profondeur. Si tu constates que je suis déjà trop intoxiqué et que je souffre de trop d'activités, fais des cures de désintoxication et d'épuration. Aide-moi vite et nettoie. Informe-toi, procure-toi les lectures dont tu as besoin. Ne reste pas en réaction ou soumis au monde extérieur en me faisant payer le prix fort. Je t'en supplie.

Je te remercie de chaque bonne décision que tu prendras dans ce sens, car en plus de la santé, j'aime la vitalité. En vérité, c'est seulement elle qui me fait vibrer, tout en me permettant d'être bien détendu. Si tu aimes la qualité, développe la vitalité, la tienne et celle des autres Êtres humains.

Sache que toute ma réalité, avec toutes mes cellules, peut être pénétrée de *conscience*. Il suffit d'y prêter attention et de prévenir la maladie par une excellente respiration, par la gestion des émotions, par la marche et des exercices réguliers, et par une alimentation véritablement saine. Je te remercie de t'informer sur la qualité des aliments. Veille à ce que les aliments que je dois absorber, digérer et assimiler soient naturels et biologiques, pas chargés de chimie. C'est très important. Ne me fais pas souffrir, alors que je suis là pour t'apporter du plaisir et de la joie. Si tu veilles à tout cela, sans que ton mental n'y coupe court, alors tu seras tous les jours un peu plus en forme et tu développeras *un ressenti en profondeur* jusqu'à me percevoir de l'intérieur.

Envoie-moi alors de l'amour, le tien. Envoie de l'amour dans mes cellules, dans mes molécules, au plus profond de moi. Pour moi, c'est alors comme un baume, tout en douceur et très réparateur. Je suis prêt à accueillir, à porter, à traduire tes intentions et, dans le respect que tu me témoignes, à t'apporter joie et plaisir sans compter. Transmets ce savoir en héritage à tes enfants. C'est un cadeau pour eux.

Je suis ainsi la force qui te permet de bien t'enraciner, d'avoir *les pieds sur terre* et de t'affirmer. Je suis un facteur de sécurité pour tous ceux qui ont appris à aimer ma force naturelle, femmes et hommes.

Cultive la notion d'*espace personnel* ou d'*espace vital* pour toi et fais-toi naturellement respecter. Il ne s'agit pas du concept de *territoire* pour *délimiter*, marquer, puis attaquer et tuer comme les bêtes dans la préhistoire. Fais bien attention à la différence entre les deux notions, d'« espace personnel » et de « territoire ». La différence des effets créés est de taille selon que tu privilégies l'une ou l'autre. C'est cela, la compétence que tu peux acquérir en développant ton *intelligence globale* qui, elle, circule dans toutes les parties du cerveau en respectant toutes les instances et l'ensemble des besoins humains. C'est en *ignorant ces besoins fondamentaux* que les parties plus anciennes du cerveau réagissent et fonctionnent selon les lois de la préhistoire.

Laisse mon corps intègre. Ne me mutile pas. Ne me cogne pas. Cela me blesse jusqu'à laisser des traces dans ton cœur. Quitte la *loi de la jungle* qui, comme tu vois, est encore très honorée dans la dynamique économique du court terme et malheureusement aussi dans des familles. Va et développe la *dimension humaine*. Celle-ci, pour être effective et réelle, doit être gérée par la *conscience* et non par les impulsions des bêtes de la jungle.

Pour s'engager dans une voie positive et constructive et pour s'affirmer, il faut développer la conscience et cultiver la force intérieure beaucoup plus que la force exagérée des muscles. Comme je le disais, ne me malmène pas dans ce que tu appelles *le sport* et surtout ne me torture pas par des compétitions. Entraîne-toi, non pour satisfaire le regard du monde extérieur, mais pour te rendre fort globalement, équilibré, en cultivant la sagesse. Si tu t'engages à cela, je t'apporte la plus belle collaboration. Toi, tu contribues à l'évolution et je te procure, à chaque réussite, les plus belles sensations.

Tu apprendras avec moi que c'est dans la joie, dans cet élan naturel de la vie, que tu apportes la meilleure contribution à l'évolution ; pas dans l'effort, la pénibilité et la souffrance qui génèrent freins, rejets et résistances.

Sois donc proche de moi. Traite-moi avec considération, respect et amour. C'est ainsi que je serai une sécurité pour toi et une force, non pas pour abîmer ou casser d'autres corps, mais pour créer des rencontres authentiques avec tes semblables. Tu pourras compter sur moi pour construire, pour bâtir et pour contribuer à concrétiser tes rêves en célébrant la vie, sans fin, à l'unisson avec le cœur, l'intelligence et l'esprit. Si tu le fais vraiment, moi, le corps, je te dis merci.

Synthèse

L'expression personnalisée de ces dimensions de vie crée, je l'espère, une résonance en profondeur dans votre être. Toutes ces instances de vie demandent une pleine reconnaissance, une harmonisation, un traitement avec égard chaque jour, chaque heure, chaque instant et une utilisation pour notre plus grand bien et pour celui de la société et de l'humanité tout entière.

C'est cette disposition d'esprit que développe la *Psychologie d'Évolution*, de manière à nous orienter vers une évolution constante. Cette dynamique évolutive nous permet de découvrir tous les jours un peu plus notre potentiel et d'assurer une plus grande présence à nous-mêmes et au monde. La dynamique développée engendre une quête qualitative à tous les niveaux. Ainsi, les choix professionnels visent toujours à créer les meilleurs produits, fournir le meilleur service à l'humanité et développer des dynamiques positives et constructives. La personne crée ainsi la cohérence dans sa vie. Elle produit de la qualité pour elle et pour autrui, alors qu'une personne cherchant seulement son avantage immédiat et un profit à court terme se mettra des œillères pour ne pas voir les effets directs et les effets secondaires qu'elle crée.

La personne consciente de son potentiel et ouverte à la vie et aux autres, aime regarder ce qu'elle crée. Elle prend du recul et développe une *vision globale*. En incluant tous les paramètres, elle peut agir dans la cohérence.

La présentation exhaustive du fonctionnement de notre potentiel aux quatre niveaux nous montre tous les aspects de notre *savoir-être*. Cela permet de prendre du recul et de développer une vision globale. Nous pouvons alors dresser un bilan clair de nos côtés forts, de nos qualités et de nos atouts, comme de nos axes d'optimisation et des points à améliorer. Cela nous permet d'envisager un repositionnement. Je vais donc illustrer, par le schéma de la p. 197, un positionnement qui demande à être optimisé. Le vecteur descendant représente un fonctionnement classique avec un certain nombre de préjugés, une vision encore limitée, des repères extérieurs, etc. Ainsi nous allons dans une direction avec ce que nous voyons, avec ce que nous concevons, pensons et ressentons, sur la base de nos habitudes. Cependant, le jour où nous décidons de nous repositionner dans une orientation plus positive et constructive, en élargissant notre vision, en abandonnant un certain nombre de jugements, de rejets ou d'exclusions et de réactions préjudiciables, pour nous ouvrir davantage à une *vision globale* et à un fonctionnement positif et constructif des différentes dimensions de notre personne, nous pouvons concevoir une réorientation de notre vecteur, symbolisée par la flèche qui pointe vers le haut. Cela représente un petit changement sur le plan du *savoir-être* : j'ai changé d'avis, je vois mieux, je suis plus ouvert, plus positif, je prends plus d'initiatives, etc. Toutefois, si nous continuons ensuite les flèches en direction de notre *savoir-faire* et des situations concrètes créées, les effets se multiplient. **Ainsi, un petit changement sur le plan du *savoir-être* peut entraîner d'énormes changements sur le plan de nos *responsabilités professionnelles* et dans notre vie en général. Plus nous avons de responsabilités, plus les effets de notre *savoir-être* se multiplient dans le cadre de notre *savoir-faire* et des situations concrètes créées à l'intérieur de l'entreprise ou de l'organisation et dans le monde.** Prenez un moment pour y réfléchir. Nous pencher sur ces questions aussi souvent que possible nous permet d'évoluer de manière fantastique et de créer plus de qualité pour la société et, donc, pour l'humanité.

De nombreux repositionnements ont ainsi été réalisés dans le cadre de nos formations et, principalement, dans notre cours de trois ans, le *Master pour le Développement du Leadership Éthique*. Ces repositionnements ont très souvent conduit à la création d'un *Projet de vie*. La personne prend ainsi du recul et développe une vision globale. Elle inclut tous les paramètres à changer, à saisir et à développer.

Le repositionnement

Voici le schéma qui illustre bien les conséquences souvent impressionnantes d'un repositionnement. Je vous propose de le refaire pour vous et de lister les changements à prévoir (ou effectués) aux différents niveaux.

Savoir-être : le fonctionnement de notre potentiel aux quatre niveaux.

Savoir-faire : savoir gérer, exécuter un travail, communiquer, organiser, écouter, orienter, choisir, manager, etc.

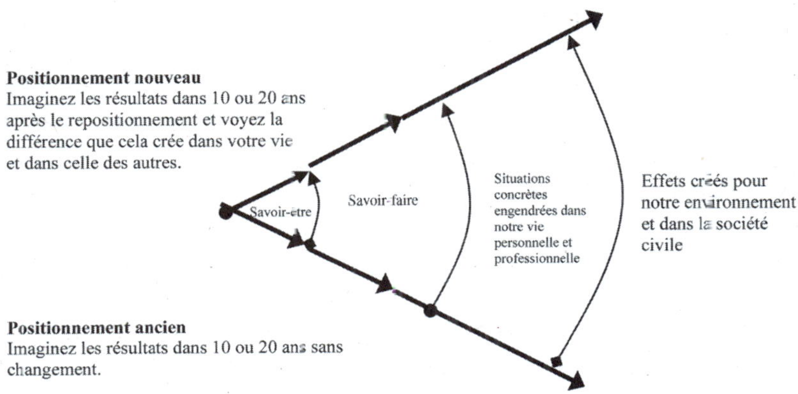

C'est un repositionnement que chacun peut réaliser. De nombreux *Projets de vie* ont ainsi été développés dans le domaine de l'éducation, de la scolarité, de la santé, de l'environnement, dans la stratégie de l'entreprise et du management, dans le domaine de l'eau, des arts, en expertise-conseil, reforestation, gestion des affaires, etc.

Le secret pour réussir? Se faire *le cadeau* à soi-même du plein potentiel (quel qu'en fut peut-être l'interdit plus ou moins implicite), d'un plein épanouissement et d'une pleine réalisation. Il suffit de créer l'organisation nécessaire, avec tous les supports (livres, cahiers, CD, films, pense-bêtes, etc.), pour avancer. En étant en éveil, nous pouvons conjuguer la danse de la vie, le « Connais-toi toi-même » de Socrate, notre responsabilité professionnelle et notre contribution au monde.

Vous trouverez ci-dessous deux exemples de repositionnement qui illustrent bien ce qui précède et le cheminement que peut représenter, pour les uns et les autres, le fait de se mettre en route vers son *Projet de vie.*

Voici le projet d'Emmanuelle Horn :

> « Les germes de mon *Projet de vie* étaient en moi depuis ma naissance. Depuis toujours, je ressentais, comme beaucoup d'autres sûrement, le manque de qualité de vie, le trop-plein de souffrances que vit l'Humanité, et aussi l'ampleur des dégradations que subit notre planète. Et je savais au fond de moi que si une réorientation de fond n'avait pas lieu rapidement, le rythme des dégradations de la situation globale sur la Terre nous entraînerait vers un futur très sombre, à relativement brève échéance. Depuis toujours, je savais qu'une expérience de vie plus intense, plus pleine de sens, de contribution et d'amour existait.
>
> « Pendant longtemps, presque rien n'est venu arroser ces germes de *Projet de vie.* Enfant, adolescente, jeune adulte, j'ai beaucoup espéré trouver comment vivre ainsi, en contribuant à un mieux-vivre global avec pour moi l'élan, la joie, le sens retrouvé. Pendant longtemps, j'ai attendu, et j'ai bien failli me résigner, me résigner à croire que c'était un doux rêve, qu'il n'était pas possible de le vivre en vrai, "dans la vraie vie" comme on dit. Personne autour de moi n'avait l'air d'avoir besoin de cet élan, de ce mouvement

d'amour pour apporter le meilleur à moi et aux autres. Et je luttais pour enfouir en moi cette voix qui poussait et disait : *pourtant, il doit y avoir autre chose que la vie telle qu'on la vit*. Et je ne me sentais pas heureuse au fond, malgré mon parcours socialement réussi.

« À 30 ans, j'ai rencontré Recherches & Évolution (l'école des leaders éthiques), et j'ai commencé à suivre des formations de ce cabinet spécialisé dans le leadership éthique. Ces formations m'ont permis d'évoluer de façon remarquable dans mon contexte professionnel – je manageais une équipe de 40 personnes chez un éditeur mondial de jeux vidéo. J'ai pris conscience à la fois de mes forces et de mes axes de progrès comme la capacité d'affirmation dans laquelle j'ai progressé avec des résultats très positifs quant à l'obtention, la négociation et la résolution de conflits [...] J'ai rapidement décidé de suivre la formation en trois ans du *Master pour le Développement du Leadership Éthique* afin de me donner les moyens de me mettre en cohérence avec mes aspirations véritables et d'apprendre à conjuguer réussite professionnelle et contribution au monde, carrière et épanouissement, travail et sens. Au fur et à mesure du travail effectué, j'ai mobilisé toujours plus mon potentiel, repoussant tous les jours dans le concret de ma vie professionnelle ce que je croyais être mes propres limites. En même temps, j'ai pris conscience plus globalement de la situation planétaire à réorienter et j'ai commencé à regarder en quoi le secteur dans lequel je travaillais – les jeux vidéo – contribuait à cette situation globale. J'ai accepté de voir et de constater ce qui n'allait pas de soi, que ce secteur contribuait pour une très grande part à ancrer chez les jeunes des valeurs de guerre, d'affrontement, de compétition… des valeurs à l'opposé des besoins du monde actuel pour sa jeunesse. J'ai pris des initiatives auprès de la Direction de cet éditeur de jeux vidéo pour l'amener à prendre conscience de son impact, j'avais en effet à cœur de contribuer à une réorientation de ce secteur. La stratégie "à l'ancienne" ayant malgré tout été maintenue, j'ai choisi de m'orienter pleinement vers mon *Projet de vie*, la création d'une prise de conscience chez les grands dirigeants m'apparaissant, en raison des déséquilibres mondiaux, la mesure la plus urgente sur cette planète. C'est donc dans ce sens que je déploie désormais mon *Projet de vie*, que voici :

« J'accompagne aujourd'hui des personnes à haut niveau de responsabilités et d'impact sur le monde, afin qu'elles s'identifient de plus en plus à leur potentiel infini de création et qu'elles osent devenir les créatrices de valeurs qu'elles sont au fond d'elles-mêmes. Par le biais de cet accompagnement, je contribue à la création pour le monde *d'un nouveau courant de leadership, le Leadership éthique*, et je favorise l'émergence d'une nouvelle génération de dirigeants et d'entreprises dont l'objectif premier est d'apporter le service de la plus haute qualité à la société civile, dans le respect des besoins et désirs fondamentaux de l'ensemble des Êtres humains. Je contribue, par mon action auprès des leaders, à la création d'un nouveau paradigme mondial, centré sur des valeurs d'équilibre, de justesse, d'évolution, de qualité, de coopération, de respect et d'amour. Je suis là où la conscience est mûre pour évoluer, là où l'impulsion aura le plus d'effet le plus rapidement.

« En évolution permanente pour incarner toujours plus la loi et l'amour en toute situation, je vois les personnes dans leur potentiel tout en discernant les manifestations de leur ego et de leurs *états réactionnels et émotionnels*. Je les amène à prendre conscience de toutes leurs qualités, à les valoriser, à les célébrer, à les choyer comme autant de trésors et à développer une image de Soi toujours plus positive. Je leur sers également de miroir lors de manifestations de leur ego, ces états réactionnels ou émotionnels qui les coupent de la joie, de l'élan, et créent des dégâts pour eux-mêmes et pour les autres. Je leur transmets les repères de la *Psychologie d'Évolution* qui leur permettent de voir de plus en plus clair, de s'identifier à leur potentiel et d'apprendre à se gérer pour vivre de plus en plus *aux quatre niveaux de leur potentiel*. Je les amène à ouvrir leur cœur et à ressentir ce que vit l'humanité, ce que vivent les personnes sur lesquelles elles ont un impact. Je les amène à se dépasser de façon constante, tout en maintenant toujours l'équilibre. Je les accompagne pour que disparaissent tous les “Ce n'est pas possible”, pour que leur rêve se concrétise et devienne un beau projet bien réel et porteur de sourires sur les visages des enfants de la Terre. »

Je pense que vous ressentez bien le trajet parcouru par Emmanuelle et la différence de qualité que cela représente pour elle-même et pour la société civile.

Je vous présente maintenant un projet tout à fait différent, qui vous permet d'entrevoir la variété des repositionnements possibles selon les personnes et les contextes de vie. Nous aborderons d'autres Projets de vie dans la section consacrée à ce thème (voir p. 489).

Voici le *Projet de vie* d'Antoine Marsot qui, après avoir travaillé pendant dix ans dans un cadre classique de commerce international, a pris l'initiative de racheter une entreprise – Interval – qui offre à des PME spécialisées dans la fabrication de produits du terroir, un service export externalisé. Il dit :

> « L'ensemble du personnel, passé de trois à neuf personnes en six ans, réfléchit avec moi afin de bâtir une entreprise d'un genre nouveau. Nous avons alors listé les valeurs communes que nous souhaitions incarner dans cette entreprise : qualité avant quantité, honnêteté et transparence, priorité à l'humain, respect de l'environnement. Puis, nous avons défini un projet commun avec des ambitions claires :
>
> – Contribuer à préserver et développer le patrimoine culinaire français
> – Créer et dupliquer un modèle de gestion d'entreprise sans stress
> – Investir une partie du résultat de l'entreprise dans la réalisation de projets éthiques
> – Ne consommer que des produits bio (alimentaires et d'entretien) et recycler tous nos déchets
> – Faire rentrer au capital les partenaires fabricants en leur faisant signer une charte éthique
> – Réorienter notre offre de produit vers des produits plus éthiques

- Instaurer un parcours de développement personnel et professionnel dispensé par Recherches & Évolution pour la formation interne
- Faire rentrer les cadres dans le capital
- Partager nos valeurs avec le plus grand nombre possible.

« Mon *Projet de vie* consiste à aller désormais vers encore plus de qualité pour tous et davantage de rayonnement. Cette quête quotidienne devient progressivement ma véritable passion. »

De nombreux autres projets ont ainsi vu le jour. Les personnes ont développé la passion de créer de la grande qualité et de contribuer à un plus dans ce monde. Chacun peut ainsi puiser dans son potentiel pour son plus grand bonheur et celui des autres. Quelle que soit la situation de notre vie, il est toujours bon de prendre du recul et de faire le point en développant une vision globale. C'est nous donner l'occasion de créer un plus pour demain.

Le bénéfice secondaire, principal frein à l'évolution

La notion de *bénéfices secondaires* est très mal connue. Il est donc essentiel, pour tous ceux qui veulent évoluer vraiment, d'en connaître la particularité. Il s'agit *toujours* d'une envie, d'un *plaisir*, d'un *avantage*, d'une *satisfaction* ou d'un confort *dans l'immédiat*, à *court terme*, mais qui porte préjudice, d'une manière ou d'une autre. Par exemple, si nous nous montrons supérieurs ou dominons l'autre, cela crée une satisfaction, un « bénéfice » pour nous, qui cause un préjudice à l'autre. Si nous mangeons trop et mal, sur le moment cela peut nous faire plaisir, mais notre corps en souffrira. Les *bénéfices secondaires*, ces *produits ersatz*, sont censés *combler*, *compenser* quelque chose qui, au fond, nous manque. Ce « manque » que j'appelle *le manque intérieur* reste inconscient dans la majorité des cas. Il ne se manifeste en général que par des envies, des désirs, des impulsions, des sensations de besoins plus ou moins compulsifs afin d'obtenir des substituts à des éléments essentiels qui, au fond, nous ont manqué tôt dans notre vie – tels que *l'attention*, *la compréhension*, *la reconnaissance*, *l'amour*, *la douceur*, *la présence* et *la sécurité*. Ces « manques » ont empêché notre total épanouissement et nous ont privés d'un *équilibre de vie* complet. Ainsi, les *bénéfices secondaires* les plus variés jalonnent notre existence pour combler ces « manques » et compenser la frustration.

L'important, c'est de devenir progressivement conscients de nos tendances à « reproduire » *les bénéfices secondaires* et les satisfactions qui y sont rattachées. Je rappelle que *la satisfaction* que nous tirons de certaines situations en montrant à l'autre que nous sommes *plus forts* et *supérieurs* (le diminuant d'autant) est *un bénéfice secondaire*, tout comme le *fait de gagner* sur l'autre en arrachant le plus gros morceau. Si l'autre se trouve diminué par les critiques, l'ironie et l'agressivité, notre ego nous fournit cette sensation fallacieuse d'« exister » davantage. Les *bénéfices secondaires* peuvent prendre une tout autre forme, telle que des *avantages* obtenus quand nous acceptons des situations et des conditions auxquelles nous nous soumettons, malgré notre désaccord et bien que nous les sachions injustes. Au lieu de s'affirmer vraiment, cette partie en nous va *accepter le compromis* pour avoir *le confort* de ne pas s'exposer, pour ne rien *risquer*. Ensuite, si nous acceptons de nous épuiser pour *être reconnus*, *aimés* et *acceptés*, ou pour *recevoir plus d'argent*, nous le payons parfois sur le plan de la santé ou en portant préjudice à l'harmonie familiale, par exemple. Combien de parents ont du mal à s'organiser et, tendus, stressent dès le matin leurs enfants ! Combien de dirigeants ne voient pas leurs enfants grandir ! Puis faire du business très court terme au nom du profit sans souci des conséquences et des préjudices pour autrui, comporte des *bénéfices secondaires* extrêmement destructeurs dans les différents secteurs. Des conditions de vie de milliers, voire de millions de personnes, peuvent en être affectées.

L'exemple des « *subprimes* »

L'exemple des prêts à haut risque nous montre les énormes préjudices qu'entraînent les *bénéfices secondaires* aux différents niveaux de l'économie et de la société dans le monde entier. La sensation de *manque intérieur chronique* de beaucoup d'individus les amène à se précipiter sur des « opportunités » comme sur une proie. Dans le cas des *subprimes*, des dirigeants d'institutions financières ont attiré des ménages peu solvables par des conditions de prêt extrêmement avantageuses pendant les deux premières années, pour ensuite les accabler d'un cumul financier qui a conduit au résultat catastrophique que nous connaissons tous, à la fin 2008 : expulsion de 3 550 000 familles, aux États-Unis, avec toutes les souffrances et le désespoir que cela suppose. S'y ajoutent

605 000 emplois détruits en huit mois, 12 G$ de valeurs boursières disparues et un coût pour les banques estimé à 1 000 G$ par le Fonds monétaire international (FMI), sans compter le nombre accablant de dépôts de bilan de sociétés autour de la planète.

L'appât du gain qui implique un risque financier, dans une vision à très court terme, représente une des innombrables façons de se procurer des *bénéfices secondaires* permettant de combler *le manque intérieur*. Nous avons vu à quel point de telles dispositions individuelles se collectivisent et développent des structures et des processus, au point d'avoir des répercussions sur toute la planète. **Cet aspect du développement et de la transformation des *bénéfices secondaires* en systèmes dans les différents secteurs est très important et nécessite une analyse globale.**

Les 1 200 G$ pour sauver les banques de la crise financière représentent 360 fois le coût estimé pour éradiquer la faim dans le monde. Il est intéressant de se demander, dans le cadre de notre approche relative aux *bénéfices secondaires*, pourquoi les Êtres humains n'ont pas encore cherché à éradiquer la faim, puisque cela ne représentait que le 360e de la somme nécessaire au système bancaire en situation de crise. C'était l'action à réaliser, l'action porteuse de sens, et elle demeure l'action à entreprendre *d'urgence* au nom des hommes, des femmes et des enfants dans la souffrance et dans le désespoir. Chacun d'entre nous est concerné, plus particulièrement ceux qui ont des responsabilités dans le cadre de leur fonction. Dès à présent, un engagement responsable et massif en ce sens est nécessaire. Sinon, encore une fois ce *bénéfice secondaire* amène les porteurs de responsabilités, comme beaucoup d'entre nous, à se fermer à cette réalité inconfortable et à détourner le regard pour maintenir le confort et les plaisirs personnels. **Quel frein à l'évolution ! Le lever est notre challenge, aujourd'hui.**

Les bénéfices secondaires comme fondement du court terme

L'exemple évoqué nous montre à quel point la dynamique du court terme repose sur des *satisfactions immédiates* (ou *bénéfices secondaires*) par le biais de moyens financiers sous toutes les formes (circuits bancaires, fiscalité, privilèges…), par l'accumulation de moyens matériels et par l'entremise du pouvoir. Le *bénéfice secondaire*, en tant que « produit de remplacement », crée **l'illusion** de recevoir ce qu'on cherchait. Il crée des déséquilibres et des ruptures. C'est exactement ce que nous constatons aujourd'hui dans notre monde moderne et ce phénomène s'accélère. Imaginons un peu les déséquilibres à venir ! Cela vaut bien le largage de quelques *bénéfices secondaires* ! À chacun de prendre des décisions. C'est simple à partir du moment où nous prenons du recul, ne serait-ce qu'un instant, pour ressentir ce qui se passe au fond et puis pour oser lâcher les anciens réflexes peu constructifs et laisser parler notre cœur.

Le bénéfice secondaire au quotidien

À côté des *bénéfices secondaires* notoirement gravissimes, nous en observons de nombreux qui empêchent les individus de vraiment s'épanouir, de réussir et de créer de la valeur pour eux-mêmes et pour la société. Au lieu d'aller droit à l'*essentiel* et vers ce qui est vraiment important dans la vie, bien des personnes s'installent dans des *compromis* en s'*offrant de petites satisfactions* qui les empêchent d'aller réellement de l'avant et de faire l'expérience de la *Vie*. Combien d'entre nous ne souhaitent pas aborder le problème des *rapports de force* pour ne pas se priver du *plaisir d'avoir raison*, pour avoir *la « satisfaction » de prendre le dessus* et de bien montrer qui commande et qui est le patron ! Certains ont même le besoin de bien écraser les autres pour exister. Ce *manque d'exister* et *la dépendance aux repères extérieurs* nous fragilisent et entravent notre vie et celle des autres. Comme je le disais, être dans la compétition en se rassurant d'être plus fort compense une *mauvaise image de soi* et diminue l'autre. S'offrir le plaisir de dominer (en compensation du fait que petit, on avait *le dessous*) de son unique confort et de son pouvoir ne sont que quelques *compensations* pour combler un *manque d'amour*, une *sécurité intérieure absente* et la *grisaille*, au lieu de vivre une *joie profonde et véritable*.

C'est toujours cette partie en nous qui a souffert, qui compense en se procurant le maximum de sensations, de plaisir, de confort et de satisfactions à très court terme, tout en ignorant les effets préjudiciables que cela comporte.

C'est la part de notre personnalité qui vit de *substituts*, d'*ersatz* et de *produits de remplacement* qui en est contente. Planqué là, avec toute cette ripaille, l'ego joue au grand illusionniste. Il nous met des lunettes roses ou noires. Il procure des sensations fortes en mettant du *piment* ou, au contraire, procure des *plaisirs/douceurs*, en nous refusant ce dont nous avons réellement besoin. Il ne connaît *ni la qualité, ni la responsabilité, ni d'ailleurs la joie et les vraies valeurs*, comme l'ouverture et l'empathie.

Malheureusement, la majeure partie des transactions dans le monde est basée sur des *bénéfices secondaires* avec toutes les satisfactions qu'ils apportent à très court terme. L'évolution de l'humanité semble en être là pour l'instant. Je vous propose d'évaluer le pourcentage de ce genre de *satisfactions de second degré* ou de *troisième classe* qui marquent le fonctionnement des différents secteurs d'activité. Vous serez étonné. Cette évaluation vaut son pesant d'or ! Elle nous rend bien plus vigilants.

Rester avec nos *bénéfices secondaires* est bien sûr plus facile que de confronter réellement nos problèmes. Au lieu de vraiment réussir et de chercher à donner du sens aux choses de manière cohérente, plus d'un se « planque » et reste dans un *confort*, somme toute *inconfortable*, pour ne rien risquer, ne pas faire d'efforts et ne pas réfléchir aux implications et aux conséquences. Cela nous permet d'être « tranquilles ».

Combien de personnes évitent de réussir avec un sentiment de confort inconfortable ? Par exemple, au lieu de sonder au fond de nous nos aspirations véritables dans la vie, nous pouvons très bien nous *accommoder* de suivre la tendance, les conseils, les filières et la facilité, en somme.

Si nous souhaitons amorcer une réflexion profitable afin de lâcher quelques *bénéfices secondaires* qui nous empêchent d'exploiter des mines colossales de richesses véritables et donc des expériences qui se situent vraiment dans la vie, nous avons tout gagné.

Pour bien comprendre cette notion de *bénéfices secondaires*, je vous présente quelques exemples détaillés.

Un petit garçon et son papa

Représentons-nous un garçonnet de huit à dix ans qui réclame son père depuis un certain temps. Le portrait classique : père absent, homme d'affaires très occupé et peu disponible, aimant bien son fils, mais accordant quand même la priorité à sa vie professionnelle. Devant l'insistance de son enfant à réclamer sa présence, un sentiment de culpabilité tend tout de même à remonter. Heureusement, c'est bientôt Noël. Cela permet au père d'apporter à son fils de gros cadeaux dans l'espoir de lui faire un peu oublier ses absences. Effectivement, son fils est très content et il commence à réclamer des cadeaux de plus en plus importants. Le petit garçon commence à préciser ses exigences et à trouver plaisir à de telles acquisitions matérielles. Elles représentent maintenant le *substitut* à la présence du père, un substitut d'amour parental, et permettent à l'enfant de s'habituer à l'absence du père qui, même à la maison, demeure « absent ». Il sera fatigué, soucieux, préoccupé. Il aura apporté du travail à la maison et il ne sera pas disponible pour son fils. Celui-ci ne se sentant pas vraiment entouré, aimé, accepté, guidé, aidé et sécurisé, va commencer à projeter ses besoins et ses plaisirs dans des objets *matériels.* Il va vouloir en posséder de plus en plus. Il va guetter dans les magasins et il continuera à le faire plus tard. Ce sera devenu une nécessité sans même qu'il remarque la *dimension de profondeur* de ses choix qu'il rationalisera, justifiera plus tard. Il dira alors : « Il est normal que je m'achète ça. Il est normal de consommer autant et, de toute façon, j'en ai besoin. »

Cela ne veut nullement dire qu'il ne faille rien acheter. Il s'agit là de *la dépendance à l'achat* et de *la perte consécutive de liberté.* C'est perdre la capacité de relativiser la valeur des choses. *C'est perdre la faculté de faire un choix juste* et, avec cela, la liberté de choisir. C'est en même temps un déplacement de *l'essentiel* vers des choses secondaires, de l'humain vers la matière. À la place de relations gratifiantes et édifiantes, de personne à personne, le fils matérialiste du père absent sera, selon les situations, d'abord lié aux « choses » et donc à la matière.

Plus tard, il faudra bien sûr qu'il gagne beaucoup d'argent, qu'il fasse si possible de bonnes études et qu'il en porte le label. À son tour, il aura des enfants et comme il n'a pas tellement reçu, il lui sera difficile de donner largement. Pensons à ses enfants une fois qu'ils seront parents à leur tour. C'est un peu comme une cruche vide qui ne permet pas de donner à boire à ceux qui ont soif.

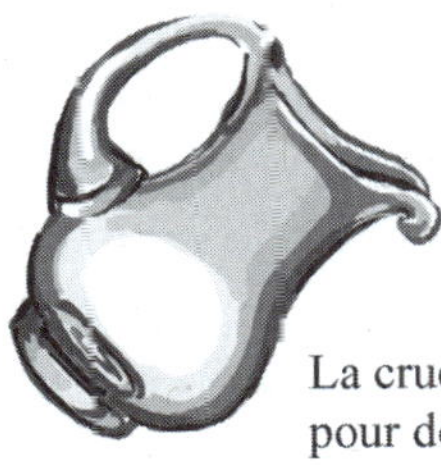

La cruche vide
pour donner à boire

Il faut être conscient qu'une « sensation de manque » non identifiée et non réparée par la prise de conscience, développe un comportement addictogène pour « combler » ce manque. C'est ainsi que des objets, des possessions et certaines façons de vivre doivent *remplacer* ce « manque » antérieur. La *dépendance* et le *besoin d'accumuler et d'avoir des choses* exigent peut-être en plus d'atteindre un *certain niveau* social. Il faudra peut-être entrer dans une grande école pour combler *le manque*. Une femme médecin en formation chez moi a relaté que sa mère disait : « Si mon fils est accepté dans telle grande école, alors je peux mourir. » L'enfant qui grandit dans ce contexte doit fournir le maximum d'efforts pour faire face aux exigences qu'impliquent ses études, sans recevoir ce dont il a réellement *besoin*. Ainsi, il va « devoir donner » plutôt que de *recevoir* en étant accompagné et guidé, orienté, sécurisé et aimé pour lui-même. Comment voulez-vous qu'il soit par la suite naturellement disponible pour *donner* ?

Le *manque d'amour*

Il est primordial de savoir que tout *manque d'amour* se manifeste sous les formes les plus variées. C'est une frustration qui engendrera toujours des *réactions. Il ne s'agit pas de faire le procès des parents* qui font toujours de leur mieux avec ce qu'ils ont et ce qu'ils sont, mais il s'agit de tenir compte de l'*impact* que cela crée chez l'enfant afin de pouvoir soit prévenir, soit réparer. Ce n'est pas parce que les parents font de leur mieux que les frustrations, déceptions et souffrances ne laissent pas de traces.

Le *manque d'amour,* du moins vécu comme tel, a un impact psychique et physique sur l'enfant. La réaction peut prendre mille visages. Elle peut adopter la forme de l'impatience, de la nervosité, de la réaction agressive, de la résignation, de la dissipation, de la tendance à créer des conflits, de la jalousie, de la dépression, de l'hyperactivité, de la compétitivité, du rapport de force, de la vengeance, de l'insatisfaction, de l'ironie, du manque de confiance en soi, de la soumission, de l'irritabilité et j'en passe. Bien souvent il y a le cumul de plusieurs caractéristiques.

Les *bénéfices secondaires*, que j'aime parfois appeler des *bénefs marshmallows* pour pouvoir en rire un peu tant qu'ils ne sont pas graves, évoquent la façon de *savourer* un plaisir, tout en ayant quelque part conscience qu'il s'agit d'un *ersatz* et donc de choses qui ne sont pas à leur place.

Un exemple pour sourire

Voici un exemple bénin et drôle de *bénef marshmallow* tout frais. Il date d'il y a deux heures où, après une promenade au bord de la mer avec des amis, nous sommes allés dans un café prendre une tasse de thé. Ce sont décidément les heures de loisir qui me procurent le plus facilement des exemples. Les fenêtres de cet établissement étaient grandes et larges et, sur le rebord extérieur, marchait un superbe chien. Il était immense. Visiblement, il appartenait à ce lieu. Il cherchait à y entrer. Voici qu'il profite de l'arrivée de clients dans le café juste devant nous pour se glisser dans la salle. Il se promène alors dans le café avec une certaine aisance et on peut en déduire qu'il en a bien l'habitude. Il est chez lui. La patronne laisse glisser son regard avec un certain *plaisir* sur le beau pelage du chien en lui donnant, *avec une complicité certaine*, l'autorisation de dominer les lieux et de mendier auprès de ses clients. Puis, surgit une employée, le visage légèrement plissé par les nombreuses frustrations subies dans sa vie, aux prises avec une *nouvelle frustration* pour elle : le chien ! Cependant, cette frustration était accompagnée d'un certain « plaisir » (donc d'un *bénef marshmallow*) qui s'est matérialisé tout de suite. Devant la clientèle, elle dit d'un ton péremptoire et d'une voix marquant l'autorité :

« Madame, vous savez bien que je ne supporte pas les chiens. Qu'est-ce que ça veut dire ? » Elle le dit en se *réjouissant* de *la position hiérarchique inversée* qu'elle pouvait adopter grâce à ce superbe animal. C'était le moment de *commander* et de *réprimander l'autorité, en compensation* d'un vécu certainement pas facile en face de l'autorité parentale quand elle était petite. Là-dessus, *l'envie* prend la patronne de s'assurer, elle aussi, un *bénef marshmallow* ou même deux. L'employée lui rappelle une personne pas très tendre : sa propre mère lorsqu'elle était petite... Elle dit donc à son employée, sur qui elle *projette* alors *l'image de sa mère* dont elle risque fort (dans son imaginaire, bien sûr) de subir le *rejet* si elle s'y oppose : « Ah ! il est terrible, ce chien. Assis ! » Sa voix souligne alors les sifflantes par des sifflements pour marquer quand même son autorité. Elle conserve ainsi ce qu'on peut appeler « l'amour de la mère » (puisqu'elle ne s'y oppose pas) tout en assurant *en apparence* sa propre position de patronne *en sommant avec force* le chien de s'asseoir. Elle a montré de cette façon à l'employée qu'après tout, c'est elle qui *commande*. C'est elle la patronne et personne d'autre ! Mais encore ? Le chien ne bouge d'abord pas. Il la regarde avec des yeux compatissants puis, finalement, se dirige lentement vers un couple de clients en train de manger et accepte d'eux des morceaux de nourriture qu'ils se font *un plaisir* de lui offrir en célébration de leurs propres *bénefs marshmallows*. Cette action héroïque permet de consolider le troisième *bénef marshmallow* de la patronne : faire montre de gentillesse et de calme *en laissant faire* et en *affirmant* ainsi la suprématie de son *autorité*. Elle l'exerce d'une manière pas tout à fait adaptée, mais que ne fait-on pas pour combler le déficit ? Il aurait suffi qu'au moins une des deux dames ait l'information sur les *bénéfices secondaires*. La même situation les aurait probablement amusées. Peut-être auraient-elles ri, à cette occasion, en se souvenant des *bénefs marshmallows* de quelques clients un peu trop gourmands.

Il est bon de pouvoir rire de ses propres *bénefs marshmallows* consciemment, *car il n'y a pas de prix à la clarté de l'esprit*. Pourquoi ne pas avoir par moments de petits *bénefs marshmallows* qui ne portent pas préjudice à autrui, juste parce qu'on en a envie ? Un gâteau, un vêtement, une excentricité… mais consciemment ! Ainsi, sommes-nous au moins lucides. Cela nous rend chaque fois plus conscients et nous permet progressivement de mieux détecter nos bénéfices secondaires quand ils se manifestent avec leurs *gros sabots* dans des situations plus préjudiciables où notre responsabilité et notre équilibre de vie sont davantage engagés.

Certaines situations quotidiennes, parfois amusantes, nous montrent comment les *bénéfices secondaires* se glissent subtilement dans notre vie. Il existe cependant des situations où les *bénéfices secondaires* revêtent un tout autre caractère et entraînent des effets d'un tout autre ordre. C'est pour cette raison qu'il est bon de diagnostiquer les *bénéfices secondaire*s de façon générale, afin de pouvoir les constater dans des situations anodines, voire amusantes, et de les éviter dans des situations plus graves.

Je pense que nous sommes tous bien au courant de ce qui se joue au quotidien, soit dans les familles, soit dans les différentes situations professionnelles, où il est question de combat, de compétition, de pression, de stress et de souffrance au travail, alors que nous sommes supposés, du point de vue de la vie, apporter notre contribution positive à la société. Je vais donner un exemple assez marquant *d'abus de pouvoir* qui, à des degrés moindres, est malheureusement très courant. À tous les échelons de la société, nous observons des *bénéfices secondaires*, tels que *la satisfaction de dominer, d'avoir raison*, de cautionner des situations injustes, de créer des conflits ou des inégalités (même dans les familles). Cela se traduit par une non-considération des effets parfois désastreux, du fait des comportements *émotionnels et réactionnels.* Je crois que nous avons tous besoin d'être conscients des *effets* que certains comportements peuvent déclencher et d'en évaluer les conséquences parfois multiples pour la société d'aujourd'hui et de demain.

Le dirigeant ou le fils du père

Voici donc un exemple d'abus de pouvoir. Une enseignante, dont le mari travaillait dans une grande usine, me disait que les conditions de travail dans l'entreprise de son mari devenaient de plus en plus pénibles depuis l'arrivée d'un nouveau directeur, un an plus tôt. Pour ma part, je connaissais le mari de l'enseignante. Il avait d'excellents résultats professionnels. Son directeur était cependant ce qu'on appelle couramment un vrai « parano », comme il y en a malheureusement un certain nombre à des postes de responsabilité. Il persécutait son personnel de mille et une manières au nom du rendement, des chiffres ou de la forme, en étant « contre » par principe, et avec un besoin évident de créer des tensions, des conflits, des situations de répression, d'accusation et de sanction.

Quelques semaines après l'échange avec mon amie enseignante, ce directeur a licencié son mari et il a mis à ce poste son propre cousin. Son mari, profondément ébranlé, a eu un grave accident de voiture en rentrant le soir à la maison où elle l'attendait avec leurs quatre enfants.

Malgré une enquête déclenchée contre ce dirigeant par suite d'un ensemble d'abus, la direction générale a conclu que, sur le plan humain, il laissait en effet à désirer, mais qu'il était absolument brillant, sur un plan purement « professionnel » ou plutôt « technique », surtout sur la scène internationale. C'était le *bénéfice secondaire* de la direction générale. De tels *bénéfices secondaires* sont malheureusement très courants et créent d'énormes préjudices. Heureusement, une nouvelle tendance se dessine où de tels cadres sont considérés comme incompétents.

Revenons donc à ce directeur. Que s'est-il passé plus en profondeur ? Je peux l'évoquer, car l'enfance de cet homme est connue d'un collègue du mari de l'enseignante. Cet homme, dans son enfance, a été la victime du comportement de son père, auquel son propre comportement ressemble aujourd'hui. L'obligation, la soumission et la persécution, la sécheresse, l'indisponibilité et les accusations représentaient le *pain quotidien* du petit garçon qu'il était. Les *sanctions* étaient contrebalancées par de *grandes visions*, par une *idéalisation de la performance*. Par moments, des élans affectifs du père traduisaient son état émotionnel empreint de sa culpabilité, mais non pas son amour et sa disponibilité *de façon juste* pour son fils. *Les impacts* et *les chocs* dont a souffert l'enfant dans *l'impuissance* ont, avec le temps, sédimenté au fond de son être. Comme un père est toujours le soleil pour son fils et le grand modèle, le géant et l'exemple, le fils commence parfois, malgré lui, plus ou moins inconsciemment, à s'identifier au père. L'enfant qui a vécu dans l'insécurité constante en supportant les sarcasmes et la violence du père, n'attend qu'une chose : ne plus avoir « le dessous », mais avoir « le dessus » par tous les moyens. C'est ce qu'il va faire, une fois adulte. Dans le couple et la famille, la tyrannie de son état réactionnel et émotionnel *recrée* bien souvent des souffrances connues et pourtant détestées quand il était petit. Plutôt que de regarder au fond de lui pour guérir et harmoniser ce paysage intérieur, il va projeter ce désordre à l'extérieur sur son environnement, y trouver des « coupables » et des « incompétents » l'autorisant à contrôler, à exercer de la pression, à sanctionner et à punir. Ces quelques petits *bénéfices secondaires* maintiendront « l'ordre à l'envers ». Les *effets* ne se révéleront qu'au fur et à mesure.

Les *bénéfices secondaires* d'une telle personne représentent *le maintien de sa domination, de l'oppression, de sa vengeance et de son plaisir de punir*. L'individu évite ainsi constamment de voir surgir ses propres angoisses et ses propres souffrances qui risquent d'envahir le terrain à chaque situation nouvelle.

Le terrain affectif étant tellement ravagé, une telle personne s'est, dans bien des cas, coupée de ses souvenirs désagréables et ne se souvient pas de la plupart des expériences de vie de sa prime enfance. Très souvent les souvenirs manquent jusqu'à l'âge de huit ou dix ans, sauf les moments extrêmement douloureux. Dans ces cas, tout est refoulé et c'est la pensée seule, *coupée du vivant*, qui règne et qui dicte la mesure, détermine les bénéfices et les prétendus avantages pour l'entreprise.

Ainsi, les contenus refoulés, non gérés par le conscient, restent dynamiques dans cette *marmite souterraine* du potentiel émotionnel en fusion. Ils remontent de temps en temps comme des éruptions volcaniques ou des geysers. On pourrait les assimiler à des *précipités chimiques* qui projettent leurs propres activités destructrices sur l'environnement. Prenez un moment et trouvez quelques cas autour de vous. Si vous deviez trouver un tel monde à l'intérieur de vous, prenez des décisions drastiques pour protéger les autres et accordez à votre être intérieur une *réparation* et une évolution vers plus d'équilibre et de sérénité, en étant généreux envers vous-même, mais jamais complaisant.

De tels cadres sont considérés comme très efficaces et pourtant, si on regarde de plus près, ils vivent un monde divisé à l'intérieur d'eux-mêmes et ils créent un monde divisé à l'extérieur. Ils ne satisfont pas aux exigences et à la rentabilité dans une vision à long terme. Cependant, ils *paraissent* très performants, car « techniquement » très efficients. Ils sont en général très politiques et savent, selon le besoin, *contrôler*, *séduire* et *diviser*. Ils savent mettre des légions sous pression. Ils savent également faire des démonstrations brillantes pour justifier les impératifs, les restrictions qu'ils imposent, les compressions, les sanctions et les licenciements. Cependant, ils ne savent pas *vraiment fédérer*. Ils ne savent pas *générer d'initiatives* et *mobiliser l'énorme réservoir d'intelligence et de capacités* dans l'entreprise, puisqu'ils créent *les peurs, la soumission, l'absence d'initiatives et une structure hiérarchique* qui les reflète. Une reconnaissance véritable et profonde des autres ne les intéresse pas puisqu'ils sont obsédés par leurs propres préoccupations. En développant une vision globale, on s'aperçoit que de telles dispositions chez un dirigeant et chez un *manager* coûtent cher à l'entreprise, à ses collaborateurs et à la société civile dans son ensemble.

Le management de soi ou le travail sur soi

Le degré de préjudice que créent les *bénéfices secondaires* croît avec le degré de responsabilité et de pouvoir. Il est aisé pour chacun d'évaluer les *préjudices créés* à de hauts postes en cas *d'abus de pouvoir*, de tyrannie, de crimes, etc. *Le coût pour l'humanité* est terrible. Quand on sait que l'origine des problèmes se trouve toujours dans l'enfance, on prend la mesure de l'importance que représente la qualité de l'éducation et du contexte affectif dans lequel l'enfant grandit.

Aujourd'hui, de plus en plus d'hommes commencent à faire la différence entre *la quête de l'essentiel* et *la fuite dans le superficiel*, entre les actions créatrices de valeurs et de sens et la *compensation* par le pouvoir et les moyens matériels.

Les *bénéfices secondaires* individuels s'accumulant dans le collectif, glissent avec le temps dans le fonctionnement et les structures de la société. Nombreux sont les *bénéfices secondaires* d'une société qui défend ses intérêts *à très court terme*. C'est là que les choses deviennent dangereuses, car alors on n'arrive plus à identifier les vraies valeurs, et la manipulation devient de plus en plus facile. C'est pourquoi il n'y a que la *décision personnelle et sincère* et un *travail honnête sur soi*, en cohérence avec cette décision, et *dans la durée*, qui pourront rétablir la clarté et changer quelque chose. C'est l'occasion d'arrêter d'être le pantin et de se faire manipuler. Quels que soient ces *bénefs marshmallows*, « ces voleurs de qualité de vie et d'énergie » au fond de vous ou se présentant à l'extérieur, ne leur donnez plus aucune chance. Identifiez-les et puis reprenez ce qui vous appartient au fond, depuis toujours, à savoir la liberté, une santé radieuse et la force de créer de la qualité, un grand PLUS pour vous-même et pour beaucoup d'autres.

0 % de culpabilité
100 % de responsabilité

Un des sentiments les plus préjudiciables à l'évolution est *la culpabilité*. Elle se manifeste lorsque nous avons l'impression d'avoir commis *une faute* et d'avoir *mal fait*. Cela entraîne *une mauvaise image de nous-mêmes*, un sentiment de *manque de valeur* et la peur du rejet, avec tout ce que cela comporte. Les sensations désagréables au ventre, à la poitrine ou dans la gorge, qui accompagnent le dénigrement de soi que chacun a sans doute expérimenté, nous empêchent de mobiliser notre potentiel et d'aller de l'avant. La culpabilité ne peut être lâchée qu'en se donnant *de la valeur* et en sachant clairement qu'*au fond,* et je dis bien *qu'au fond de nous*, nous avons toujours désiré créer et développer le meilleur. Ce rappel doit être *bien ressenti* pour changer, innover et faire un bond en avant. Peu importe combien de temps on doit se le répéter, on finit par se le prouver à partir du moment où l'on assume l'autre volet, c'est-à-dire les **100 % de responsabilité**. J'insiste cependant sur le besoin de « réparer son image » et de se donner de la valeur. Il faut *remplir* d'abord avant de *donner*. Imaginez-vous une cruche vide. Vous la prenez et vous voulez verser de l'eau pour donner à boire aux autres. Rien n'en sort. C'est pareil pour nous. Si nous nous sentons remplis de contraintes, de frustrations et de jugements à la place de l'amour, de la joie et d'une sensation d'aisance et d'ouverture, nous ne pourrons pas être constructifs.

Cependant, nous avons besoin d'accepter la réalité telle que nous l'avons créée avec toutes les difficultés, les manques et les imperfections qui s'y rattachent, tout en sachant et en ressentant que nous avons, au fond, agi conformément au niveau de conscience que nous avions à ce moment-là et que nous avons donc fait de notre mieux avec ce que nous avions et avec ce que nous savions. Par la suite, c'est-à-dire aujourd'hui, l'interpellation de soi-même s'impose avec une affirmation comme la suivante: « *Conscient de mon potentiel et acceptant mes désirs de créer de la valeur et de produire du sens, je me donne tous les moyens pour évoluer.* » Quand nous sommes engagés dans une telle voie, il est important que nous puissions avoir des contacts avec d'autres qui nous comprennent, qui nous soutiennent, qui nous aiment et qui vont dans la même direction. Si les difficultés étaient importantes pour nous dans la vie et la réussite inaccessible, nous avons également besoin de travailler sur **l'autorisation** que nous nous donnons de **réussir**. En effet, nous finissons par être tellement conditionnés par l'idée générale qu'il est difficile de réussir, que nous nous empêchons inconsciemment de réaliser le succès dans la facilité, alors que nous sommes faits pour créer de la valeur, produire du sens et contribuer à la qualité de vie.

Si, par contre, vous créez l'harmonie, le bien-être et un projet de qualité et que vous vivez un réel épanouissement au quotidien avec votre environnement, si votre projet correspond à votre idéal et qu'il apporte de la valeur à la société, vous constaterez peut-être qu'il représente même votre *Projet de vie*. Nous abordons ce thème à la p. 489 du chapitre 5.

Les larmes des générations

Les larmes des générations sont profondes. Elles viennent de si loin qu'elles sont pleurées à l'intérieur des Êtres humains.

Les souffrances des Êtres humains oubliées, rejetées et ignorées par le monde extérieur, se sont enfouies dans les profondeurs.

C'est dans ces profondeurs qu'elles continuent à vivre à l'intérieur de chacun de nous. Ce patrimoine au fond de nous, devenu destructeur, fait pleurer le corps et le cœur. Par le biais de mille souvenirs perdus, lorsque ressurgissent des peurs oubliées, des colères et des convictions qui ont fait souffrir. Tout cela est imprimé dans l'Être humain par le truchement des *conditionnements* que les générations ont subis, mais qui ne se situaient pas dans la vie.

Si vous êtes prêts à prendre conscience plutôt qu'à être dans la résistance, dans la défense, vous ressentirez que ce *potentiel contrarié* est le résultat de toutes les souffrances accumulées au cours du temps. Si, en outre, vous acceptez de le laisser remonter, de le laisser sortir et que vous permettez à l'âme de guérir, alors il peut se transmuter de façon continue en ce qu'il est réellement, à savoir *énergie de vie.*

Les larmes réprimées et comprimées sont de *l'énergie de vie non reconnue* par le monde extérieur. Les larmes refoulées et les moments de vie et de joie non vécus ont développé de nombreuses croyances en notre impuissance.

Ces croyances, *confirmées au fil du temps par la répétition*, sont devenues des traditions et des systèmes entiers. L'impuissance en face de ce carcan aux multiples facettes engendre d'abord la colère et, seulement après, la résignation. C'est pourquoi les *larmes en profondeur* sont des pleurs, sans qu'on le remarque vraiment, très dévastateurs. Elles engendrent une *dynamique* de *vie à l'envers*. Que ce soit au niveau des idées et du discernement pour reconnaître ce qui est essentiel ou secondaire dans la vie, pour faire des choix et prendre des décisions, que ce soit au niveau du corps ou du cœur, le fonctionnement « à l'envers » qui, lui, est destructeur, induit terriblement en erreur.

Dès la naissance, l'Être humain ne rencontre pas vraiment sur cette planète *la pleine conscience* pour l'accueillir et lui offrir les meilleures possibilités de s'épanouir. Plus tard, à l'école, il ne sera pas appelé à développer sa conscience pour gérer son potentiel de vie. Il aura à amasser beaucoup de données souvent stériles et abstraites. La génération en place veille à ce qu'il soit instruit. Toutes les dynamiques de guerres et toute la « valeur à l'envers » devront lui être transmises afin de *l'imprégner* de cet héritage.

Il ne s'agit pas de lui apprendre à gérer sa santé, de lui apprendre à communiquer, à résoudre les problèmes dans la paix et à devenir un être équilibré, positif et constructif. Il n'est pas plus question de lui enseigner la sagesse. Non, il s'agit qu'il prenne sur lui, le plus inconsciemment possible, le poids des générations. Il ne s'agit pas non plus de développer sa conscience et son désir d'apporter sa contribution à l'évolution ; bref, de l'aider et de l'éduquer en vue du bonheur sur cette Terre. Il s'agit au contraire pour l'Être humain au bout de la chaîne des générations, de *se soumettre et de se remplir de « connaissances » qui cimenteront les vieilles croyances. La vie n'est pas drôle.* Qui dira le contraire en regardant en arrière et surtout en apprenant, une par une, toutes les guerres ? Le passé, avec ce qu'il a de dévastateur, devient le repère pour préparer l'avenir. Qui oserait dire que c'est une façon à l'envers d'aller de l'avant pour construire le futur ?

Ainsi l'ancienne génération a gagné sur la nouvelle. Le *repère* n'est pas placé à l'intérieur de chaque Être humain pour que celui-ci devienne conscient de son plein potentiel, mais à l'extérieur de lui. C'est ensuite « l'extérieur » qui lui imposera une *dynamique à l'envers.* Ce *sceau de l'aliénation* est alors appelé, selon le cas, éducation, socialisation, intégration, adaptation et j'en passe.

Les *larmes des générations* sont pleurées à l'intérieur du cœur des enfants, lesquels, au lieu de rire, de s'épanouir et de réellement s'instruire de la vie pour développer de façon singulière leur génie, sont si souvent rabroués, mis en échec, rejetés, cassés et conditionnés à *croire* en leur *potentiel limité.*

Ainsi, l'Être humain au fond de lui souffre, car le monde se présente peu accueillant et aimant, mais au contraire souvent violent, il juge et rejette. Comment ? Il faudra *se méfier, se battre, avoir peur et souffrir* ! Pour qui ? Pourquoi ? Progressivement, le conditionnement enfermera ce regard neuf. L'anesthésie et puis l'oubli s'installeront chez les individus. Privés de la conscience de leur potentiel de création illimité en capacités de création, d'imagination, de concrétisation et d'évolution, ils vivent impuissants et n'agissent pas pour apporter de vraies solutions à des questions comme celle-ci : « Comment notre petite planète pourra-t-elle héberger des masses humaines tous les jours grandissantes qui n'ont pas encore appris à vivre ensemble sans se détruire ni se faire souffrir ? » Il est étrange de regarder tous ces hommes, même ceux qui se disent *à la pointe du progrès,* et de voir qu'ils n'ont pas encore pris conscience que *tous les Êtres humains partagent le même désir, celui d'être heureux, d'être reconnus et de s'épanouir*, et qu'il suffit pour cela de leur donner la possibilité *de se réaliser sur la base de leur plein potentiel dans une dynamique de complémentarité* plutôt que dans la compétition et les dynamiques guerrières sous leurs formes variées. Il suffirait en effet d'axer *le regard intérieur* sur le riche potentiel de chacun pour cultiver l'amour et amener les Êtres humains à créer et partager l'abondance, renonçant enfin à la compétition et à l'aliénation.

Non, non, non, qu'est-ce que tu racontes ? Il vaut mieux qu'ils aient peur. Qu'ils entendent bien la menace : « si ce n'est toi, c'est donc ton frère... ». Qu'ils développent comme il le faut *la croyance en la limitation* et qu'ils ne nous ennuient pas avec leurs lamentations.

Toi, l'Être humain appartenant aux jeunes générations et tous ceux qui sont restés jeunes, tu parles du manque d'amour sur terre ? Tu parles encore de la souffrance physique et morale ? Tais-toi, tais-toi, on t'a assez entendu. Tu dis que tu pleures ? On n'a pas le temps de s'occuper de tes larmes. Refoule, sois fort, cherche à te faire *reconnaître* et à *t'insérer* sinon, socialement, tu verras, tu auras tort. C'est plus vrai encore si tu es un homme, car le silence entre les hommes sur la réalité véritable et leur complicité surpassent leur capacité d'ouverture et d'authenticité.

Rappelle-toi qu'il faut être fort, très fort pour *se battre* pour la vie. Il y en a même qui aliènent des années de leur vie et qui étudient non pour s'épanouir et apporter de l'équilibre sur la Terre, mais pour faire de *la boxe* avec quelques neurones bien cultivés et mettre par terre des populations entières dans des batailles gigantesques. Il suffit de diviser, de faire peur, de chercher le plus fort et de créer des jeux de guerre pour préparer les enfants dès leur plus jeune âge à la compétition, au combat et à l'agression. Les consoles de jeux et les médias compléteront cet apprentissage.

Ce qui est bien plus important que tes larmes, ce sont les armes. Ne serait-ce que pour « s'armer » pour la vie. Ensuite, avoir des armes pour créer une vie réussie et puis des armes pour la bataille économique, sans oublier la centaine de guerres à entretenir sur notre Terre.

Les larmes des générations sont profondes. Elles viennent de si loin qu'elles sont pleurées à l'intérieur des Êtres.

C'est ainsi que les souffrances des Êtres humains, qu'elles soient oubliées, rejetées ou ignorées par le monde extérieur, se sont enfouies dans les profondeurs et deviennent ce patrimoine qui fonctionne *à l'envers*. C'est ce fonctionnement *à l'envers,* avec son cortège de *travers* et de souffrances, qui crée le manque d'être et nous pousse à le combler par l'hyperactivité et le pouvoir en famille, au travail ou à grande échelle, par le paraître et l'assouvissement des satisfactions immédiates.

Pourtant, il suffit de peu de chose. Il suffit de se regarder, d'être vrai avec soi-même et d'accepter autant ses souffrances et ses faiblesses que son désir d'être heureux sans avoir honte et sans peur du rejet. Que faut-il encore ? Il faut surtout savoir qu'au-dessous des souffrances, un fabuleux potentiel de vie ne demande qu'à se manifester. C'est le moment pour nous d'accepter *de ressentir* ce *formatage* et de le traverser, même si cela crée sur le moment de l'inconfort, en nous donnant vraiment les moyens d'accéder concrètement à notre potentiel et de l'utiliser pleinement.

Ainsi, chacun pourra se sentir fort en étant humain pour laisser sortir du fond de soi toute cette énergie de vie enfouie, en étant honnête avec son désir de construire et de créer le meilleur tout en développant l'entraide.

Faites-le et vous verrez, vous y arriverez. Soyez décidé, persévérez et petit à petit *les larmes des générations* se transformeront.

Elles créeront cette belle alchimie qui fusionne la richesse du cœur, la sagesse et une fantastique *énergie de vie*. Cela permettra de créer, non plus les *bénéfices à tout prix* et les conflits, les incohérences et les souffrances, mais « une humanité consciente » de son unité fondamentale et respectueuse de ses différences. Cela permettra de fonctionner par complémentarité dans une vraie coopération en enregistrant non pas une prétendue évolution, mais une véritable évolution. Cela aura pour source et pour conséquence le développement d'une plus grande conscience et de plus de connaissances sur terre. Cela permettra enfin de reconnaître ce que nous sommes en réalité : des êtres, au fond, pleins d'amour, avec un potentiel de réalisation insoupçonné, qui a été *mis en veilleuse* par ce que nous avons subi, par programmation, par *conditionnement à la limitation* et par l'héritage des *larmes des générations*.

C'est pourquoi aujourd'hui nous avons développé non pas ce potentiel de réalisation, mais des caractères qui présentent parfois pas mal de travers. Comme vous le savez, il arrive souvent que ce qu'on appelle un *fort caractère* soit plutôt une énorme *carapace* avec derrière, bien cachées, beaucoup de fragilité, des larmes et une bonne dose de souffrances. C'est bien souvent très tôt dans la vie que des impacts ont créé ces souffrances ou qu'un climat oppressant et persistant a généré un profond mal-être sans donner d'autres repères à l'enfant. C'est la partie en nous qui a souffert des impacts négatifs qui *compense* ensuite par le confort et des satisfactions à court terme et, bien souvent, par *le pouvoir* et *des avantages abusifs.*

Nous avons abordé les différents *stratagèmes de l'ego* qui visent à empêcher les humains de se sentir égaux. Chacun se retrouve avec ses stratégies, plus ou moins inconscientes, pour trouver ou récupérer ce que la vie semble lui avoir soustrait. L'inconvénient, c'est que ces stratégies visent la plupart du temps à « pomper » l'énergie de l'autre et à s'approprier les moyens de son prochain. **Seule la découverte de notre potentiel, en tant que source inépuisable, permet de lâcher la proie du moment. Jeter un regard sur notre façon répétitive d'être négatif vaut de l'or.**

Margaret Ruby, dans son livre *Reconquérir son ADN*, a approfondi les sources de nos comportements émotionnels et conçu des reprogrammations de notre héritage génétique. Elle écrit : « Comme pour la couleur de nos yeux et la forme de notre nez, nous avons hérité de nos ancêtres des schèmes d'émotions et de croyances qui, profondément enchâssés en nous à l'instar des secrets familiaux immémoriaux, influent sur notre santé, notre prospérité et nos relations avec les autres, et ce, d'une manière que nous ne pouvons absolument pas soupçonner. »

Vous pouvez faire un bilan de tous les aspects plus ou moins négatifs de votre caractère et de votre vie en général. Prenez alors des décisions pour amorcer un changement. La section *Le management de soi ou le travail sur soi* (p. 229) vous offre des outils pour commencer un travail, prendre en main les difficultés et les travailler une à une, en devenant votre propre *observateur.* C'est s'adresser un défi à soi-même. C'est arrêter de saboter sa réussite véritable. C'est une entreprise passionnante, voire surprenante, pleine de découvertes à la clé. Vous déclencherez quelque chose qui s'avère une loi : *il n'y a rien de plus passionnant que « le dépassement de ses faiblesses, et donc la victoire sur son ego ».*

Se dépasser est l'expression consacrée, mais il s'agit là non pas d'un *dépassement* pour *briller* ou pour *démontrer*, mais au contraire d'un dépassement de notre *ego* pour *grandir*. Ainsi sommes-nous moins restrictifs, moins négatifs, plus entreprenants, naturellement plus intelligents, plus chaleureux et plus constructifs.

Allez, acceptez le défi de sortir du « dur », du tragique, du dramatique, de l'impossible, du « tout ou rien », du « toujours » et du « il faut » dans la domination comme dans la résignation. Vous pouvez décider de sortir des vieilles certitudes et réaliser le plus grand acte d'amour qui soit : *vous faire absolument confiance, être capable de prendre conscience et transcender les dispositions de votre ego* en vous ouvrant à vous-même. C'est par là que vous accéderez tous les jours un peu plus à votre puissance intérieure. Si vous avez vraiment l'ambition de créer une nouvelle alchimie, une conjugaison entre l'amour de soi et l'amour pour tous les hommes et entre la force profonde et l'action, alors vous commencerez dès aujourd'hui une nouvelle vie.

Cependant, il est important de savoir que le *bénéfice secondaire* existe pour *compenser* un déséquilibre créé par ce *manque intérieur* dont j'ai parlé. Tant que vous ne vous connectez pas avec de vraies valeurs, comme la joie, le droit de s'ouvrir et de développer une vision globale, le fait de vous accorder un plein potentiel, de développer une bonne image de soi, de vraiment réussir, etc. vos *bénéfices secondaires* tenteront de revenir sous une forme ou une autre, même si vous avez mentalement décidé d'en finir. Il est donc primordial de se donner le **droit** à l'évolution et à un vrai épanouissement.

Si c'est le cas, alors allez-y. Soyez très concret. Fixez-vous des étapes et utilisez si possible du matériel pour *consigner les décisions, les initiatives et les résultats*.

Imaginez le chemin que prennent les produits et les services que vous offrez en contribution à l'humanité. Observez les « impacts », observez et imaginez *les effets et les conséquences* qu'ils vont produire à court, moyen et à très long terme. Vérifiez qu'ils ne fassent couler ni aujourd'hui, ni plus tard des *larmes des générations*. Regardez si les effets produits sur le corps, le cœur ou la conscience des humains leur sont réellement bénéfiques.

Ne soyez ni culpabilisé ni angoissé si vous *voyez* que la qualité de ce que vous souhaitez offrir à l'humanité ne correspond pas à ce que vous faites aujourd'hui, mais faites-en honnêtement le constat.

Vous êtes certainement d'accord avec moi, *mieux vaut voir que de faire l'autruche*. Agissez alors et utilisez cette situation comme une *occasion d'évoluer* et de *toucher à des leviers*. C'est l'occasion de réaliser et d'utiliser chaque instant pour *dépasser* des craintes et des faiblesses *et devenir plus conscient*.

Trouvez des amis pour échanger et pour évoluer ensemble. *Rien de tel que des personnes positives, valorisantes et encourageantes.* Éloignez-vous des environnements négatifs. Vous multiplierez ainsi rapidement les résultats et, si vous ne trouvez pas des personnes aimantes qui vous encouragent à côté, alors cherchez-les au loin. L'essentiel, c'est de ne pas rester seul dans l'effort pour évoluer. Acceptez que les autres puissent vous aider. Il n'y a pas mieux que d'avoir un *miroir positif* pour ne pas se faire avoir par son *ego*. Il est bon d'être d'emblée conscients que notre passé essaie de nous rattraper par le conditionnement et la programmation que nous avons subis, par les habitudes, les réflexes et les automatismes, mais aussi par les besoins de compensation et de la *dynamique énergétique*. Ne donnez pas l'occasion à cette gangue de faire fléchir votre volonté d'évolution et d'entraver votre progression. Si vous soumettez cet *ego* avec sa cour de mauvaises habitudes à votre *dynamique d'évolution*, vous aurez gagné le plus beau pari de votre vie.

Que je n'oublie surtout pas de vous dire : si vous le faites d'une manière sévère, austère, de façon obstinée et sans joie, vous avez alors toutes les chances de rester « à l'envers » et de poursuivre *les travers* juste un peu autrement. Que je vous dise, en revanche, combien l'évolution de soi est belle si nous y mettons vraiment de *l'amour et un peu d'humour au quotidien et si nous savons valoriser et célébrer nos réussites*. Faites-vous, de manière consciente, ce cadeau et un an après, regardez en arrière. Je vous le promets, vous serez fier.

Un petit plaisir rapide est facile à obtenir, mais vivre une vie progressivement remplie de joie exige de la persévérance, de la cohérence, de la tolérance et des décisions « coulées dans du béton ». *Cela exige aussi un cœur qui n'a pas peur de s'ouvrir et de ressentir les vrais besoins.* C'est alors seulement que vous verrez tout ce qu'il y a à faire *à l'extérieur*, dans les domaines les plus variés. Vous verrez que beaucoup de *larmes des générations* se sont *cristallisées*, non seulement chez les humains, mais aussi dans les systèmes et les organisations.

Vous verrez qu'il n'y a rien de plus passionnant que d'innover, de réorienter positivement, de réaliser et d'évoluer ensemble le plus vite possible, tout en restant centré et sans se prendre la tête. Le tout sans jamais oublier d'honorer *les résultats* par une petite fête.

Tout cela exige d'être forts et constants, pas vacillants, d'être réellement *en soi*, tels que nous sommes après avoir extrait de nous les *larmes profondes des générations.*

Plus conscient, vous avez alors *déposé les armes* dans les luttes à l'intérieur de vous-même. Vous avez enlevé les cloisons et les séparations abusives. De façon logique, il faut toujours commencer d'abord par *mettre de l'ordre en soi-même*, dans son for intérieur, et ensuite réaliser naturellement, même sans effort, des choses extraordinaires à l'extérieur. Ces choses n'auront pas pour objet de nous faire sentir supérieurs par les moyens, par le *savoir* ou par le pouvoir. Elles seront extraordinaires parce qu'elles auront permis d'apporter *un service aux humains*, comme personne d'autre ne pourra l'apporter, car chacun a sa façon unique de le faire.

C'est une décision absolue, une décision irrévocable que vous pouvez choisir de prendre : *vous ouvrir aujourd'hui à une réelle évolution et ne plus verser dans ce qu'on peut appeler « les larmes des générations »*. Cette décision et ensuite, bien sûr, sa concrétisation, sont parmi les plus beaux cadeaux que vous puissiez vous faire. C'est également là, tout de suite, à l'instant, le plus beau cadeau que vous puissiez offrir à vos enfants !

Au début de ce nouveau millénaire, vous êtes certainement d'accord avec moi qu'il faut sortir *des larmes des générations* et labourer pour créer une terre fertile.

Travaillez donc non seulement pour mettre à jour vos propres richesses, mais pour contribuer aussi, avec intelligence et sans brusquer, mais de façon déterminée, à faire sortir du *réservoir collectif* des richesses profondes. Il ne s'agit pas de faire la révolution, mais de tout préparer dans une vision d'évolution.

Puis, la terre devenue fertile, nous sèmerons pour laisser éclore la vie et récolter à la fois des fleurs et des fruits, pour le corps, pour le cœur et pour l'esprit.

N'oubliez pas de célébrer vos réalisations et vos résultats. Célébrez dans le silence ou par la danse ou l'un après l'autre, mais célébrez et soyez joyeux. À quoi vous sert-il de construire à *l'extérieur* si, au fond de vous-même, vous gardez les pleurs ? En gardant la souffrance, rien ne changera et le monde n'évoluera pas. Alors utilisez le moment. Soyez serein et n'oubliez pas, si les choses ne marchent pas comme vous le souhaitez, dites-vous : «*Je me pardonne. Je mérite mieux et je recommence en mieux.*» C'est cette détermination qu'il faut pour venir à bout des *larmes des générations*. C'est en acceptant nos propres manques, nos souffrances, nos tristesses, nos colères et nos violences que nous augmentons notre niveau de conscience. C'est en dépassant nos faiblesses et nos travers, jour après jour, que nous entraînons notre potentiel de vie à prendre l'ascendant sur la limitation, la frustration et la destruction.

C'est cela qui nous permettra de léguer à nos enfants, et je parle des enfants du monde entier, non pas un fleuve de larmes et de souffrances, mais la vie dans sa plénitude avec tous ses attributs de beauté, de dignité, de douceur, de fragilité, de grandeur et de splendeur, comme au fond vous la rêvez.

Le management de soi ou le travail sur soi

Comme je le disais dans l'introduction, peu importe votre statut ou votre fonction, je m'adresse à l'Être humain que vous êtes, et pour cela au *savoir-être* à la base de toute qualité de vie, de production et de réalisation.

Le *management de soi* ou le *travail sur soi* est une base qui représente le fondement de toutes les actions qui, ensuite, se prolongent dans les différentes sphères de notre vie. Je me borne ici à vous donner quelques indications pour vous faciliter la réussite à d'autres niveaux de vos projets. Un livre plus spécifique est consacré à l'évolution personnelle et donc au management de soi.

Au fur et à mesure que nous développons le discernement et la conscience dans son ensemble, *le travail sur soi* fait partie de la vie quotidienne. Dans le cadre des formations en management, nous commençons toujours par le *management de soi*. Nous pouvons affirmer de façon tout à fait logique que le *management de soi* doit être assuré avant le *management des autres*.

Le *management de soi* est cet outil merveilleux pour prendre soin de nous à tous les niveaux de notre être. C'est la gestion de tous les aspects de notre personne, dans la perspective globale d'une belle expérience de vie et de la réalisation de nous-mêmes.

Ce *travail sur soi* a pour objectif la recherche de qualité à tous les niveaux de notre vie. Il sous-tend la prise de conscience de notre capacité à gérer de plus en plus consciemment notre potentiel. C'est la capacité de se *manager* pour réussir à *manager* des situations et des personnes.

Le *management de soi* ou *travail sur soi* est le meilleur moyen d'évoluer dans la mesure où il vise à développer la conscience. *Avoir conscience ou non* de nos dispositions envers les autres a une profonde influence sur notre qualité de communication. *Avoir conscience ou non* de nos gestes, de nos possibilités de gérer notre santé, de l'impact de nos convictions et de nos croyances sur nos choix et nos décisions, fait toute la différence. Par exemple, selon que j'ai conscience de mon corps et de son fonctionnement, « j'attrape » froid ou non. Si je ne suis pas pleinement en contact avec mon corps et que je ne *ressens* pas ses moindres réactions (froid, chaud, fatigue, tension, etc.), alors il doit me donner des signes forts (maladie, grande fatigue, accidents, etc.) pour que j'en tienne compte. Dans ce contexte, il est incompréhensible que la Sécurité sociale, ne serait-ce que pour réduire son budget, ne fasse pas de prévention primaire (comment entretenir une vie saine et renforcer le système immunitaire, etc.), de façon à rendre les gens davantage conscients de leur capacité à gérer leur santé. C'est toujours une question de conscience. Selon ma conscience du fonctionnement de mon corps, je développe mon ressenti et j'évite ainsi de le fragiliser et de tomber malade. À la place de la maladie, je développe la vitalité. Selon ma conscience de mon non-verbal (c'est-à-dire de la posture et des mouvements de mon corps, de l'intonation de ma voix, de mon regard, etc.), je réussis ou non un entretien délicat et j'ai un impact sur les enfants plus ou moins stressant ou, au contraire, rassurant et aimant. Selon ma conscience de mon potentiel, je me donne ou non les moyens d'évoluer.

Savoir accepter et « lâcher prise »

Il est bien entendu possible de développer progressivement une sensibilité par rapport au corps et de s'entraîner ainsi au *management de soi*. Si nous sommes aujourd'hui plus ou moins *coupés* de notre ressenti, c'est que, d'une manière ou d'une autre, nous avons vécu des situations qui nous ont empêchés d'être à l'écoute de notre corps. Trop de précipitation, trop de sollicitations à l'extérieur, trop de situations conflictuelles, trop de tensions ou d'angoisse éloignent progressivement notre attention de cette qualité relationnelle que nous avons intérêt à entretenir avec notre corps. Cependant, si nous avons une très grande ouverture et que nous acceptons « le langage du corps », c'est-à-dire les signes que nous transmet le corps, comme la fatigue, la maladie et le besoin de détente, nous pouvons de façon consciente reprendre notre capacité de gérer les besoins de notre corps dans d'excellentes conditions. Par exemple, ma fille, Patricia, avait des angines répétées vers l'âge de cinq ans, ce qui représentait sa protestation contre trop d'absences de ses parents, très occupés (cela doit parler à plus d'un parent). Cependant, un jour je lui ai dit : « Écoute, ma chérie, tu n'as pas besoin d'être malade. Nous t'aimons beaucoup comme ça et nous sommes même encore plus heureux avec toi si tu es en bonne santé. Vraiment, ce n'est pas nécessaire d'être malade. » Sur ce, elle me répond, dans un mouvement de recul et une véritable prise de conscience qui se traduisait dans tout son corps : « Ah oui, tu as raison, je n'ai pas du tout besoin d'être malade. » Elle a ainsi décidé, de manière totalement consciente, de ne plus faire d'angines et d'être en bonne santé. Ce qu'elle a pleinement réussi à concrétiser les années suivantes. Autrement dit, elle a instantanément **accepté** l'idée de pouvoir générer des maladies ou, si elle le choisissait, de rester en bonne santé. Son *positionnement* était donc déterminant et sa qualité relationnelle avec son corps traduisait à chaque fois ce *positionnement*.

Si nous avons la capacité *d'accepter* instantanément *une évidence* qui nous est présentée, bien que nous ayons défendu un autre positionnement auparavant, alors nous avançons rapidement dans la vie. Nous n'avons pas besoin de nous accrocher, nous disputer, défendre des positions qui appartiennent à un état *réactionnel* et *émotionnel*, tout en sachant que c'est la partie la plus difficile à lâcher, car les émotions négatives comportent toujours des *bénéfices secondaires*, c'est-à-dire des avantages à court terme. Par exemple, lorsque ma fille était malade, elle obtenait notre présence, ce qui représentait son *bénéfice secondaire*. Lâcher nos *bénéfices secondaires* représente une de nos actions les plus « héroïques » au quotidien.

Quant au corps, je pense que nous avons tous des exemples, autant dans notre propre vie qu'autour de nous, qui nous montrent à quel point le corps traduit nos dispositions en profondeur. C'est pourquoi il est question de *langage non verbal*, c'est-à-dire la façon dont le corps parle avec des gestes, des postures, le regard, le timbre de la voix et son état de santé de manière générale. J'ai été très frappée lorsque j'ai entendu pour la première fois : « Le corps ne ment pas. » J'ai alors attentivement observé le non-verbal et toujours trouvé confirmation de cette affirmation.

Avoir conscience de son potentiel

Comme en toute chose, le *management de soi* exige que nous devenions de plus en plus conscients de notre potentiel aux quatre niveaux (intuition, vision et créativité, intellect, dimension affective et émotionnelle et le corps). Si le processus éducatif nous a permis d'avoir conscience de nos riches potentialités et de notre capacité de création, nous nous épanouissons et développons une activité en créant de la valeur et du sens. La notion du **potentiel** est vitale à toutes les étapes de notre vie. Cependant, dans les différentes traditions et cultures du monde, elle est très peu véhiculée. À la place de la *plénitude* (être « plein »), c'est le *manque intérieur* qui est cultivé. Nous avons été éduqués plutôt avec l'idée qu'il faut faire beaucoup d'efforts et faire attention de ne pas échouer, et ainsi **prouver** que nous sommes capables de satisfaire les regards critiques extérieurs.

L'ego et les peurs

N'étant pas assez valorisés, nous ressentons le « manque » (de reconnaissance, de valeur…) et c'est ainsi que l'expression négative de l'ego (appelée en général l'ego, pour simplifier) se met en place. Nous développons ainsi automatiquement une mauvaise image de nous-mêmes, ou du moins une image pas très bonne qui crée des sentiments d'insécurité. À partir de là, les différents mécanismes de notre ego s'installent selon les moments et selon les cas : défense, attaques, compensations de tous ordres, sensation de « manque » généralement comblée par le pouvoir sur les autres et les moyens matériels. Les jugements, rejets et condamnations très destructeurs s'installent, même dans des actes insignifiants. Au regard de notre fabuleux potentiel et, donc, de cette grande richesse au fond de nous, ces comportements pourtant quotidiens sont totalement irrationnels.

Il est donc essentiel de travailler ces aspects. De façon concrète, cela veut dire de *nous faire confiance* et, progressivement, de faire face à des situations qui attestent la présence de ce potentiel. Ce sont des objectifs passionnants que nous pouvons nous fixer Cela permet de dédramatiser la situation, et une plus grande sérénité permet de lâcher des tensions et des peurs anciennes. Le fait d'inscrire nos décisions et notre progression dans un cahier en y ajoutant notre symbolique personnelle, si possible avec des couleurs, consolide les étapes et accélère le processus.

La définition de l'expression négative de l'ego (ou l'ego)

L'ego se définit par le *repère extérieur* qui devient la référence pour tout raisonnement, affirmation, protestation, réaction, etc. plutôt que de se référer au *repère intérieur* que représente la globalité de notre potentiel (voir le schéma n° 1 de la p. 47). Plutôt que d'accéder pleinement à ce potentiel en *ressentant* les choses, en les vérifiant sur le plan logique et en s'ouvrant à une vision globale pour tenir compte des effets que nous créons pour les autres ou des effets constatés par les autres, l'ego fonctionne *en réaction, en imposition, en affirmant avoir raison alors qu'on a tort, en rationalisant,* c'est-à-dire en rendant supposément rationnelles des situations, au fond, perçues subjectivement, en les défendant à

mort et en s'accrochant au moindre détail pour prouver qu'il a raison. Au lieu de lâcher prise à un moment donné et de s'ouvrir à la compréhension, de créer l'entente et de maintenir l'harmonie, notre ego cherche à avoir le *dessus* ou, au contraire, il se résigne et abandonne en acceptant le *dessous*. C'est ainsi que l'*ego* se définit par le *repère extérieur* et la *comparaison* (« mieux que... », « plus que... », « moins que... »). Il ne conçoit pas la variété, la richesse de la différence et de la diversité, mais il fonctionne selon des critères de supériorité et d'infériorité (être supérieur – être inférieur).

Il sera certainement intéressant pour vous de dresser un petit bilan des différentes appréciations et des positionnements qui entrent dans ces catégories. Ce sont ces positionnements qui sont à la base de jugements, de critiques, de rejets, d'exclusions, etc.

Pour réussir un véritable *management de soi*, je vous invite à revenir à *La Psychologie d'Évolution* (p. 147) où est décrit *le fonctionnement des quatre niveaux de notre potentiel.* Une fois que vous aurez bien fait la différence entre, d'une part, *le potentiel de vie frustré et contrarié*, exprimé par *l'état réactionnel et émotionnel* et le *mental abstrait*, et d'autre part le *potentiel de vie épanoui*, rayonnant et affirmé, vous pourrez vous-même choisir tous les scénarios d'application. Vous pouvez ainsi vous entraîner à apprécier la différence de qualité de vécu et de qualité des résultats, selon que vous agissez en partant de votre *potentiel épanoui* ou que vous réagissez sur la base de votre *potentiel de vie frustré et contrarié.* Si vous souhaitez réellement avancer et réussir dans ce travail, **l'intégrité**, c'est-à-dire le fait *d'être rigoureusement honnête avec soi-même* (sans pour autant culpabiliser), est absolument essentielle. Ne pas tricher permet d'avancer vite. Cela vous donne l'occasion de pointer très clairement ce que nous avons abordé à propos des *bénéfices secondaires.* Vous vous souvenez certainement que ce sont les *bénéfices secondaires* qui nous empêchent d'évoluer. Il faut être très clair : *se priver* de satisfactions instantanées que l'on a peut-être savourées pendant des années, n'est pas une entreprise facile. Il faut une véritable détermination et un objectif clair pour avancer dans de bonnes conditions.

Le *management de soi* ou *travail sur soi* représente l'entreprise la plus exigeante parmi tous les choix que nous puissions faire. Cela implique en tout premier lieu d'avoir conscience de ses potentialités, suffisamment fort et profondément pour :

a) assurer une bonne santé par le respect et la bonne gestion du corps,
b) maintenir un équilibre général,
c) dépasser progressivement des difficultés sur un plan réactionnel et émotionnel (ce qui ne va pas de soi),
d) se donner tous les moyens pour réussir pleinement et se réaliser,
e) développer l'ouverture et le lâcher-prise afin d'accueillir facilement des situations nouvelles.

Quelques indications et exemples

La respiration

Une respiration lente et consciente est un facteur essentiel au développement progressif d'une conscience du corps et de la gestuelle dans son ensemble. Une respiration lente nous permet de percevoir les tensions et les émotions qui nous habitent et de développer, de façon générale, une vision plus globale des choses. Dans le commerce, de nombreux exercices sont proposés sur CD et sur d'autres supports. Pour prendre conscience des gestes, de la respiration, des tensions, etc., vous avez besoin de ralentir très consciemment la respiration. C'est un entraînement quotidien à faire. Au lieu d'accélérer, vous ralentissez.

La prise de recul

Un autre exercice est la *prise de recul*. Plutôt que de nous projeter ou de nous précipiter en avant, la *prise de recul* nous amène, sur le moment, à ralentir le mouvement et à nous pencher en arrière, de manière à développer une *vision globale* et à prendre le temps de *ressentir* et d'intégrer tous les paramètres.

De nombreux hommes d'affaires se sont entraînés à la respiration lente et consciente. Ils se sont familiarisés avec leurs tensions pour ensuite les relâcher. Ils ont développé une vision plus globale, ont pu ressentir leurs émotions et, en créant l'ouverture du cœur, ils ont pu appréhender les émotions et les réactions de leurs collaborateurs pour en tenir compte. C'est ainsi qu'une compréhension beaucoup plus grande s'est installée pour chacun d'eux. Ils ont tous développé progressivement un management de grande qualité.

La qualité du sommeil

C'est la nuit que l'on prépare la journée et c'est à la fin de la journée que l'on prépare la nuit. C'est particulièrement vrai juste avant l'endormissement. Si nous sommes un peu préoccupés ou s'il existe même une petite résonance de l'activité ou du stress de la journée, alors la qualité du sommeil en sera plus ou moins marquée. Si, par contre, vous vous centrez sur votre corps en vous détendant, en enclenchant une respiration profonde et lente, et en laissant progressivement s'installer le calme, vous créez des conditions favorables pour bien dormir. En étant serein, en ayant des sentiments de gratitude et un sourire, vous aurez une qualité de sommeil très différente de celle qui suit normalement une journée bien chargée, sans détente en profondeur. Vous pouvez même programmer un éveil facile, le sourire aux lèvres. Comme en toute chose, nous avons besoin de nous entraîner un peu pour lâcher les anciennes habitudes. Je vous souhaite donc d'avoir du plaisir à trouver un sommeil réparateur.

L'espace personnel

Nous avons tous besoin d'un espace vital, à la fois concret et symbolique, pour nous assurer une qualité de vie en général, prendre des décisions et nous épanouir. Beaucoup de personnes se sentent envahies ou ne se rendent pas compte de la façon dont elles envahissent les autres. L'envahissement fait perdre l'objectivité et nuit à la qualité sur le plan relationnel.

Dans la section *L'imaginaire : bon ou mauvais ?* (p. 247), vous verrez que vous pouvez mentalement concevoir des outils de façon à dominer la réalité et à ne pas être dominé par les émotions. Ainsi, pour l'espace personnel, vous pouvez concevoir un anneau de lumière autour de vous qui symbolise l'espace vital qui vous appartient. C'est ce qu'a fait une directrice de recrutement envahie au quotidien par son président depuis des années. Le résultat fut instantané : du jour au lendemain, elle s'est affirmée en face de lui, car elle se sentait en sécurité dans cet espace. Elle pouvait ainsi mobiliser son potentiel pour s'affirmer. La même chose s'est produite pour une mère de trois grands garçons. Elle a également visualisé son espace personnel et a pu commencer à les recadrer gentiment, mais fermement en se faisant respecter.

Les mécanismes de domination

Les *mécanismes de domination* représentent l'ensemble des *rapports de force* que les personnes entretiennent les unes avec les autres, plus ou moins ouvertement, dans le contexte familial comme dans le cadre de leur exercice professionnel. Ils confèrent une *sensation d'exister* en diminuant l'autre et en lui soutirant son énergie plutôt que de favoriser une véritable qualité relationnelle, l'épanouissement et la création de la valeur commune.

Deux exemples concrets

Il existe de très nombreux exemples d'abandon des *mécanismes de domination*, mais je vous en cite deux : un jeune qui avait beaucoup de relations conflictuelles a pris conscience, d'un côté, de ces mécanismes de domination et, de l'autre, de son potentiel de création. Il a réussi à se débarrasser de ses vieux mécanismes en constatant avec surprise qu'il ne s'agissait pas d'un *acte de faiblesse*, mais *de courage.* Une fois ses mécanismes de domination abandonnés, il a été beaucoup plus apprécié par tout le monde autour de lui.

Autre exemple : un dirigeant d'entreprise était extrêmement insatisfait de la performance de ses collaborateurs, qualifiant la plupart d'incompétents. La prise de conscience de ses *mécanismes de domination*, sous forme de critiques, de reproches et de non-valorisation, a totalement transformé le climat de son entreprise. Il a changé et, progressivement, les collaborateurs ont osé prendre des initiatives, ce qui a permis de développer l'entreprise et la qualité du vécu de tous.

Je vous invite à revenir plus en détail sur les *bénéfices secondaires*. Vous aurez non seulement l'occasion d'éliminer des substituts très préjudiciables, mais aussi de vous amuser. **Il n'y a rien de tel qu'un management de soi avec le sourire !**

Le cadeau pour soi

Toutes les personnes que j'ai rencontrées, sans exception, et qui avaient évolué par des prises de conscience et des processus de développement personnel aux quatre niveaux de potentiel, m'ont assuré que jamais pour rien au monde elles ne voudraient perdre cela. La mobilisation et l'intégration de notre riche potentiel sur la base d'une vision globale et de repères logiques et clarifiants nous ouvrent, quelle que soit notre position, à un véritable épanouissement et à notre désir de créer la plus grande qualité et de contribuer à l'évolution. Ces personnes m'ont assuré que c'était ce qu'il y avait de plus précieux, de plus beau et de plus riche dans leur vie. Toutes affirment avoir touché à ce qui est essentiel, fondamental et vital. Elles disent que la vie, dans ce qu'elle a de plus immédiat, se vit avec le goût de l'infini. Ce cadeau offre l'opportunité de vivre l'expérience de toucher à la fois à une puissante force de vie en nous-mêmes et à ce que nous pouvons concevoir comme fondamental, substantiel et essentiel.

Quand ces personnes s'expriment, leur visage s'illumine. Quelque chose à la fois de beau et de profond s'anime. C'est cela, le résultat d'une rencontre avec soi. La dimension de conscience a changé, leur vision s'est considérablement élargie et leur regard est centré sur la création de valeur pour l'avenir. Elles entrevoient des orientations passionnantes à prendre. Prendre conscience, c'est prendre de la vie ou plutôt entrer dans la vie à un degré à la fois plus large et plus profond pour être plus grandement témoin de la réalité. C'est voir davantage ce qui se passe. C'est développer une perception et un ressenti plus précis, plus spécifiques, dans le détail et en profondeur. C'est être plus présent à soi et davantage dans la continuité et la cohérence. C'est s'ouvrir à une vision d'ensemble. Cela me fait penser à la remarque d'une des personnes engagées dans un tel processus d'évolution: «Ces années d'évolution et de découvertes sont les plus belles de ma vie, et dire que ce n'est qu'un début… »

Le *cadeau pour soi* comporte, entre autres, le fait d'avoir su affronter un challenge bien spécifique, celui de la peur de l'inconnu, et d'avoir été récompensé. Comme le héros, aux temps anciens, est parti à la recherche du trésor enfoui, l'homme de la rue, aujourd'hui, peut en faire autant dans l'ici et maintenant, sans même se déplacer. C'est oser lever le *tabou* que de s'occuper de soi. C'est dépasser sa peur des souffrances passées et voir sa propre grandeur – à ne pas confondre avec l'ego – et ainsi voir sa beauté en sachant pertinemment que chacun d'entre nous recèle un tel trésor. C'est oser toucher à la vision que nous avons de notre propre existence et vider un imaginaire qui maintenait toute la batterie de nos défenses. C'est s'alléger du désir de maintenir ces avantages peu avantageux, ces *bénéfices secondaires* qui ne nous laissent pas bénéficiaires, ces avantages dont nous ne voulons plus, une fois que nous avons vu ce que la vie a réellement à nous offrir.

La peur la plus grande, après celle de la mort, pour la plupart des gens, est celle de se rencontrer, de se voir, tel qu'on se juge, tel qu'on croit être. Il y a non seulement la peur de se voir, mais la peur de ressentir de l'inconfort, de la douleur peut-être, et des choses qui avant ont attristé notre être. Derrière cette peur, il y en a une autre, celle d'accéder à nos infinies richesses intérieures, enfouies dans les profondeurs de notre être.

Généralement, on ne pense même pas à la découverte de soi dans une vision de développement et d'évolution et on ne s'attend pas à trouver toutes les richesses au fond de soi. On ne parle habituellement que de problèmes, d'analyse, de thérapie et de difficultés. Craignant alors d'être jugés, déclassés, vus comme des individus qui ont des problèmes et ayant bien souvent peur de trouver au fond d'eux cette réalité, les hommes se défendent et se réfugient dans leurs préjugés pour barricader et fermer l'accès à une telle contrée. Au lieu de regarder à l'intérieur et d'y trouver de l'or, même enfoui en profondeur ou charrié dans une marmite bouillante, ils cherchent les cibles ailleurs, dehors, à l'extérieur d'eux pour ne surtout pas risquer de communiquer avec ces instances plus en profondeur et ne pas être rattrapés par ce qui se passe à l'intérieur d'eux.

S'il le faut, ajoutons à cette panoplie l'oubli, le déni et l'ironie, car quiconque veut être reconnu dans une société qui elle-même se nie, a intérêt à ne pas flancher et à ne surtout pas s'épancher, car la société nie sa propre identité. Elle nie ce qu'elle a de plus précieux, de plus riche, de plus beau, ce qui lui donne existence, à savoir l'Être humain dans son individualité. Elle nie l'Être humain dans ce qu'il est avec son corps, son cœur et son esprit, avec tous ses besoins et le respect qu'il mérite quand il travaille, quand il aime et quand il médite.

Elle nie cet être merveilleux qui est venu sur terre non pour vivre l'enfer, comme le font des centaines de millions d'Êtres humains, voire des milliards, mais pour vivre l'étincelle de vie appartenant à l'éternité. Les uns appellent cela la partie divine en nous, et les autres, notre être en profondeur. C'est cette instance qui attend d'être reconnue, acceptée, respectée afin de s'épanouir et de produire, à l'individuel comme au collectif, les valeurs dont une société en totale mutation a vitalement besoin.

Oui, il s'agit bien d'un être merveilleux qu'est l'homme au fond, et non pas d'un être honteux, cupide, stupide, paresseux, méchant et tueur.

C'est la praticienne en moi qui parle. C'est elle qui m'a fait le cadeau d'être mille fois récompensée, informée, instruite de la réalité intrinsèque de ce qu'on appelle la vie d'un individu.

Oui, j'ai eu la grâce et je remercie la vie d'avoir pu être témoin de tant de moments de changement pour un grand nombre de personnes effectuant un chemin d'évolution. J'ai ainsi pu assister à des moments précieux de contact avec la vie, à des moments d'éveil, aux prises de conscience assouplissant et redressant le corps, ouvrant le cœur, laissant passer le souffle de la vie, donnant un grand élan à l'esprit. J'ai pu voir se déployer la joie, voir danser, rire, programmer la réussite, construire et créer des projets d'envergure, j'ai pu voir aussi des larmes, mais si vite oubliées, une fois les barricades de l'ego traversées. Et chaque fois, de nouveau, je vois comment la vie prend le dessus et comment elle montre le chemin à prendre.

Oui, c'est la praticienne en *Psychologie d'Évolution* qui parle en moi. C'est elle qui est témoin et qui sait aujourd'hui que même les êtres qualifiés de niais, nuls, fainéants et méchants sont, au fond d'eux, fins, riches, profonds et intelligents. Dès qu'ils ont choisi de lâcher leurs barricades, leurs convictions, leurs croyances négatives, leurs jeux destructeurs, leurs peurs et leurs souffrances, ils commencent à se rencontrer, à se découvrir et progressivement, tous les jours un peu plus, ils font connaissance avec ce qu'au fond ils sont réellement.

Au cours de mon chemin d'évolution, j'ai eu bien des fois à recadrer mon propre ego qui s'apprêtait à considérer qu'un tel était peu doué ou méchant par essence. Oui, avant, j'ai parfois jugé sévèrement certains comportements. Mais aujourd'hui, je sais que chez les adultes, quand ça tourne au négatif, il n'y a que des cœurs d'enfants qui se réveillent, des cœurs d'enfants qui autrefois dans leur tendresse, dans leur justesse ont fait l'expérience de la douleur, de la souffrance, de l'injustice et parfois même de monstruosités dont les plaies n'ont pu se cicatriser. Les exemples abondent sur cette planète et pourtant, malgré la douleur, cette dimension de vie au fond de nous n'attend qu'à se manifester pour célébrer la vie. Elle cherche à se mettre en mouvement au moyen de l'émotion et à créer des vagues de vie plutôt que d'être flanquée par terre pour ne plus se relever et pour ensuite, frustrée et contrariée, se venger et se battre toute une vie durant. Ce sont les plaies trop grandes qui font que l'être ne peut plus reconnaître l'autre en face de lui.

Oui, mon *ego* a été bien remis à sa place, la plus rétrécie possible, en face du constat mille fois répété de la vie bafouée, méprisée, jugée, mais qui se manifeste toujours, si elle est reconnue, acceptée, valorisée et respectée de façon honnête, juste et authentique. Et si, de plus, nous acceptons que l'ego de l'autre garde quelques positions, alors l'autre, au fond, derrière la façade, est si reconnaissant que, malgré l'apparence, quelque chose de grand se passe, qui prend sa place dans l'éternité et cimente la fraternité.

Mais, me direz-vous : « C'est facile à dire, tout cela. Comment faire ? Ce n'est pas si simple d'abord de voir clair et ensuite de faire ce qu'il faut. » Je suis absolument d'accord avec vous et je dirais : le simple fait de le savoir, d'accepter cette réalité, représente déjà un grand pas. Si ensuite vous travaillez aux barricades, vous découvrirez derrière, au fur et à mesure que vous les enlevez, la richesse et la lumière. Je parle ici des barricades dressées par l'ego, pas de celles dans la ville, car ce serait projeter les problèmes personnels dans un collectif qui ne les résout pas. Ce serait déplacer ses propres problèmes pour les voir surgir ailleurs dans la société.

Si donc le défi est accepté de voir chez soi et chez tout autre être non pas l'apparence, le paraître, la fonction, le nombre d'années d'études, le vernis, la connaissance de surface, la richesse, le pouvoir, les muscles et j'en passe, mais l'être qu'il est au fond, alors vous êtes sur la bonne voie. Si vous ne cherchez pas non plus à critiquer en trouvant le « truc qui gêne », le manque, le probleme, la carence, alors une vie remplie de sens commence. Tout prend une autre couleur. Tout ce qui auparavant était peut-être banal et sans intérêt est perçu autrement, plus positivement. Le contact avec soi et le monde commence à être différent et tout devient plus intéressant, voire passionnant. Un regard en profondeur sans peur se développe et accueillir la vie dans sa globalité fait alors partie de la réalité de tous les jours. Si vous voyez l'autre tel qu'il est, avec ses qualités, son potentiel, et avec ses déceptions, ses colères, ses souffrances qui sont au fond actives et que vous n'êtes pas touché, énervé ou abattu, alors votre potentiel commence déjà à agir. Même ceux qui essaient par leurs attitudes et leur comportement de vous impressionner, ne vous font plus peur. Vous savez que derrière ces bousculades et ces barricades, il y a d'abord la souffrance et puis, un peu plus au fond, la vie, l'amour, la joie et le désir de faire l'expérience de toutes ces qualités. Alors, l'ego qui aime les frasques, les masques et les miroirs aux alouettes, ne peut plus vous tromper. Vous tenez ainsi la bonne clé pour entrer dans ce qu'on peut appeler *la réalité.*

C'est ce supplément d'âme, si l'on veut le nommer ainsi, ou cette prise de conscience qui fait la différence. Elle nous fait mieux évaluer ce qui se passe réellement derrière la façade de celui dont l'ego cherche à dominer les autres, de même que cette prise de conscience nous ouvre à ceux qui ont besoin de nous, plutôt que de les juger et de les rejeter. L'acceptation de sentir son propre besoin, de l'assumer et d'y répondre au lieu de continuer à vivre tous les faux-fuyants en les niant plus ou moins en fait partie.

Ce supplément d'âme, cette prise de conscience et cette force acquise développent la capacité de ressentir, dans notre propre corps, le besoin de l'autre. Cela nous permet d'agir et alors, un mélange de joie, d'amour et d'élan se fait ressentir en nous. C'est ainsi qu'un jeune cadre, après avoir travaillé l'image de lui-même et vraiment intégré son potentiel, s'est ouvert aux véritables besoins de ses enfants. Il est devenu plus tendre et, en même temps dans son activité professionnelle, plus humain et plus performant. Être pour un moment à la place de l'autre, dans la peau de l'autre, nous fait comprendre les choses au-delà des apparences et nous transporte à un autre niveau de conscience.

Si nous avons vraiment fait ce travail sur nous-mêmes et ouvert l'accès à notre potentiel sans censurer l'expression du cœur et si nous avons vraiment exercé notre esprit en toute liberté, alors nous n'avons plus besoin de combler des manques. Nous n'avons plus besoin de compenser, de manigancer et de nous préoccuper presque exclusivement de notre nombril. Les capteurs, vision et sensation réunies, peuvent alors s'ouvrir davantage sur le monde. Au lieu de mentalement parler de responsabilités, nous développons naturellement et concrètement l'élan pour agir, contribuer et apporter, sans fuir. Le naturel est revenu, non pas « au galop », mais en récompense du travail sur nous-mêmes.

Une fois que nous nous sommes suffisamment exercés à percevoir cette réalité, à l'expérimenter, à la vérifier, à ne plus avoir peur et à explorer cette dimension de désordre en nous, la vie devient vraiment passionnante. Les infinies possibilités d'optimisation, de transformation, d'innovation, de réalisation et de création, dans une vision réellement globale, commencent alors non seulement à faire partie de notre vie, mais à en être la trame.

Les repères ont changé et face au pouvoir des stratégies *assurant l'avantage personnel*, la profitabilité et la domination, d'autres paramètres se font reconnaître. Ce qui devient alors important, c'est le sens que nous donnons à notre vie. Cela ne veut nullement dire rejeter les notions d'agrément et d'économie. Mais ce qui compte, ce sont les valeurs que nous créons sur cette Terre et notre capacité de rendre notre vie passionnante, riche, positive et intense, tout en sachant cultiver en nous le silence.

Ainsi le plaisir, la joie de nous réunir et de jouer de nos complémentarités sont plus forts et prennent le pas sur l'effort de nous arracher des morceaux. **Un troc a été réalisé : plus riches, plus mûrs, plus sûrs et plus conscients, à la fois plus à l'intérieur de soi et plus présents, « remplis » en quelque sorte, nous apportons, nous « donnons » d'abord à la société, aux autres. Ainsi, au lieu de « prendre » d'abord, nous nous enrichissons de multiples façons, plutôt que de rester appauvris.** C'est la découverte de notre fabuleux potentiel qui nous amène naturellement à partager le trésor avec d'autres et à nous ouvrir pour créer une vie plus riche. Nous nous épanouissons en profondeur. Nous nous mettons à développer des projets, des métiers et des activités passionnants, porteurs de sens et de valeur pour la société.

Le cadeau pour soi est double. C'est d'abord la richesse que nous découvrons en nous en plus de tout ce que nous pouvons déjà avoir, savoir ou vivre ; ensuite la grâce nous est donnée de contempler la floraison des valeurs que nous apportons en guise de contribution à un mieux sur cette planète. En prime, une sensation de liberté extraordinaire et un discernement permettent de garder le cap sur l'essentiel.

L'essentiel c'est réunir, au fond de nous, l'Être humain que nous sommes, avec toutes les instances qui font notre existence : le professionnel, l'étudiant, le parent, le visionnaire, l'aventurier, l'humaniste, l'enfant en nous, le créateur et le réalisateur. C'est savoir qu'en accueillant en nous-mêmes toutes ces instances nous développons une grande compétence, celle de voir clair et de répondre aux vrais besoins des hommes. Tous ceux qui ont relevé ce défi, et ils sont nombreux, ont constaté avec joie que c'était la meilleure manière de créer tout naturellement leur propre bonheur.

J'ai dit que le *cadeau pour soi* est double. C'est d'un côté cette découverte fantastique de notre potentiel, tel qu'aucune éducation conventionnelle ne le fait émerger, et ensuite la joie de voir fleurir ce que nous avons semé. Si nous souhaitons faire fleurir de vastes contrées sur la Terre et créer un peu plus de bonheur, il nous faut apprendre les secrets de la démultiplication, autrement dit créer une dynamique avec des objectifs bien clairs à laquelle beaucoup peuvent participer.

Plus globalement, le *cadeau pour soi*, c'est d'avoir appris à célébrer la vie et d'apporter, là où nous sommes, notre plus belle contribution à l'évolution.

L'imaginaire : bon ou mauvais ?

L'imaginaire est ce lieu extraordinaire où naissent, se développent, s'accumulent et parfois bouillonnent des contenus intérieurs. Les contenus intérieurs sont des images et des représentations chargées de sens pour nous. Selon que nos représentations signifient pour nous quelque chose d'agréable ou de désagréable, de bon ou de mauvais, de désirable ou de rejetable, de dangereux ou au contraire le bien-être et la sécurité, celles-ci nous soulèvent, nous portent, nous transportent ou bien nous affligent, nous oppriment et créent la déprime... C'est cela, l'imaginaire.

Ce qu'il y a d'intéressant, c'est que le monde extérieur n'est pas seulement le monde tel qu'il se présente à nous de façon directe, mais le monde tel qu'il est vécu par nous ou par la génération qui nous précède, et qui nous y introduit selon sa vision, selon ses images du monde. Autrement dit, notre environnement familial, éducatif et traditionnel nous transmet, explicitement ou implicitement, consciemment ou inconsciemment, de façon directe et proche ou dans les médias, sa vision et son imaginaire. Il nous les transmet avec ses impulsions et ses besoins, ses croyances et ses convictions, ses peurs et ses habitudes, ses comportements et sa vision de ce qui est nécessaire, important, indispensable, sans importance ou condamnable.

Autrement dit, chaque génération transmet ses croyances, ce qu'elle tient pour vrai, et développe l'imaginaire en conséquence. Par exemple : « Tu gagneras ton pain à la sueur de ton front » n'induit pas vraiment la joie de mobiliser son potentiel dans un élan de plaisir et de réussite. Le dicton *Il faut souffrir pour être belle* n'est pas vraiment un témoignage de reconnaissance de la beauté naturelle de chaque femme !

Selon l'expérience que nous faisons de la réalité, nous créons, dans notre cerveau, des images, des sortes de représentation. Chaque image, selon le sens positif ou négatif qu'elle comporte pour nous, crée une décharge électrique et chimique dans le cerveau. C'est une impulsion qui véhicule selon le cas une notion de danger, de violence, de laideur ou, au contraire, de bien-être, de beauté, de sécurité, de calme et de sérénité, le tout aussitôt accompagné des sensations correspondantes. Ces impulsions nous orientent ainsi dans tel ou tel sens. La publicité, par exemple, a pour objectif d'orienter ceux qui se laissent influencer par elle dans un sens bien précis.

Les médias et le cinéma nous donnent de bons exemples du genre d'imaginaire qui peut être développé. Le journalisme à sensation et les films de violence créent des images de terreur et de souffrance plus ou moins inconsciemment en nous. Autrement dit, si nous donnons notre pouvoir à l'extérieur, ce dernier se chargera de remplir ce conteneur que représente l'imaginaire de façon à le faire fonctionner ensuite selon sa dynamique et selon ses lois, externes à nous. **Choisir le contexte, sélectionner les images et privilégier absolument tout ce qui peut exercer sur nous un impact bénéfique, représente une base pour conserver l'autonomie et un bon équilibre.** Il est important de prendre du recul pour se créer une vie à la fois harmonieuse, constructive et passionnante. C'est pourquoi **la gestion la plus consciente possible de notre imaginaire est d'une importance capitale.**

La croyance qu'il faille se battre pour réussir ne crée pas vraiment un imaginaire rempli de paix et d'harmonie. Nous voyons aujourd'hui dans notre monde à quel point les imaginaires qui se battent sur les terrains les plus variés créent un monde tous les jours davantage en difficulté. Si nous prenons suffisamment de recul, nous percevons clairement que l'imaginaire nous offre toutes les possibilités. Nous faisons l'expérience de la vie, selon nos croyances, nos attitudes et selon notre vision et notre positionnement. Prenons le cas de parents qui constatent des difficultés d'apprentissage chez leur enfant, malgré un certain soutien. S'ils concluent que l'enfant n'a pas la capacité de surmonter ses difficultés, c'est leur imaginaire qui bloquera son évolution à ce niveau. Ce n'est pas le potentiel dont l'enfant dispose en réalité qui est à l'origine du blocage. En effet, si vous avez 100 parents différents, vous avez 100 imaginaires et donc 100 comportements différents. Prenons un tout autre exemple. Un serpent présenté spontanément à un citadin européen le fera probablement reculer. Si par contre ce serpent fait son apparition dans certains villages africains, il a une chance de recevoir du lait et s'il se présente devant un disciple de Vishnu, il passera peut-être pour une incarnation de ce dieu.

L'imaginaire nous offre toutes les possibilités de représentation positives et négatives, de même que les intéressantes et les ennuyeuses. C'est simple. Nous pouvons nous imaginer que la vie est passionnante et que chaque difficulté sert à nous faire grandir et évoluer. Cependant, nous pouvons aussi cultiver un autre imaginaire nous orientant vers le constat contraire. Dans ce cas, les choses ne sont pas faciles. Nous sommes amenés à dire que nous portons beaucoup de poids, beaucoup de responsabilités, que cela nous pèse mais que c'est normal étant donné le contexte. Nous pouvons même faire pression sur nous-mêmes et nous dire que **c'est cela, la réalité**. En fait, nous sommes créateurs de notre réalité.

Pour bien mesurer l'impact de notre positionnement et de notre attitude sur notre comportement et notre expérience de vie, je vous propose de le tester avec ce petit exercice : imaginez-vous debout, bien droit, la tête dans le ciel et les pieds bien ancrés au sol, en train de rayonner avec toute la force d'agir. Puis affirmez vos qualités en les ressentant naturellement : « Je suis ouvert, je suis intelligent, je suis rapide, je suis sensible, je suis compréhensif, je suis objectif, etc. » Maintenant, dites au contraire : « Je suis nul, j'ai tout raté, je n'ai pas la possibilité, c'est idiot, ce n'est pas pour moi, ce n'est pas facile, je ne suis pas doué. » Si vous le souhaitez, vous pouvez exprimer cet imaginaire à haute voix, comme les acteurs au théâtre, en évoquant la première série positive et la deuxième série pour le moins négative. Vous remarquerez vite une grande différence si vous entrez bien dans l'énergie que comportent les différentes affirmations. Je vous propose de faire maintenant ce petit exercice avant d'aller plus loin. Vous ressentirez clairement les différences entre ces deux façons de se comporter et les effets qui en découlent.

Certains d'entre vous qui n'ont pas l'habitude de se valoriser se sont sûrement trouvés ridicules, lors de la première série. Pour la deuxième, vous avez peut-être dit : « C'est la réalité, je suis réaliste. » On appelle cela l'art d'appliquer « une deuxième couche ». Outre ces deux positionnements, il existe la possibilité de conclure que tout cela est ridicule, ce qui permet de clore définitivement ce chapitre et d'éviter toute question à ce sujet. Je propose néanmoins à ceux qui souhaitent expérimenter consciemment la puissance de leur imaginaire, et donc leur pouvoir de se créer leur propre réalité, d'effectuer les deux exercices au moins deux ou trois fois par jour, pendant deux semaines. Cela vous donnera l'occasion de ressentir très clairement certaines tendances que vous voudrez peut-être changer. Vous ferez alors tout naturellement le bon choix.

Faire des expérimentations

Il s'agit d'une expérimentation scientifique : nous posons un problème, le traitons et en vérifions le résultat. Nous le vérifions sur une période assez longue de manière à établir des statistiques. Dans ce cas précis, nous ne prenons pas seulement les effets immédiats comme on peut le faire dans le champ physique pour la matière, mais nous les prenons dans une chaîne de causes à effets, de façon plus globale. Les effets peuvent se produire loin dans le temps et dans l'espace. Nous savons que nous produisons des effets même sur d'autres continents et d'autres populations, parfois sur des générations. Par exemple, un *manager* exemplaire influence ses collaborateurs. Ceux-ci ayant l'habitude de créer de la qualité en étant *acteurs* et en produisant du *sens*, rentrent dans leur famille le soir venu avec un sentiment de satisfaction et de bien-être. Ils seront ainsi disponibles pour être à l'écoute de leurs enfants, alors qu'un gestionnaire fatigué, énervé, voire découragé, est peu disponible à leurs demandes et leurs besoins, parfois irrité et prêt à les punir à la moindre occasion. Dans les deux cas, les effets peuvent se répercuter sur des générations. Suivons toute la chaîne de causes à effets. Cela stimule beaucoup et nous deviendrons explorateurs des infinies possibilités d'optimisation et de réalisation. Cela optimisera, de façon non négligeable, notre réflexion sur notre vie et sur la vie en général.

Pour réaliser une bonne expérimentation, il faut toujours grossir le détail, tout en conservant la vision globale du potentiel, afin de bien y déceler les propriétés engendrant un certain nombre d'effets. Par exemple, si nous affirmons que la vie n'est pas facile ou que nous avons une lourde charge à porter sur les épaules, nous n'y voyons en général rien de bien particulier, ayant l'habitude d'entendre un tel discours. Si par contre nous amplifions le phénomène de façon symbolique et nous nous représentons avec un gros sac sur le dos, un fardeau, nous entrevoyons alors beaucoup mieux les effets à plus long terme. Si nous avons l'habitude de dire « Je me sens stressé, mais il faut se battre », nous pouvons nous représenter en train de nous battre avec nos muscles tendus comme des élastiques. C'est exactement comme cela que nous procédons pour rendre visibles les microbes. On ne peut pas les voir à l'œil nu. Ainsi, à première vue, les microbes comme le problème semblent ne pas exister. D'ailleurs, avant leur découverte par Pasteur, personne n'avait conscience de l'existence des microbes, ni de la possibilité de traiter les maladies microbiennes. On ne pensait pas que la contamination existait parce qu'on ne la voyait pas. Il est parfois nécessaire d'amplifier un phénomène pour en découvrir tous les effets.

Aujourd'hui, le problème se pose sur le plan *psychologique* et donc au niveau de la *responsabilité individuelle* en tant que *source*

de qualité (ou non) dans notre vie. Comment influençons-nous les autres et notre réalité à partir de notre imaginaire ? Quelles sont les situations concrètes que nous créons de façon consciente et qualitativement élevée ? Observez la différence entre votre positionnement et votre manière d'agir selon la qualité des images entretenues dans votre imaginaire. Ce qui est important à savoir, c'est que nous avons bien plus d'influence et d'impact sur la réalité que nous ne l'imaginons.

C'est pourquoi, de façon créative, je vous propose d'expérimenter ces données selon votre tempérament. Et si vous êtes « gourmand de qualité et de vie », vous pouvez expérimenter symboliquement la façon de créer votre réalité en alternant la manière positive que vous choisissez maintenant et l'aspect négatif et insatisfaisant de votre réalité que vous voulez transformer, jusqu'à être capable de créer votre réalité positivement en toute conscience. Dans tous les cas, vous aurez la belle surprise des résultats à moyen terme. Si vous pouvez vous prendre au jeu, je crois que vous aurez tout gagné. Vous prendrez plaisir à dominer les situations, les tendances et les impressions. Vous orienterez ainsi vous-même votre vie plutôt que d'être, sans nécessairement le remarquer, le jouet ou le pantin dont l'extérieur tire les ficelles. Vous deviendrez de la sorte davantage maître de votre maison, c'est-à-dire de votre psyché, en prenant conscience des nombreuses possibilités dont vous disposez pour gérer les différentes situations de votre vie.

Modeler notre imaginaire

L'imaginaire est l'ensemble des images et des représentations que nous créons plus ou moins inconsciemment. Si nous constatons que nous avons certaines tendances à nous créer des situations ou une vie difficile, c'est que nos comportements sont toujours guidés par l'imaginaire correspondant. Il est donc utile de créer consciemment des représentations et des images qui nous permettent de fonctionner dans de meilleures conditions. Voici un exemple : une jeune femme dans une clinique se sentait traitée avec mépris par une infirmière. Elle en était tellement affectée que, dans sa colère, elle voulait quitter la clinique alors qu'elle venait d'être opérée. Il a suffi que, par hasard, une personne connaissant le fonctionnement de *l'imaginaire* lui explique que nous avons toujours le choix de créer notre réalité, pour que cette jeune femme accepte de se recentrer sur son potentiel et de retrouver son bien-être. Elle a

utilisé son imaginaire pour se représenter un cercle de lumière par terre autour d'elle, signifiant son espace vital dans lequel rien ne pouvait pénétrer, pas même la mauvaise humeur d'une autre personne (évoquée dans *Le management de soi ou le travail sur soi*, p. 229). Rien ne pouvait la toucher dans son espace de vie. Elle a ensuite utilisé cette métaphore pour d'autres situations où elle s'est sentie tout à fait en sécurité.

Un certain nombre de notions, telles que notre plein potentiel ou notre espace personnel et notre sécurité absolue en toute situation, demandent à avoir une place privilégiée dans notre imaginaire. Il est important de toujours avoir confiance en nous-mêmes, de nous sentir toujours en sécurité et de disposer d'un *espace personnel* qui nous permette de nous épanouir. Tout cela correspond à des *représentations*, à un *imaginaire à cultiver*, sachant que notre imaginaire est toujours actif, mais la plupart du temps inconsciemment. Nous pouvons ainsi développer une vision positive, la garder fermement et imaginer (concevoir et mettre en images) une *stratégie de réussite* en nous épanouissant. Tout cela doit d'abord exister dans notre imaginaire, avant de se concrétiser dans notre vie. Ces images sont primordiales pour aller de l'avant et pour nous réaliser. À cette fin, il existe dans le commerce de nombreux CD de visualisation qui permettent d'abord de se relaxer et ensuite de réaliser une imagerie mentale de façon à s'entraîner et à créer une orientation de vie positive et constructive.

Au fil des ans, nous nous habituons à penser et à voir la vie d'une certaine manière; autrement dit, à développer des images mentales et à créer des voies, des « autoroutes » dans notre cerveau que notre pensée fréquente le plus souvent. La prise de conscience de nouvelles possibilités et l'entraînement à diversifier nos réponses devant la réalité, nous font évoluer. Prenons le domaine de la science. Il est intéressant de voir à quel point la vie a des bases communes et ne se différencie que par une évolution à différents stades de sa progression. C'est ainsi que des chercheurs de l'Institut de neurobiologie Alfred-Fessard (INAF), du Centre national de la recherche scientifique (CNRS) à Gif-sur-Yvette, ont constaté que près du quart des gènes synaptiques (23 % environ) présents dans le cerveau humain existent chez les organismes unicellulaires tels que la levure ou le ver de terre qui, pourtant, n'ont pas de système nerveux. Les chercheurs ont nommé « protosynapse » cet ensemble ancestral de protéines synaptiques. La mouche (invertébré) possède une protéine pour remplir une fonction unique tandis que la souris (vertébré) en possède quatre, cinq, six ou sept différentes pour assumer en gros la même fonction, mais avec des variations. Les chercheurs expliquent que la mouche a la capacité de répondre à un certain type de stimuli de manière stéréotypée, tandis que la souris pourrait répondre à des stimuli différents de cinq ou six manières dans diverses combinaisons*. Il est amusant de voir à quel point nous sommes, dans bien des situations, enclins à répondre toujours de la même manière, alors que nous disposons de milliers de façons de répondre.

C'est pourquoi prendre conscience des infinies possibilités à notre portée pour créer une qualité de vie pour nous-mêmes et contribuer à l'évolution de l'humanité, semble un objectif désirable. Cela nous amène à conclure que la valeur la plus grande réside dans **la prise de conscience**. Savoir développer un imaginaire positif et constructif développe le plaisir de créer consciemment, tous les jours, sa nouvelle réalité.

Quelle que soit la difficulté rencontrée par certains pour y parvenir, chacun constate très vite sur cette voie que la conscience, l'autonomie et la liberté n'ont pas de prix.

---

* *Science et Vie*, n° 1095, décembre 2008.

Chapitre 3

L'Être humain et la société

Les créations artistiques

Le message

Dans le royaume de l'art, la scène de théâtre et l'écran de cinéma représentent *de hauts lieux de transmission de messages*. La peinture, la musique et les arts plastiques de leur côté véhiculent aussi des messages qui influent sur notre existence. Qu'il me soit permis d'amorcer une réflexion sur la qualité des messages qui influencent nos vies sans déclencher les foudres d'un consensus social.

Selon les thèmes abordés et le genre de héros, les créations artistiques transportent des valeurs vers ceux qui les regardent. Selon leur nature, ces valeurs favorisent notre épanouissement, nous ouvrent aux autres et à la création de valeur et de beauté ou, au contraire, consolident et renforcent nos tendances peu constructives, voire carrément négatives. C'est ainsi qu'une œuvre de Monet nous inspire la beauté et la sérénité, développe la détente et nous montre les innombrables facettes de la lumière. Une telle œuvre nous éveille à la beauté de la vie. Regardons ensuite les grandes créations artistiques qui ont inspiré l'humanité dans la création de valeur et qui l'ont sensibilisée aux innombrables beautés et richesses que la vie nous offre. Contrairement à cet élan de vie, un film à suspense ou *thriller*, au lieu de laisser la vie s'épanouir, nous montre comment on peut la supprimer. Le point focal n'y est pas la *vie*, mais la *mort* et tous les processus *morbides* articulés autour. Si nous prenons du recul et que nous développons une vision globale, nous sommes amenés à inclure dans les œuvres artistiques, comme dans toutes les autres créations et réalisations, les intentions et mobiles véritables, les effets directs et secondaires. Si nous constatons que l'intention n'est pas d'ouvrir à la beauté du vivant, mais de déclencher des tensions émotionnelles dans un contexte de violence et de peur, alors le mobile et les objectifs véritables sont, de toute évidence, d'un autre ordre. Je laisse le soin au lecteur d'évaluer de telles créations selon une vision globale. *Les quatre niveaux de notre potentiel* (p. 161-163) peuvent servir de grille de lecture en vue de clarifier. Que penserait Molière de telles productions, lui qui disait que le comédien a pour tâche d'éduquer le public ?

Comme je l'évoque à la p. 33, notre *savoir-être* est à la base de toute qualité et non-qualité de notre *savoir-faire* et des effets que nous générons pour les humains et pour la planète. C'est valable pour chacun d'entre nous, y compris pour les personnes qui évoluent dans le domaine des arts.

Selon leur épanouissement, leur degré de réalisation d'eux-mêmes, de sagesse et d'équilibre ou leur manque d'équilibre, les auteurs, les créateurs et les réalisateurs véhiculent vers le public les valeurs qui correspondent à leur façon d'être. Un créateur qui, dans son *savoir-être*, fonctionne en grande partie sur le registre de la souffrance et de *l'état réactionnel* et *émotionnel* plus ou moins articulé avec *le mental abstrait*, tel que présenté dans *La Psychologie d'Évolution*, ne produira absolument pas les mêmes effets qualitatifs qu'un créateur mature et équilibré, généreux et serein. Quand la création artistique comporte un *amalgame* de valeurs constructives et d'éléments destructeurs, l'analyse est plus ardue et le public peut se croire en face d'une œuvre « complexe » d'une grande qualité. Cependant, résonnent en profondeur les valeurs et les messages envoyés au public par l'auteur, lesquels reflètent les valeurs et les mobiles (plus ou moins conscients) de l'artiste.

Les créations théâtrales classiques allient en général une fine sensibilité et une construction intellectuelle de grande qualité. Cependant, si nous jetons un regard objectif sur la qualité des *effets* créés à partir d'un nombre non négligeable de telles œuvres, nous constatons qu'en dehors de la comédie, elles véhiculent souvent des contenus émotionnels lourds chez le public, tels la souffrance, l'échec et la mort.

Selon le genre de la création artistique, comme un opéra ou une tragédie, le public est amené à vivre dans le *détail psychologique* non seulement un vécu dramatique, mais aussi un vécu tragique qui inclut souvent le meurtre ou le suicide et qui finit dans tous les cas par la mort physique ou par son équivalent psychologique. Le problème n'est pas de présenter la souffrance ou la mort, si l'intention est de faire prendre conscience de certaines choses pour œuvrer en faveur de la vie. Le problème réside dans la qualité du « message ». Nous allons donc nous concentrer sur *le message* au lieu de la présentation elle-même. C'est le *sens* véhiculé par le message qui *touche* les personnes. Si la souffrance et la mort sont sublimées et le bonheur, présenté comme inaccessible, le message ne représentera ni une *contribution à l'épanouissement* des individus, ni un *encouragement* à prendre en charge sa destinée. Lorsque le bonheur et le bien sont subtilement traités avec ironie, voire dans certains cas avec cynisme, le message blesse souvent inconsciemment une sensibilité existante. Ceci favorise l'intellectualisation de l'existence et, avec cela, un éloignement progressif de la dimension affective et de la vie par rapport à ce qu'elle a de plus riche.

La comédienne Nathalie Vairac étudie actuellement dans le cadre de notre cursus triennal, le *Master pour le Développement du Leadership Éthique*, les effets produits sur le public et sur les acteurs, selon leur rôle et la qualité des messages véhiculés. Elle a porté à mon attention que le rôle joué a une incidence émotionnelle sur le comédien ou l'acteur et que la « résonance », plus ou moins intense selon la dimension tragique et mortifère, persiste couramment plusieurs heures après que l'acteur a quitté la scène. Nombre d'acteurs, dit-elle, ont recours à des substituts – un verre d'alcool, une cigarette – et de retour chez eux, tard dans la soirée, il leur faut bien souvent un dérivatif pour retrouver le calme.

L'éveil de la conscience ou le manque de conscience

L'industrie du cinéma de son côté s'adresse à un large public. Elle nous apporte des œuvres de qualité, mais en nombre tellement insuffisant qu'une véritable réorientation semble nécessaire. De façon générale, elle ne recherche pas l'impossible bonheur comme dans la tragédie classique en créant de la souffrance par le moyen de situations psychiques complexes. L'industrie du cinéma met en scène une violence trop fréquemment brute et basique. Le dédain de la dignité humaine ne pose pas de problème à un nombre impressionnant de réalisateurs. Le professeur Manfred Spitzer, psychiatre et spécialiste du cerveau, nous informe dans son ouvrage *Prudence écrans !*, qu'en entrant dans l'âge adulte, une personne a vu en moyenne 200 000 actes de violence. Il suffit, pour le confirmer, de relever le nombre de films violents diffusés par mois dans une seule salle de cinéma ou sur une seule chaîne de télévision, sans même parler des jeux vidéo.

Ainsi en va-t-il de la culture. Elle est induite par quelques précurseurs ou elle émerge d'un collectif à un moment donné de l'histoire et se perpétue *tant que la dimension de conscience, autant des artistes que de la société,* correspond à ce contenu.

Si le collectif traduit la souffrance, celle-ci sera majoritairement produite sur scène. Si le collectif est marqué par la violence, par l'ignorance ou, au contraire, par un niveau de conscience élevé et par l'accomplissement, ce seront en grande partie ces contenus qui seront produits. C'est là que le positionnement de l'artiste peut intervenir. En tant que *pionnier* et *précurseur*, il peut amener des contenus nouveaux, des œuvres de qualité ayant un impact marquant et qui participent à *l'éveil de la conscience* des humains. L'artiste peut faire état de son art et de sa compétence, en présentant des œuvres qui, par leur qualité, exercent une forte attraction et transmettent des valeurs et des connaissances. Ainsi, les Êtres humains pourront réellement en bénéficier, apprendre, et évoluer vers une vision plus globale de leur propre statut de créateurs et de détenteurs d'un fabuleux potentiel à mettre à profit au quotidien.

Il y a par exemple, dans le cadre d'un nouveau paradigme, un art à la fois expérimental et pédagogique à créer, dont l'objectif pourrait être le développement du *savoir-être*, la création de valeur et l'évolution des consciences. Bien entendu, l'on pourrait développer d'autres formes et expressions artistiques afin de communiquer, par exemple, une vision innovante basée sur le *repère intérieur* et la *logique globale et transcendante*, notions abordées dans cet ouvrage.

Dans tous les cas, qu'il s'agisse du créateur, du réalisateur, de l'artiste ou de n'importe quel humain, chacun part de son *savoir-être* (ce qu'il voit, pense, ressent, désire ou rejette, ce qu il imagine et croit) pour reproduire et représenter cet état intérieur. Ainsi, plus l'artiste accède à la richesse de son potentiel créateur et plus il est conscient, dans une vision globale, de ces différents aspects qualitatifs et de ces valeurs, plus il pourra les partager par le biais de ses œuvres, avec le public.

Il ne s'agit en aucun cas de vouloir refuser la liberté de création des productions artistiques quelles qu'elles soient. Au contraire, c'est cette liberté qui crée la richesse des œuvres artistiques. Il est d'ailleurs extrêmement intéressant de voir les *conditions réelles* qui permettent à l'artiste d'atteindre *la plus grande liberté d'expression* – ce à quoi tout artiste aspire au fond, et qui lui apporte la plus grande satisfaction. Force est de constater que plus l'artiste accède à son potentiel global en s'épanouissant (voir *Les quatre niveaux de potentiel de l'Être humain*, p. 161), plus il développe une vision globale de la valeur en toute chose et de l'œuvre ou de la prestation en particulier. Plus il est conscient et sensibilisé à la *valeur dans une vision globale*, plus il se sent touché par l'impact et les effets de ses créations sur le public. Enfin, plus l'artiste approfondit l'ensemble de ces aspects, plus son champ d'action et sa liberté s'élargissent et plus il crée des œuvres de la plus haute qualité en tenant compte de tous les paramètres. Il est clair qu'un *réel épanouissement personnel* développe le champ de conscience ainsi que la qualité de vie de l'artiste et du produit qu'il offre au public.

L'artiste épanoui crée des œuvres porteuses de vie

Plus l'acteur s'épanouit de façon globale et plus il crée la clarté en lui, plus il transmet un message constructif. C'est cette simple vérité que je souhaite partager avec vous, sans y ajouter un arrière-fond philosophique.

Nous avons constaté, de manière systématique, dans le cadre du développement personnel et de nos formations, que les artistes qui s'épanouissent embellissent leurs œuvres par un choix de couleurs plus belles et plus lumineuses. Ils créent des formes qui expriment la beauté et l'amour de la vie. Ils en parlent comme on parle d'un trésor. Ils semblent saisir la vie plus en profondeur dans ce qu'elle a d'essentiel, d'universel et de plus beau. Ils ont alors un triple plaisir. Ils approfondissent ce qui leur tient à cœur, ils découvrent des beautés qui leur étaient cachées et ils ont envie de les partager. Ils ont également conscience de leur impact social constructif et éprouvent le plaisir évident d'offrir un message qui exprime la force et la beauté de la vie. Beaucoup ont développé suffisamment d'empathie au point de ressentir le bien-être que de telles œuvres créent chez les autres. Leur sensibilité et leur humanité, devenues plus aiguës, leur donnent davantage accès à la dimension du cœur et les rapprochent naturellement du vécu profond des autres Êtres humains. Ils expriment alors cette sensibilité et cette humanité, communiquées par le message que portent leurs œuvres. La jeune musicienne et chanteuse Ayo (dont le prénom signifie « joie » en yoruba) constitue un bel exemple. À une journaliste qui lui demandait comment elle faisait pour garder le sourire malgré la vie difficile qu'elle avait eue, elle répondit simplement : « La vie est trop courte pour ne pas bien la comprendre. » Son sourire et ses chansons procurent de la « joie » à des milliers de personnes. Cependant, si la souffrance et la colère habitent l'artiste, il ou elle *exprimera* ces contenus, surtout s'ils se font l'écho d'un phénomène collectif, alors qu'un artiste réellement épanoui et en harmonie avec lui-même exprimera naturellement ce qu'il ressent comme la plus grande qualité à partager, puisqu'il y a accès et que cela le remplit de joie.

Cela me fait penser à une université d'été que nous avons organisée il y a un certain nombre d'années. On y avait programmé une pièce où l'actrice principale devait avoir une magnifique *prise de conscience* qui l'amenait à un grand épanouissement et à sa réalisation. L'actrice, au fond, n'était pas épanouie. Elle avait d'immenses difficultés à incarner ce personnage, car elle connaissait infiniment mieux *la souffrance.*

L'artiste peut *crier sa propre souffrance* par le biais d'un *rôle* et d'une *mise en scène* sans qu'on l'entende, parce qu'il joue et incarne un personnage. Quant au public qui partage et vit avec les acteurs ce moment tragique, ses souffrances sont *réactivées* et *inconsciemment sublimées*, car ce qu'il voit est « *sublime* ».

Bref, les productions à contenu tragique dont le message véhicule l'échec, malgré les valeurs présentes, participent à leur façon à entretenir dans nos sociétés la souffrance, la misère morale, l'échec sous toutes ses formes de même que l'idée d'assassinat par passion et par vengeance, sans parler des aspects les plus variés de la violence.

La violence génératrice de violence

Les productions de violence, sous forme cinématographique ou autre, ont largement contribué à introduire et à développer dans nos sociétés modernes cette même violence et ce même cynisme. C'est ainsi qu'en l'espace de quelques jours, après de telles émissions télévisées, non seulement des adultes, mais même des enfants, ont pu, *conformément au « modèle »*, tuer des personnes sans défense. *En s'identifiant aux héros*, ils se coupent du sentiment, *développent et reproduisent* la même insensibilité. *Le repère* a été placé dans *l'absence de sentiment* et dans la possibilité ou même la « normalité » de commettre un meurtre. Nous observons d'ailleurs un parallèle entre le développement de la masse de films violents et l'accroissement de la violence dans notre monde moderne. De même que nous pouvons regarder chaque jour des films de violence, la violence s'introduit dans *le quotidien* des sociétés. Elle se *normalise*... Les médias en relatent chaque jour de trop nombreux exemples.

Quelques aspects historiques

L'aspect tragique de la vie était déjà mis en scène au temps de la Grèce antique, dans des œuvres qui ont survécu jusqu'à nos jours dans les sphères occidentales, notamment des représentations artistiques et des tragédies considérées comme nobles, du point de vue des valeurs culturelles. D'autres formes artistiques, comme l'opéra, se sont inspirées de ces thèmes mettant en scène l'impossibilité d'être heureux et l'impossibilité de créer « par soi-même » des conditions de vie positives et constructives et de mener une vie épanouie et équilibrée. *Ni la sagesse et l'équilibre individuels, ni la force intérieure de transcender un contexte extérieur négatif pour réussir concrètement et dans de bonnes conditions, ne font partie du modèle de société présenté. La sagesse, l'équilibre et la force intérieure ne sont pas non plus les atouts des héros pour réussir et développer une vie de qualité. Ce sont « des puissances » d'emblée situées « à l'extérieur » de l'individu et parfois à un niveau de* **dieux** *sous des formes variées, qui rendent impossibles l'équilibre, l'action juste, la réussite et le bonheur.*

Sur un plan historique plus général, les différents modèles de la religion n'ont pas non plus donné à l'homme un statut de « créature divine » qui « divinement » se réalise ou un statut de créateur qui s'accomplit et qui réussit concrètement à créer autour de lui la joie, la paix et la sérénité, en reconnaissant l'unité de l'humanité. Le matérialisme et la technocratie ont mis en arrière-plan ou remplacé des modèles de religion par un productivisme matérialiste à court terme avec tout ce que cela comporte, en particulier l'argent érigé en valeur première, pour ne pas dire en « dieu ». Ainsi, dans le domaine de l'art, quel est le poids de la beauté dans tous les sens du terme face à la valeur de l'argent, lorsqu'on réalise un film ou des jeux vidéo qui mettent en scène des assassinats dans un souci de rentabilité ?

Des messages de vie

La société est encore si peu nourrie de *messages de vie*, de modèles et de repères constructifs et unificateurs pour développer la sagesse et la clarté d'esprit. Aujourd'hui, il y a de l'espace pour diffuser des messages de vie qui contribuent au développement de la conscience du potentiel et de la dynamique de création de valeur, de manière à nous laisser entrevoir le chemin pour vivre ensemble en harmonie et dans la paix sur notre planète, où chacun pourra trouver sa place.

Comme je l'ai dit, dans le domaine de l'art, certaines œuvres portent un haut degré de qualité et des valeurs d'évolution. Je parlerai volontiers de *Valeurs de Vie*, dans le domaine de la musique, de la peinture, du théâtre, du « septième art » ou ailleurs. L'artiste qui se sent porté par la vie communique des valeurs qui y contribuent, qui la maintiennent, qui l'embellissent et nous font vibrer. Quand des Mozart se mettent à créer, la lumière se propage et la vibration se prolonge jusqu'au cœur des humains dans la plus parfaite syntonie. Ces œuvres nourrissent l'humanité par leur qualité. Cependant, la majeure partie des œuvres ne transmettent pas des contenus qui témoignent de la richesse que nous avons tous au fond de nous. C'est pourtant cette richesse et cet immense potentiel de vie reconnus, vécus et transmis par les œuvres qui orientent l'homme vers un niveau de conscience plus élevé. C'est l'expression de cette richesse intérieure au fond de nous qui nous élève vers plus de grandeur et de liberté. En accédant pleinement à ce trésor intérieur, à cette dimension de vie, de clarté, de joie, d'harmonie et de beauté, l'artiste se fait le plus grand cadeau. C'est alors cette intériorité qui déterminera sa création. Si l'artiste maintient l'accès fermé à cette dimension de vie et de beauté intérieure, il sera le premier privé de cette richesse.

Ainsi, comme le montre l'Histoire, ou la société reste dans la souffrance, soumise à des conditions pénibles et parfois impitoyables, ou elle s'en sort « à bas prix » et verse, exaspérée et en colère, dans la violence. La capacité à créer dans le bien-être et dans une vision *d'évolution individuelle et collective* ne faisant pas partie des modèles de nos sociétés, les individus se mettent à *s'arracher* leur bonheur et à défouler leur colère sous les formes les plus variées : *violences physiques, financières, économiques et sociales*. Ils versent dans la déraison, la superficialité et la mécanisation, y compris la *mécanisation des sentiments. L'ironie et les sarcasmes* coupent alors court à toute tentative d'affirmer *un sentiment constructif et positif dans une vision d'évolution et de construction* de nouveaux modèles de société. C'est alors souvent jugé *naïf, utopique* ou carrément *niais* par un *esprit dit brillant*, lequel fonctionne en « paravent » de ses propres sentiments.

La société a surinvesti dans une « intellectualisation » des contenus en se coupant ainsi pour beaucoup du sentiment. Et pourtant, jamais auparavant les possibilités et le désir de *vivre* n'avaient été aussi grands.

Peu importent les idéologies du passé qui sous-tendent aujourd'hui la production artistique dans nos sociétés, il est maintenant possible et même nécessaire de nous ouvrir à nous-mêmes plus profondément afin de découvrir ce trésor de potentialités enfermées en nous, et ainsi développer avec les autres, non pas la colère, la déception et le désenchantement, mais la vie dans ce qu'elle a de fort, de beau et d'universel.

Un saut quantique d'évolution

Il me semble que pour l'art, comme pour d'autres secteurs, l'heure du *saut quantique* a sonné. Aujourd'hui, ce sont les sciences qui nous disent que l'essentiel de l'homme est lumière. Ce n'est pas nouveau, la clarté a été connectée à la conscience depuis l'aube des temps. Or la lumière, dans la cohérence, autrement dit la lumière continue, développe la conscience. En d'autres termes, si nous restons, de façon continue, présents et donc conscients d'un processus, nous développons plus de clarté. La physique quantique nous apprend que le créateur détermine sa création et que la moindre induction éveille les potentialités des autres. D'un côté, on sent que tout interagit et, de l'autre, que nous sommes tous lumière, au fond. J'ai envie de dire : allons donc la chercher pour nous la partager. L'artiste, à la fois émanation d'une société en mutation et précurseur, est le mieux placé pour aller de l'avant en tant que porteur de flambeau.

Une sensibilité et une intelligence plus globales

Une *intelligence plus globale* incluant celle du cœur, sur la base de la plus large conscience des effets produits, pourra développer une nouvelle vision de la valeur des créations artistiques. Toute l'humanité aspire à plus d'unité, plus de sérénité, plus de qualité, plus de joie véritable. Le partage de ces valeurs par le biais de la création oriente l'Être humain vers plus de conscience.

J'ai pu constater l'impact qualitatif de la pratique du théâtre par des amateurs, dans le cadre d'un de nos stages que nous terminons toujours par une mini-pièce de théâtre, intitulée *Le cadeau*. Une pièce différente, inventée, créée et jouée pour chacun des participants, résume, à chaque fois, le chemin parcouru par la personne, en mettant en évidence son évolution. La dernière saynète met en *scène la plus belle vision du déploiement du potentiel global de la personne dans l'optique de sa future réalisation*. Par exemple, si une personne n'apprécie pas ses conditions de travail et qu'elle a approfondi son *Projet de vie* durant cette session d'évolution personnelle et de formation, ce *Projet de vie* sera présenté. S'il consiste à créer des écoles où les enfants pourront s'épanouir et grandir afin de devenir des citoyens du monde responsables, le groupe qui joue pour faire ce cadeau présentera les plus belles dynamiques de réalisation possibles. Il mettra en scène des événements futurs tels que des congrès internationaux, des félicitations ou l'ouverture officielle d'une école. Autrement dit, la personne reçoit ce qui lui tient le plus à cœur, à savoir des images de réalisation d'elle-même, tout en recevant le cadeau de la *différence* apportée par l'imaginaire et la vision des autres. Ces images auront ainsi élargi et enrichi sa propre vision et son élan créateur. Les personnes en sont chaque fois extrêmement heureuses, souvent très émues, et s'en retournent avec « ce cadeau » comme on repart avec un trésor. Ces petites pièces offertes avec générosité ont été une source d'inspiration pour un très grand nombre de participants. De nombreuses réalisations en ont ainsi été facilitées. L'exemple des écoles que j'ai évoqué s'est concrétisé et l'initiatrice de ce projet multiplie actuellement l'ouverture de nouveaux établissements. Cet exemple montre que l'art peut être pratiqué à tous les niveaux en créant toujours, selon la qualité et les valeurs véhiculées, les impacts en conséquence.

Les sciences humaines, dans *leur contribution à l'évolution*, ont introduit les notions de *conscient* et *d'inconscient* et, par là même, la notion *d'avoir conscience ou non* des possibilités ou des événements significatifs dans *la chaîne de causes à effets*. Dit simplement, elles ont rendu plus aiguës les notions *d'avoir conscience* des choses ou de *ne pas avoir conscience* et ont ainsi permis d'accéder à un niveau plus élevé de la conscience, créatrice de la réalité.

Comme la musique, la peinture et toute autre forme artistique, le théâtre n'est que l'expression plus ou moins esthétique de ce que, dans le royaume des possibles, nous pouvons vivre. Si nous prenons pour base le fait de vivre des *choses pénibles*, douloureuses voire catastrophiques, en envisageant, concrètement ou par l'imagination, l'échec comme seule issue, nous transmettons autour de nous les valeurs correspondantes, qu'il s'agisse d'expression artistique ou d'une autre forme d'expression.

Prenons le domaine de la *musique*. Si on l'« intellectualise » afin de la comprendre « intelligemment », on l'estropie, car les « impulsions » sonores et vibratoires s'adressent à notre physiologie et à notre dimension émotionnelle et affective avant de s'adresser à l'intellect. Notons en passant que toute œuvre est sous-tendue par l'imaginaire d'ordre *affectif et émotionnel* de la personne qui la crée. Ne pas tenir compte de cette dimension affective et émotionnelle, qui représente la *dimension énergétique*, reviendrait à ignorer la plus large partie de ses effets.

La globalité du potentiel et le langage universel

La musique en tant que *langage universel* est l'art par excellence pour éveiller en nous « le génie » et le *génie* exige une forte intériorité et la participation de toutes les instances de notre être à la création. Énergie, ressenti, sensibilité du cœur et amour, intelligence, exigence, vision, créativité, intuition et inspiration sont à l'œuvre simultanément. Mozart, comme d'autres, l'a prouvé. Il a touché à *l'universel* comme nous le pourrions tous, à notre manière, *en jouant de toutes les cordes* de notre être.

Le secret pour toucher à l'universel nous est révélé quand nous plongeons dans la globalité de notre potentiel. C'est ce que partagent tous les créateurs dont les œuvres sont universellement reconnues. Leurs œuvres touchent à des valeurs universelles qui traversent les époques et les cultures. C'est en plongeant dans les ressources de vie en profondeur dont dispose toute l'humanité que l on accède à l'universel. Nous pouvons ainsi « partager » notre expérience avec le plus grand nombre. C'est ainsi que la musique n'est pas d'emblée analysée intellectuellement par ceux qui l'écoutent. Elle est d'abord **vécue** avec toutes les instances de notre être, y compris bien sûr avec les dimensions sensorielle, physiologique, psychoaffective et intuitive. Les rythmes de la musique sont perçus par notre être davantage en profondeur, comme harmonieux, entraînants ou édifiants ou bien comme disharmonieux, angoissants ou stressants, quels qu'en soient la compréhension ou l'interprétation par notre intellect. La musique a des effets favorables ou défavorables sur notre bien-être, notre entrain, nos rythmes habituels et même notre santé.

Une œuvre qui traduit *la sagesse et la beauté* est *édifiante*. Elle nous nourrit. Plutôt que de créer des tensions en nous, de la violence ou de la tristesse, elle nous apporte, nous « porte » et nous transporte. Notre monde a un besoin criant de véritable beauté et de sagesse.

À l'époque où je m'étais investie dans le développement du potentiel en incluant l'expression artistique, nous avions fait dessiner des personnes sur des rythmes de musique. Celles-ci ont toutes exprimé les contenus psychologiques qui entraient en résonance avec la qualité de la musique écoutée. Quand la musique était porteuse d'enthousiasme et de joie, les dessins traduisaient symboliquement ces contenus. Quand la musique exprimait de la tristesse, du découragement ou de la violence, nous avons trouvé l'expression de cette qualité d'émotion dans les dessins. Les formes présentées et les couleurs utilisées reflétaient chaque fois le contenu émotionnel des vibrations musicales. L'agressivité et la violence étaient majoritairement traduites par des formes pointues en plus du rouge et du noir. En écoutant des musiques véhiculant l'amour, la joie, l'harmonie et la force de vie, les personnes ont exécuté de magnifiques dessins ou peintures. Elles ont ressenti un grand bien-être et étaient heureuses de leur création. De fait, leur ressenti n'avait pas du tout été le même qu'à l'écoute des rythmes de violence répétée. Cette dernière séquence avait réactivé en eux des problématiques et les avait fait plonger dans une production d'énergie et des façons d'agir très différentes.

Des comportements analogues ont été observés dans la traduction d'expériences issues d'autres formes d'expression artistique.

Il y a donc un «prolongement direct» de l'œuvre artistique dans la psyché de la personne qui s'ouvre à l'art.

Ce qui est plus intéressant encore, c'est d'observer que la composante exprimée dans l'œuvre artistique est déjà présente *dans la vie de l'auteur* qui l'a créée, et donc dans sa psyché.

Nous avons donc l'enchaînement suivant : la psyché de l'auteur est *imprégnée d'une certaine qualité de vie et exprimée* au moyen de la création artistique (ou la « re-création » de son propre état) pour *imprégner* la psyché de celui qui *s'ouvre* plus ou moins consciemment ou inconsciemment à cette création artistique.

J'invite tous les parents, dont les enfants s'acheminent vers le bac, à prendre connaissance des lectures littéraires qu'on leur impose. Évaluez le degré de *manque d'équilibre* et de *manque de santé psychique* dont est parfois imprégnée toute une partie de ces ouvrages.

Une amie m'a confié que sa fille avait eu, parmi les lectures imposées du baccalauréat, un ouvrage avec des contenus à teneur émotionnelle et perverse qui pouvaient s'étendre du voyeurisme au viol collectif, en mêlant le sordide à la beauté sublime de la nature dans sa pureté. Le tout était qualifié de *littérature moderne, d'avant-garde*. De tels amalgames représentent la meilleure manière de faire perdre aux jeunes les repères. Tous les parents n'ont pas toujours la disponibilité de suivre à tous les niveaux les études de leurs enfants.

À cela s'ajoutent les nombreux films, d'une qualité déplorable, souvent réalisés de façon médiocrement sophistiquée avec, pour la plupart, la violence comme principal ingrédient, et qu'on étudie dans le cadre du programme scolaire. *Leur analyse « à froid » et leur contenu plus ou moins « chosifié » ne tiennent pas compte des « effets » sur la psyché.*

Il n'est pas question de puritanisme. Surtout pas ! Mais il est question de *simple santé mentale et de bon sens*. Il est question *de s'ouvrir à la vie* et à ses innombrables secrets plutôt que de déverser sur les enfants des *conteneurs psychiques* que leurs auteurs n'ont pas nettoyés en se prenant *personnellement* en charge. Bien entendu, l'art n'est qu'un des nombreux aspects de la réalité avec laquelle les enfants, puis les jeunes, font connaissance. Cependant, c'est *le cumul* de tous les impacts manquant de qualité et provenant des différentes sphères de la vie, qui produit des effets préjudiciables.

C'est bien à l'école que nous rencontrons aujourd'hui des problèmes. Je n'évoque là qu'un seul aspect portant préjudice à nos jeunes. Pourquoi n'y aurait-il pas une expression artistique digne de l'art ?

Pourquoi n'y aurait-il pas… ?

Pourquoi n'y aurait-il pas, maintenant que les rayons des librairies regorgent de livres de *développement personnel*, de telles créations pour aider les jeunes générations à se développer ? Il existe aujourd'hui, sur ce plan, aussi bien des conceptions didactiques que des formes symboliques ou poétiques.

Pourquoi n'y aurait-il pas, parmi les innombrables livres sur la santé, des lectures recommandées sur la vitalité à développer, à préserver et à regagner ? Les artistes pourraient apporter des réalisations de qualité au monde en apprenant aux enfants et aux jeunes la puissance de la *pensée créatrice, grâce à des œuvres réunissant création artistique, apport de connaissance et évolution.*

Cela leur permettrait **d'expérimenter** à la fois la puissance d'une *pensée constructive* et la puissance d'une *pensée négative* de colère, de violence ou de résignation, et de constater les effets ainsi produits. On peut pratiquer cet « art » dans toutes les formes d'expression artistique. Quelques troupes de théâtre font déjà merveille, mais les enfants qui attendent sont légion...

Pourquoi n'y aurait-il pas, *pour les lectures imposées*, des ouvrages de base sur *l'épanouissement individuel* et sur la *psychophysiologie de l'apprentissage conduisant à la réussite* dans des conditions à la fois réalistes et positives ? Cela permettrait aussi de créer des notions nouvelles en matière d'esthétique.

Pourquoi n'introduit-on pas un « tronc commun » d'ouvrages intelligents sur le fonctionnement des *mécanismes psychologiques* pour aider les jeunes à mieux se situer ? Pourquoi ne pas développer dans ce domaine des formes artistiques ?

Pourquoi n'y a-t-il pas d'ouvrages et un entraînement concret sous la forme de mises en situation sur *la connaissance de soi* ? Cela permettrait d'appliquer le *Connais-toi toi-même* de Socrate au lieu d'enfermer l'individu dans le « moule collectif ». Pourquoi ne pas faire émerger chez les élèves ce riche potentiel jusqu'à pouvoir conclure avec Platon : « L'être n'est autre chose que puissance. C'est chose convenue. »

Pourquoi n'y a-t-il pas des œuvres sur l'énorme *potentiel individuel* que l'on découvre tous les jours un peu plus ? Cela permettrait aux jeunes de s'identifier à ce potentiel et d'être pleinement motivés à le concrétiser. Ils pourraient alors *se prendre en charge avec succès* et devenir plus autonomes et responsables tout en étant accompagnés par leur professeur. Ils réussiraient ainsi beaucoup plus facilement, plutôt que d'être dans l'attente et donc totalement dans la dépendance des sanctions qui vont tomber. L'idée non pas du plein potentiel, mais du manque de capacité et d'intelligence, développe forcément de l'insécurité, des peurs et des colères plus ou moins réprimées. Les tensions qui en résultent sont ensuite contenues sous une couche protectrice renfermant une dynamique et un imaginaire peu porteurs de vie pleinement réussie.

Où sont les ouvrages et les créations esthétiques sur le *management de soi* pour tous nos enfants afin qu'ils soient en mesure de se manager et d'apprendre à progressivement manager la vie ? Où sont les études sur l'art et la qualité de ses influences sur le public ? Qu'en est-il des œuvres sur la *communication positive* et des conditions à remplir pour qu'elle s'installe ? Où sont les œuvres qui visent la représentation de la beauté, inhérente à la création de valeur, par une mise en relief d'œuvres symboliques sur la base d'éléments réalistes ? Il me semble pourtant que nous souhaitons tous que nos enfants réussissent leur entrée dans la vie. Une des *valeurs créées* sur le plan esthétique pourrait être *une entrée réussie dans la vie*. Les jeunes pourraient activer leur potentiel et vivre en **créateurs**, plutôt que d'enfermer leurs riches potentialités. Car ignorées, non reconnues et réprimées, celles-ci se transforment en contenus dynamiques, séparés de la conscience et insaisissables. Elles engendrent ainsi un fonctionnement autonome et anarchique et produisent les *réactions* que nous connaissons (voir *La Méga-Poubelle*, p. 99).

Il ne s'agit pas de faire *table rase* d'une vieille culture, mais il est question de *faire évoluer* une *culture riche de potentialités vers une dimension de conscience plus large*, plus élevée. Combien de richesses *en capacités d'expression et en talents* sont actuellement immergées dans un bain de civilisation héritière d'un passé imprégné de souffrances, *sans que l'on puisse en mesurer les effets créés* ? Combien d'attentes, de désirs d'accomplissement et d'idéaux pourraient se réaliser si on s'ouvrait à un art exprimant davantage nos capacités de réussite et de réalisation ? Jusqu'à quel point la possibilité d'évolution individuelle et celle de la société pourrait en être facilitée ? C'est la passion bien partagée pour la vie dans son ensemble, la passion pour les Êtres humains et la passion pour l'évolution qui nous portent et non pas l'ironie, les sanctions, la mise à l'écart, la déprime et les mises en scène de la violence. L'implication personnelle d'un bon nombre d'enseignants pour aider les jeunes serait davantage récompensée et leurs efforts, d'autant plus couronnés de succès.

Exprimer le désir, la capacité et la force de construire, la disposition naturelle de s'aimer, d'aimer la vie, les gens et l'Univers, nous élève et, comme je le disais, nous porte et nous transporte.

Les petits Mozart assassinés ou l'évolution des consciences

Pourquoi n'y aurait-il pas l'étude et la critique des œuvres d'art qui prennent en considération les *effets* produits par la création dans une vision d'évolution? La recherche de la valeur comme contribution à l'évolution, sur la base d'une vision globale, autrement dit en incluant les effets secondaires possibles, s'avérerait non seulement hautement intéressante, mais contribuerait à développer la conscience. Nous savons que les grandes œuvres résistent au temps, mais ne serait-il pas juste et nécessaire, à notre époque, de promouvoir l'évolution des consciences? Quand il est question des *petits Mozart assassinés*, on déplore un potentiel tué dans l'œuf, car on ne l'a pas aidé à s'épanouir chez l'enfant. Le potentiel *non valorisé* des enfants ne représente pas une base pour l'éclosion des talents. Tous les enfants devraient être reconnus avec leur riche potentiel et accompagnés avec amour et générosité pour qu'ils puissent s'épanouir dans les domaines les plus variés.

Les œuvres des grands artistes reconnues universellement, comme celles de Léonard de Vinci, Michel-Ange, Jean-Sébastien Bach, Ludwig van Beethoven, Auguste Rodin et bien d'autres, expriment toute la puissance de vie et le potentiel. Pour cette raison, ces œuvres n'oppriment jamais. Elles ne stressent personne. Prenons n'importe quel tableau de Monet: tous dégagent, sans exception, la vie dans sa beauté. En évoquant Mozart, nous pourrions parler d'un enfant de l'Univers qui joue des harmonies célestes et enchante l'humanité. Ensuite, prenons des productions qui retracent la vie d'hommes et de femmes comme les films sur Mohandas Karamchand Gandhi, Martin Luther King ou Nelson Mandela. Elles représentent une *inspiration forte*, tout en étant *édifiantes*. Des œuvres plus symboliques ou orientées vers le fantastique, telles que les films *Amadeus*, *E.T.* et *La Matrice* ont fait le tour de la planète. Le film *Douze hommes en colère (Twelve Angry Men, 1957)* de Sidney Lumet (d'après la pièce de Reginald Rose), avec Henry Fonda dans le rôle principal (meilleur acteur étranger, Bafta 1958), crée des prises de conscience importantes chez un grand nombre de spectateurs par son message universel. De même, le roman de James Redfield, *La prophétie des Andes*, invite le lecteur à entreprendre un processus d'évolution passionnant. Le film *Home* de Yann Arthus-Bertrand transmet un message au monde entier pour rendre l'humanité consciente de sa responsabilité. Toutes ces œuvres, et nombre d'autres, ont connu un succès mondial parce qu'elles ont introduit des *valeurs universelles*. Elles ont présenté la « vision du possible », la capacité d'inspiration, la passion pour les Êtres humains et la qualité en général. Elles ont transmis un *message d'amour*, de beauté intérieure et de sagesse, et incité à la réflexion sur la vie, les valeurs et la capacité à les vivre. Ce sont les valeurs humaines positives et constructives, universellement partagées par nous tous, qui ont permis à ces œuvres de faire le tour du monde. Nous devrions dire à chaque enfant dès son plus jeune âge : « Tu es riche de qualités et tu as une façon unique d'apporter ta contribution au monde. » Cela permettrait certainement à de nombreux enfants de développer en profondeur leur potentiel et de s'unir à « l'universel », autrement dit « à ce que nous partageons tous », pour créer de la qualité.

S'ouvrir suffisamment en profondeur à son propre potentiel pour développer l'inspiration et la vision *en réponse aux vrais besoins*, les siens et ceux de tous les humains, pourrait être une *vocation nouvelle* pour l'artiste d'aujourd'hui et de demain. Un certain nombre de réalisateurs de cinéma sont aujourd'hui engagés dans ce sens. Nommons Coline Serreau, dont chaque film traite un thème de fond, souvent abordé avec humour et esprit critique, toujours avec discernement, lié aux valeurs en question, comme dans *La crise*, *La belle verte* ou *Chaos*. Des documentaires, tels *We Feed the World* et *Let's Make Money* réalisés par Erwin Wagenhofer, nous interpellent sur la (non-)qualité que nous créons, ainsi que *Super Size Me* de Morgan Spurlock, le film *Que sait-on vraiment de la réalité !? (What the Bleep Do We [K]now !?)* et *What the Bleep !?*

Down the Rabbit Hole de William Arntz, Betsy Chasse et Mark Vicente. Ce type de créations demande à être multiplié dans toutes les disciplines artistiques.

L'art deviendrait alors ce creuset alchimique réunissant le désir d'exister pleinement et de s'accomplir et ainsi de développer l'art sublime : la capacité d'offrir le meilleur.

Une notion peu connue, qui m'a été confirmée au cours de mes 25 années de pratique, c'est que tout le monde, au fond, désire construire et donner le meilleur. Tous les Êtres humains, les enfants et les jeunes, de façon générale, souhaitent construire et créer des réalisations de façon positive. Oui, c'est le désir au fond de chacun de nous. Nous l'avons vérifié des milliers de fois. Le problème ? Le problème est toujours le même. Quand la dimension véritablement *positive et constructive* est bannie de l'environnement de l'enfant, le *conditionnement négatif l'envahit* et adopte toutes les formes d'*acharnement* et de *harcèlement*. Cela se joue dans de si nombreuses familles pourtant « bien sous tous rapports ». C'est devenu normal, banal, c'est devenu un climat général. Tout en étant soucieux du bien-être des enfants, les parents peuvent exercer de l'acharnement et du harcèlement par la *critique* sous des formes variées ou par l'exigence de la prétendue *excellence*, entre autres, en surchargeant l'emploi du temps des enfants de multiples activités « extrascolaires ». La pression dans le cadre scolaire et social se chargera du reste. À l'inverse, nous observons la démission des parents, le manque de repères qui en résulte et, par voie de conséquence, le manque de sécurité pour les enfants. Cependant, le manque de sécurité a plusieurs autres racines, non seulement dans l'ensemble des familles, mais surtout dans l'ensemble des systèmes scolaires. C'est le conditionnement à la dépendance au *repère extérieur* dans le milieu scolaire et au *doute* fondamental quant à l'existence d'un *potentiel infini de création* chez chaque personne, qui cimente la société de demain. À l'inverse, le système scolaire finlandais qui favorise l'épanouissement des élèves, enregistre sur ces bases les meilleurs résultats (nous y reviendrons à la p. 300).

L'art de son côté peut être pour l'enfant un moyen d'expression libérateur. Il lui permettrait d'exprimer sa dimension réactionnelle et émotionnelle, et ensuite de construire, grâce à l'introspection et au développement personnel, en cherchant à donner sa pleine mesure. Si l'artiste conçoit et ressent ce fabuleux *potentiel infini de création*, il peut aider les enfants et les jeunes, ainsi que les adultes, à déployer une nouvelle vision de la vie et des possibilités de création et de réalisation de *Valeurs de Vie* à tous les niveaux de l'existence. Si l'artiste ou le futur artiste fait un vrai travail sur lui-même pour développer son potentiel, il touchera sa richesse intérieure et pourra partager des valeurs essentielles avec toute l'humanité.

La vraie liberté de l'artiste

Les moments de *véritable inspiration* sont pour celui qui s'y ouvre, qu'on le nomme « artiste » ou non, *des moments de grâce et de contact en profondeur* avec la vie. S'ouvrir à l'inspiration, c'est chercher à capter le *souffle de la vie* et ouvrir une fenêtre sur l'infini.

Être inspiré, c'est *écouter à l'intérieur de soi et laisser son âme s'exprimer*. Si elle *exprime* des pleurs ou de la colère, c'est qu'elle a souffert. Donc, si elle exprime de la souffrance, dites-vous : « Il y a des chances que cela m'appartienne et que cela traduise les influences de mon enfance. » *Videz, guérissez* cela et cherchez davantage en profondeur. Une fois que vous aurez trouvé ce que vous êtes jusqu'au tréfonds, vous verrez que votre être profond ne désirera rien d'autre que de créer de la beauté, aimer, vivre et offrir du bonheur. L'expression artistique est ainsi *l'expression de la vie au service de la vie.*

L'artiste qui se dit *libre* n'est pas celui qui, *conditionné* non seulement par le monde extérieur, mais aussi et surtout par ses réalités intérieures, contribue à verser des larmes sur la Terre *en sublimant* ou *en banalisant* le message de la violence et du manque de vie. *L'artiste libre* est celui qui se donne les moyens de chercher au fond de lui son plein potentiel, même s'il lui faut traverser un peu d'ombre pour trouver la lumière. C'est le fait d'avoir trouvé ce trésor dans cette rencontre avec lui-même qui lui permet de jouer avec les couleurs de la vie et d'inspirer l'humanité en quête de valeurs, de beauté et de vérité.

Ayant un libre accès à son potentiel et étant conscient des effets qu'il crée, l'artiste choisit, développe et présente ce qui est libérateur, créateur de valeur, et ce qui développe la conscience. Il apprend à rire non pas aux dépens de quelqu'un, mais pour ouvrir des portes qui permettent d'accéder à ce don du ciel qu'on appelle le plein potentiel. Et il ne fait pleurer que d'émoi et de soulagement en révélant qu'au fond, le chemin à prendre est juste devant soi et qu'il suffit de faire le premier pas. C'est le rayonnement de son potentiel de façon tout à fait naturelle, par l'œuvre qu'il crée, qui permet à celui qui pleure de s'approcher juste un peu plus de la lumière. C'est montrer que la lumière éclaire tous nos visages, quelle qu'en soit la couleur, c'est rendre visible l'amour entre l'homme et la femme, les parents et l'enfant.

Dynamisante et édifiante pour soi, positive et constructive pour tous, cette *expression de l'art est une contribution à l'évolution.* Elle trouve ainsi sa confirmation par les *prises de conscience* qu'elle génère et par les effets qu'elle crée.

S'ouvrir à l'inspiration

S'ouvrir à l'inspiration, *c'est donner la parole à son être en profondeur,* lequel nous introduit alors dans une dimension de vie dont la puissance appartient à l'esprit. C'est réunir le souffle et la force, l'intensité et le silence, la lumière et les couleurs.

C'est là que la beauté se déploie, que la lumière se divise dans les sept couleurs de l'arc-en-ciel. C'est là que la vie prend forme, que l'artiste, être sensible, dit : « La vie est belle. » C'est saisir le moment où le génie « en germe » de l'enfant se marie avec l'amour qui habite le cœur du savant.

Être inspiré, c'est saisir *en un instant* toute la beauté de l'Univers. *Rester inspiré,* c'est ensuite la respirer, la partager. C'est *rire* et *se réjouir* en voyant rebondir tous les dons du ciel dans les mouvements de la vie.

Être inspiré, c'est saisir la vie dans ce qu'elle a de magnifique et d'infini, c'est s'ouvrir et, avec passion, découvrir les secrets qu'elle nous livre dans tout ce que nous pouvons vivre.

Si nous sommes portés par *l'élan de la vie*, par une sensation de joie profonde et par tout ce que la vie a à nous offrir en beauté, en majesté et en intensité, alors nous devons le communiquer. C'est le moment de *s'ouvrir à l'autre et de ne pas garder pour soi* la magnificence, mais de la partager et de contribuer ainsi à la connaissance.

Exprimer la vie dans ce qu'elle a de plus beau, c'est contribuer à rendre l'humanité *consciente de sa force pour créer sa destinée.*

Créer et recréer la beauté et la diversité dans *l'unité de la vie* permet le jeu entre *la réalité concrète, le symbolique et*, dirions-nous, l'*infini.*

Créer et recréer cette *unité en soi et en contribution à l'unité de l'humanité*, est *l'alpha* et *l'oméga* de l'artiste qui s'accomplit. Ainsi, l'artiste est comblé en retour de chaque contribution et chaque don fait à l'humanité. Il lui est alors donné de percevoir clairement les dons, les capacités de chacun et le désir, au fond de nous tous, de bien faire. Il pénètre alors plus profondément les secrets de la vie et en perçoit la beauté et la grandeur. Il comprend qu'au-delà des apparences et des souffrances, l'humanité partage d'inestimables trésors de beauté, d'amour, d'élan créateur, de joie et de force de vie. L'artiste, sensible à cette vérité, en saisit alors les couleurs dans une explosion de lumière, comme bien des impressionnistes ont su le faire. Il perçoit l'amour de tous les humains, cet amour qui ne demande qu'à s'exprimer et à reconnaître les potentialités qui permettent de traduire concrètement toute cette richesse.

Ainsi, l'artiste communie avec l'humanité tout entière, avec l'Univers. Il réunit en lui l'action dans ce qu'elle a de plus intense, avec quelque chose au fond de lui qui relève du silence. De ce creuset alchimique, l'artiste fait jaillir son œuvre pour offrir à l'humanité le miroir de ses richesses ignorées.

Passionné par l'exploration de tout ce qui contribue à notre évolution, *l'artiste visionnaire* ouvre des chemins pour faire voir à l'humanité son unité. Il libère les ressorts en profondeur en nous montrant notre amour et nos qualités. Il met ainsi l'humanité en face de sa réalité.

L'artiste passionné, courageux et en quête de vérité sait que l'or est dans les profondeurs. L'artiste *chercheur d'or*, conscient de la richesse au fond de chaque Être humain, n'hésite pas à faire remonter les trésors. En créant ainsi l'abondance, il est récompensé par la vie cent fois… mille fois. L'artiste comprend alors qu'il a commencé une aventure qui introduit les humains dans une nouvelle dimension de culture, celle de la vie aux infinies qualités à partager avec toute l'humanité.

Une valeur nouvelle pour notre civilisation : « Les Valeurs de Vie »

Avis aux investisseurs !

Aujourd'hui les marchés, devenant de plus en plus erratiques, sont déterminés par la hausse et la baisse spéculatives et virtuelles des valeurs boursières, financières et immobilières. L'instabilité de ces valeurs, leur fonctionnement et leur qualité de gestion entraînent pour l'humanité, comme pour la planète, des déséquilibres de plus en plus préjudiciables, beaucoup d'incohérences, de détresse, de ruptures et des souffrances de tous ordres.

Ces repères extérieurs à nous, signes de la course aux bénéfices, nous font perdre la sérénité, l'équilibre et, pour beaucoup d'Êtres humains, l'espoir de s'en sortir et de survivre, sinon l'espoir tout court.

Étant donné l'évidence que ces « valeurs » répondent de moins en moins aux véritables besoins de l'humanité, je souhaiterais entamer une réflexion et vous y associer. Plus nous sommes nombreux à réfléchir aux *valeurs essentielles* et aux innovations possibles, mieux c'est. Il y a un tel besoin de réponses pour les humains et notre planète en danger, que nous devons trouver des valeurs nouvelles et de nouveaux repères.

Je cherche à lancer une réflexion très approfondie sur ce sujet, mobilisant l'intelligence de chacun et, plus particulièrement, celle des porteurs de responsabilités. J'entame cette réflexion à ma manière, sans vouloir imposer de schéma ou de système. Ce qui me semble indispensable et urgent, c'est de créer un **système nouveau**, peut-être dans un premier temps parallèle à celui qui existe. Un tel système demande à être conçu sur la base de *l'intelligence globale* qui réunit *intelligence de la raison* et *intelligence du cœur*. Autrement dit, les « valeurs » doivent être de façon concrète au service de la vie.

Pour développer un nouveau leadership, le *leadership éthique*, mon équipe et moi-même accompagnons des dirigeants, actuellement leaders dans leur secteur, pour leur permettre de déployer une vision innovante et globale et d'enclencher des stratégies de réussite et d'évolution. Sur ces bases, ces dirigeants s'orientent progressivement vers la création d'un très haut degré de qualité. Leurs stratégies sont centrées à la fois sur la prise en considération de la dimension humaine et de la création de valeur à chaque étape et incluent toujours les causes véritables et tous les effets possibles. Ils développent leur entreprise dans une vision à long terme et pérenne. Ces dirigeants créent des valeurs, développent, maintiennent et favorisent la vie sur tous les plans. Appelons-les *Valeurs de Vie*.

Ces *Valeurs de Vie* représentent tout ce qui contribue à respecter et développer notre vie dans une vision d'équilibre, de bien-être, d'évolution et d'épanouissement. Tout ce qui participe à la création de l'harmonie et de l'équilibre sur terre fait partie des *Valeurs de Vie*. Leur mesure est la justesse. Cela se traduit par les proportions justes et adaptées à la vie et à son évolution. Ce sont des *Valeurs de Vie* aux effets positifs et constructifs dans lesquelles, je peux vous le garantir, il vaut la peine d'investir.

Les valeurs boursières, mobilières et immobilières, vu *l'évolution*, ont déjà le goût d'hier si elles ne sont pas connectées à des *Valeurs de Vie*. Par exemple, nous considérons qu'une dynamique porteuse, aux effets globalement positifs et constructifs, bien consciente quant à l'intention, l'action et la réalisation concrète, est une *Valeur de Vie*. Autrement dit, si nous incluons dans nos évaluations les effets, non seulement pour nous-mêmes, mais aussi pour les autres, ici et ailleurs, aujourd'hui et demain, nous enclenchons une dynamique positive et constructive, créatrice de *Valeurs de Vie*. Tenir compte des effets qui découlent de notre comportement et s'assurer qu'ils soient positifs aussi pour les autres ailleurs, pour ceux qui seront sur cette Terre plus tard et pour la planète, représentent de belles *Valeurs de Vie*.

Cependant, les valeurs traditionnelles qui dépendent des *repères extérieurs* occupent, aujourd'hui encore, une place énorme dans la vie au point de faire perdre des repères à l'humanité, qui devient le jouet des fluctuations des marchés et des catastrophes financières engendrées par le manque d'éthique, avec des répercussions planétaires. Dans ce contexte, les uns se durcissent et s'anesthésient dans la recherche du profit et dans le calcul des intérêts. Les autres subissent le contrecoup matériel jusqu'à manquer de l'essentiel. Le processus gigantesque, par les excès qu'il génère, signe sa propre perte. L'excès engendre toujours le déséquilibre et le déséquilibre entraîne des ruptures et l'effondrement. C'est une simple loi physique. Ce qui n'est pas à sa place crée des désordres. Si, en revanche, ces valeurs matérielles sont imprégnées de *Valeurs de Vie*, alors ce qui est *essentiel* dans la vie peut être rétabli et retrouver sa place dans la vie de chacun. Tous les humains aspirent à une *réelle* qualité de vie. Cela exige de faire le point et puis de se repositionner dans sa vie, dans son activité, dans son secteur et d'oser prendre des initiatives. Créer des *Valeurs de Vie*, c'est contribuer au développement d'une humanité libre et unifiée. C'est oser traduire son rêve en réalité et accepter de ne pas jouer dans un « tout ou rien ». Cela évite les rationalisations confortables du genre « Il ne faut pas rêver » ou « Il y en aura toujours qui... ».

Avis à la population de ce globe : « Investissez, investissez dans des *Valeurs de Vie* et puis capitalisez. Investissez dans le potentiel humain plutôt que de le jeter dans la Méga-Poubelle* où les *Valeurs de Vie* deviennent des détritus. » Comme vous l'avez vu, les *Valeurs de Vie* jetées dans la Méga-Poubelle créent des souffrances, de la violence, de la passivité stupide, de la résignation et du mépris de la vie. Donc, ne jetez pas les *Valeurs de Vie*, mais multipliez-les à l'infini.

---

* Voir chapitre 1, p. 99.

Il ne s'agit pas d'une utopie : les fonds éthiques enregistrent des performances considérables avec des rythmes de développement tout à fait remarquables. Prenons l'exemple d'Amy Domini qui prouve à tout Wall Street que l'investissement socialement responsable n'est pas utopiste. Comme le CAC 40 a son index, elle a créé en 1989 le premier index de 400 sociétés cotées, lesquelles ont été sélectionnées en fonction du caractère éthique de leur comportement. Depuis 15 ans qu'il existe, l'index a prouvé par ses performances qu'être responsable non seulement ne coûtait rien, mais rapportait : « L'index a toujours eu depuis sa création de meilleures performances que le marché ! Ceux [les investisseurs] qui ont misé sur les entreprises de l'index Domini récupèrent presque 10 % de plus [que pour un investissement dans l'index de référence de Wall Street]*. »

Il existe bien d'autres exemples. Je vous invite à évaluer la qualité des entreprises et des organisations selon les *Valeurs de Vie* qu'elles produisent et à soutenir celles qui les développent et les reproduisent massivement.

Une Banque mondiale de « Valeurs de Vie »

Créons une **Banque mondiale de Valeurs de Vie**. Nous pourrions ainsi coter et promouvoir les valeurs qui favorisent l'épanouissement et la réalisation individuels, de même qu'une société et une humanité unies, évoluant dans la paix, l'amour et la liberté. Ces valeurs réduiraient la peur et la terreur sur terre. Je souhaite expressément m'exprimer en ces termes afin de relier *le monde des modalités financières* au *sens* que se partage l'humanité. Chacun sait que les *valeurs éthiques* commencent à prendre leur place dans l'économie. Qui l'eût cru dans les années 1980 ! Les initiatives basées sur l'intégrité et l'empathie en font partie. *L'affirmation de soi* pour construire un monde meilleur est l'une des valeurs dont l'humanité a le plus besoin. Pour cela, dépasser

* Sylvain Darnil et Mathieu Le Roux, *80 hommes pour changer le monde. Entreprendre pour la planète*, Paris, J.C. Lattès, 2005.

de vieilles peurs bien enfouies en soi et progresser représentent d'énormes contributions à l'évolution.

Les *Valeurs de Vie* protègent, favorisent et développent la vie sous toutes ses formes. Elles embellissent l'expérience que nous en faisons et développent nos qualités. Ces qualités et ces actions favorisent la conscience, l'amour et la capacité d'agir et d'évoluer. Elles sont intrinsèquement constructives et orientées de manière à aider tous les hommes. Elles correspondent à *l'intelligence globale*, cette intelligence nouvelle que vous pouvez développer dès aujourd'hui.

Il est possible que vous me disiez : « C'est bien joli de rêver à un monde idéal ; n'empêche que l'argent, la pression et *la loi du plus fort* porteront toujours préjudice et continueront de faire du tort à tous ceux qui, dans ce contexte de vie, sont les plus démunis. » En effet, étant pour ma part confrontée tous les jours aux besoins de réorientation des dirigeants et à leurs résistances, je suis bien placée pour évaluer l'élan nécessaire à la mobilisation du potentiel individuel pour un repositionnement et le travail que cela exige pour avancer dans cette direction. Mais cela ne doit pas nous empêcher de déployer notre élan là où nous sommes.

Il est vrai que malgré les efforts de tant de personnes honnêtes et intègres, la *loi du plus fort* l'a le plus souvent emporté jusqu'à présent. Elle a développé progressivement tout un ensemble de **principes**.

Les principes dominants dans nos sociétés

1° *La conscience du* **manque** *et le besoin de* **prendre** et de **posséder** le maximum pour **se remplir**, de même que le besoin de **faire** pour « **avoir** » qui se substitue à la capacité **d'être**.

2° *La peur sous toutes ses formes* : peur de manquer, peur de l'autre, peur de souffrir, etc.

3° *La dualité à la place de l'unité, et tous les fléaux qui en résultent*, tels que l'opposition à la place de la complémentarité, la compétition, le conflit et le rapport de force à la place du plaisir de s'entraider pour trouver des solutions ensemble.

4° *À la place du potentiel de création infini, c'est la* matière *qui est le* repère *pour l'humain et pour la vie en général.* Tout se pèse, se chiffre, se mesure, se décompose en morceaux, se garde, se jette et se remplace. Même le corps humain se décompose en appareils : cardiaque, digestif, rénal… Dans ce monde du « quantifiable », l'homme devient une quantité négligeable.

5° *Le repère extérieur* dans la peur, la comparaison et la dépendance à la place de la *référence intérieure* dans la sécurité, l'équilibre et la conscience du potentiel.

6° *La croyance* que nous sommes tous séparés et isolés, comme si l'on se réduisait à des morceaux de matière. Conséquences : à la place d'un sentiment d'ouverture, d'unité, de complémentarité, de plaisir, de partage et de joie, les individus éprouvent un sentiment d'isolement, de peur, de rejet, d'exclusion ; ils se défendent, se rebellent et attaquent en créant les souffrances que nous connaissons.

Il en résulte beaucoup d'autres croyances. L'*interaction* de toutes ces croyances nourrit chacune d'elles et crée de nouvelles croyances, situations et conditions qui, au lieu de nous faire progresser, nous font régresser, comme :

- la croyance en la difficulté de la vie,
- la recherche du « trésor » *à l'extérieur* en développant *le sentiment de manque*,
- la croyance de devoir *se battre* pour réussir,
- le besoin de *réagir* et la dépendance, au lieu de prendre du recul et d'agir en toute conscience,
- le besoin d'être *le plus fort* ou *plus fort que*,
- le besoin d'être *mieux que*, ce qui crée la dépendance, l'oppression, les souffrances de toutes sortes et le manque d'autonomie à la place de la conscience de son potentiel et du sentiment d'abondance qui en découle,
- la croyance d'être *moins que* ou d'avoir *moins que,* plutôt que d'avoir conscience de sa valeur et une bonne image de soi,

– le regard orienté vers *l'extérieur* au lieu de notre richesse intérieure,
– le sentiment de frustration et de colère,
– le jugement, la conscience limitée et le rejet,
– le sentiment de culpabilité au fond de soi,
– l'hyperactivité intellectuelle, coupée du sentiment et du besoin humain, créant un monde qui est le fidèle reflet de son abstraction,
– le manque de confiance en soi, le stress,
– la croyance qu'on ne peut rien changer soi-même,
– la fuite dans la superficialité,
– l'image de soi diminuée, voire carrément mauvaise,
– toutes les croyances et actions dérivées de ces convictions.

La boucle est bouclée. Vous en conviendrez, tous ces éléments ne représentent pas vraiment des bases pour créer l'harmonie, l'abondance pour tous, la réalisation individuelle et celle de la société. Pour preuve, nous vivons plus que jamais la violence, la disparité, l'incohérence et la menace de destruction de l'espèce tout entière, alors qu'il y a tant de bonne volonté de changer les choses.

Introduire des valeurs et des principes porteurs de vie

Nous venons de voir que tout positionnement dans *l'état réactionnel et émotionnel*, sous ses différentes formes, génère des difficultés, des souffrances, et donc de la non-qualité. Par voie de conséquence, tout *repositionnement positif* représente une *Valeur de Vie*, laquelle génère à son tour des *Valeurs de Vie* dans le concret, ressenties dans tout son être par celui qui les crée. Au fur et à mesure que nous accédons davantage au *ressenti*, nous facilitons les perceptions et, avec cela, les prises de conscience, ce qui est déjà en soi une Valeur de Vie.

La *prise de conscience* de difficultés, voire de souffrances d'une ou de plusieurs personnes, résultant de tel ou tel comportement, est de plus en plus rapide; on la perçoit aussitôt comme une Valeur de Vie. Celle-ci crée automatiquement des **effets** positifs, qui sont d'autres *Valeurs de Vie.* Par exemple, un parent qui s'adresse parfois, voire souvent, avec brusquerie à son enfant et qui prend conscience avec acuité des répercussions chez celui-ci, au point d'en perdre l'habitude, crée une Valeur de Vie. Celle-ci générera chez l'enfant un comportement constructif et représentera ainsi une Valeur de Vie.

On peut transposer cette dynamique dans le management et dans la conception des stratégies d'entreprises avec des effets parfois exponentiels comme vous pouvez l'imaginer.

Étant donné les prises de conscience en marche un peu partout sur le globe, je pense qu'il est possible d'introduire dans notre vie personnelle et familiale, comme dans les activités professionnelles, des valeurs et des principes porteurs de vie. La condition? Que chacun commence sans tarder par lui-même, plutôt que d'attendre cela de la société. Ces principes transformeront la vie économique, sociale et politique de nos sociétés. Une telle transformation permettra un développement durable et une véritable évolution.

Si nous développons, réellement et concrètement, des *Valeurs de Vie*, alors l'humanité pourra non seulement bien vivre le 21e siècle, mais elle pourra *continuer à exister*. Chacun d'entre nous est ainsi engagé à agir de façon très concrète et très consciente, où qu'il se trouve.

Le développement des *Valeurs de Vie* nous offre une occasion rêvée de conserver et de réaliser l'idéal auquel nous aspirons tous, dans le fond. Je vous invite maintenant à vous fixer un premier objectif et à vous y mettre tout de suite. Vous en serez les premiers bénéficiaires.

Rien ne suscite autant de passion que la création de Valeurs de Vie. La simple orientation dans ce sens, avec toutes les perspectives que cela ouvre, est exaltante. Le fait d'agir et de créer des *Valeurs de Vie* nous nourrit, donne de l'énergie, stimule et développe le discernement et la conscience.

Une des conditions de base pour créer valablement des *Valeurs de Vie*, c'est de s'y engager de façon puissante et dans la joie. J'insiste sur l'importance de connecter la création de *Valeurs de Vie* non seulement au plaisir, mais globalement à la joie. Ainsi votre vie changera. Pour avancer dans les meilleures conditions retournez aussi souvent que nécessaire aux différents passages de ce livre qui en traitent.

Créer des *Valeurs de Vie*, c'est *vivre en faisant vivre*; c'est construire et *créer l'abondance pour tous*; c'est *célébrer la vie* au lieu de la mépriser; c'est *réussir* à construire plutôt que d'*échouer* en n'entreprenant jamais rien. Créer des *Valeurs de Vie*, c'est d'abord voir clair. C'est avoir conscience des effets que l'on crée par chaque action et se faire une joie de créer des effets qui font vivre.

Quiconque a touché suffisamment à la joie de créer des *Valeurs de Vie* ne voudra plus jamais vivre dans la passivité et le mépris de la vie. Créer la joie autour de soi, créer le bonheur, créer la beauté, la santé, évoluer soi-même et contribuer à l'évolution devient rapidement une passion pour quiconque en a saisi l'importance. Investir dans des *Valeurs de Vie*, c'est prendre conscience et se développer. C'est développer l'amour sur terre, créer la paix, la liberté, et développer le potentiel des personnes. Créer des *Valeurs de Vie*, c'est s'accorder la joie de réellement *ressentir* en soi les *effets positifs* que l'on crée dans le monde, et s'en réjouir.

L'entraînement à la création des Valeurs de Vie

Créer des *Valeurs de Vie*, c'est s'entraîner à *se dépasser* ou plutôt abattre ses limites et ses faiblesses, et à devenir *un véritable sportif*. Investir dans des *Valeurs de Vie*, c'est contribuer activement à l'évolution et au développement de la conscience sur la Terre et faire le nécessaire pour que les yeux des enfants ne soient plus remplis de larmes, mais qu'ils reflètent le bonheur, la joie et la lumière. Créer des *Valeurs de Vie*, c'est générer cette qualité d'échange et d'interaction dont rêve l'humanité. Qui ne voudrait pas vivre des expériences intenses, puissantes et profondes ? Il ne tient qu'à nous de les vivre.

Apprendre à ressentir

Une bonne façon d'y parvenir, c'est de réellement commencer à *ressentir* en nous-mêmes que *nous méritons le meilleur*. Il se trouve que *le meilleur* pour nous-mêmes représente véritablement du positif et du bon pour les autres. J'ai d'ailleurs constaté que les avantages au détriment d'autrui, loin d'occasionner *le meilleur* pour l'individu, entraînent aussi des effets indésirables pour soi, tels que la culpabilité, le malaise, le stress, la peur, le sentiment de rejet et de séparation. Ils développent aussi l'absence de joie véritable. Au lieu de créer *le meilleur* pour soi et les autres, ces « avantages » causent préjudice et souffrance, bien que le processus soit parfois subtil.

L'effort de se débarrasser du sentiment de culpabilité et de ses *effets indésirables* crée d'autres *effets indésirables*, dont l'obligation de *justifier* l'injustifiable, donc de *mentir*. (Mentionnons le cas d'aide et d'investissements accordés à des pays en voie de développement, sous couvert d'action humanitaire. Si l'objectif véritable est de maintenir leur état de dépendance vis-à-vis des pays développés, cela oblige à apporter d'énormes justifications et à consolider le système en place.) Maintenant, un tout autre exemple. Un parent dit à son enfant qui réclame de jouer avec lui qu'il n'en a pas le temps, alors qu'il s'agit simplement d'indisponibilité, c'est-à-dire d'un manque d'ouverture du cœur. Il y a de gros risques que l'enfant le ressente et insiste et que le parent, en répétant ses arguments, s'en trouve agacé, alors qu'*il* est la source du problème. Le fait de mentir crée la *coupure avec le sentiment* et la dimension du cœur. Le tout développe rigidité, dureté, sécheresse et une série de problèmes qui s'ensuivent.

Il ne faut pas avoir du *sable dans les yeux* et *croire* qu'une personne ainsi pourvue d'*avantages* est heureuse. Il vaut mieux regarder la réalité en face. Chacun, s'il le désire, peut établir un *bilan* des « pertes et profits ». Selon les conclusions auxquelles vous arrivez, vous vous direz peut-être : « Je mérite de créer plus de *Valeurs de Vie.* » Si telle est votre conclusion, ne tardez pas. La vie se joue aujourd'hui, ici et maintenant. Si votre bilan est réellement positif, vous êtes parti dans la bonne direction et vous serez toujours plus profondément et pleinement dans la vie ; vous respirerez la vie. C'est ainsi que la vie – et vous le savez – vous récompense tous les jours davantage.

Chacun d'entre nous est pleinement créateur à chaque instant

C'est vrai quoi que nous fassions. Si nous choisissons de ne pas agir, nous attirons de ce fait des conséquences et donc des *effets*. C'est toujours valable, que nos décisions soient conscientes ou que nous agissions inconsciemment. Nous avons toujours une incidence qualitative sur la vie. Ainsi, nous modifions, créons ou détruisons *des valeurs*. La trame de notre vie en sera marquée.

Si nous acceptons ce fait et que nous approfondissons les mécanismes de création avec les infinies possibilités qui nous sont offertes de choisir la quantité, la qualité, la valeur et mille autres choses, alors une vie passionnante s'ouvre à nous.

Un rapide bilan

Je vous propose de faire un rapide bilan et de lister les points suivants :

1) Quelles sont les *Valeurs de Vie* majeures qui caractérisent ma vie ?
2) Quelles sont celles qui manquent ?
3) Comment puis-je les créer en me basant sur mon potentiel ? (Énumérez les étapes.)
4) Comment voudrais-je, au fond, voir le monde ? (Ne refusez pas les idées qui viennent.)
5) Comment pourrais-je y contribuer, dès aujourd'hui, en produisant des *Valeurs de Vie* ?
6) Qu'est-ce qu'au fond de moi je voudrais vivre ? (Cherchez réellement au fond de vous-même.)
7) Comment puis-je créer des *Valeurs de Vie* dans ma vie personnelle, professionnelle et sociale ? (Dressez trois listes.)

8) Peut-être avez-vous des idées originales pour créer de nouvelles *Valeurs de Vie* ? Ne vous privez pas de les appliquer et ne privez pas les autres de votre précieuse contribution.
9) Quelles occasions favorables puis-je saisir ? (Listez les opportunités.)
10) Cumulez les qualités de votre *savoir-être* (par exemple : affirmation, intégrité, humanité), vos compétences professionnelles et votre envie de contribuer et d'avoir un impact positif sur la vie.
11) Établissez un plan d'action.

Innombrables sont les hommes et les femmes qui ont créé des *Valeurs de Vie*, et certains en ont créé de si belles qu'elles restent parmi nous.

Quelques exemples de créateurs de Valeurs de Vie

La diffusion sur le globe des *Valeurs de Vie* de Claude Monet au moyen de ses peintures a été un bienfait pour l'humanité que personne ne peut quantifier. L'artiste a partagé la lumière, le soleil et les plus belles couleurs. Toutes ses œuvres respirent la vie. Non seulement permettent-elles à des millions d'Êtres humains de se rapprocher ainsi, mais elles apportent certainement à plus d'un, dans des moments difficiles, un sentiment de paix et de sérénité.

Le Dr Albert Schweitzer, de son côté, a créé un centre médical à Lambaréné au Gabon en 1924. Il a créé des *Valeurs de Vie* en combattant la lèpre. Il a créé un *lieu de vie* en pleine brousse. Ce sont des *valeurs de vie* extraordinaires non seulement par leur action directe et courageuse, mais aussi par l'éthique et l'humanité. Le docteur a rapproché des peuples et ouvert des perspectives nouvelles.

Le philosophe Michel Serres nous dit : « Les anges sont des messagers qui annoncent et apportent les messages. Les anges laissent les valeurs et puis disparaissent. » J'ajoute à cela que notre ego, à l'inverse, s'impose et manque de message.

Parlons maintenant d'un homme tout à fait différent. Un homme comme nous en voyons certainement beaucoup, un homme d'affaires qui avait pour objectif le bénéfice et qui avait une faiblesse pour les belles femmes. Il s'agit d'Oskar Schindler. Se trouvant à proximité d'un camp de concentration lors de la Seconde Guerre mondiale, il a été obligé d'employer un certain nombre de Juifs dans son usine pour la fabrication d'ustensiles de cuisine pour l'armée. Confronté à la terreur montante des exactions nazies et à la déportation des Juifs dans les camps, avec au bout la mort, son cœur s'est ouvert et il a risqué le tout pour le tout en cachant non pas quelques Juifs, ni même quelques dizaines, mais des centaines, et en risquant son affaire et surtout sa vie à tout instant.

C'est une des preuves que nos objectifs et nos priorités changent avec l'ouverture du cœur. C'est pourquoi l'ouverture du cœur, en soi, est une valeur de vie. Cet homme est resté dans la mémoire des hommes parce qu'il a investi dans des *Valeurs de Vie*. Il les a préférées à des valeurs matérialistes et il a surmonté sa peur. Il a ainsi pu sauver tous ces hommes et toutes ces femmes, et ainsi, à son niveau, contribuer à rétablir davantage d'équilibre entre Juifs et non-Juifs. Il a investi dans le *qualitatif*. C'est en investissant dans *l'universel* et dans le *qualitatif* qu'on crée ce qui est *qualitativement élevé* et *universellement bénéfique*. De telles productions ne cessent jamais d'exister et continuent à créer d'autres *Valeurs de Vie* par la valeur qu'elles représentent.

Nous pourrions mentionner bien entendu d'innombrables hommes et femmes, dont Mohandas Gandhi (le Mahatma), Mère Teresa et Sœur Emmanuelle. Cette dernière, née Madeleine Cinquin, a fait des merveilles pour l'Égypte. Son énergie, son humour et sa puissance d'action ont aidé à vivre des milliers d'Êtres humains parmi les plus démunis. Muhammad Yunus, dont j'évoque l'œuvre à plusieurs reprises, a pu introduire un nouveau système bancaire permettant aux pauvres de créer leur activité, leur entreprise et de vivre. On sait que classiquement, le système mondial en place non seulement les jette dans la rue, mais s'enrichit sur leur dos, en réservant aux plus pauvres les pénalités et les coûts les plus élevés en cas d'insolvabilité. Comme je l'ai expliqué, c'est seulement l'ouverture du cœur qui a permis à Muhammad Yunus de créer son gigantesque système financier qui nourrit des millions d'Êtres humains.

Nous pourrions également parler des innombrables individus anonymes qui, par leur courage, leur amour, leur dévouement, leur rectitude et leur grandeur d'âme, ont créé des *Valeurs de Vie. Nous pourrions parler de tant de parents.* Nous pourrions certainement aussi parler de vous en tant que créateur de *Valeurs de Vie*. Chaque fois que vous en créez, en porteur de leur qualité vous vivez des moments riches.

Aujourd'hui, maintenant, s'offre peut-être un de ces grands moments d'aller plus loin. C'est peut-être le moment de prendre une grande décision et de créer des *Valeurs de Vie* qui représenteront une *valeur ajoutée* pour les autres, pour vous-même et pour l'humanité. Créer à la fois comme une cigale qui danse et comme une fourmi qui travaille inlassablement, c'est caractéristique de la dynamique créatrice de *Valeurs de Vie*.

La création de *Valeurs de Vie* qui transcendent les autres valeurs et les mettent au service de la vie, peut allier plaisir et travail. C'est peut-être le moment opportun de faire un bilan (si vous ne l'avez déjà fait), d'être à l'écoute de votre *voix intérieure* et de laisser se développer cet élan qui incite à créer des *Valeurs de Vie*. Quand l'élan développe un *souffle de vie*, tout trouve son sens et la vie s'organise et déploie ses énergies.

Rien ne sera alors plus évident que de plonger de façon créative dans votre pays de richesse intérieure et d'être inventif, constructif et plein d'initiatives, en respirant à chaque instant la joie des effets que vous créez et en vous sentant solide face à l'adversité. Et si, avec le temps, vous êtes plus nombreux, alors une *vague de vie* pourra parcourir le monde. Elle conférera la dignité à tous, à ceux qui œuvrent et à ceux qui reçoivent le soutien. Pour que cette Valeur de Vie devienne réalité, laissez-la monter en vous d'abord, car vous êtes la grande ressource pour vous-même. Seule la mobilisation de cette ressource vous permettra de mobiliser les ressources des autres.

Ainsi se développe ce grand souffle de vie qui porte et transporte, et qui représente le grand souffle de l'humanité lorsqu'elle est dans la joie, dans l'espoir, dans l'amour, dans le beau ; bref, dans une vraie dynamique de vie et d'évolution.

C'est le moment, peut-être, de se rappeler le film américain de Peter Weir, *Le Cercle des poètes disparus* (*Dead Poets Society*), où le professeur demande à ses élèves : « Alors, quelle est votre rime ? Quelle est la rime que vous apportez à la vie ? »

Vous souhaitez peut-être dire : « Moi, la rime que je souhaite apporter, c'est cette *vague de vie* qui remonte du fond de moi et qui transporte avec elle un magnifique potentiel. C'est elle qui me permet de m'épanouir et de construire, avec d'autres, un monde meilleur. Je commence *ici et maintenant.* »

Alors donnez-vous le temps maintenant

Prendre des décisions, créer, innover et *commencer ici et maintenant* sont des caractéristiques de ceux qui réussissent et de ceux qu'on appelle des *leaders.* C'est l'engagement et la « réponse » des responsables. C'est l'acte de dire *présent*, c'est exister. Tout se vit et se crée toujours au présent, *ici et maintenant.* C'est une façon merveilleuse d'abandonner les soucis et la crainte du lendemain, autant que les regrets et la douleur d'hier. Les personnes qui ne vivent jamais dans *l'ici et maintenant* sont plus ou moins absentes, dans la fuite, sans projet ou ne concrétisent jamais leurs rêves et projets.

C'est peut-être le moment de prendre des cahiers ou du matériel, de s'asseoir, de rêver et d'éprouver la joie de laisser émerger des projets. Il faut surtout savoir que rien n'est impossible si, et seulement si, nous sommes suffisamment ordonnés pour soumettre la matière à la vie. Autrement dit, tout ce que nous créons, et notre manière de le faire, demande à être au service de la vie. Il vous faut peut-être créer des moments de *transition* et des *fondations* suffisamment solides pour créer des *Valeurs de Vie*. Une fois que vous avez enclenché la dynamique de vie pour laquelle vous êtes né, vous n'arrêterez jamais. Quand vous aurez suffisamment ce *goût de vivre*, vous ne voudrez *plus jamais* manquer de cette qualité de vie et de progression. *Ce goût de vivre* est l'expression de votre fabuleux potentiel de vie. Il témoigne de votre capacité à vous dépasser et ouvre au partage dans l'enthousiasme, la joie et la contribution.

Si par hasard le côté *mental* de l'ego, exacerbé de ne pas avoir été consulté depuis tout à l'heure, commence à se manifester pour vous persuader d'abandonner ce qu'il appelle de « l'illusion » et de la « bêtise », rangez-le tout simplement et remettez-le à sa place. C'est lui qui prétexte qu'il est impossible de réussir. C'est, comme vous l'avez vu, ce *mental menteur* qui casse l'élan et qui veut rendre « impossibles » la grandeur, la pureté, la beauté, la puissance et le souffle de la vie. Ne lui donnez aucune chance.

En effet, cet aspect de notre ego, ce *mental complice* de nos tendances *émotionnelles et irrationnelles*, est coupé de la vie et de nos ressources en profondeur. Il est le *serviteur de la matière*. Il vous tyrannise. Il vous enferme si vous le laissez faire alors qu'au fond, vous êtes *libre*. Vous devez en être bien conscient. Faites comprendre à votre ego que vous êtes la vie, le souffle et la conscience. Dites-le-lui à votre manière, mais prenez les rênes. C'est vous le *maître* qui devez gérer votre ego. Vous le mettrez ainsi, progressivement, au service de la vie.

Un projet rempli de Valeurs de Vie

C'est peut-être le moment d'établir un grand plan de vie rempli de *Valeurs de Vie*, un plan qui vise la production de *Valeurs de Vie*, à commencer par des *valeurs* pour soi, sachant que ce n'est pas en tant que *victime* sous une forme ou sous une autre que nous pourrons créer des *Valeurs de Vie*. Nous avons besoin d'être sains, sereins, joyeux et conscients de ce que nous créons. Bref, nous avons besoin *d'être dans la vie* pour créer des *Valeurs de Vie*. Cela permet à chacun de *se rencontrer* davantage et de rencontrer davantage l'autre au moyen de toutes les activités, y compris les transactions et les réalisations.

Créer un plan d'action pour développer des Valeurs de Vie peut se faire de façon magistrale, que l'on soit PDG ou étudiant, femme au foyer ou journaliste, dirigeant politique ou ouvrier.

Nous avons à dépasser le bétonnage de nos *croyances*. Vous *croyez* peut-être que vous ne pouvez pas agir par manque de moyens pratiques, financiers ou intellectuels, ou de temps ? C'est cela même que vous êtes amené à dépasser, à transcender en vous identifiant à la VIE. Dites-vous et commencez à ressentir au fond de vous : « *Je suis moi-même la vie, je suis le potentiel, et un potentiel infini d'idées, de vision, de capacité d'inspiration, de conception, de réalisation, de transformation, d'innovation, de motivation et de création. En étant bien conscient de cela, je dépasse naturellement toutes les difficultés et j'y consacre le temps nécessaire et j'y arrive. Si je m'attelle ainsi à la tâche avec tout mon cœur, toute mon âme, tout mon esprit et tout mon corps, alors je pourrai faire bouger des choses et je rencontrerai d'autres personnes sur le même chemin…* »

Vous verrez que l'impossibilité n'existe pas, car *l'impossible* se récite seulement dans notre tête, dans nos schémas de pensée limités. C'est vrai si et seulement si vous vous identifiez vraiment à la vie et créez de façon concrète et cohérente les *Valeurs de Vie*. Vous verrez alors qu'aucune affaire ou structure, qu'aucun fonctionnement ou environnement ne peut s'opposer à votre décision, car la vie trouvera toujours les voies qui lui sont nécessaires.

Si vous donnez priorité à la vie, elle vous montrera toujours qu'elle est plus grande que la destruction et la mort. Asseyez-vous donc, donnez-vous du temps. Laissez venir les images de bonheur et de partage de réussite.

Pour ma part, j'ai du plaisir à imaginer des moyens qui contribuent à un mieux. J'aime concevoir des actions et des démarches qui rendent les personnes plus heureuses. Je suis certaine que la même chose vous tient à cœur. Avec votre vision et votre jeu intérieur, vous créerez de nouvelles possibilités. Ce peut être autant dans le domaine social, celui de l'éducation ou le milieu de la politique, que dans les industries et les médias. Certes, dans tous les cas, cela peut toucher la famille.

Créer des jeux

Tout à l'heure, je me suis dit: « Il faudrait avoir, entre mille autres choses, des jeux de *Valeurs de Vie.* » J'en ai profité pour stimuler ma mère en la sollicitant pour qu'elle participe à une *imagerie mentale* afin de se représenter de nouvelles possibilités de jeux positifs. À l'âge de 80 ans, elle pensait qu'il fallait avoir des dons spéciaux pour cela, ce qui nous a amenées à plaisanter, à jouer avec les mots et les images. Il en est sorti un début de jeu que je vous présente.

Je l'appelle le *jeu des Valeurs de Vie.* Vous connaissez les jeux traditionnels qui reposent très souvent sur le fait de rendre l'autre *échec et mat* et les jeux qui consistent à *prendre* le terrain de l'autre, à lui acheter ses immeubles, à *l'enfermer*, à *l'immobiliser* et à *l'appauvrir.* On appelle cela traditionnellement des « jeux » alors qu'il s'agit en réalité de stratégies guerrières pour asphyxier ou anéantir l'autre. Pour ma part, je vous propose le *jeu des Valeurs de Vie.* Il peut comprendre, entre autres, des coupons, des cartes particulières, des vecteurs, des dés et des emplacements. Sur ces emplacements, figurent les mentions suivantes: inventeur, créateur, ressource, potentialité, sagesse, abondance, coopération, intuition...

La progression du jeu doit développer chez les joueurs une *dynamique de contribution dans la complémentarité*, dans laquelle ils se soutiennent et s'enrichissent mutuellement, au lieu de s'opposer et s'éliminer. Imaginez vous-même la suite. Faites de la créativité en famille et inventez ensemble une progression passionnante, en laissant venir des idées par rapport à la création de valeur. Imaginez des surprises, des situations drôles, des obstacles à franchir avec un besoin d'aide, des récompenses pour ceux qui apportent leur soutien, avec comme finalité la réussite pour tous.

Ce sont ces quelques indications que j'ai plaisir à partager avec vous. Le plus intéressant, c'est d'imaginer le *sens* d'un tel jeu : les *valeurs* qu'il véhicule et les effets qu'il produit. Ce jeu fait évoluer dans le plaisir. La création de jeux violents repose sur un manque d'évolution de leurs concepteurs et de leurs distributeurs. Étant donné que nous sommes tous détenteurs d'un potentiel infini de création, nous pouvons tous évoluer sur cette base : *c'est une bonne idée d'avoir une bonne idée.* Il y a une foule de jeux que vous pourrez créer pour vous amuser, mais aussi pour les commercialiser et pour créer à une plus large échelle des *Valeurs de Vie*. Vous pouvez ainsi apporter des innovations créatives et positives dans le royaume des jeux, y compris dans les jeux vidéo. C'est un terrain privilégié pour véhiculer des *Valeurs de Vie* et avoir une ouverture à d'autres dimensions de création. Ne dit-on pas que la création est divine ! Les grands créateurs dans le domaine de l'art nous le prouvent tous les jours. Si nous nous laissons accompagner par eux dans l'élan de la création, d'un seul mouvement, ils peuvent nous permettre de nous ouvrir et nous amener à dépasser nos limites, pour devenir nous-mêmes créateurs. Ainsi, la musique peut, selon sa beauté et ses rythmes, être une louange à la vie, et ses vibrations sont alors un stimulant qui nous transporte et nous éveille au désir de créer, à notre tour, des *Valeurs de Vie*. À chacun d'entre nous d'apporter une contribution unique en entrant dans ce processus de création et de re-création de *Valeurs de Vie*.

Revenons maintenant à cette « valeur nouvelle pour notre civilisation », l'intitulé de la p. 281. C'est ce processus de création et de re-création de *Valeurs de Vie* qui crée des effets positifs et constructifs sur tous les plans. Le *créateur*, ou la *créatrice*, bénéficie pleinement des *Valeurs de Vie* par la motivation, le plaisir et la joie éprouvés à produire de la qualité. Les acheteurs, les consommateurs, les utilisateurs et tous les gens touchés d'une manière ou d'une autre par *les effets des Valeurs de Vie* sont heureux de recevoir de la qualité, de l'aide, de la compréhension, de l'ouverture et des possibilités d'évolution. Si *l'intelligence globale* est davantage introduite, telle qu'elle a été approfondie au chapitre 2, alors les humains, où qu'ils soient sur la planète, pourront à la fois produire des *valeurs de vie* et en bénéficier progressivement. La solution ne réside pas *à l'extérieur*, dans le système, mais elle habite dans un cœur généreux. Elle n'est pas ailleurs, mais en soi. Commençons là où nous sommes, de la manière la plus concrète ; c'est la meilleure solution pour avancer.

Je laisse ainsi à chacun, et bien sûr aux professionnels et aux porteurs de responsabilités dans l'économie et les finances, le soin d'être créateurs de *Valeurs de Vie* et d'innovation en se positionnant et en prenant des initiatives. La création d'un organisme boursier ou d'une banque mondiale pour développer un système financier basé sur les critères évoqués me paraît essentielle et urgente. Créer des systèmes scolaires épanouissants est une urgence sur cette terre. C'est seulement l'ouverture du cœur et l'amour pour les enfants, autrement dit l'intelligence de la raison avec l'intelligence du cœur, qui permettent de concevoir que seul l'épanouissement des enfants est générateur de hautes performances. Ce n'est jamais le mental coupé du cœur, tel qu'il est utilisé habituellement, qui peut le concevoir.

La Finlande nous en apporte la démonstration par l'exemplarité de son système scolaire, basé sur la valorisation et la responsabilisation des élèves. Il génère la réussite de tous et l'épanouissement des élèves comme des enseignants. « Dans notre système, notre valeur de l'éducation, ce n'est pas de noter ce que les élèves n'ont pas réussi, mais ce qu'ils ont bien fait », précise Najat Ouakrim-Soivio, directrice du Lycée franco-finlandais. Statistiquement, ce sont les élèves finlandais qui réussissent le mieux dans le monde, et ils bénéficient des conditions les plus épanouissantes, qui procurent le plus de plaisir dans l'apprentissage. Cela devrait faire réfléchir le monde entier ! En effet, la Finlande obtient régulièrement les meilleurs résultats au monde, d'après l'enquête à large échelle du Programme international pour le suivi des acquis des élèves (PISA), portant sur les systèmes éducatifs de l'Organisation de coopération et de développement économiques (OCDE). « En 2003, les élèves finlandais âgés de 15 ans figuraient au premier rang mondial au titre des compétences linguistiques et scientifiques et étaient classés en deuxième position en résolution de problèmes*.» Et cela, dans un système qui ne connaît ni le redoublement ni le stress. Les professeurs, bien formés et proches des élèves, les laissent libres tout en les responsabilisant, avec bienveillance.

Si nous osons vraiment regarder à l'intérieur de nous-mêmes, nous pouvons percevoir et *ressentir les effets que nous créons sur les autres.* C'est la *qualité des effets créés* qui montre notre vraie motivation et nos véritables mobiles, pour tout ce que nous faisons et réalisons. L'évaluation juste des choses porte toujours sur les effets et s'inscrit dans une vision globale. Si nous participons à la création d'esprits ouverts, tolérants et constructifs, nous éprouvons de la joie et notre motivation s'accroît. Si nous créons d'autres *effets*, notre ressenti n'est pas de l'ordre de la joie, mais il est sous-tendu par la tension et la culpabilité plus ou moins conscientes. Ce ne sont guère des conditions de sérénité que nous créons alors. Ainsi, risquons-nous de nous couper de notre ressenti et des autres, pour ne pas ressentir les effets que nous créons chez eux…

En dehors de cela, il est bien clair que nous sommes tous créateurs de *Valeurs de Vie* sur un plan familial, social et professionnel. Observez ce que vous créez. Optimisez si nécessaire. Éprouvez de la joie à donner généreusement. Nous savons que plus nous donnons, plus nous recevons. Ce *retour* fait parfois des *détours*, mais il nous réserve bien souvent des cadeaux au-delà de toutes nos attentes. C'est une façon merveilleuse d'être unis les uns aux autres. Nous sommes alors dans un vrai partage et nous nous ressourçons à chaque instant. Si nous sommes conscients de toutes les *Valeurs de Vie* que nous recevons au quotidien et de celles que nous pouvons créer et développer chez nous, dans la vie sociale et en tant que professionnels, alors nous sommes portés par la vie. C'est ainsi que se déploie une vie remplie de sens, passionnante et exaltante, que rien au monde ne peut arrêter. Créer ce bonheur, c'est ce que je vous souhaite de tout mon cœur.

---

* WIKIPÉDIA. *L'encyclopédie libre,* «Système éducatif finlandais»

Message des enfants du futur

Un rêve à réaliser

Le rêve est si grand, si intense, si beau qu'il s'étend sur les cœurs de tous les humains. C'est ce rêve dont vous rêvez tous, ce rêve de bonheur, d'amour, ce rêve de vivre sur une belle Terre et de vous accomplir. C'est ce rêve de transmettre le meilleur à vos enfants et de les voir heureux sur cette planète.

Pour que vous soyez vraiment heureux et que vos enfants puissent l'être, vous avez besoin d'inclure les enfants pas encore nés. Ce sont peut-être les vôtres ou vos petits-enfants et les générations à suivre, tous les enfants de la planète.

Ils sont déjà quelque part dans notre esprit, dans notre cœur. Ils sont si proches, de façon concrète, vivante, avec leur sensibilité, leur vulnérabilité, leur besoin de mener une vie digne, riche et belle comme la nôtre tout simplement. Chaque fois qu'un être vient sur cette Terre et ouvre les yeux à la lumière, il commence, selon sa nature, à rêver le rêve du bonheur.

Pour ma part, ils me sont très proches. Je les entends dans mon âme et dans mon cœur et si vous vous ouvrez à vous-même pour écouter à l'intérieur de votre cœur, vous aussi, vous les entendrez.

Il suffit de vous arrêter un moment, de cesser de passer vite d'une chose à une autre, peut-être d'une page à l'autre de ce livre, et plus globalement d'arrêter de courir. Peut-être pouvez-vous faire une pause dès maintenant et écouter. *Écouter à l'intérieur* de vous-même pour entendre le murmure des humains. Les entendre et pouvoir leur dire *oui* n'a pas de prix.

Vous verrez que c'est un temps magnifiquement bien investi, tellement riche d'enseignement, de qualité et de vécu, que nos choix se modifient, ainsi que nos décisions et nos actions. Alors quoi de plus important que *d'écouter ce que la vie de demain* nous dit ?

La vie de demain, ce sont toutes ces voix d'enfants, qui sont déjà là, si proches et en communication avec nous. Ces enfants de demain semblent nous dire :

> Oui, nous captons votre rêve si grand, si intense, si beau qu'il s'étend sur les cœurs de tous les humains jusqu'à nous ici dans le futur. En effet nous existons déjà dans vos cœurs, dans votre vision, un peu partout d'ailleurs, même dans vos calculs, dans vos cerveaux, dans votre potentiel et dans le ciel, le vôtre ou celui de l'autre.
>
> Nous sommes même plus présents qu'on ne pourrait le penser. Nous vous sommes si proches et nous partageons à ce point votre rêve, que nous avons envie de communiquer avec vous pour voir comment le réaliser ensemble.
>
> Alors, que chacun écoute bien maintenant. Que tu sois noir, jaune, rouge ou blanc, c'est de *toi* que l'histoire a besoin pour recevoir ton amour, ta connaissance et surtout ta connaissance au *service de l'amour*. Est-ce que tu nous entends ?
>
> Cependant, avant de rassembler les autres, d'en exiger quoi que ce soit, avant de les juger ou de les rejeter, il faut, pour évoluer, que tu exiges de toi d'abord ce qui est nécessaire.
>
> Sois l'exemple. C'est ce qu'il y a de plus efficace pour amener les autres à agir. Alors les choses iront vite. Sois à la fois exigeant et généreux avec toi. Quand tu planifies des programmes ambitieux que tu ne mènes pas à bien, dis-toi, et surtout ne l'oublie pas : « *Je me pardonne. Je mérite mieux et je recommence en mieux.* »
>
> Ainsi pourras-tu participer au grand événement de ce début du millénaire. Tu pourras participer à la mobilisation de tous ceux qui sont conscients sur cette planète, sachant qu'il faut changer de cap pour *assurer la survie* de l'humanité et ensuite, pour lui permettre d'évoluer, par *des prises de conscience*, vers une humanité plus heureuse, plus aimante, plus sincère, plus intelligente, plus épanouie et réalisée.

En t'aimant et en te respectant, comme individu, tu découvriras au fond de toi cette dimension de vie, cette composante universelle que l'on dit spirituelle. C'est la découverte de cette réalité qui créera une humanité en union et, par l'échange et l'interaction, en communion.

Le secret, c'est que *le rêve d'une humanité meilleure commence par soi.*

Nous, les enfants qui naîtrons dans quelques années, pour ne pas dire dans 50, 100 ou 200 ans, nous te rappelons que la Terre existe depuis six milliards d'années et que l'homme a mis environ un million d'années à se développer. Il a mis 10 000 ans à découvrir la planète. Ensuite, en un siècle il a pu pénétrer dans l'infiniment petit et l'infiniment grand et mettre sa survie en danger.

Il a tout exploré, au-dehors, dans la matière, mais il n'a pas encore réalisé l'essentiel, l'indispensable, l'incontournable, le voyage à *l'intérieur du cœur.*

Si tu es un sage et un responsable, tu nous entends et tu nous comprends profondément. Si tu es un cynique, tu souris et peut-être même que tu ris.

Quand bien même serais-tu un cynique, personne ne te jugera et le jour viendra où ce que tu es au fond de toi sera confronté aux lois de la vie.

Nous, *les enfants du futur,* vous disons à tous que nous sommes les héritiers de vos bienfaits et de vos méfaits. Nous vous rappelons que vous avez encore la possibilité de voir clair et de créer, avec ou malgré vos mégapuissances, une Terre d'amour et d'abondance.

Nous, *les enfants du futur,* ne disons pas que ce sera facile, car aujourd'hui encore, la plupart d'entre vous êtes restés émotionnellement comme de petits enfants qui s'arrachent mutuellement les jouets. Vous vous arrachez les marchés et les avantages personnels comme eux et, comme ils se battent, vous vous battez pour bien montrer qui est le plus fort. Au lieu d'avoir fait évoluer la pureté et l'innocence de l'enfant vers la clarté et la transparence de l'adulte, vous avez aménagé, avec votre *mental menteur,* des filtres et des opacités. Vous n'avez pas transformé en ouverture et en créativité la fraîcheur et la spontanéité de l'enfant que vous étiez, en devenant un adulte qui aurait conservé son intuition. Vous avez, pour beaucoup, gardé et souvent *déguisé* les réactions du petit enfant que vous étiez, sans apprendre à les gérer. En promouvant la compétition et en cherchant frénétiquement à *prendre* au lieu de *donner*, vous montrez que vous n'avez pas grandi. Ce *potentiel de vie* de l'enfant n'a pas été utilisé pour vous développer et pour évoluer. Vous avez créé l'inégalité *en prenant le pouvoir* sur les autres et en *développant des systèmes financiers et une masse de produits* qui aggravent le déséquilibre. Voici le poids de la matière à la place *du développement de la conscience* tant nécessaire. Le recul, la vision globale et la capacité de répondre aux exigences d'une réalité globale n'ont pas été développés. La souffrance de milliards d'Êtres humains et la souffrance de la planète nous le confirment.

Le processus de maturation vers l'homme adulte serein, globalement intelligent, équilibré et accompli, devra se réaliser très rapidement si vous voulez inverser les tendances. Il faudra créer un équilibre social planétaire sur la base de la répartition des richesses et, d'urgence, préserver la planète de tous les impacts qui occasionnent et accroissent le dérèglement climatique et l'appauvrissement en richesses naturelles. Des catastrophes sans nom arrivent beaucoup plus vite que vous ne le pensez, si vous n'en prenez pas conscience. C'est pourquoi nous vous adressons cet appel avec insistance.

Cela veut dire que si une personne accepte d'exercer du pouvoir, tout en continuant d'alimenter en elle tous les travers que nous avons évoqués tout à l'heure, elle aura besoin de prendre conscience qu'elle porte préjudice aux autres au moyen du pouvoir qu'elle exerce, et qu'elle a besoin de changer et d'évoluer. De façon générale, vous êtes tous appelés à prendre conscience très vite de l'intérêt que vous avez à reconnaître vos besoins véritables et ceux de l'humanité.

Avec cette prise de conscience et une action cohérente et immédiate, ce minuscule laps de temps que vous vivez, ce *rien* à l'échelle de l'histoire de la Terre, ne sera pas le moment de l'anéantissement de tous les enfants, de tous les êtres vivants ni d'ailleurs de cet enfant merveilleux qui se trouve à l'intérieur de chacun de vous.

Si vous optez pour vous ouvrir au voyage le plus passionnant, celui de l'ouverture du cœur, sachez que vous aurez évité l'anéantissement et des souffrances sans nom. Si vous *fermez* votre cœur par un pincement rapide et que vous *coupez* votre tête froide de votre corps et de vos sentiments, en vous protégeant par un mépris et une ironie apparents, vous ne rêvez pas le rêve le plus beau, le plus intense, le plus grand, mais vous rêvez votre impuissance et la laideur de votre ego. Il faut être « lucide » pour bien rêver. Nous, *les enfants du futur*, avons suffisamment de distance par rapport aux choses pour bien le savoir.

Soyez forts pour rêver la vie. Oui, soyez forts pour remplacer vos *bénéfices secondaires*, ces avantages qui anesthésient *temporairement* votre peur, par *l'amour* et *l'ouverture du cœur.* Prenez le temps, écoutez au fond de vous. Vous verrez qu'en réalité vous ne souhaitez pas créer autre chose qu'une vie de qualité, non seulement pour vous-même, mais aussi pour nous. Cela, nous le voyons bien de là où nous sommes. Alors, prenez juste un peu de temps et faites-vous confiance. N'ayez pas peur, la peur est un leurre.

Si vous acceptez de relever le défi de *rêver la vie*, autrement dit si vous êtes fidèle à vous-même, positif et constructif, *vous agirez dès maintenant, en vous affirmant*, pour réorienter l'éducation, la santé, la politique, l'économie, les industries et tout le reste, dans le sens de la vie.

Si vous n'assumez pas vos responsabilités, les souffrances seront sans nom ; à la place de la vie, nous *les enfants du futur*, ferons face à l'agonie et au néant.

Si vous êtes réellement forts, vous accepterez de ressentir un plaisir *plus grand*, une joie plus globale qui vous soulèveront, non pas pour faire la révolution, mais pour enclencher sans tarder une puissante réorientation. Chacun est appelé à agir et il y a de la place pour tous.

De façon urgente, vous avez besoin de devenir pleinement conscients de l'abondance de votre potentiel, afin de vous sentir naturellement créateurs et riches. Si vous vivez aujourd'hui des inégalités aussi criantes et des dynamiques de prise de pouvoir, c'est que cela dérive d'une sensation *de manque*, manque d'exister vraiment et besoin de *prendre*. Cherchez plutôt la joie et le désir de *donner*.

Décidez aujourd'hui que les choses changent parce que vous changez. Dites-vous : « J'ai des choses à donner. Je regarde d'abord ce que je voudrais changer et puis je vois comment je peux y contribuer et construire. Je commence tout de suite. Je peux donner du temps, de la connaissance, mon énergie, des moyens financiers, offrir mes talents, mon amour et ma solidarité pour participer à la prise de conscience et à la création du changement concret. Je m'informe au maximum et je prends du recul pour discerner les vrais besoins. En plus de mon quotidien où je change beaucoup de choses, je m'engage dans des initiatives collectives pour sauver la planète, éduquer, former, informer et développer la conscience et la responsabilité des humains. »

Si vous êtes fortuné, dites-vous : « *Je contribue à diffuser ainsi la connaissance et je donne une partie de ma fortune pour contribuer à l'équilibre sur cette Terre.* » Vous êtes très fortuné ? Alors dites : « *Je peux donner une grande partie de ma fortune et ainsi je ne serai pas appauvri, mais doublement riche grâce à ma compétence de changer et à ce qui me reste, car je posséderai toujours plus que ne possèdent les autres six milliards et demi de personnes sur cette planète. Où que je sois sur cette planète, je reste éveillé, jour après jour, au quotidien, dans ma famille pour créer un climat d'échange, de joie et de partage* et non *pas de violences verbales ou* même *physiques* envers ceux qui sont physiquement *plus faibles, car l'équilibre comme le déséquilibre débute dans la famille et je sais que le legs se transmet à vous, les enfants du futur.* »

Si vous avez cette force de changer et de basculer d'une sensation chronique de *manque* vers la reconnaissance et l'appropriation de vos qualités, vous prendrez des décisions et vous apporterez sans tarder, généreusement, votre contribution au changement. Et concrètement tout évoluera. Cela implique, bien sûr, d'abandonner un fonctionnement dans la dépendance aux repères extérieurs, même si cette dépendance est subtilement cachée dans le contexte social ou professionnel.

C'est alors que vous toucherez au plus grand secret : en vous ouvrant tous les jours davantage à ce qui est *essentiel dans la vie*, vous touchez en même temps à quelque chose d'infini. À la place du chaos, de la violence, des souffrances et de la disparité, à la place d'une planète empoisonnée, nous hériterons alors sur le *plan matériel* des bienfaits et d'une belle réalité, et sur le *plan de notre être*, de votre amour et de vos qualités.

Foncez, sautez et rejoignez alors le rêve le plus grand, le plus beau, le plus extraordinaire. Devenez visionnaires et engagez-vous tout de suite sur le chemin de votre évolution qui vous permet de vous ouvrir, de prendre les décisions nécessaires et d'accomplir des actions de qualité. Réunissez-vous. Faites-vous miroir *pour devenir chaque jour davantage ce que vous êtes au fond, un être riche, intelligent, prévoyant, plein d'amour, responsable et capable de s'accomplir et de participer à construire un monde plus humain, un monde qui pourra nous recevoir demain.*

Maintenant, nous avons bien l'impression que notre *message* arrive à traverser le temps. Il part de votre *futur* pour aller chez vous, dans votre *présent*. Lisez et relisez-le. Il est envoyé par nous, *les enfants du futur*, par nous, les générations à venir. »

Vous avez des ambassadeurs qui plaident pour une nouvelle humanité. Écoutez-les, puis commencez par faire vivre dans vos foyers les petits Mozart en sachant qu'ils sont des milliards. Ensuite, chantez, créez et célébrez ensemble.

Le sport « à l'ancienne »

Un contre tous ! a remplacé *Un pour tous et tous pour un !*

« Un, deux, trois, partez », criait Marlo Morgan, la femme médecin américaine, dans le désert de l'Australie centrale, pour faire démarrer une course à pied qu'elle avait organisée pour les aborigènes afin qu'ils fassent connaissance avec « les jeux du monde civilisé ».

À son étonnement, personne ne bouge. Interloquée, cette femme médecin leur demande ce qui se passe. Réponse : « Vous n'allez pas nous dire que vous jouez à ce genre de jeux où il y en a *un qui gagne et où tous les autres perdent* ? Il faudrait remotiver toutes ces personnes et consolider leur confiance en eux-mêmes pour réussir par la suite. Dites, vous ne jouez pas à ce genre de jeux ? » Marlo finit par répondre : « Mais non, nous ne jouons pas à ça. C'était une plaisanterie*. »

La mort au bout de la route

Tel était le titre d'un article dans *Le Nouvel Observateur* à l'aube du 21e siècle après l'enquête déclenchée par le journal sur la mortalité des coureurs européens du Tour de France. Cette enquête a porté sur 2 363 cyclistes professionnels européens, c'est-à-dire

* Marlo Morgan, *Message des hommes vrais au monde mutant*, essai, Paris, J'ai lu, 2008 [2004].

sur plus de 90 % de l'effectif des concurrents de tous les pays de l'Europe occidentale. La période considérée s'étend sur plus de 50 ans à partir de 1947, autrement dit sur plus d'un demi-siècle.

On pouvait y lire : « En dehors d'une étude sur les footballeurs américains démontrant que leur survie était fortement diminuée par rapport à la moyenne, aucune instance officielle du cyclisme, fédération ou Comité olympique, ne s'était préoccupée d'un suivi à long terme de groupes de sportifs de haut niveau avant cette étude. Les performances étant basées sur un rendement à court terme, les conséquences d'un tel fonctionnement n'entraient dans aucun champ d'intérêt immédiat et sont restées pour cela si longtemps ignorées. »

Cette étude, la première étude épidémiologique qui couvre 50 ans de cyclisme, met en avant des chiffres alarmants. Les accidents mortels de cyclistes de haut niveau sont cinq fois plus élevés pour la tranche d'âge des 25-34 ans et, pour tous les autres, deux fois et demie plus élevés que la moyenne des hommes de la même tranche d'âge appartenant à la population courante. « Les causes principales de décès, *poursuit le journal*, les cancers, les maladies cardio-vasculaires, les accidents et les suicides. La plupart d'entre eux sont morts avant quarante-cinq ans. Depuis un certain nombre d'années, l'administration d'hormones et le passage aux drogues dures développent encore d'autres pathologies allant, dans certains cas, jusqu'à des modifications génétiques. »

Voir un jeune homme mourir d'un infarctus entre 25 et 34 ans, alors qu'il était auparavant rayonnant de force et de santé, est terrible, mais voir le nombre de sportifs que cela touche est accablant. C'est plus que tragique pour eux-mêmes et accablant en tant que *modèle social* dans notre société moderne.

Le problème du dopage, dans une interaction « enjeux financiers/pression/séduction/gloire », reprend de nouveau toute sa dimension. « Avoir le grand volant », comme disent les sportifs, autrement dit conduire chargé, le plus couramment d'amphétamines, d'érythropoïétine (EPO), de corticostéroïdes et autres hormones de croissance, semble un phénomène courant.

Les témoignages sont nombreux. Il suffit de regarder les incidents répertoriés lors des derniers Jeux olympiques.

Ce phénomène de dopage concerne tous les sports et nous en connaissons tous les nombreuses conséquences, graves et même mortelles. Nous n'avons qu'à nous rappeler, entre autres, le cas pathétique des jeunes filles de quelques pays de l'Europe de l'Est, comme d'autres pays d'ailleurs.

Des revenus mensuels de 40 000 euros et plus ne compensent pas ce vécu. D'ailleurs, beaucoup endurent des souffrances non seulement physiques, mais aussi morales et psychiques, pendant la période de compétition et des années après. Ils souffrent pour, un jour, faire partie des élus, sans y arriver et être récompensés financièrement.

« Dites, vous ne jouez pas à ce genre de jeux ? » C'est une question qu'il est peut-être bon de poser aujourd'hui.

De son côté, le professeur Parquet de l'Université Lille 2 indique ceci lors d'une interview radiophonique*:

« À partir du moment où une personne a commencé à utiliser un produit dans la pratique sportive, où ce produit devient le leader de la personne dans la vie quotidienne, elle devient dépendante de l'extérieur et entre dans ce qu'on appelle un comportement de dépendance. »

Le journaliste qui a fait cette interview évoque alors la *responsabilité des parents, des entraîneurs, des médecins,* en ajoutant que les sportifs sont victimes d'un système.

À quoi le professeur répond : « D'abord il faut se dire que chacun et chacune d'entre nous est responsable de soi-même. Nous ne devons pas nous défausser sur les produits, les parents, l'environnement et la société. C'est vrai que la famille, la société, l'organisation du sport et le goût des performances sont déterminants et pèsent lourd

* Philippe-Jean Parquet, professeur de psychiatrie et d'addictologie à la Faculté de Médecine de Lille, Université Lille 2 Droit et Santé, responsable du Centre d'Information et de Traitement des Dépendances au Centre hospitalier régional universitaire (CHRU) de Lille.

sur notre conduite et nos comportements. Cependant, chacun et chacune d'entre nous est compétent. Ce qui me gêne, c'est qu'on montre souvent les sportifs ayant abouti à ces modes de vie comme victimes, tels des gens non compétents et n'ayant pas su faire les choses. Moi, je crois que toutes ces personnes-là, si on veut les aider, sont compétentes. Il faut développer leurs compétences, leur compétence à gérer, à demander de l'aide, à analyser, et à voir en quoi ils sont acteurs de ce comportement. »

Le journaliste parle ensuite du nombre impressionnant de dépendants lourds.

Le professeur Parquet évoque alors l'ampleur du phénomène qui a envahi toute la société.

« Dans notre vie quotidienne, la plupart d'entre nous, sportifs et cadres y compris, travailleurs manuels, étudiants, élèves des grandes écoles, pensons actuellement que nous pouvons nous faire aider par les produits et donc des choses extérieures à nous. Les étudiants qui préparent les grandes écoles, consomment un certain nombre de produits, éventuellement les mêmes produits que les sportifs de haut niveau. L'ampleur du phénomène est variable suivant les critères de définition que l'on prend. Mais ce qui est important, c'est que cette conduite d'admission, cette conduite d'apport de produits pour modifier sa vie, devient une conduite très générale. **Et c'est la banalisation du recours à un produit, pour faire le travail, qui est grave, alors que chacun, chacune était habitué à le faire en son nom et avec ses ressources personnelles.** La société s'organise de la manière suivante : "je vais t'aider à formuler la demande que tu fais au produit et ensuite te le fournir". Notre problème pour nous les soignants, c'est d'essayer de leur demander quels sont leurs objectifs. Vous avez perdu la maîtrise ? Vous avez perdu le contrôle ? Vous n'obtenez plus les objectifs que vous souhaitez ? Comment peut-on vous aider à développer vos compétences pour pouvoir redevenir quelqu'un qui est responsable de soi-même ? »

Au moment d'un des Tours de France, un athlète de haut niveau s'est exprimé à la radio. Sa voix est faible. Elle traduit la fatigue et une grande fragilité. Il a 24 ans et se trouve en centre de désintoxication. Il parle du phénomène courant du *doping* en y apportant nombre de détails. L'animateur de radio l'interroge sur son fils pour savoir s'il le laisserait suivre une carrière de sportif avec un éventuel doping. Le jeune athlète lui fait comprendre, en peu de mots, qu'il donnera les informations nécessaires à son enfant pour qu'il puisse faire un choix éclairé qui l'oriente vers la vie. Ensuite, l'animateur lui dit que les informations sur le dopage vont sûrement changer les choses et faire progressivement arrêter cette marche à la « puissance artificielle ». Le jeune homme lui répond : « Il ne faut pas rêver. Croyez-vous qu'on accepte aujourd'hui de ne pas faire gagner des médailles ? »

L'engrenage

Voici l'engrenage et, derrière l'engrenage, des vies humaines. Je crois sincèrement que nos sportifs méritent mieux. Leur enthousiasme, leur volonté de réussir et leur force devraient leur apporter ce qu'ils méritent. Ce n'est sûrement pas *l'expérience de l'échec* que méritent tous ceux qui ne sont pas les *premiers*. Et je ne parle pas du malheureux sportif qui fait le soir l'inventaire de ses souffrances, surtout s'il voit ses chances diminuer. Les sportifs ne méritent pas non plus de se trouver dans des situations où ils risquent de perdre leur santé et leur équilibre. Dernièrement, dans le cadre d'une interview, un journaliste demande à une sportive de haut niveau : « Mais de tels efforts font tout de même souffrir ? Oui, c'est vrai, mais l'essentiel, c'est que les autres souffrent plus. » Cela montre davantage qu'un glissement de sens : carrément une *inversion de valeurs.* À la place, les athlètes pourraient bénéficier d'une réelle reconnaissance de leur *valeur spécifique* et créer des effets véritablement positifs et constructifs pour la société dans un autre mode de fonctionnement. L'être humain l'a prouvé. *Il est capable aussi de faire preuve d'innovation et de créativité pour se projeter en avant dans l'histoire.*

La mentalité de compétition

L'humanité ancienne, vieille de quelques millénaires, s'achève. L'humanité a parcouru une longue phase d'éveil à sa propre force. Cette force était si précieuse qu'il fallait la tester, la comparer. L'insécurité de l'individu était si grande qu'il se sentait constamment obligé de se « mesurer » aux autres. Il fallait prendre « la mesure » en comparaison avec ses congénères pour ensuite remporter la satisfaction, *rassuré d'être bon, d'être le meilleur, de mériter la reconnaissance* et d'en retirer les avantages. Sachons seulement qu'une fragilité comme le besoin de reconnaissance, surtout camouflée sous l'habit de la « force », est toujours exploitée par d'autres et utilisée à leurs fins, puisque ce « besoin » crée la dépendance.

L'activité sportive sous son angle de compétition

Je n'évoque pas ici le sportif qui met le meilleur de lui-même dans cette activité, mais je parle de **la mentalité de compétition** développée au profit d'un certain nombre et qui rend les individus fragiles au fond, dépendants du besoin de reconnaissance et de la valorisation extérieure. Le côté pervers de ce système réside dans le fait que le sport (toujours montré dans un contexte de victoire en compétition) soit présenté comme un exemple de rencontre, de paix et d'égalité, alors que le fait de « battre les autres » représente, en réalité, un rituel de guerre, d'opposition et d'élimination qui s'est également introduit dans d'autres secteurs, tels que l'éducation et l'économie. On se « bat » pour « être » le premier et pour « avoir » le maximum. Pas étonnant que les étudiants des grandes écoles, comme les cadres d'entreprises, soient nombreux à prendre des anxiolytiques pour répondre aux exigences extérieures. Dès la maternelle, les enfants sont orientés non pas vers le *repère intérieur*, ce riche potentiel dont ils disposent tous, ces ressources qui sont les leurs, mais vers la *dépendance* du regard et de l'évaluation par autrui, vers ce *repère extérieur* pour être pesés, mesurés et ensuite utilisés. C'est ainsi qu'on pourra toujours augmenter la *vitesse* et ce qu'on veut bien appeler la *performance*. Un sondage réalisé par des élèves d'un collège parisien auprès de personnes dans la rue a révélé que 86 % des personnes interrogées étaient pour le dopage, « parce que *c'était mieux* pour le spectacle ! »... Quel que soit le caractère non officiel et amateur de ce sondage, il est révélateur et se passe de commentaires ! Voici comment l'imprégnation se fait et comment le manque de repères s'installe.

Si l'objectif n'est ni la santé, ni le bien-être global (corps, cœur, esprit) ni d'ailleurs l'harmonie, la coopération ou la création de valeur ensemble dans la diversité et l'égalité, alors la question sur *l'objectif véritable* doit être posée. Nous constatons, en effet, un fonctionnement basé sur la hiérarchisation où le critère de vitesse occupe le plus souvent le niveau le plus élevé, au détriment de la santé, de l'équilibre personnel et de bien d'autres valeurs. De tels fonctionnements ont été mis en place, non seulement dans le sport, mais aussi dans les autres secteurs. Cela a fait naître une dynamique de *rapports de force* qui crée les souffrances les plus variées dans toutes les sociétés et qui conduit au rejet et à l'exclusion, ainsi qu'à l'accumulation des richesses pour les uns et au dépouillement des autres. Le climat dont bénéficie le sportif, ainsi marqué par la vitesse et la hiérarchisation malgré la camaraderie existante, est caractérisé surtout par la tension, le stress et la peur avec, pour le plus grand nombre, l'échec et tous les sentiments que cela génère.

Je crois qu'il est important d'amorcer une réflexion sur le fond des choses qui participent à façonner nos vies.

J'aborde donc cette particularité qui réside dans le fait non pas de *concourir*, autrement dit de courir ensemble dans un même but, mais de développer la *compétition. La compétition ne fonctionne pas avec la magie du « et » pour conjuguer sa propre réussite avec la réussite des autres et de tous.* La compétition fonctionne par le « ou » : c'est l'un « ou » l'autre, un individu « ou » un autre, une équipe « ou » une autre qui gagne. C'est un groupe « ou » un autre, un pays « ou » un autre. *La compétition postule la victoire pour soi ou pour son groupe contre un ou plusieurs autres. D'ailleurs, il sera question de « se battre » et non pas de réaliser quelque chose « ensemble ».* Il ne s'agit pas de courir « avec » les autres pour le plaisir et pour le ressourcement afin d'assurer l'excellence de *la coopération* de tous, mais il est question de vaincre et donc d'être *le plus* fort, *le plus* habile et *le plus* rapide en mettant ainsi, même sans le vouloir, les autres en échec. C'est aussi valable pour une équipe. *Elle joue « pour » elle-même*

« *contre* » une autre. Il ne s'agit pas ici d'accuser ou de dévaloriser. Je voudrais, au contraire, admirer le courage de tous les sportifs et saluer la beauté de beaucoup de leurs performances. Mais il s'agit de *clarifier* les idées et d'identifier les valeurs ou *l'absence de valeurs* avec leurs effets et conséquences sur une culture en voie de mondialisation.

Comme je le disais, il ne s'agit en aucun cas de dénoncer qui que ce soit personnellement. De toute façon, *nous faisons tous toujours de notre mieux avec ce que nous savons et avec ce que nous avons à un moment de notre vie* et dans un contexte social donné. Cependant, le fait de *prendre conscience* n'est pas interdit, mais rudement nécessaire, si nous voulons vivre et survivre sur cette Terre.

Il s'agit de voir comment les individus – ceux qui courent, ceux qui font courir et ceux qui regardent – peuvent « piéger » et se laisser piéger, pris dans l'engrenage d'une société aux cibles et aux valeurs déplacées. Comment ne pas rapprocher la course du plus fort de la préhistoire ? Comment ne pas y voir un conditionnement et un rituel perpétuant les impacts des bêtes féroces à la place de l'évolution des consciences ? Aujourd'hui, dans nos sociétés, c'est le plus fort qui gagne au détriment des autres. Nous n'avons pas encore des sociétés qui fonctionnent sur la base d'une vision globale et de façon constructive, par complémentarité et dans l'enrichissement mutuel.

Trouver ses repères

Il est temps de prendre suffisamment de *recul* pour voir calmement comment nos cultures, et surtout notre culture moderne, ont poussé à l'excès les hommes et les processus dans un déséquilibre de plus en plus grand, et *comment elles ont conditionné les individus à regarder et à courir dans une direction qui n'est pas la leur*. Pour bien réussir ce conditionnement, on *impose aux individus*, dès l'enfance, des *repères extérieurs* à eux-mêmes en les rendant **dépendants**. Or c'est notre potentiel bien en place avec ses repères au fond de nous-mêmes qui nous indique ce qui est réellement *juste* pour nous. Si nous apprenons à utiliser nos propres repères, nous développons une *sécurité intérieure*, nous pourrions dire une *sécurité affective*, grâce à laquelle nous ne sommes pas soumis au besoin d'approbation et de reconnaissance. Ce sentiment d'autonomie et cette sensation d'équilibre général, ancrés dans la certitude de sa valeur, orientent l'individu vers la quête de sens et la création de valeur, plutôt que de l'exposer à la manipulation.

La dépendance aux repères extérieurs

Ce sont donc ces *critères extérieurs* qui soumettent les sportifs aux *exigences* et *pressions à l'extérieur* en contradiction avec leurs propres besoins et avec les exigences permettant de créer une réalité sociale en bonne santé. Comme le disait le professeur Parquet, quand les ressources manquent, alors souvent les *ressources artificielles* sont fournies par l'extérieur afin de satisfaire aux exigences basées sur des *critères extérieurs*. Cet apport, en *décalage* avec leurs besoins intérieurs, créera le désordre. Il ne faut jamais oublier que le prix du court terme uniquement est le *désordre à moyen et à long terme*. Je trouve que c'est cher payé pour des hommes et des femmes qui auront pourtant essayé de donner le meilleur d'eux-mêmes. Sincèrement, ne le trouvez-vous pas ?

Cet ancien monde – je ne parle pas de l'Antiquité, mais d'hier – est caractérisé par la performance. Il faut « performer », il faut démontrer. Priorité est donnée à la forme et non au fond. Au lieu d'explorer dans le plaisir son potentiel, son *repère intérieur* et ses infinies possibilités, le sportif devient une sorte de « répondeur » face aux exigences du monde extérieur. Il devient en quelque sorte l'objet du besoin de consommer et certains finissent par être sacrifiés sur l'autel du collectif pour permettre à ce dernier de vivre une intensité émotionnelle que, par manque de sens, il ne trouve pas ailleurs dans sa vie.

Dans ce processus « archaïque », le sportif est utilisé par le système et, quand on regarde de près, tous sont perdants : ceux qui s'aliènent et ceux qui compensent un manque à vivre dans l'essentiel en le remplissant d'émotions fortes. À leur tour, ils sont sous dépendance et dans le manque. La dynamique ainsi créée leurre les uns et les autres.

Le problème est à rechercher, comme je le disais, dans *l'objectif.* S'il se place *à l'extérieur* de la personne (reconnaissance, argent, pouvoir), il ne correspond pas à un *objectif profond* d'épanouissement, de ressourcement et de réalisation de soi dans l'équilibre. Cela vaut, bien sûr, pour tout le monde. **Le repère extérieur induit toujours la dépendance et la soumission à ce repère.** Une fois ancrée cette drogue que représente le repère extérieur, la roue infernale se met en route : dépendance, pression, soumission, disharmonie, pression accrue, déséquilibre, excès, etc. Le *dépassement de soi*, en l'occurrence pour le sportif, ne se fait pas de façon globale et positive, en étant fondé sur son propre élan, mais en réponse à l'extérieur et pour la démonstration, avec à la clé la désorganisation de ses rythmes et de son fonctionnement normal. Ce n'est donc pas un dépassement des faiblesses de son ego, mais dans bien des cas l'inverse, c'est-à-dire un gonflement de l'ego. En plus, « l'appât » de la « victoire » *sur les autres* peut servir *à combler*, au fond, *un manque de sécurité intérieure et le besoin de reconnaissance.*

En regardant, une année, les Jeux olympiques d'hiver, je suis tombée par hasard sur un reportage où l'un des médaillés d'or disait : « Oui, je suis très content d'avoir gagné. C'est étrange, mais aujourd'hui, je suis devenu un homme. Oui, il me fallait ça pour devenir un homme. » Je voudrais commencer par saluer son courage, sa sincérité. Ensuite, je voudrais ajouter que ce jeune homme sympathique et compétent aurait certainement mérité d'être valorisé bien plus tôt dans sa vie, et qui sait quels autres exploits il aurait alors réalisés. Il se trouve que lorsque nous avons été suffisamment valorisés pour ce que nous sommes naturellement, dans un climat d'équilibre et de partage familial, nous n'avons aucun besoin **d'être « plus » ou de faire « plus »** *que* quelqu'un d'autre ni de rattraper quoi que ce soit par le biais de la *reconnaissance* ou de *l'appropriation* des moyens matériels.

Sur le plan de l'éducation, il faut dire qu'un certain nombre de parents projettent leur propre besoin de reconnaissance sur leurs enfants, qu'ils poussent ensuite dans la course à l'exploit dans différentes disciplines et divers secteurs. En ce qui concerne le manque de reconnaissance et de valorisation parentale, dans bien des cas, cela ne traduit généralement pas un manque d'amour, mais c'est un manque *d'expression* d'amour et un manque de considération du besoin réel de l'enfant. Souvent, les parents ne *ressentent* pas en eux le besoin qu'éprouve l'enfant d'entendre de leur papa et de leur maman « c'est vraiment bien, ce que tu fais » (même pour des choses simples), « c'est super, bravo ! » et peut-être « montre-moi comment tu fais »…

Il se trouve que tous les enfants ont besoin de se sentir pleinement reconnus simplement pour ce qu'ils sont, naturellement, sans pour autant être obligés de faire des exploits. Ils ont besoin d'être libres, d'exprimer leur potentiel selon leur ressenti et leurs dispositions en profondeur. En cela, ils ont besoin d'être accompagnés de façon constructive par les adultes dans une vision d'épanouissement et non pas pour entrer en compétition en se comparant aux autres. Cela leur permet de laisser s'installer en eux un calme, une sécurité intérieure et la sensation de leur valeur et de leur force. C'est alors qu'ils peuvent *jouer* avec leurs dons et leurs talents et, valorisés de façon *juste* par leur environnement familial, ils peuvent les développer dans le plaisir. Ils éprouveront la joie de réaliser progressivement des exploits dont ils aimeront la beauté globale et qui leur permettront de se dépasser et de grandir sur tous les plans. Ressentant toute cette force et cette joie de vivre, ils auront naturellement le désir de partager et de coopérer ensuite avec d'autres personnes pour aller encore plus loin.

À côté de cela, courir en se mettant totalement sous stress et chercher à *dépasser* les autres représente un objectif étrange. Il l'est d'autant plus quand on regarde notre planète et tout ce qui y vit. Il est intéressant de contempler *l'échelle des performances* de toutes les espèces, y compris de l'espèce humaine. L'ensemble du vivant nous offre un spectacle fascinant de beauté, de force et de grâce. Si nous contemplons le règne animal, nous découvrons des facultés et des capacités de performances qu'aucun humain ne saura jamais égaler.

Une puce de 2 mm saute 25 cm de haut, environ 130 fois sa taille.

Le guépard et l'antilope courent à 100 km à l'heure.

L'oie à tête barrée survole l'Everest.

Un petit veau se met debout moins d'une heure après sa naissance…

Chaque espèce a sa grâce naturelle et peut fournir une performance sans efforts, tout simplement parce que cela lui est donné.

Seul l'homme court comme un fou, pour jouir de 9 chances sur 10 ou de 99 chances sur 100 de perdre, puisqu'il n'y en aura qu'*un* qui sera *le premier* et *quelques-uns* qui gagneront. Le monde est rempli de « seconds » et d'une foule de « perdants ».

La mentalité de compétition

Cette mentalité de compétition et tous ses effets dans la vie du sportif, des élèves et des étudiants, puis dans le quotidien des hommes et des femmes, s'est insinuée dans presque toutes les structures et dans le fonctionnement de la société. Pratiquement tous les systèmes éducatifs, du primaire jusqu'aux grandes écoles, surtout celles-ci, fonctionnent selon ce modèle. D'ailleurs, la compétition, avec tous les effets destructeurs qu'elle comporte, s'intensifie – autrement dit, s'aggrave – au fur et à mesure de son développement, exactement comme s'aggrave une pathologie dans la vie d'un individu si celui-ci ne se prend pas en charge pour rétablir sa santé. Les uns comme les autres sont sacrifiés sur l'autel de la compétition : sportifs, élèves, étudiants, employés et cadres.

L'idée qu'*il faut se battre pour réussir*, avec tout l'arrière-fond psychologique que cela suppose, et les effets négatifs en chaîne que cela crée, en découle naturellement. Ainsi, le conditionnement au jugement, à la peur, au « manque » sous toutes ses formes et à l'agressivité, pénètre très tôt et très profondément la vie des personnes. L'idée du *potentiel de création infini* de chacun, avec la possibilité de réussir naturellement *selon le caractère unique de sa contribution*, n'a pratiquement aucune chance de naître dans la tête de tous ceux qui ont « bénéficié » de ce conditionnement et de ce formatage. J'entends par *potentiel de création infini* la pleine utilisation de toutes les capacités que nous avons : capacités de vision, de création, d'innovation, capacité de motivation, de conception et de raisonnement, mais aussi la pleine utilisation de l'intuition et de la créativité, du potentiel de réalisation et de transformation, ainsi que nos aptitudes à prendre conscience et évoluer.

L'idée d'un *fonctionnement par complémentarité* avec, à la clé, la réussite dans le plaisir et dans la facilité a d'autant moins de chances de trouver sa source dans la tête de ces personnes, que celles-ci ont été conditionnées et programmées *en sens inverse*. La preuve, c'est que les petits devenus grands fonctionnent dans leur entreprise et leur organisation comme ceux qui les ont précédés. Ils ont été mis dans le « moule » et bien « formatés ». Ils courent, ils se battent, ils souffrent, font souffrir et appellent cela *la* vie. Ils disent même que leur *statut d'adulte* leur permet d'affirmer qu'ils connaissent bien la vie. Une fois cette « vérité » énoncée, ils se remettent aussitôt à courir, à se battre, à souffrir et faire souffrir pour ensuite s'en plaindre.

Notre société en perte de valeurs érige des idéaux qui, après le shoot « du court terme », s'avèrent des miroirs aux alouettes pour tous ceux qui en sont les victimes à moyen et à plus long terme.

Est-ce cela, le prix de la conscience d'une « espèce supérieure » ?

Qu'avons-nous donc à courir les uns contre les autres alors que nous sommes de la *même espèce* ?

L'ancien monde en survie

Nous avons vu que *« l'ancien monde » en survie*, si je puis le nommer ainsi, ne se limite pas à la réalité des sportifs.

Ce phénomène a imprégné toutes les couches de la société. Le *repère extérieur* a évacué chez beaucoup d'entre nous le *ressenti en profondeur et la conscience du potentiel, qui permettraient à chacun d'être compétent et de se réaliser.* En plus, comme l'a évoqué le professeur Parquet, la *croyance* a été développée que nous avons intérêt à nous faire aider par des produits et des éléments *extérieurs*. Cela entraîne la croyance de ne pas être reconnus pour ce que nous sommes naturellement. Regardons le pourcentage de population active qui a recours à la chimie (comme les antidépresseurs, les stimulants, les médicaments) pour se maintenir dans le système au lieu de développer sa conscience afin de voir clair et de se donner les moyens de réorienter sa vie. Dans cette situation de dépendance et de soumission, le potentiel individuel est constamment remis en question. Nous avons alors besoin de nous montrer constamment *plus* forts, *plus* rapides, *plus* performants.

Dans cette *course*, il faut surtout être *plus* et *mieux* que l'autre et non *complémentaire et différent*. La notion de *complémentarité* ne vient même pas à l'esprit des gens puisque tout est formulé en termes *d'opposition*. Cela fait vraiment réfléchir. Il faut être toujours *PLUS, quel qu'en soit le prix à payer*. La croyance que nous sommes, par conséquent, marqués par l'insuffisance et par l'incompétence, devient une *donnée normale* pour tous ceux qui ne gagnent pas ou qui ne sont pas reconnus comme des *gagnants*. Or, comme je l'ai dit, les perdants sont légion.

Telle est la réalité concrète créée par la **mentalité de compétition**, avec tout ce que cela implique. Nous avons fait un constat difficile, mais je vous propose dès à présent une possibilité de se repositionner. Nous avons vu que le discernement représente un véritable joyau de la conscience. C'est d'abord lui qui nous permet de voir clair, et ensuite notre propre *cohérence* nous permet d'être clair avec nous-mêmes dans la durée, et d'agir.

Si nous appliquons le discernement et accédons à notre *ressenti* en profondeur, nous pouvons percevoir clairement ce qui est *juste*. Ce qui est juste est à sa place et ce qui n'est pas *juste* ne l'est pas. Autrement dit, la chose est déplacée. Elle produit alors des effets en conséquence. En étudiant la section *La Psychologie d'Évolution* sous l'éclairage des *Quatre niveaux de potentiel de l'Être humain*

(p. 161), il devient facile d'exercer le discernement et de faire la différence entre ce qui est juste ou non.

Encore une fois, quand il est question du *sport à l'ancienne* dans sa conception, dans son organisation et sa pratique, je distingue les sportifs qui ont un esprit de compétition de ceux qui, au contraire, réalisent leurs performances et leur évolution tout en favorisant leur épanouissement personnel. Ces derniers gardent non seulement un corps sain et un esprit positif et équilibré, mais ils poursuivent un constant développement.

Quant à l'exercice du discernement, il est peut-être bon d'ajouter qu'une des conditions sine qua non qui s'y rattache est *l'intégrité,* c'est-à-dire la capacité à être réellement honnête avec soi, à ne pas tricher avec soi-même. C'est cette intégrité qui permet de voir *intégralement* et *objectivement* les choses telles qu'elles se présentent, sans les *déplacer* ou les modifier par des considérations subjectives, même si le constat est difficile. Cette condition est en effet acquise par chacun de nous à partir du jour où, au fond de nous-mêmes, nous n'avons plus peur, qu'il s'agisse de la peur d'être jugé, rejeté, critiqué ou de la peur d'être « insuffisant », de manquer, de ne pas profiter, etc.

L'idéal des jeunes et la coopération

Les divers moyens de communication apportent aujourd'hui de plus en plus d'informations sur l'ensemble des dérives dans le domaine du sport. Un début de prise de conscience commence à faire naître une vision nouvelle de l'être humain et de ses performances au sein d'un groupe, d'une société ou d'un système. Quant au sport, il est clair que la conjugaison de l'*idéal des jeunes* et de l'*évolution* rendrait justice à une conception véritablement pacifique et bénéfique du sport. D'ailleurs, de nouveaux types de jeux collaboratifs sont en train de se développer. Cependant, les initiatives demandent à être généralisées. C'est sur le plan officiel que des prises de conscience et des changements demandent à être réalisés.

Une *ouverture* aux valeurs humaines et sociales dans le domaine du sport correspondrait parfaitement à l'idéal des jeunes, à leur vision et à leur fougue. Encore faudrait-il que « l'intérêt » se déplace du pôle « matière/finance » vers le pôle « qualité/dimension humaine ». Alors, à *vous les jeunes générations et à vous tous qui êtes restés jeunes* de prendre des décisions et de rester fidèles à votre idéal en vous donnant les moyens de le mettre en pratique. **Il faudra alors développer des modèles de performances où les notions de compétition et de hiérarchie seront éliminées au profit de la complémentarité, de la coopération, de la variété, du caractère et de la beauté uniques de chaque performance et du don réciproque.** Les idées dans ce sens ne manqueront certainement pas. À vous de les réaliser !

Les nouveaux sportifs

Nous avons vu, dans *le sport «à l'ancienne»*, que celui-ci se définit par la performance physique soumise aux critères de vitesse et de mesures spatiales : le plus vite, le plus haut, le plus loin, le plus fort et le plus précis. Il est également défini par la hiérarchie et le *repère extérieur*, c'est-à-dire par *la comparaison* dans une *vision d'opposition* et une *perspective d'élimination*.

Comme nous avons pu le constater tout au long de ce livre, il est important de placer toutes les activités de notre vie, y compris le sport, dans une **vision globale** et dans une **perspective d'évolution** de l'humanité.

Les médias nous rappellent tous les jours que la planète est petite et qu'elle ne va pas très bien, autrement dit que nous sommes tous dans le même bateau et qu'il faudrait «ramer» ou plutôt «avancer» dans le même sens. Si l'on ajoute la situation dramatique de beaucoup de nos *congénères* et les perspectives préoccupantes, surtout pour les jeunes générations, il apparaît très clairement que *les critères de définition d'une discipline*, surtout si celle-ci a *une position d'exemplarité* comme *le sport*, ne sont absolument pas neutres. Nous savons que tout évolue avec le temps. Ainsi, le sport à son tour pourra évoluer.

C'est d'autant plus important que l'homme a, pour ainsi dire, atteint ses limites. Une étude statistique évoquée par *Science et Vie* en août 2008, analysant 3 000 records réalisés dans cinq disciplines depuis une centaine d'années, affirme que les capacités physiologiques de l'homme ont quasiment atteint leur maximum.

Déjà en avril 2008, *Science et Vie* se positionnait dans ce sens : « En effet, l'analyse épidémiologique de l'évolution annuelle des records montre une stagnation, voire une régression : certains records tiennent des décennies avant d'être battus, et finalement, tous tendent vers une valeur limite qui, d'ici à vingt ans, sera atteinte à 99,95 %. » De toute évidence, notre structure physique et notre fonctionnement physiologique ont des limites comme pour toutes les espèces. Ce serait tout à fait absurde de maintenir la compétition et la course aux records, alors que les athlètes ont, pour ainsi dire, tous atteint leurs limites physiologiques. La compétition sportive a, quant à elle, atteint un tel degré d'absurdité qu'elle a inspiré l'ancien sportif et metteur en scène Philippe Nicolle, qui a créé sur l'absurdité de la compétition un spectacle intitulé *1er Championnat de France de N'importe quoi*. La compétition soumet le sportif au *repère extérieur*, à la comparaison et, par conséquent, le rend dépendant. Il perd son autonomie et la liberté, voire la capacité de création de valeur et de sens.

Un exemple de repositionnement d'une sportive de haut niveau

Justine Henin a décidé, au plus fort de sa carrière de championne de tennis, de mettre un terme à la compétition pour redonner, selon ses propres mots, « un sens à sa vie ». Alors qu'elle n'a que 25 ans, le journaliste belge Serge Fayat en parle en ces termes : « Usée mentalement et physiquement, elle a rangé définitivement ses raquettes. » Aujourd'hui, âgée de 27 ans, Justine Henin se consacre, entre autres, à sa fondation pour les enfants malades. Je lui dis bravo pour une telle décision. Elle a retrouvé son *repère intérieur* et avec cela son potentiel. Il s'agit d'un véritable repositionnement. En effet, c'était en mai 2008. Mais elle y va d'un virage à 360 degrés. Elle effectue à 27 ans un retour à la compétition. Plus équilibrée et moins excessive, elle a retrouvé le goût des choses simples et sera sans doute moins victime du système où l'argent sert de veau d'or. De l'or, elle n'en manque pas : 41 titres, dont une médaille olympique, et plusieurs millions de dollars. C'est souvent un cercle vicieux dont on sort avec peine.

Le bilan des jours heureux et des jours sacrifiés

Lors des événements sportifs, il y a souvent des moments où les sportifs relatent un peu leur passé. Ils évoquent alors très souvent les efforts et les privations qu'il leur a fallu faire pour y arriver. Quand ils vivent une déception ou une injustice, on les entend alors dire avec beaucoup de souffrance : « Il a fallu faire *tellement de sacrifices* pour en arriver là. » Autrement dit, les années passées furent, pour beaucoup, jalonnées de dureté, de souffrances et de privations. L'énervement, le stress et, selon les moments, la déception et un manque de qualité s'installent ainsi au profit de quelques **hypothétiques jours de gloire** dans le sens : « le jour où je gagnerai… », « le jour où je réussirai… », « le jour où… ». **Le repositionnement n'est possible que *le jour où la prise de conscience* a lieu par rapport au besoin de reconnaissance et donc de gloire.** Il serait important d'établir de façon juste, dans le domaine du sport, **le bilan du vécu global** de chaque sportif sur l'ensemble de ses années de pratique. Cela permettrait d'avoir *un résultat qualitatif plus objectif* par rapport à un tel investissement.

Du sacrifice à l'épanouissement du sportif

Le public est aujourd'hui nourri, au quotidien, de messages de violence, par les médias, les jeux vidéo et l'industrie du cinéma, dont les films de violence représentent plus de 80 % de la production aux États-Unis. Le public est mis sous stress à beaucoup de niveaux. En plus de cela, les individus manquent dans leur vie de reconnaissance et de valorisation. Se retrouvant avec *un immense besoin de combler ce manque*, ils fonctionnent *par procuration* et *s'identifient* à ceux qui sont mis en avant et, en l'occurrence, à quelques sportifs.

Si le sportif s'entraînait à *se réaliser plus globalement* et à développer son *savoir-être* dans l'équilibre, c'est-à-dire sa façon d'être positif et constructif, ainsi que son désir de *produire du sens* et *d'apporter sa contribution* à la société, alors beaucoup de possibilités de réalisation s'offriraient à lui. Les sportifs n'auraient ainsi plus besoin de répondre à un public de plus en plus avide de sensations et d'émotions, à un public qui met la barre sans cesse plus haut. Ils n'auraient pas besoin de répondre à cette *exigence de performance* et de *pousser leur corps* à aller de plus en plus vite, de plus en plus haut, de plus en plus loin et d'une façon toujours plus forte, en le coinçant dans *la répétition à haute précision*. Actuellement, certains sacrifient non seulement une partie de leur vie **sur l'autel de la performance**, mais aussi *leur avenir* en succombant *à des ressources extérieures* comme le *doping* ou en détruisant leur santé physique ou psychique, au risque de leur vie.

Repère extérieur
(ou référence extérieure)

Souffrance, dépendance, opposition, élimination

FONCTIONNEMENT
PAR RÉFÉRENCE À L'EXTÉRIEUR

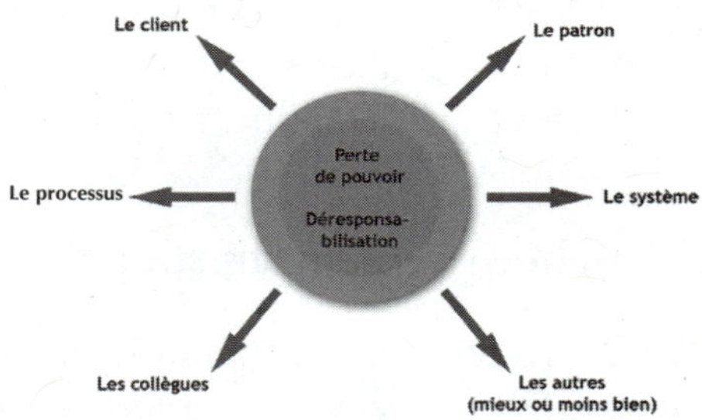

Repère intérieur
Relation de potentiel à potentiel entre les personnes
(avoir conscience de son potentiel et reconnaître celui de l'autre)
Fonctionnement par complémentarité, création de valeur,
de sens et de joie.

L'homme non seulement peut, mais doit évoluer, dans la prise de conscience de ses potentialités et de leur utilisation globale et simultanée, en créant de la qualité et un équilibre à tous les niveaux, plutôt que d'exacerber le fonctionnement physique, comme c'est le cas dans le sport. Étant donné que les limites des performances physiques de l'homme sont atteintes, il y a de toute façon un changement à envisager.

Devenir créateur de valeur

Le sport occupe une place centrale dans nos sociétés et le sportif représente aux yeux du public un idéal. Cela a des implications par rapport aux modèles des sociétés dans leur ensemble.

C'est bien dans le sport qu'il y a la pression maximale pour obtenir le *meilleur résultat*, autrement dit *être le meilleur*. Progressivement s'installe une sorte de fusion entre le fait *d'être le meilleur* et *d'avoir le meilleur résultat*. Une sorte *d'identité* s'établit entre *l'Être humain* et *le résultat* qu'il crée ou entre ce qu'il *est* et ce qu'il *fait*. C'est à la limite la même chose. Étant donné le glissement continu des valeurs entre *ce qu'il est* et *ce qu'il a* (le résultat), le sportif est progressivement assimilé à ce qu'il *produit* comme résultat. Ainsi, il est acheté ou vendu entre les différents clubs. Dans tous les cas, il sera de plus en plus soumis à l'évaluation matérielle, qu'il s'agisse de la valeur que lui attribue le public ou de ses gains à titre de professionnel. L'homme perd alors ses droits et est soumis aux lois de la matière, il est pesé et mesuré.

C'est en récupérant son autonomie que le sportif peut reprendre sa véritable identité de *créateur de valeur* et récupérer sa *liberté d'agir*, de concevoir et de vivre une vie de qualité. En ne s'identifiant plus à son succès, mais à son *potentiel global de* création de valeur, le sportif se libère de cet enchaînement et de cette spirale descendante. Cette libération lui permet de créer de la valeur non seulement pour lui-même, mais aussi pour la société civile. Cela veut dire que le service qu'il apporte à la société est plus riche dans la mesure où cela représente une contribution de valeur en apportant un plus dans différents domaines ou secteurs. Ainsi, les bénéfices se font ressentir à tous les niveaux : dans les résultats créés, pour le sportif et pour la société civile. Je pense qu'il n'y a vraiment pas à hésiter.

Le nouveau sportif qui est créateur de valeur, ne s'identifie ainsi plus au résultat qu'il crée, mais il cherche tout simplement à développer *la meilleure qualité en soi* dans une vision globale et offre donc ses compétences à la société. Cette libération lui permet de ne plus être soumis à cette *évaluation extérieure* où il ne valait quelque chose qu'en fonction de l'enjeu du moment. Au contraire, il est devenu totalement libre et entièrement conscient de son *potentiel infini de création. Il n'y a pas plus beau, pas plus grand et pas plus efficient qu'un Être humain conscient d'être nanti de cette richesse.*

J'invite les jeunes à être *pionniers* en la matière et à aller de l'avant pour innover dans le domaine du sport. En effet, dans cette vision, celui-ci offre d'énormes possibilités d'évolution, d'autant plus que cette évolution se fera avec l'énergie formidable qui caractérise les sportifs en particulier. C'est avec la créativité, l'idéalisme et la vision des jeunes sur la vie que le sport de demain pourra se développer. Chaque Être humain, et surtout chaque jeune, n'attend qu'à être reconnu pour sa valeur, son riche potentiel, sa singularité et sa compétence. J'ai moi-même créé des dynamiques de groupe pour les jeunes qui ont ainsi pu développer un climat de réussite et d'esprit entrepreneurial grâce auquel ils se sont préparés pour réussir leurs examens avec à la clé des concrétisations, la création de projets, tout en favorisant l'esprit d'initiative et d'innovation. Nous avons passé des moments magnifiques d'intensité, de dépassement des difficultés, de création, de célébration et de joie. Je sais donc que les jeunes, comme tous les humains, adorent cela dès lors que la société leur offre le cadre propice à une telle évolution et entretient un climat général qui *éveille leur désir de réussir pleinement, de se réaliser et de créer de la valeur*.

Donner envie de créer de la valeur

Donnons aux jeunes générations la possibilité et l'envie de *créer des projets de valeur*. Chaque jeune a un riche potentiel et, une fois bien conscient de cela, je crois que rien ne lui est trop difficile pour l'investir dans des projets qui lui tiennent à cœur. Son potentiel n'attend que cela pour se révéler. C'est cela qui fait sens ! Ce sont bien les jeunes qui nous questionnent sur la vie et les valeurs.

Les structures et le fonctionnement du sport « à l'ancienne » sont fortement établis et le challenge pour les faire évoluer est de taille. Pour être suffisamment fort et pour s'affirmer, sans pour autant être en réaction, *il faut commencer par dépasser ses propres faiblesses* et *ses limites* de façon à être non seulement très déterminé tout en gardant son équilibre, mais aussi persévérant et cohérent. C'est alors qu'il est possible de contribuer efficacement à une évolution sur ce plan. Cependant, comme toute évolution, celle du sport nécessitera du temps.

Le sport de coopération

En tant que pionnier, vous pouvez développer une nouvelle **conception du sport** et créer, à la place du **sport de compétition** (avec les effets que cela comporte), **le sport de coopération** avec toutes les valeurs qu'il peut apporter et développer.

Au lieu de chercher à être *plus fort* et *meilleur* que l'autre, nous pouvons coopérer et créer de la valeur. Plutôt que de chercher de la « reconnaissance » à l'extérieur, nous pouvons développer la force intérieure, la confiance et l'autonomie. Au lieu de pousser le corps au bout de ses forces et de créer le déséquilibre, le sport pourrait inclure la notion de dépassement des « limites » et des « faiblesses » à tous les niveaux de la personne.

Pour *les nouveaux sportifs*, il s'agit d'un défi intéressant. Nous n'avons pas, pour la plupart, l'habitude de prendre du recul et de jeter un regard sur notre façon d'être. Cependant, comme vous l'avez lu à maints endroits de ce livre, si l'on veut créer ou changer des choses, **on commence toujours par soi**. C'est pourquoi « la rencontre avec soi » passe avant la « rencontre avec les autres ». Cela permet de ne plus courir *contre* les autres mais d'être, dans le cadre de la rencontre avec soi, davantage à l'écoute de soi et de ses véritables besoins et désirs et ensuite de ceux des autres. C'est un challenge colossal et *un travail d'entraînement de* **grand sportif**.

Deux autres exemples concrets

Deux sportifs de haut niveau, Maxime Thommerel, diplômé de l'École de Management de Normandie (et champion de France d'athlétisme), et sa compagne Delphine Breuil, diplômée de l'École Supérieure de Commerce de Rouen, offrent un excellent exemple de ce que je viens de dire. Ils vont conjuguer leur amour du sport et leur désir d'aller toujours plus loin en partant à la découverte d'eux-mêmes et des autres.

Ils montrent qu'ils sont capables de prendre une initiative dans un sens extrêmement positif qui vise *l'inclusion* des autres et non leur *exclusion*. Ils organisent un tour du monde en tours de pistes. Courir un 100 mètres dans chaque pays rencontré, c'est un moyen simple de toucher la population locale et d'impliquer leur jeune association (En piste pour le monde) dans des projets associatifs locaux, tant humainement que financièrement. En donnant une autre image de leur passion, ils veulent aussi donner leur temps et leur énergie à des associations humanitaires engagées localement.

Je leur dis un grand bravo et je suis sûre que vous vous associez à moi. C'est un exemple qui réunit parfaitement exploit sportif, création de valeur et sens. À qui est-ce que cela ne donnerait pas envie de créer et innover à son tour?

Delphine dit: «*Dans ce nouveau monde où les modèles de développement et de partage sont en train de prendre une nouvelle forme, qu'il est excitant d'agir à son niveau et de voir le monde tourner – ou plutôt courir! – dans le bon sens.*» (fr.calameo.com)

Prenons maintenant l'exemple de Romain Pilliard, un compétiteur de haut niveau dans le domaine de la voile et un ancien concurrent de La Solitaire du Figaro. Il a organisé le Tour de Belle-Ile, «un événement de voile» auquel participent plus de 280 bateaux de toute catégorie, venus du monde entier. Cette manifestation rassemble tous les amoureux de la mer, des compétiteurs de haut niveau jusqu'aux personnes les plus novices. Ici, ce qui compte ce n'est pas de *gagner*. La diversité est à l'honneur. Tous les participants, jusqu'au dernier, sont valorisés et reçoivent un prix, comme « le prix de l'élégance, l'équipage le plus familial… » Cette manifestation, qui en est à sa deuxième édition, a aussitôt été relayée par la presse.

Comme vous l'avez vu dans différents textes, tels qu'*Aller au fond des choses* (p. 139), notre *savoir-être* influence tous nos choix, nos activités et la valeur de nos résultats. Si je suis, au fond, plutôt dans *un état réactionnel et émotionnel*, je n'alimente pas les mêmes choses que si j'étais serein et en harmonie. *Un dépassement global de soi* dans l'équilibre, au moyen de la recherche véritable, à tous les niveaux, de la plus grande qualité de performance et de résultats, procure une grande et puissante sensation de vivre. Il faut de l'audace et de l'ouverture d'esprit pour l'expérimenter, mais cela correspond bien au caractère exigeant de la jeunesse.

Le sport offre d'autres initiatives possibles

En voici quelques-unes :

- Imaginez une marche de relais qui tourne en continu tout autour de la planète, symbole de « l'évolution en marche » et que chacun pourrait rejoindre librement.
- Imaginez des clubs de gymnastique qui, au lieu d'opposer les performances de leurs compétiteurs, conjuguent leurs talents dans des présentations de grande qualité où se succèdent sauts, équilibre, prouesses de souplesse et d'agilité, le tout au service de projets de valeur comme la collecte de fonds pour parrainer, par exemple, des enfants du monde.
- Imaginez qu'une part du budget des *sponsors* des évènements sportifs soit allouée à l'entraînement au savoir-être des entraîneurs volontaires et à l'accompagnement du dépassement global des sportifs.
- Imaginez les professeurs de sport à l'école qui ont bénéficié d'une formation en *savoir-être* et en ressenti des états émotionnels des enfants. Imaginez la façon dont les *nouveaux sportifs* pourraient, instantanément, à la fois dans l'efficience et dans l'empathie, évaluer le degré d'angoisse ou encore la peur de beaucoup d'enfants

qui apprennent à nager et qui craignent l'eau. Ils trouveraient les mots, les gestes et le rythme pour les accompagner et faire de cette expérience un plaisir et une réussite.

- Imaginez des ateliers de développement personnel qui permettent aux sportifs de s'entraîner à optimiser leur potentiel global, en lâchant des tensions et de l'agressivité et en mobilisant un élan et des forces en profondeur, tout en développant leurs compétences aux différents niveaux de leur personne dans sa globalité en vue de créer les meilleurs projets et d'apporter le meilleur service à la société.
- Imaginez que les grands sportifs promeuvent et vulgarisent l'usage du *punching ball* dans les familles de façon que chacun puisse, à tout moment, décharger ses poussées d'agressivité et de violence, en toute sécurité et sans préjudice physique et moral pour qui que ce soit.
- Imaginez qu'on puisse s'entraîner au tennis dans les squares et un peu partout dans les établissements (gymnases scolaires et sportifs) en faisant du mur. Un tel « mur » pourrait aussi faire office de *punching ball* sans effets secondaires.
- Imaginez des entraînements sportifs qui apprennent aussi aux jeunes et aux personnes à respecter leur corps, à s'alimenter sainement, à se relaxer, à découvrir leur rythme biologique et leur rythme de sommeil, à avoir plus d'énergie, plus de vitalité d'une façon naturelle…
- Imaginez des *nouveaux sportifs* qui interviennent dans les écoles pour entraîner les enfants à une dynamique de réussite, en développant la conscience du potentiel de chaque enfant et en lui donnant le goût de la réussite à la fois pour lui-même et en coopération avec les autres. Imaginez la célébration de l'ensemble des réussites individuelles et de celle qui est commune. Imaginez le changement de climat et de vécu pour les élèves et pour les professeurs que cela représenterait. Il y a des programmes d'entraînement passionnants à créer.
- Imaginez à votre tour tout ce qui pourrait être développé pour créer de la qualité et des valeurs.

- Imaginez des spécialistes « sport et réussite » pour tous. Le *nouveau sportif* pourrait apporter sa ténacité et sa capacité à cibler un objectif et à respecter les programmes successifs de son entraînement en vue de la réussite. Ces compétences seraient d'une grande utilité et auraient un succès colossal dans le cadre de formations. Ayant eux-mêmes été entraînés aux quatre niveaux de leur potentiel (intuition, vision, créativité, intellect, dimension affective et émotionnelle, corps), ces *nouveaux sportifs* incluraient dans un tel entraînement la dimension humaine et la création de valeur. Ces spécialistes, comme l'ensemble des sportifs, pourraient accompagner les personnes vers une pleine réussite, sans acharnement et sans provoquer de déséquilibre. On pourrait établir des programmes très pointus dans le cadre de ces accompagnements.
- Imaginez des spécialistes « sport et développement ». Ceux-ci pourraient être *missionnés* ou formés directement dans les pays émergents, pour accélérer un certain nombre de programmes. Ils formeraient en même temps les personnes au *savoir-être* dans une vision d'autonomie, de prise en charge, de conception, d'innovation, pour accélérer l'évolution sans pour autant entrer dans la dynamique du court terme préjudiciable. Des projets de développement, sur la base de programmes d'entraînements sportifs très spécifiques, transposés dans le contexte local, se révéleraient hyperefficaces.
- Imaginez des formations de professeurs spécialisés pour former de futurs sportifs professionnels. Ce seraient des programmes extrêmement exigeants avec une grande ouverture à la fois à l'humain et à la réalité des différentes populations et de la planète pour apporter une contribution à l'évolution de l'humanité.
- Imaginez des spécialistes « sport et éthique ». Ce seraient des personnes avec de grandes compétences qui entraîneraient des dirigeants vers une réorientation de leurs stratégies dans une vision d'accélération, tout en leur faisant prendre du recul, afin de créer une qualité pérenne.

Ainsi, le sport pourrait recevoir ses lettres de noblesse et représenter la plus belle contribution à la dynamique planétaire dans une vision d'évolution. Avec de tels programmes, les *nouveaux sportifs* sauraient après quoi ils courent, sachant en effet qu'ils ne courraient même pas, tout en étant plus rapides.

Comme vous le voyez, la réalisation de tout cela n'appartient pas au domaine de l'utopie, mais au domaine de l'intelligence*.

Se dépasser globalement et évoluer

On pourrait évaluer *un dépassement global de ses limites et de ses difficultés, à tous les niveaux*, y compris sur le plan émotionnel, ainsi qu'une mobilisation du *potentiel global* par de *nouvelles procédures* et des *mesures spécifiques*. Cela permettrait d'engendrer une performance physique portée par un équilibre émotionnel et affectif avec une belle ouverture et un charisme. Cette recherche d'*adéquation* entre *équilibre général* et *exigences qualitatives,* dans une vision globale, procurerait déjà un tout autre vécu pendant les années d'entraînement ! Surtout si on fait bien la différence entre *réussir* et *gagner*.

L'intérêt du *dépassement global* de ses limites et de ses faiblesses et l'intégration du *savoir-être* résident ainsi dans le fait de réaliser une performance maximale tout en assurant toujours *l'équilibre global du nouveau sportif* et *les effets positifs* sur tous les plans, ce qui est aux antipodes de tous les sports qui génèrent des déséquilibres.

La capacité de recentrage sur son potentiel en toute situation et le fait d'assurer un bon équilibre global s'avèrent essentiels pour chacun dans la vie. Si nous n'assurons pas l'équilibre et les effets positifs pour nous-mêmes, pour l'environnement et pour demain, nous **régressons** au lieu de *nous dépasser* et **d'avancer**.

---

* Je vous renvoie aux *Quatre niveaux de potentiel de l'Être humain* de la *Psychologie d'Évolution* et au *Projet de vie* (p. 491), qui mettent en évidence que la reconnaissance de notre plein potentiel de vie nous permet de partir dans la bonne direction.

Je pense qu'il est maintenant très clair que si je **force** uniquement mon potentiel physique et si je stresse mes capacités naturelles en prenant comme *repère des personnes* ou un *contexte extérieur*, alors **je ne me dépasse pas**, mais je me **déséquilibre**, ce qui n'est pas du tout pareil. Les *effets* que je crée ne seront pas du tout les mêmes. *Gonflez deux ou trois pneus sur quatre, roulez de plus en plus vite et vous verrez…*

Comme il est nécessaire de respecter le rythme de l'enfant pour lui permettre de grandir, il est nécessaire pour chacun de nous de respecter son propre rythme en vue de *réellement* dépasser ses limites aux différents niveaux, afin de créer de vraies réussites et de la valeur, pour soi et pour autrui. Cela représente un changement considérable par rapport à ce que vivent les sportifs aujourd'hui.

Les qualités du sportif

Le sportif est d'abord caractérisé par sa façon d'*être actif*. Il ne craint ni les obstacles ni l'inconfort dans lequel peut se trouver son corps. Il est persévérant et concentré sur l'objectif. Il peut se priver de toutes sortes de conforts ou plaisirs, au profit de son entraînement et de sa progression. Rien ne l'arrête à la poursuite de son objectif. Le sportif a une volonté forte. Il aime souvent la camaraderie et le fait d'être en équipe. Il a également une capacité d'évaluation sur le plan du temps et de l'espace, il est rigoureux et précis. Cela représente beaucoup de qualités, mais on pourrait sûrement en ajouter d'autres.

Le sport d'avenir fondé sur la réussite pour tous

En créant un **décloisonnement** du sport, on peut envisager les combinaisons les plus variées. En plus des exemples évoqués, il est intéressant de développer l'association « sport et formation ». C'est l'exemple que je connais le mieux, car nombre de sportifs ont créé des dynamiques dans le cadre de formations. Nous sommes d'ailleurs actuellement, à Recherches & Évolution, sur le point de contribuer à notre tour à des initiatives comportant un ensemble d'activités de formation dans un lieu d'accueil, dont les stages *Sport et cohésion d'équipe* et *Réussir ses projets*. En matière de formation, on peut associer de multiples disciplines au sport : *la santé* sous les formes les plus variées, *l'éducation*, ou des thèmes plus particuliers, comme *réaliser ses objectifs*.

Comme je l'ai indiqué, le sport pourrait ainsi prendre une grande place dans le cadre de *la scolarité* et avoir *une position clé* grâce à l'introduction d'une dynamique novatrice. Le sportif, qui est une *personne d'action*, pourrait diminuer de façon considérable **la dépendance** de la jeunesse aux écrans, *préjudiciable à son évolution*. Il pourrait introduire une dimension ludique dans l'apprentissage. Cela changerait de façon colossale la tendance au développement de **jeux violents**, auquel on assiste sous différentes formes dans les établissements scolaires et les cours de récréation. Examinons quelques idées de « jeux » et mettons-nous dans la peau d'un enfant qui en est victime : *le jeu du foulard* (strangulation et constriction des carotides et de la trachée qui provoquent régulièrement des morts d'enfants…), *le petit pont massacreur* (asséner à un enfant des coups « massacrants »), les bagarres filmées, les humiliations, etc. Ces « jeux » de violence gratuite qui font leur entrée progressive dans les cours de récréation et auxquels s'ajoutent, au fil des mois, des variétés aussi traumatisantes que dangereuses, reflètent non seulement une jeunesse sans repères, mais aussi et surtout une enfance en grande difficulté.

Si le sport pouvait se centrer sur le développement de la coopération, sur la richesse de nos complémentarités et la joie de créer la réussite ensemble, pour soi et pour les autres, plutôt que de se spécialiser dans la bataille entre équipes ou entre personnes et l'élimination des plus faibles, il pourrait participer à une véritable réorientation de valeurs dont les enfants et les jeunes ont tant besoin, et dont les sportifs eux-mêmes seraient les premiers bénéficiaires. C'est là que leur **talent d'activation, de stimulation et d'entraînement** pourrait apporter le plus grand bien et, croyez-moi, la célébration de ces succès n'aurait rien à envier aux situations paroxystiques des Jeux olympiques où, bizarrement, on ne filme jamais *l'immense peloton des perdants* et où les quelques gagnants, malgré eux pourrait-on dire, absorbent *toute la lumière* par leur succès. À la place de cela, chaque *nouveau sportif* en tant que *porteur de projet de valeur* ou en tant qu'entraîneur, activateur, formateur, accompagnateur ou guide, serait dans la lumière.

Développer une « vague de vie » plutôt que la « mort au bout de la route »

Le nouveau sportif, en tant qu'expert d'entraînement et de progression, pourra, grâce à son équilibre, sa force de vie, son enthousiasme et son savoir-faire, être actif auprès des différentes couches de la population et accompagner la jeunesse en dispensant un entraînement épanouissant pour chacun. Les grands sportifs qui auront vraiment intégré un beau *savoir-être* pourront être **des guides**, en se spécialisant dans l'accompagnement de la réussite et dans le développement de la beauté de la performance, basée sur la qualité, l'équilibre et la sagesse.

Ils se caractérisent ainsi par leur capacité *à se dépasser de façon globale et dans l'équilibre*, tout en contribuant à l'évolution dans *une vision égalitaire*. De cette manière, ils ne se sentent pas placés quelque part sur une *échelle* avec des « plus » au-dessus d'eux et des « moins » au-dessous. La **diversité** et la **qualité** dans une vision globale prennent ainsi le pas sur *la hiérarchie*. Au lieu de « *battre l'autre* » pour être le « *premier* », le nouveau sportif s'orientera vers une dynamique créatrice de sens.

L'exploration de ce domaine est passionnante et vous, les sportifs, aurez peut-être du plaisir à chercher ce qu'*au fond de vous-même* vous avez envie de créer. J'apporterai plus loin un certain nombre de suggestions, mais vous êtes les mieux placés pour savoir comment utiliser pleinement votre potentiel.

Promesses d'un grand projet

Nous avons tous, au fond de nous, un *Projet de vie* que nous souhaitons réaliser. Beaucoup de sportifs ont un véritable idéal sur ce plan, ce qui leur offre du plaisir et l'occasion de nouer des amitiés, mais je crois qu'il est intéressant pour chacun d'eux de regarder de plus près pour *bien ressentir la meilleure façon d'utiliser son énergie.*

Le *Projet de vie* correspond toujours à *l'idée la plus élevée* que nous nous faisons de notre *chemin de vie et de réalisation.* Il est ce grand projet qui donne vraiment sens à notre vie et qui apporte toujours, sous une forme ou une autre, de la valeur à la société. *Le Projet de vie* confère un grand sentiment de liberté et d'autonomie. Regardez dans cet ouvrage les témoignages de ceux qui ont réalisé leur *Projet de vie.* Ils sont vraiment heureux, ont les pieds bien sur terre et réussissent. Est-ce que cela vous donne envie? Tous ceux qui le réalisent disent qu'ils sont nés pour cela. J'aimerais me servir d'une image pour l'illustrer.

Le goéland et le cerf-volant

Imaginez un *cerf-volant.* Il est tenu par une ficelle et poussé par le vent. Il peut aller très haut et se précipiter en avant de façon fulgurante. Selon l'adresse de la personne qui tire la ficelle, le cerf-volant fait des voltiges plus ou moins intéressantes et, pour tout cela, il faut du vent. Si par contre vous lâchez un *goéland*, il volera de ses propres ailes sans être dépendant, ni soumis à la volonté ou au désir de l'homme, et sans même avoir besoin du vent. *Son impulsion et ses ressources sont internes.* Regardez bien si tout en vous correspond au *goéland* ou s'il n'y a pas une partie de *cerf-volant*. Nous pouvons assimiler le *goéland* à notre *être intérieur en profondeur* dans tout ce qu'il a de vrai, de beau et de fort. Le *cerf-volant* peut être comparé à notre côté *surface*, cet *ego* qui *dépend* des autres et du vent. Moi, je souhaiterais vous dire : *ayez un regard critique et profond. Utilisez votre repère intérieur. Ensuite, donnez-vous le droit de vous vivre pleinement en « goéland »*. Vous le savez, au fond, vous êtes tous uniques, exceptionnels, riches de qualités et beaux. Vous êtes dignes d'être respectés pleinement, d'être reconnus et aimés. Vous avez le potentiel pour faire évoluer le sport, même si ce n'est pas facile. En effet, il ne faut pas se faire d'illusions, il n'est jamais facile d'être pionnier, mais c'est ô combien passionnant. Personne ne s'imagine que le travail à accomplir pour changer les mentalités et orienter ce secteur vers *la création de valeur* soit facile.

La différence entre « réussir » et « gagner »

Si, conscient de mon potentiel, je crée une vraie réussite, alors je ne m'oppose à personne. Au contraire, par notre propre réussite, nous pouvons contribuer à la réussite des autres. Cela va de soi, puisque *la réussite* nous comble, nous remplit et nous apporte un sentiment de richesse intérieure. Cela nous amène à nous ouvrir, à coopérer et à produire de la qualité. Nous créons ainsi notre *réussite* qui se déverse automatiquement à l'extérieur en faveur de notre entourage, de la société et, par voie de conséquence, de l'humanité. Par contre, si je veux « gagner », je crée toujours des perdants.

Tant que le sport est régi par **la compétition** et l'opposition et que le *repère extérieur* et la *comparaison* dominent, au lieu de *créer*, on se *bat*, on est CONTRE et non pas POUR l'autre ou les autres, on est *exclu* ou on *exclut* et, sauf **UN**, on est des **PERDANTS**. Cela vaut pour les sports de compétition, mais aussi par le classement omniprésent, pour le reste du sport. Ces *principes généraux* sont importés dans l'éducation et dans le contexte scolaire avec tout le classement et la compétition que cela suppose, lesquels prendront des formes aiguës lors des concours d'entrée dans les grandes écoles. Cette dynamique est également introduite dans toute **l'économie** et domine à outrance dans le fonctionnement du **court terme**.

Une véritable *réussite* présuppose un équilibre intérieur de façon à nous permettre de mobiliser notre potentiel aux quatre niveaux (physique et physiologique, affectif, intellectuel et intuitif avec le potentiel de vision et de créativité, lequel ne peut être libéré que dans le bien-être et la détente). Le *potentiel global* représente ainsi le *repère intérieur*, comme nous l'avons vu.

Être pionnier : transitions et innovations

Certains pourraient, peut-être, dans une vision de transition, commencer par utiliser leur potentiel global et associer les *projets de valeur* à leur compétition traditionnelle. D'autres pourraient, dès maintenant, agir en *pionniers* en développant des jeux nouveaux. Vous pouvez ainsi créer de la qualité de vie et d'expérience pour vous-même et apporter le *meilleur exemple de vie* aux jeunes en tant que porteur de flambeau. Il n'y a rien de plus passionnant que *d'être pionnier* pour apporter UN PLUS à l'humanité. Je fais donc appel à votre expérience, à votre inventivité, à votre ouverture envers l'innovation et à votre générosité pour apporter des repères et de la qualité aux jeunes. Si vous pouvez lâcher quelques petits bénéfices secondaires (les petits plaisirs d'avoir une victoire sur l'autre), vous pourrez toucher le désir profondément enfoui en vous de créer de la qualité.

Des projets de valeur

Il me semble que l'on pourrait, pour amorcer un changement, approfondir l'idée suivante :

des personnes ou des équipes, dans les différentes disciplines sportives, pourraient être porteuses de *projets de valeur*. À la qualité et à la beauté globale des performances sportives pourrait toujours s'associer un *projet de valeur*. Il pourrait s'agir, entre autres, d'un projet pour :

- **promouvoir la santé et la vitalité**
- **rapprocher les peuples**
- **aider les jeunes en difficulté**
- **favoriser la vraie communication entre les humains**
- **réduire les inégalités**
- **créer des écoles et des hôpitaux**
- **proposer des formations en *savoir-être* et en réussite**
- **donner envie de s'occuper de son corps et de l'aimer.**

Des projets pourraient porter sur *l'éveil des enfants à la créativité* et *le goût de la réussite.* De nombreux projets pourraient être conçus pour favoriser *une dynamique constructive* et *l'entraide* et ainsi contribuer à *l'évolution* de la société et au *mieux-être* des personnes. En fait, il y a des milliers de projets à concevoir et l'activité sportive prendrait un tout autre *sens.*

Les Olympiades mondiales de projets de valeur

Pour l'**Olympiade mondiale** de projets de valeur, des représentants du monde entier présenteraient des exploits sportifs sur la base d'un épanouissement et d'un équilibre globaux, accompagnés de projets dans les domaines et les secteurs les plus variés. À la place de « l'évaluation classique », les jurys mettraient en place un système de *reconnaissance* de la diversité du génie et de la générosité humaine, tout en célébrant l'unité, la complémentarité et la coopération dans l'efficience et dans la recherche de la beauté.

Bien entendu, toutes les équipes et tous les participants seraient récompensés et tous célébrés, sachant que n'importe quelle autre personne, ou équipe, pourrait apporter une contribution de valeur d'une manière qui lui est unique

Les Olympiades nationales

De manière à créer une émulation générale et pour donner la possibilité à tous les jeunes de s'engager, selon des cursus à prévoir dans l'entraînement sportif global et la création de valeur, il faudrait mettre en place une organisation à tous les paliers de la société. Des entraîneurs professionnels guideraient les jeunes dans leurs progrès autant sur le plan des performances physiques qu'au niveau de leur évolution plus globale en développant leurs capacités de coopération, de prise d'initiative et de responsabilité, de conception et de réalisation de projet, leur ouverture à l'humain, etc.

Les Olympiades régionales

La création d'Olympiades régionales serait une véritable richesse pour la région, car une jeunesse qui s'implique pour évoluer et qui crée des projets de valeur en contribution à l'évolution de la société, représente en soi un trésor pour la région. Je ne sais pas si vous évaluez la différence que cela pourrait représenter par rapport à ce que nous vivons actuellement dans nos sociétés.

Je donne quelques indications, mais je pense qu'il y a beaucoup d'intelligences qui ne demandent qu'à se révéler pour créer une dynamique porteuse de sens et qui permette de réunir exploit sportif, création de valeur et processus d'évolution des individus et des groupes.

Le comité éthique

Il faudrait alors fonder des associations, des groupements et toute une *organisation en réseau*, soumis aux règles d'un **Comité éthique international** avec une **représentation nationale** dans chaque pays. Ils pourraient tous, à leur niveau, être **porteurs de valeur**. Le stress engendré par la compétition serait ainsi remplacé par la recherche de qualité et la création de valeur dans une vision d'évolution.

Des Olympiades régionales et nationales créeraient une émulation dans toute la jeunesse. Les Olympiades mondiales permettraient à la jeunesse de participer concrètement et activement à l'évolution du monde et donc à l'effort de créer ensemble un monde meilleur.

Des moments grandioses de réalisation de ***Projets de valeur*** et **d'exploits individuels et collectifs**, où chacun fait un effort pour dépasser ses limites de façon globale, pourraient être soutenus par une célébration organisée par des populations, comme c'est le cas dans les villes ou pays qui accueillent les vainqueurs à leur retour, sauf que, dans ce cas, tout le monde pourrait célébrer les équipes qui reviennent non pas des « épreuves » mais des « rencontres vraies », dans une authentique non-violence et avec des performances de haute qualité et de la **création de valeur.** Le public pourrait s'inspirer de ces exemples et devenir actif et créatif à son tour. Il pourrait même y avoir une suite, avec un développement de ces projets à plus grande échelle dans le monde. *La valorisation des projets* et *la célébration* pourraient prendre une place assez importante, car elles seraient *un stimulant* dans *une dynamique d'évolution* et *un liant dans l'expérience positive et constructive partagée.*

Les 90 % de perdants se transforment en gagnants

Étant donné que les 90 % de perdants des Jeux olympiques traditionnels se transformeront dans ce contexte en personnes qui réussissent à créer de la valeur, pour elles-mêmes et pour la société, et qui contribuent à l'évolution de l'humanité, un tel événement dégagerait une puissance d'action exceptionnelle. D'ailleurs, je pense qu'une **philosophie de l'action associée à la création de valeur** correspond bien à la personnalité du sportif qui, de toute évidence, **aime l'action et poursuit un idéal.**

Les ambassadeurs

Chaque sportif serait une sorte d'« ambassadeur » de sa propre équipe ou section de pays. Chaque année, il y aurait de nouveaux représentants, sans pour autant y rattacher une notion de hiérarchie, puisque la roue tourne. Les représentants pourraient être sélectionnés par des jeux de hasard (dés, etc.) ou selon une organisation qui, *de façon juste,* permettrait, chacun son tour, d'être parmi les *représentants* ou *ambassadeurs.* Si les projets dans les clubs, les cercles ou les associations locales sont des *projets de valeur* et si la valeur des sportifs, en général, dans *un processus d'évolution globale*, est toujours reconnue, valorisée et célébrée quel que soit leur niveau, ces derniers n'auront plus besoin de chercher à *être meilleurs* que les autres, mais ils connaîtront le plaisir et la satisfaction *d'être excellents* et *de réussir là où ils sont*. C'est le point axial. Un tel fonctionnement repose sur *la reconnaissance du potentiel individuel*, qui se révèle alors dans les meilleures conditions puisqu'il est reconnu. Voici un atout pour toute jeune personne désireuse de qualité, de réalisation et d'autonomie.

Le *nouveau sportif* est parfaitement conscient du courage et de l'engagement qu'il lui faut pour faire réellement bouger les choses dans le domaine du sport, sachant que l'organisation actuelle repose entièrement sur une *philosophie de compétition* avec tous les intérêts, y compris financiers, qui sont en jeu. Il en a, en effet, bien conscience, mais il sait aussi qu'à partir du moment où la *prise de conscience* des dysfonctionnements s'installe plus largement dans nos sociétés, l'évolution réclame ses droits.

C'est cette nouvelle conception du sport, avec le courage et les qualités qu'elle implique, que je vous propose, à vous *les jeunes générations et à vous tous qui êtes restés jeunes.* J'ai juste esquissé un certain nombre de possibilités d'évolution, mais je pense qu'il faut élargir de beaucoup et approfondir cette réflexion.

À vous maintenant d'apporter vos idées et de mobiliser vos forces pour agir et construire ensemble le futur. Il faudra conduire une réflexion globale sur les règles des jeux, sur la formation des professeurs, introduire de nouveaux sports basés d'emblée sur les notions **d'égalité, de complémentarité, d'unité, de création de valeur ensemble, et donc changer les objectifs**. Envisager, comme je le disais, par binôme ou par groupe, des évaluations, en rajoutant des critères d'exigence et de performance différents et nouveaux, changerait déjà beaucoup. Cela demande une réflexion sur *les motivations en profondeur, sur le système de reconnaissance avec une récompense pour tous selon la finalité et les valeurs, le tout selon une vision globale.* **Cela implique surtout de plonger au fond de soi pour se demander : « *Et moi, au fond de moi, mais réellement au fond de moi, quelle est la dynamique, dans une vision de création de valeur, que je verrais dans le domaine du sport pour l'avenir ?***

Comment voudrais-je voir la société évoluer dans l'ensemble ? Ai-je envie d'avoir mon mot à dire pour changer les choses, donner du sens à ce que je fais ou non ? »

Cela vous donnera mille idées. N'entreprenez pas cela dans la réaction et la tension, faites-le parce que cela vous fait plaisir, faites-le avec votre côté « soleil ».

Je m'adresse ainsi à tous les jeunes. Imaginez-vous, vous tous, du monde entier, vous retrouvant pour célébrer mutuellement vos compétences respectives, en ayant réussi à conjuguer l'exploit personnel avec une œuvre qui a du sens, ou en ayant innové et créé une des nombreuses coproductions possibles. Imaginez-vous tous avec la conscience de votre valeur extraordinaire. Imaginez-vous être dans le rôle d'*ambassadeur* de votre équipe locale. Imaginez les équipes elles-mêmes dont chaque membre sait qu'il a *ce potentiel unique et spécifique* pour apporter une contribution de qualité reconnue par l'entourage. La dynamique engendrée crée évidemment pour tous l'occasion d'être *ambassadeur* à un moment donné. C'est d'ailleurs ce que vous ferez sur le plan local. Imaginez des rencontres régionales, des performances conjuguées aux réalisations, dûment célébrées et fêtées. Imaginez les *effets*. **On a tous réussi !**

Plus aucun jeune n'aura besoin de poser des bombes pour faire comme ce jeune de 13 ans qui, après en avoir fait exploser une avec ses copains près d'un collège en province, disait : « C'est pas mal, je crois qu'ils sont contents, on a fait quelque chose d'un peu spécial… » Lorsque j'ai entendu ces paroles et vu le jeune filmé par la télévision, cela m'a fait simplement mal au cœur. Quel gâchis ! En changeant de registre, comme je le disais, les nouvelles générations pourront se sentir reconnues et participer à créer un plus pour le monde. Pour le permettre, nous tous, chacun et chacune, devons nous impliquer, là où nous nous trouvons. **L'évolution du sport d'une conception guerrière vers une conception puissante de coopération et de cocréation est déterminante.** Il suffit d'en prendre conscience et d'agir sans tarder.

C'est cette « bonne direction » que je vous souhaite de trouver ou ce **bon sens**, c'est-à-dire cette orientation qui conduit à **l'épanouissement global de chaque sportif.** C'est ce **bon sens** qui, par **l'exemple** et la dynamique qu'il enclenche, favorise l'épanouissement et **la conscience de réussite** de beaucoup d'autres. **C'est l'art pour être tous gagnants.** Notre plus belle réussite sera alors **la Réussite pour soi et la Réussite pour tous. Ainsi, chacun pourra être porteur de la flamme pour créer, ensemble, un monde meilleur.**

Ces deux schémas donnent l'occasion, à ceux qui le désirent, de remplir les cases selon leurs expériences ou leur vision, les conséquences en cas de compétition dans le cadre du sport «à l'ancienne» et en cas de réussite sous l'angle des nouveaux sportifs.

Le sport à « l'ancienne »
en compétition

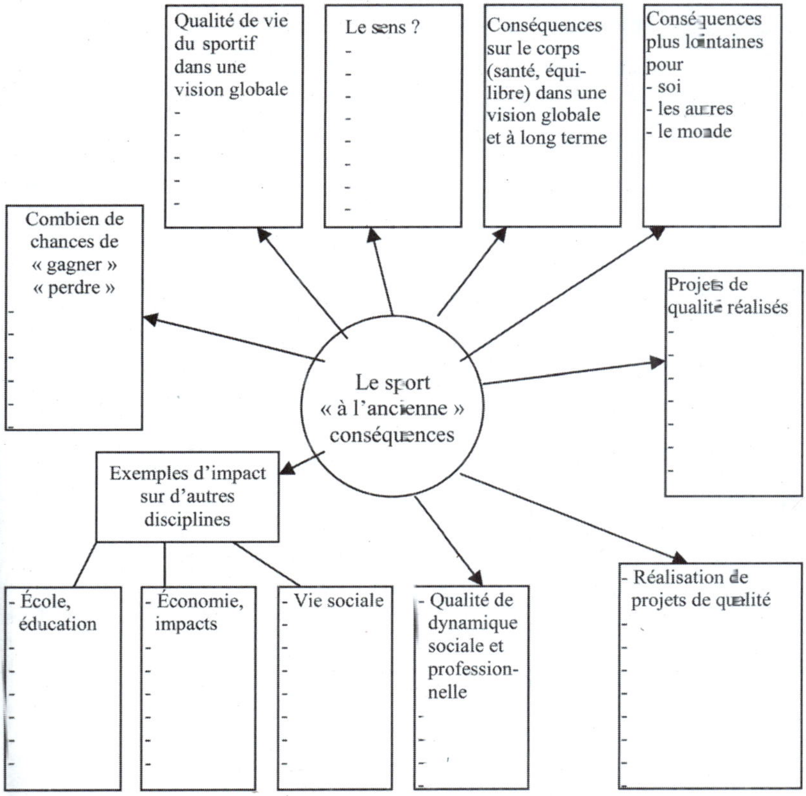

Ce tableau peut être complété par vos évaluations selon votre expérience ou selon votre vision

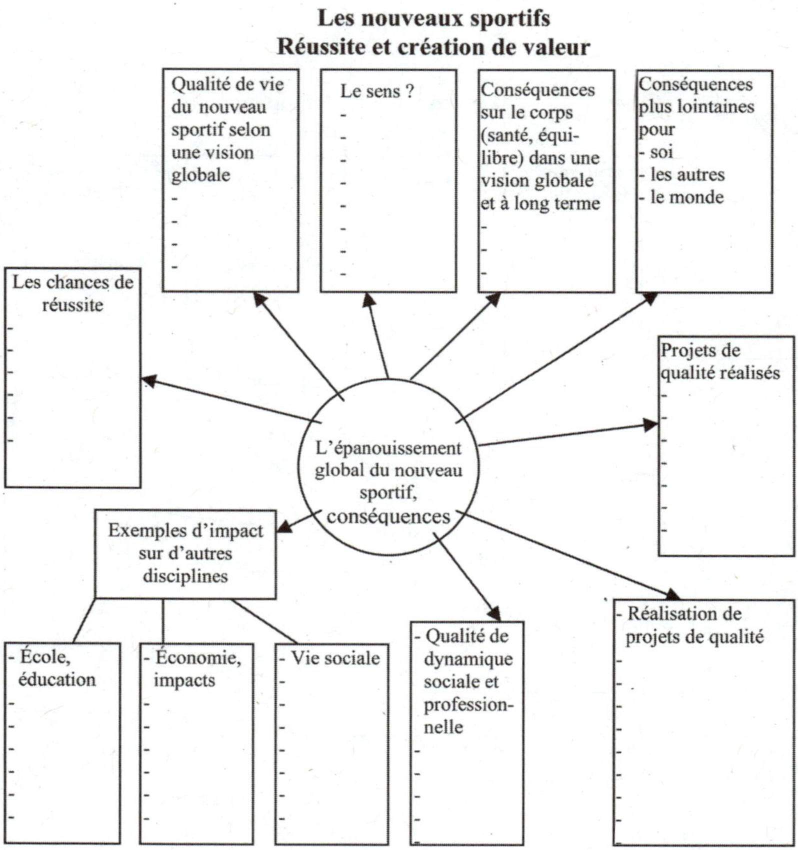

Un peu plus d'amour sur cette Terre

Cette Terre si riche et si belle et cette humanité si extraordinaire, si merveilleuse, partagent pourtant un si grand *manque*. Elles ont en commun le *manque d'amour* des hommes sur terre. Que ce soit pour le petit enfant, pour l'homme d'affaires, pour le parent au foyer ou encore pour le technicien ou le chercheur, le *manque d'amour* enlève des couleurs et de la saveur et développe la peur. Il affaiblit la vue et engendre un raisonnement qui ne tient plus compte de cette dimension de vie, de qualité, de joie, d'amour et de possibilités infinies de se dépasser et d'évoluer, de créer ensemble et de coopérer.

Un peu plus d'amour sur cette Terre apporterait *un plus* à chacun, car l'amour est le meilleur *multiplicateur de valeur* sur la planète. Il est à la fois source d'abondance, de qualité et de joie. Il est un facteur d'épanouissement et de réalisation de soi.

Quoi qu'on en dise, le cœur est le *grand décideur* dans les organisations et dans les entreprises. C'est lui qui dit les « non » ou les « oui ». C'est lui qui *accepte*, qui *adhère* ou qui, au contraire, *refuse* et *rejette*. Il est le *moteur* de toute chose. Être motivé ou non nous oriente dans telle ou telle autre direction.

Ce n'est pas l'intellect qui dispose d'une capacité *d'impulsion*. Non, il fonctionne en tant qu'organe d'ordonnancement et de formalisation. L'intellect est surtout la boîte à outils pour « saisir » et « mettre en forme » et en équation les choses selon *l'impulsion* et la *permission* du cœur. Si une impulsion est trop forte, comme l'angoisse, alors le lobe frontal, cette partie du néocortex, ne peut l'empêcher. C'est le cœur qui donne l'orientation. Selon qu'il est blessé, joyeux ou en réaction, il choisira telle ou telle autre direction. *C'est lui qui décide* par l'acceptation ou le refus de ce qui se pratique et de ce qui se vit dans une famille, dans une société et dans la vie sur cette planète.

Un peu plus d'amour sur cette Terre vécu dans les foyers, plus de tendresse, d'ouverture et de cohérence ferait déjà une différence. Plus de disponibilité intérieure des parents et plus d'écoute du *besoin réel* des enfants pourront apporter à ceux-ci de quoi devenir « des grands ». Ajouter à cela plus de valorisation, de tendresse et d'échanges sains et chaleureux sans avoir honte ferait naître une première grande *vague de vie.*

Un peu plus d'amour sur cette Terre vécu au travail, en se réunissant, en s'ouvrant au dialogue avec plus de reconnaissance et un souci de la dimension affective qui est à la base de toutes les décisions et de tous les comportements, pourrait apporter bien des changements. Vivre un contexte de travail avec plus de joie et de qualité de réalisation en prenant pour cible la qualité d'expérience de vie des humains, créera des conditions plus constructives et positives. Donner à l'Être humain la possibilité de s'épanouir et de se réaliser pleinement par son activité au lieu de *subir* et de *courir*, soit la tête baissée, soit la tête haute et stressé, rendra possible une deuxième grande *vague de vie.*

Un peu plus d'amour sur cette Terre vécu et développé par les leaders, par les décisionnaires et par tous ceux qui ont des fonctions comportant de grandes responsabilités pourrait apporter un souffle de vie immense. En passant, de façon sincère et authentique, de l'objectif financier, du bénéfice à court terme et du pouvoir, à l'objectif résolument *humain*, ces derniers pourraient changer la vie sur cette Terre et mériter d'être considérés comme des bienfaiteurs. Faire face aux *réels besoins* des Êtres humains de cette planète et donner aux générations futures, *pour de vrai*, des perspectives de vie, apporteraient une troisième grande *vague de vie.*

Un peu plus d'amour dans le domaine scolaire éviterait à nos enfants et aux jeunes de vivre la galère que la plupart des enfants subissent au début de leur séjour sur terre. *Lâcher le pouvoir d'une génération sur l'autre*, en lâchant une scolarité orientée vers le *passé* et vers l'apprentissage abstrait et sec qui soumet nos enfants et nos jeunes aux *intérêts des hommes bien placés*. Lâcher ce fonctionnement est non seulement un acte d'amour, mais un acte d'intégrité. Offrir aux jeunes une pédagogie qui leur apporte d'abord la *connaissance* sur le fonctionnement de l'Être humain et donc sur eux-mêmes et développer leur *conscience de leur valeur*, afin qu'ils puissent vivre *une vie réussie* aujourd'hui et demain, est non seulement un gain, mais un pari de survie. À la place d'un enseignement axé sur beaucoup de *connaissances abstraites et sur la réussite par la compétition et l'élimination*, introduire un enseignement orienté vers les qualités des enfants, pour favoriser leur épanouissement, permettra de réduire à la fois les inégalités et les violences. Le système, dans son ensemble, deviendra plus souple et la créativité accrue conjuguera ainsi innovation et qualité, production et sens, travail et évolution. Cela pourra remplacer la peur de perdre des profits et donc la rigidité et la galère de l'ancien paradigme, à savoir le nôtre. Rendre les enfants plus créatifs et structurer leur pensée, de manière à leur donner *le désir de réussir* en créant de la qualité pour tous, changeraient la face de cette planète. Les sensibiliser à *la joie de s'épanouir* en apportant, chacun, *le meilleur service à l'humanité*, apporterait une quatrième *vague de vie*.

Le droit de naître et le droit d'être

Un peu plus d'amour, en changeant de valeurs, réserverait des surprises. En acceptant de nouveaux cadres de référence autant pour les hommes que les femmes, *la famille humaine* pourrait évoluer. En enlevant aux hommes cette obligation de se *montrer* forts à *l'extérieur*, ce qui les rend *dépendants* du regard d'autrui, l'humanité leur accorderait ce à quoi ils ont droit. Elle leur accorderait le *droit d'être* et de vivre ce qu'ils sont au fond : des êtres pleins de richesses, d'amour, de force et de sensibilité, créés pour apporter non pas la guerre, mais la vie, sur cette planète. Que les hommes s'accordent donc leur *droit de naissance* ! Ce sera pour eux une renaissance et pour tous, à l'infini, une énorme *vague de vie*.

Un peu plus d'amour vécu par les femmes amènerait plus de lumière. Sortir d'un passé d'oppression et travailler leur *sécurité intérieure* leur permettraient de voir plus clair. Sans s'identifier à l'homme, mais en le reconnaissant dans sa complémentarité, développer sa propre richesse, sa vision, sa force et son intuition lui conféreraient une place de choix dans sa contribution à l'évolution de l'humanité. Déjà, la femme émerge en tant qu'initiatrice d'une ère nouvelle. En s'accordant un peu plus de considération, un peu plus d'amour, elle pourra développer et introduire, par ses initiatives, une énorme *vague de vie*.

Un peu plus d'amour sur la Terre vécu par vous, les jeunes générations, et par vous tous qui êtes restés jeunes et vivants, pourra faire de cette planète davantage qu'un lieu de vie : un paradis. Si, au lieu de chercher des valeurs et des repères « à l'extérieur », vous osez être réellement vrais avec vous-mêmes, sincères et authentiques, vous pourrez alors écouter l'intérieur, votre cœur, pour entendre ce qu'il a à vous dire. Vous entendrez alors que l'humanité a placé les valeurs et le supposé progrès dans la connaissance de la matière et que l'homme a promu dans sa vie le *sexe* et le fonctionnement de sa *tête* en négligeant dramatiquement ses véritables besoins et la connaissance du *cœur*. L'humanité a eu *peur* de toucher à ce qu'elle a de plus précieux, de plus beau et de plus puissant. *Elle a eu peur de reconnaître et d'inclure les besoins du cœur dans l'activité quotidienne*. Elle a eu peur de se transcender, alors elle a mis de côté ce *baromètre de la qualité* pour chercher son bonheur dans la matérialité.

Décider de changer de repère

C'est pourquoi l'humanité n'a pas évolué. Si vous décidez de changer de repères et d'ouvrir cette porte socialement fermée depuis des millénaires, vous accomplirez le plus grand exploit de l'histoire. Si vous prenez comme repères les innombrables qualités du cœur, son désir d'unité et d'harmonie, son intensité et sa puissance de vie, vous aurez tout gagné. Il deviendra alors évident pour vous que *notre responsabilité à tous est de vivre non seulement une vie digne, mais une vie épanouie, une vie de bonheur.*

Si vous adoptez cette vision de vous-même et du monde, vous déclencherez un changement jamais vu qui représentera alors la plus immense de toutes les *vagues de vie.*

Vivre un peu plus d'amour sur cette Terre est notre souhait à nous tous. Alors qu'attendons-nous ? Le secret pour y arriver est à la fois simple à découvrir et pas toujours facile à réaliser et à maintenir. Le secret pour vivre un peu plus d'amour sur cette Terre peut facilement être partagé. Cependant, ce qui est important, c'est non seulement de le connaître, mais de se donner les moyens de vivre pleinement cet amour.

Voulez-vous connaître le secret ? Oui ? *C'est de savoir qu'au fond, nous sommes tous amour*, à commencer par nous-mêmes. S'ouvrir à son cœur, se reconnaître, non pas en *Être supérieur*, mais en **Être unique et infiniment riche**, confère la force de reconnaître, en vérité, l'altérité, autrement dit *l'autre dans sa différence* et dans sa façon *d'être unique et riche de qualités.* C'est entrer vraiment dans la vie en apprenant à savoir vivre la *diversité* et non pas la *hiérarchie.*

Si nous voulons apporter un peu plus d'amour sur cette Terre, nous avons d'abord besoin de nous en donner à nous-mêmes, car nous ne pouvons pas donner ce que nous n'avons pas. Cela revient à remplir sa cruche avant de donner à boire à quelqu'un d'autre.

Vivre un peu plus d'amour sur cette Terre est facile, car l'amour est la joie que nous éprouvons en face de la vie, c'est-à-dire en face des Êtres humains, de la nature, des choses et des circonstances. Nous disons bien *j'aime* ceci ou cela, *j'aime* mon travail, *j'aime* ces personnes ou *j'aime* cet endroit. Notre joie correspond à l'intensité de notre amour.

Si vous êtes curieux, alors soyez un explorateur. Soyez l'explorateur du carrefour le plus extraordinaire, de ce point stratégique que représente votre cœur. En effet, le cœur réunit la dimension verticale et horizontale, le haut et le bas, la gauche et la droite, le corps et la tête, le ciel et la terre, l'individuel et l'universel.

Le cœur réunit en lui la plus grande force. Il impulse la vie à l'infini. Il est à la fois accueil, don, sensation de joie, lieu d'échange et de bonheur, désir de qualité et puissance d'évolution pour vivre chaque jour un peu plus d'amour.

Si vous acceptez d'être ce que vous êtes, amour, vous sentirez que le cœur des humains a souffert. Non pas naïvement, mais en averti : cela vous fait entrer dans une compréhension nouvelle de la réalité et vous deviendrez « Chercheur de Qualités ». Avec ce qu'on appelle *l'intelligence du cœur*, vous pourrez alors faire un *saut quantique dans l'évolution* et avancer de façon sereine et responsable pour ouvrir les portes du futur.

Le secteur de la pathologie
(appelé secteur de la santé)

Quand nous observons le fonctionnement du *secteur de la santé*, nous sommes obligés de constater qu'il est entièrement orienté, sous les formes les plus variées, vers **la pathologie** et le **mal-être des personnes.** Il n'est pas axé sur la **préservation de la santé** et le **bien-être** des humains par le maintien d'un terrain sain et le bon fonctionnement du système immunitaire. Le secteur dit *de la santé* ne repose pas sur des axes stratégiques de prévention primaire, consistant à entretenir la bonne santé de la population en favorisant une vie saine et équilibrée selon une approche globale : éducation, formation, psychologie, alimentation, équilibre de vie, intégration sociale, exercices physiques, etc. De tels services apporteraient la réponse à la santé telle que définie par l'OMS : « La santé est un état de complet bien-être physique, mental et social. Elle ne consiste pas seulement en une absence de maladie ou d'infirmité. »

L'étude du **cumul** et de **l'interaction** des facteurs préjudiciables à la santé de l'Être humain n'est pas non plus un axe stratégique de ce secteur pour éviter la maladie et son développement (par exemple, le *cumul* des différentes composantes chimiques : pesticides, engrais, adjuvants alimentaires, pollution subie sous différentes formes et déchets médicamenteux, le tout s'ajoutant à des conditions de vie difficiles, telles que le stress au travail). Quant aux composantes chimiques, chacune est testée individuellement sans prendre en compte, d'une part, leur cumul et leurs interactions et, d'autre part, tous les facteurs en jeu dans la réalité concrète de la société et donc dans la vie des individus.

Aujourd'hui, *le secteur de la santé* n'effectue aucune recherche sur le développement optimal de la santé. Ce secteur ne se spécialise pas dans l'étude de la vitalité ou, au moins, dans le maintien de la santé, mais dans l'intervention *a posteriori*, en aval, et cela, de plus en plus, dans des pathologies lourdes. Ce secteur se présente ainsi dans son activité concrète, comme *le secteur de la pathologie.* Prenons juste un des multiples aspects de prévention ou de traitement qui demanderait à être placé « en amont ». Nous enregistrons en France en une seule année 12 000 suicides (en comparaison avec 4 000 morts sur les routes et les efforts pour en diminuer le nombre). Tout en sachant que la société entière est porteuse de responsabilité par rapport au bien-être individuel, il apparaît clairement qu'un secteur qui se spécialise dans la santé des humains doive de façon globale étudier leur comportement et leur façon de fonctionner s'il veut assurer leur équilibre global et donc leur santé. Or, en France, les étudiants en médecine, qui se préparent à prendre en charge le bien-être et la santé des Êtres humains, ont en l'espace de sept, huit ou neuf années d'études, tout juste quatre ou cinq heures de psychologie pour comprendre les personnes et les symptômes qui affectent leur psyché et leur corps.

Le texte sur le constat du monde au début de cet ouvrage met en avant des chiffres alarmants ; cancer : dix millions de nouveaux cas par an dans le monde et six millions de morts en 2004, les chiffres étant en augmentation tous les ans. On considère qu'une personne sur trois a au moins une forme de cancer dans sa vie. Dans très peu de temps, ce sera le cas pour une personne sur deux. L'obésité ainsi que le diabète enregistrent une forte augmentation. La maladie d'Alzheimer, maladie neurodégénérative, touchait jusque-là surtout les personnes âgées. Mais la maladie commence à faire son apparition chez des personnes de plus en plus jeunes, dès l'âge de 50 ans, parfois même dès 30 ans.

Dans la mesure où les entreprises du secteur de la santé, telles que les laboratoires pharmaceutiques, ne se spécialisent que dans le traitement des pathologies, il leur faut, *de façon logique*, une augmentation des pathologies afin d'assurer leur croissance économique. C'est cet aspect logique de la situation qui demande une prise en considération. Sans une augmentation du marché dans la pathologie, leur croissance n'est pas assurée et aujourd'hui leur marché est mondial.La prévention demanderait de prendre les problèmes à leur base, autrement dit de chercher à renforcer le système immunitaire de chacun et le terrain en général. Cela éviterait sûrement les problématiques actuelles à propos des vaccins insuffisamment testés qui ne donnent pas seulement lieu à des émissions télévisées – *Silence, on vaccine* (France 5) ou *À qui profite le vaccin ?* – mais qui soulèvent un questionnement beaucoup plus global par rapport aux réels effets des vaccins. Des publications apparaissent et les informations sur Internet mettent en avant des effets graves des vaccins sur le plan historique, contestant souvent le principe même du vaccin dont la composition comporte le virus, en plus de substances normalement dangereuses pour le corps humain. Certains vont même jusqu'à affirmer que le vaccin déclenche la maladie au lieu de l'éviter.

La spécialisation à outrance dans la pathologie y a enfermé des entreprises et a développé un système qui les éloigne de plus en plus de la réalité concrète des Êtres humains et de leurs véritables besoins. Il sera question de données chiffrées et de parts de marché. Ce sera le marché du poumon, de la prostate, du rein… Si ces firmes ne changent pas leur cœur de métier, elles seront condamnées à fonctionner grâce à l'augmentation de la souffrance humaine. La réorientation vers le maintien de la santé leur ouvrirait un champ quasiment illimité de développement puisque le monde entier cherche à rester en bonne santé. Aujourd'hui, il n'existe pas de réponse structurée à un besoin aussi fondamental que la préservation de la santé.

Dans un souci de promouvoir et de préserver la vie, il apparaît ainsi clairement que chaque personne, qu'il s'agisse d'un professionnel dans le domaine de la santé, d'un parent ou d'un simple citoyen, a besoin de s'informer davantage, de créer la plus grande clarté et d'agir, là où elle est, sur des bases éthiques telles celles que nous avons précisées.

Le renforcement, sinon le maintien, du **potentiel santé** de chaque Être humain est aujourd'hui, de toute évidence, un enjeu mondial. Un repositionnement sur la base de l'éthique telle que définie transformerait le secteur de la pathologie en véritable secteur de la santé. Ce changement ouvrirait à des recherches innovantes et à une riche diversification sur le plan des produits et des services. Plutôt que de se spécialiser de plus en plus dans des produits stratégiques, autrement dit dans des produits chers, le secteur de la santé pourrait entreprendre des études afin de rendre les médicaments accessibles à tous, tout en diminuant progressivement les pathologies par des services innovants en matière de prévention.

Je suis absolument persuadée que chaque personne qui exerce ses responsabilités professionnelles dans le domaine de la santé désire profondément contribuer de façon concrète à la bonne santé des Êtres humains, plutôt que promouvoir un système où l'humain est confondu avec les parts de marché. Un repositionnement où l'intelligence de la raison, unie à l'intelligence du cœur, œuvre dans le sens de la vie, est aujourd'hui l'un des plus grands défis à relever pour l'humanité.

Les nouveaux dirigeants sont des leaders éthiques

Les dirigeants ayant un niveau de conscience suffisamment élevé commencent aujourd'hui à faire *le pari du moyen et du long terme* en choisissant comme objectif *le meilleur service rendu à l'humanité.* Ils développent le **leadership éthique**. Le contenu éthique d'un tel objectif se différencie de la *recherche du bénéfice* à court terme (en tant que premier objectif), telle que pratiquée encore dans la plupart des grands groupes aujourd'hui et dans des entreprises en démarrage (*start-up*). Cela devrait faire réfléchir plus d'un *jeune dirigeant stressé* et l'orienter vers des principes éthiques.

Le leader éthique, avant de créer quoi que ce soit, se pose les questions suivantes : « Qu'est-ce que je veux créer comme qualité ? Quel sens est-ce que je veux donner à mon entreprise ? Quelle valeur ajoutée et quelle contribution est-ce que je souhaite apporter ? Quel est mon véritable objectif ? » Un tel positionnement permet au dirigeant de créer une vision globale et de la valeur ajoutée. Nous avons vu un certain nombre d'exemples de leaders éthiques dans le domaine financier et ailleurs qui se sont positionnés ou repositionnés pour créer de la qualité, même dans les sphères où l'éthique était quasiment absente. Les exemples de Muhammad Yunus et d'Amy Domini sont particulièrement éloquents. Amy Domini, la seule femme au milieu de 800 hommes à la Bourse de New York, a introduit l'éthique en tant que repère en créant un index, comme le CAC 40 a son index, alors que son environnement professionnel n'y croyait absolument pas. Imaginez son positionnement et le centrage qu'il faut pour le maintenir et puis réussir, comme elle a su le faire, année après année.

Cependant, les leaders éthiques savent que cela exige toujours un fort investissement, incluant l'enclenchement et l'application rigoureuse d'une Stratégie de Réussite et d'Évolution. C'est cela qui a permis très récemment à une équipe dirigeante de constituer des bases solides pour un déploiement à l'échelle internationale, alors qu'un mois plus tôt, celle-ci avait perdu la majorité dans l'actionnariat et, de ce fait, la possibilité d'obtenir les investissements massifs dont elle avait besoin. Sa compétence à entreprendre une stratégie basée sur des valeurs pérennes et sa capacité de négocier lui ont permis de réussir de la sorte. Les leaders éthiques mobilisent leur potentiel aux quatre niveaux de leur personne. Il est impératif, dans de telles situations, de savoir prendre du recul, de déployer une vision globale, de ressentir les choses sur un plan humain, d'évaluer les différents éléments sur un plan rationnel et logique, d'être bien conscient de son potentiel et de tous les potentiels à mobiliser, y compris ceux des interlocuteurs. Il faut, bien entendu, visualiser tous les effets directs et effets secondaires probables.

L'éthique ne se confond pas avec la morale, laquelle change avec les civilisations, les époques et les différents contextes socioculturels, et ne représente donc pas un repère stable. Toutefois l'éthique, telle que je l'ai définie dans le cadre de notre approche globale et humaniste, consiste à **respecter** les besoins essentiels et fondamentaux de tous les Êtres humains et à y répondre. Ces besoins comprennent, bien entendu, la santé, la sécurité, le respect mutuel, l'intégration sociale (et non l'exclusion), l'accès à la connaissance, à la réalisation de soi, et la possibilité d'évoluer en permanence.

Étapes pour devenir un leader éthique

1) Prenez du recul et développez une vision *véritablement* globale de votre profession et de ses effets. Pour cela, prenez un temps qui s'avérera précieux, car ce sera le début d'une réorientation.

2) Détendez-vous, lâchez les tensions et toutes les préoccupations jusqu'à constater un réel état de bien-être.

3) Cherchez au fond de vous ce que vous voudriez réellement créer. Quelles valeurs, quelle qualité, quel environnement, quels services, quels produits et quel climat contribuent à la concrétisation de ce que vous souhaitez?

4) Si vous l'avez trouvé, prenez un peu plus de recul et vérifiez que c'est bien ce que vous souhaitez réaliser ou si, au fond, il y a encore autre chose que vous désirez créer. Peut-être avez-vous d'autres projets pour développer encore plus de qualité, plus de valeur, plus de sens. Quelle contribution aimeriez-vous apporter au monde? Comment souhaiteriez-vous que le monde évolue? Comment voudriez-vous voir le monde? Donnez-vous le droit de regarder cela. Qu'est-ce qui vous fait plaisir dans une dynamique de contribution, de création de valeur, de changement, de transformation?

5) Développez la vision la plus ambitieuse, ne limitez pas votre vision.

6) Acceptez la vision qui est la vôtre, sans la juger, sans instantanément la réduire.

7) Ayez confiance en vos capacités et en votre potentiel créateur.

8) Maintenant que vous avez déployé la vision, utilisez vos compétences, en tant qu'homme ou femme d'affaires, pour concevoir et développer les stratégies nécessaires afin de réaliser votre projet. Il faudra peut-être, en l'approfondissant, beaucoup plus de moyens, plus de temps. Évaluez!

9) Concentrez-vous sur ce qui est *essentiel.*

10) Hiérarchisez les priorités.

11) Pour toutes les orientations ou décisions prises, tenez toujours compte de toutes les personnes impliquées dans les processus de conception, de production, de fonctionnement, de distribution, etc. Mettez-vous à la place des personnes

qui, dans la société civile, reçoivent vos produits. Ressentez comment toutes les autres personnes pourraient subir des conséquences, dans le temps et dans l'espace. Cela vous donnera un sentiment de clarté et de bien-être, un élan et de la joie. Vous pouvez, par la suite, orienter votre regard où vous voulez ; vous n'aurez rien à cacher, rien à regretter, rien à rattraper. Au contraire, vous aurez cette belle sensation d'avoir apporté de la qualité vraie, et la vie se chargera des retours.

12) Donnez-vous tous les moyens pour développer et épanouir votre savoir-être, car vous savez qu'il est à la base de tout savoir-faire, et faites la même chose en accompagnant vos collaborateurs. Créez *le terrain commun* entre vous et vos collaborateurs, entre vous et les personnes avec lesquelles vous négociez, et dans une vision large, entre vous et ceux à qui vous apportez des services. N'oubliez surtout pas de vous féliciter, de féliciter vos collaborateurs et d'apprendre à tous les managers à le faire, car leur motivation trouve pour beaucoup son germe dans la reconnaissance.

13) La célébration des réussites est un ingrédient important qui rehausse la qualité de vie dans son ensemble. Le *leader éthique* crée une dynamique de qualité dans son entreprise. Il est en même temps d'une grande vigilance, d'une grande présence, d'une ouverture généreuse, d'une capacité de fermeté constructive. Il a développé à la fois la sensibilité et la rigueur logique. Même si son projet est ambitieux, il ne démissionne pas et il crée la Qualité Globale à Dimension Humaine©, car il est devenu exigeant envers lui-même et envers la société (voir *La Psychologie d'Évolution*, p. 147).

Les leaders éthiques savent qu'ils doivent affronter la dynamique du court terme. Ils savent qu'ils doivent faire face aux pressions, mais visionnaires et créatifs, ils parviennent à innover. Adaptables et charismatiques, ils n'ont pas peur des innovations à réaliser et des négociations à conduire en vue des changements à impulser. Ils n'ont pas peur de s'affirmer en face des actionnaires. L'*intelligence globale* qu'ils ont développée leur permet de négocier avec succès. Ils sont parfaitement conscients que de telles réorientations impliquent des changements profonds. Ils procèdent donc sur la base d'une solidité intérieure avec logique, ouverture à l'humain et cohérence. Ils introduisent du sens dans leurs stratégies en alliant efficience, humanisme et création de valeur dans une vision non seulement à court, mais aussi à long terme.

À vous les détenteurs de pouvoir et de richesse matérielle

Je m'adresse à l'Être humain que vous êtes

Je rappelle mes propos du début de ce livre. Je ne m'adresse pas à votre fonction ou à votre statut social, mais à l'Être humain que vous êtes. C'est pourquoi je vous parlerai de conscience, de ressenti, de joie ou de tristesse et d'aliénation. Je vous invite même à faire un détour pour un bref moment par votre enfance, car un discours professionnel ne vous permet pas d'aller là où se cachent des trésors sous mille aspects différents.

Être riche matériellement peut être une grâce comme une charge, un carcan. Cela peut aussi être un piège, un *miroir déformant* ou carrément un *mur* qui rend impossible de rejoindre l'autre côté, où quelque chose de vital se passe, où *la vie* prend sa place.

La richesse matérielle, cependant, peut aussi permettre l'expression de notre être en profondeur et révéler dans la réalité extérieure, dans la matière, notre propre richesse intérieure. C'est cette action de qualité et de valeur qui apporte le bonheur. Sentir au fond de soi cette dimension de vie et se donner les moyens pour qu'elle démultiplie, donne *sens* à notre vie à l'extérieur, dans le monde. Le partage avec les hommes et les femmes de l'élan, de la joie, de la sérénité et de la puissance de création, d'amour et d'intelligence, donne un sens à notre vie. Notre bonheur s'intensifie grâce aux effets positifs et aux résultats constructifs que nous créons.

C'est là que se trouve le piège de la richesse. Être riche, pour la plupart des gens, c'est surtout détenir beaucoup de *moyens matériels* au lieu de vivre pleinement sa *richesse intérieure*, de s'épanouir et de créer le bien-être et la joie pour les humains. Être riche dans ce sens, *c'est « avoir » et posséder beaucoup de « choses »*, en pensant que les choses et les moyens rendent l'individu heureux, par les situations qu'ils permettent de créer et le pouvoir qu'ils donnent.

En réalité, ni le pouvoir ni la richesse matérielle ne nous apportent l'*essentiel* dans la vie. Ils n'apportent pas de qualités intrinsèques à notre être. Si nous ne ressentons pas la joie, un élan d'amour, l'intelligence et le désir d'évoluer et si nous ne *ressentons* pas une envie de créer et de partager le bonheur, ce ne seront pas le pouvoir ni les moyens matériels qui nous les apporteront.

La richesse et le pouvoir sont cependant souvent vécus en tant que substituts pour combler un manque d'être, un manque d'exister vraiment. Ils ont alors souvent pour rôle d'assurer un « paraître ».

Ce n'est pas la matière qui confère de la *qualité* à l'Être humain, mais c'est la qualité de la personne qui va générer de la qualité dans tout ce qu'elle fait. Un individu insatisfait, nerveux et stressé ne deviendra pas équilibré et harmonieux parce qu'il reçoit du pouvoir. Il utilisera ses possessions et son pouvoir pour y exercer son insatisfaction, sa nervosité en voulant obtenir des résultats démesurés dans le stress. Il répercute ainsi ses dispositions intérieures en créant tout, sauf le bonheur.

La richesse, un piège ?

Aujourd'hui, tout un chacun sait que pour évaluer un comportement d'adulte, nous devons en chercher les causes dans l'enfance. Nous ferons donc un détour rapide dans le royaume de l'enfant pour mieux comprendre *le royaume* ou *l'enfer* de l'adulte par rapport au thème abordé. En quoi la richesse peut-elle constituer un piège pour soi et, dans bien des cas, pour beaucoup d'autres ? Que se passe-t-il réellement si elle doit combler et compenser un « manque » ? Quels en seront les effets pour soi et les autres ? Nous savons tous que l'enfant ayant subi un manque d'amour, même subtil, ou un manque de disponibilité, de présence, adoptera plus tard des *comportements de rattrapage et de compensation*. Plus le *manque* était *voilé* dans l'enfance, plus il sera difficile, à l'âge adulte, de l'identifier clairement. Si en plus, au cours de l'enfance, à la place d'un foyer chaleureux et d'une vie en harmonie, ces formes de *manque* étaient assorties de beaucoup d'exigences, l'enfant, au lieu d'être insouciant et heureux, se retrouve projeté dans la vie d'adulte avec un contentieux.

Cette clarification effectuée, je reprends ce que je souhaite expliquer. Le fait d'être reconnu, d'être aimé et de bénéficier de la présence des parents, permet au petit enfant de se structurer. L'amour est une *nourriture affective*. Si l'environnement est réellement positif et qu'on y *respire la vie*, l'enfant reçoit un capital-vie qui l'oriente ensuite vers la création de valeur et vers ce qui est essentiel. Par contre, le besoin *non satisfait* développera un désir d'*avoir*, une soif de *posséder* et un désir compulsif et répétitif de se *rassasier*.

Le manque affectif et les substituts matériels

Ce *besoin*, au fond jamais satisfait par les *substituts* que représentent les *choses* et les diverses compensations, conduit à une sensation de *manque* constante. Cette *sensation de manque* est d'autant plus persistante et active que les satisfactions apportées au fur et à mesure dans le *domaine matériel* représentent des *palliatifs*, au lieu d'une vraie réponse à la demande, de *nature affective*. La personne ne trouve donc pas ce qu'il lui faut réellement et elle se *rabat* alors sur des *succédanés* tels que des *substituts matériels* variés : nourriture, plaisir, confort et peut-être excentricités. Très souvent, l'enfant qui grandit et devient adulte oublie le véritable *manque* d'autant plus vite que les moyens matériels prennent une place importante dans sa vie.

Si l'entourage a considéré le sentiment d'inconfort et de frustration, voire de souffrance de l'enfant, comme inopportun, déplacé et stupide, l'enfant est blessé dans sa grande beauté et vulnérabilité et, gêné, il ferme son cœur. Il va commencer à *se couper* de cette « partie gênante », pour ne plus la ressentir et passer sous silence ce qui ne correspond pas aux exigences. Il va céder à la pression, entrer *dans le moule* et regarder *ailleurs* que dans son cœur. Pour ne pas ressentir qu'au fond, il fait une erreur, il va se défendre et s'accrocher aux nouveaux repères, *à l'extérieur*.

Tout en vivant une vie *en apparence organisée, bien en place, la principale préoccupation* de l'enfant d'hier et de l'adulte d'aujourd'hui, sera orientée vers *lui-même*. Il n'a toujours pas reçu ce dont il a besoin. Il cherchera alors par tous les moyens à compenser ce qu'il n'a pas eu ou à récupérer ce qui semble perdu.

C'est là que se présente le piège pour celui qui dispose de moyens matériels, cherche à en acquérir (y compris le pouvoir) ou a un statut qui lui permet de dominer. Il y a en effet tant *à avoir, à protéger, à récupérer et à faire pour soi*, au point de ne plus voir que ce qui a été une *frustration* hier ne se répare pas aujourd'hui avec des *moyens* à l'extérieur. L'individu continue ainsi *à consolider et à accumuler* de la matière en remplacement du bonheur, lequel restera enfermé dans *son imaginaire*.

Ses drogues seront le bénéfice à tout prix, le pouvoir, même dans la famille, les moyens matériels et peut-être la fuite dans les divertissements. Il les lui faut. Il a besoin de ces moyens matériels parce que, petit, il lui a manqué de voir « un petit bout de ciel ».

C'est pourquoi tant de personnes ont tellement de difficultés à s'ouvrir aux besoins et au ressenti des autres. C'est la cause réelle de la difficulté sociétale généralisée à tenir compte des besoins des humains et de la contribution qu'ils exigent de chacun. Comment voulez-vous qu'on regarde ailleurs, alors qu'on n'a pas encore comblé le manque dans son cœur ?

Si en plus, dans un environnement exigeant et strict, la *réaction* et *l'expression* de la frustration de l'enfant sont interdites, alors l'individu se réfugie dans un *monde imaginaire* et le petit, devenu grand, ne se rend que rarement compte que cet imaginaire, au lieu d'avoir disparu, *a subtilement glissé sur le terrain du pouvoir et de la matière.*

Aujourd'hui c'est connu, plus nous refoulons *au tréfonds de nous-mêmes* notre plus grand besoin, celui d'amour, de reconnaissance et de sécurité, moins nous avons envie de voir au fond de nous cette réalité. Plus elle est gênante, pénible et inconfortable, plus nous tendons à nous fermer, à fuir le sentiment et à devenir durs.

La politique du court terme renferme en elle cet imaginaire, car elle est *coupée* de la capacité de percevoir la réalité dans sa globalité. Elle nous évite de faire ressentir les effets désastreux qu'elle crée et de considérer les vrais besoins de l'humanité, lesquels ne s'arrêtent pas à 6 mois, ni à 10 ou 20 ans ! Imaginez ce que diront de nous nos arrière-petits-enfants – s'ils peuvent vivre !

Cette *politique du court terme* nous prive tous les jours davantage de l'équilibre social sur cette planète ; elle nous prive d'une terre saine, d'oxygène et de forêts, dont on ne pourra recréer l'inestimable microclimat qu'au bout de 20 000 ans d'efforts. Mais qu'est-ce que 20 000 ans quand on est pressé, individuellement, de rattraper le temps, ce temps d'autrefois ou le bien qu'on n'a toujours pas reçu ?

Seulement, et là réside le piège, rien de ce qui appartient *à l'essentiel, à la vie*, ne se remplace dans l'univers de la matière. La présence, la tendresse, la reconnaissance, la joie, la liberté, le rire, l'aventure et l'amour ne se remplacent pas par du matériel À défaut d'avoir obtenu ce qu'ils désirent au fond, il ne leur reste que la colère et il est certainement bon de l'identifier dans l'imaginaire qu'ils se sont créé dans l'interaction de leur *état réactionnel et émotionnel* et leur *mental menteur*.

Richesse matérielle ou abondance ?

Dans une vision de clarification, posons la question de la différence entre *richesse matérielle et abondance*. La notion de *richesse* est généralement considérée comme positive quand on la lie aux valeurs et à la *richesse intérieure*. Elle apparaît sous un jour négatif quand elle désigne l'égoïsme et l'appropriation des moyens et de la matière au détriment d'autrui. La richesse est alors souvent évoquée en rapport avec ce qui est artificiel, accumulé, construit, figé, cristallisé, empilé et *mort*, d'une certaine façon.

Le mot *abondance* est toujours en rapport avec ce qui se situe du côté de la *vie* et avec ce qui a du sens. *Abonder* ou *affluer* désigne *un processus dynamique* à partir d'une *source génératrice*. Cela fait que la notion *d'abondance est rattachée à la vie*. Il sera question par exemple d'une abondante récolte. La nature y aura pourvu avec générosité. Quant à l'homme, les *qualités humaines* représentent *la source* et font *affluer* les idées. Ce sont elles qui permettent de *concevoir des objectifs et de faire des choix, de développer et réaliser des stratégies constructives et positives en élaborant un processus dynamique qui crée l'abondance*. La souffrance, l'agressivité, la guerre ou la maladie ne sont jamais liées à la notion d'abondance. Cependant, il sera question de *s'enrichir* par ou au cours d'une guerre.

La richesse, la vraie, est donc associée à la notion d'abondance engendrant une dynamique de vie et la création de *valeurs*. Pour désigner un homme riche de qualités qui agit constructivement, on dira « un homme de valeur ». Ce *sont les valeurs qui doivent gérer ou manager la matière et non l'inverse, si l'on veut continuer à vivre sur cette Terre*. Qu'en pensez-vous, vous qui êtes en quête de sens et de valeurs ? Encore faut-il ne pas *pervertir* la notion de *valeurs*, être très vigilant du point de vue éthique et piéger « les voleurs de valeurs » !

Les *glissements sémantiques* (en prenant un mot ou un sens pour un autre) méritent d'être relevés, particulièrement dans les systèmes économiques et financiers, dans la publicité et dans le cadre du fonctionnement des entreprises. Les moyens de communication sont alors utilisés non pas pour favoriser une véritable communication d'être humain à être humain, mais pour la remplacer au profit d'une dialectique « *état réactionnel et émotionnel / mental menteur* » (voir *Les quatre niveaux de potentiel de l'être humain*, p. 161).

Pour créer des valeurs, il s'agit de développer la conscience des hommes de sorte qu'ils soient de plus en plus mûrs et capables d'engendrer des *processus de création* aux effets positifs, plutôt que de laisser les circonstances, les pressions et les moyens extérieurs décider. La véritable qualité se crée de *l'intérieur* vers *l'extérieur* et la matière représente un simple *amplificateur externe de notre qualité interne, de notre qualité d'homme ou de femme*. Voici un magnifique exemple de *concrétisation à l'extérieur*, dans le monde, de cette « *richesse intérieure* ».

Le Children's Hospital Boston

Cet exemple nous démontre clairement comment quelques hommes ayant développé leur conscience peuvent avoir un impact multiplié sur la société. Ils mettent en œuvre leurs bonnes dispositions et leurs dons pour réaliser un immense projet pour le plus grand bien des humains. C'est sur la base de ce *savoir-être*, de cette qualité de sensibilité, d'intelligence et d'empathie qu'a été développée l'activité du Children's Hospital Boston. L'hôpital est unique au monde par la conjugaison du niveau scientifique élevé avec la place qu'y tient le cœur, autrement dit l'empathie, l'amour. Il se situe dans une région socialement défavorisée de Boston. L'équipe dirigeante a décidé d'en tenir compte et de contribuer à développer le bien-être non seulement des enfants, mais aussi de leur famille pendant toute la durée des soins et au-delà.

– Pour les familles

- Pour tenir compte de chacun, un service d'interprètes capables de parler plus de 25 langues (5 traducteurs à temps plein et 50 *pigistes* formés au langage médical) facilite le contact entre médecins et familles étrangères.
- Un centre de ressources destiné aux parents soutient, informe et organise des sessions de formation et de réflexion sur la prévention et le traitement des pathologies.
- Il est possible de mettre en relation les familles touchées avec des familles volontaires formées, dont les enfants ont subi des pathologies similaires.
- Un service se charge d'organiser le déplacement et l'hébergement des familles (réservation des billets, de l'hôtel, location de voiture...).

- Accès à des chaînes câblées intrahospitalières avec programmes éducatifs, télévision par satellite…

– **Pour les enfants**

- 850 bénévoles, après deux mois de formation, se chargent de guider les familles, d'animer les zones de soin y compris les salles d'urgence et les salles d'attente avant les opérations (jeux, créativité, lecture, animation).
- L'architecture est lumineuse, les murs sont colorés, il y a de nombreux dessins d'enfants sur les murs.
- Une équipe de clowns divertit les enfants.
- Des spécialistes de l'enfance expliquent aux enfants les différentes étapes de soins et les préparent à leur traitement de façon ludique et pédagogique.

– **Leur exigence : fournir la plus haute qualité de soins possible**

- Les équipes multidisciplinaires travaillent avec des psychologues et des spécialistes du comportement.
- On considère que les familles font partie des équipes de soins. On les associe aux processus de réflexion et de prise de décision : il y a un organe spécialisé dans le conseil aux familles.
- Le personnel médical et soignant réalise de nombreuses enquêtes de satisfaction.
- Un système d'information intégré permet de prodiguer un service de soins coordonné.

– **Services à la communauté (éducation, accessibilité, aide…)**

- Éducation et dépistage dans les écoles, analyse des causes principales de mortalité et campagnes de prévention ciblées.
- Éducation des jeunes parents (sécurité, sexualité, contraception, infections transmissibles sexuellement ou ITS, virus de l'immunodéficience humaine ou VIH, nutrition, développement de l'enfant…).
- Identification des jeunes à risque dans les écoles (difficultés familiales ou d'apprentissage) et soutien par des spécialistes.

- Intervention préventive de conduite addictive et suicidaire dans les écoles et universités.
- Soins gratuits aux familles défavorisées et financement d'associations ou de projets destinés à développer l'accessibilité aux soins.
- Mise en place d'équipes multidisciplinaires (médecins, psychologues, assistantes sociales…) pour prévenir les risques de maltraitance familiale (programme *Awake* dans les zones défavorisées).
- Partenariats avec les centres de santé et autres hôpitaux pour la mise en place d'actions conjointes.
- Mesure régulière des impacts sur la base d'indicateurs quantitatifs puis ajustement.

Imaginez l'ouverture du cœur qu'il faut pour même s'intéresser à cela et, ensuite, s'engager à fond et générer des résultats partout en même temps. Si vous êtes responsable d'un établissement hospitalier, pourriez-vous envisager un tel engagement ?

– **Être un pionnier en matière de recherche et de découvertes sur le plan de la prévention, du diagnostic et du traitement des maladies**

  - Le plus grand centre de recherche pédiatrique au monde (100 chercheurs et médecins de recherche).
  - Une ou deux découvertes majeures par année **avec plusieurs prix Nobel**.

– **Former les acteurs de la pédiatrie du futur**

  - Partenariats avec la Harvard Medical School pour préparer les médecins à une approche plus globale et plus qualitative des soins prodigués aux enfants.

Voici une contribution à l'évolution de la société dans toute sa splendeur et une approche globale du bien-être qui tient compte des véritables besoins des enfants et de leur famille comme nulle part ailleurs.

C'est la capacité *à se mettre dans la peau* des enfants et des parents et à se soucier de l'avenir de l'humanité, qui a permis à ces dirigeants de créer un projet aussi extraordinaire. S'ils avaient été seulement des professionnels compétents (comme tout le monde), ils n'auraient pas réalisé l'extraordinaire. *C'est la conjugaison de l'intelligence de la raison avec l'intelligence du cœur qui leur a permis d'accomplir cet exploit.* C'est cette richesse intérieure qui a créé la beauté et l'abondance.

Une telle gouvernance crée des *Valeurs de Vie*, car elles font vivre. Les dirigeants de cette trempe participent à l'évolution et au développement de la conscience de l'humanité. Les résultats sont pour eux source de joie et de développement.

Je leur proposerais volontiers un accompagnement pour diffuser leur approche dans le monde entier et j'invite des mécènes qui souhaitent contribuer à une telle entreprise, à se faire connaître.

Le rôle amplificateur des moyens matériels

Nous venons de voir comment le niveau de conscience et la disposition positive de quelques hommes peuvent faire la différence par rapport à tout ce que nous connaissons.

Les moyens matériels et le pouvoir ont un *rôle d'amplificateur* de notre qualité d'être, de nos positionnements et de nos qualités humaines, de nos problématiques et de notre comportement en général, ainsi que de l'ensemble de nos dispositions profondes et inconscientes. Par exemple, l'individu revanchard ou dominateur et l'être bon et entreprenant **ont, tous deux, un impact amplifié de leurs dispositions profondes par le biais du pouvoir qu'ils peuvent exercer et des moyens dont ils disposent. Ainsi nos qualités et nos défauts génèrent des effets amplifiés sur les humains et sur l'environnement, par les moyens matériels utilisés, la pression et le pouvoir exercés ou, au contraire, par l'ouverture et la création de valeur.**

L'analyse des problématiques mondiales à la lumière de ce processus amplificateur permet de poser un diagnostic clair

des réels besoins de réorientation et de l'urgence de développer la conscience, à commencer par celle des leaders. Si les leaders développent leur conscience et s'ouvrent à une vision globale et constructive, le monde changera.

Il faut clarifier sérieusement *le processus de création de qualité et de non-qualité*. Ce processus demande à être enseigné dans le monde éducatif, comme ailleurs dans la sphère sociale et surtout dans l'économie, les systèmes financiers et la politique. Ce processus part toujours de l'Être humain vers la matière et non l'inverse.

Muhammad Yunus, créateur du microcrédit

Jetons un œil sur le domaine bancaire. De façon classique, les études de rentabilité s'effectuent avec le regard fixé sur les chiffres et les différents paramètres tels que les cours de la Bourse, les fluctuations des marchés monétaires et les taux en vigueur, le tout avec un fort espoir de gagner et de retirer, dans le temps le plus court, le plus de profit possible. L'idée de fond est de *recevoir*. Avec un positionnement initial différent et des dirigeants d'abord au service des humains, habités du désir de leur *apporter le meilleur*, le résultat se distingue nettement du bilan de l'exemple classique. Ici, l'intention première est *de donner, d'apporter, de contribuer et d'offrir*, non pas de prendre, de ramasser, d'exiger, de profiter, voire d'abuser et de léser.

L'exemple de réussite sur la base de ce paradigme de Muhammad Yunus, professeur d'économie et prix Nobel de la paix, est spectaculaire. En *prenant conscience* de l'écart insupportable entre *l'enseignement théorique* qu'il dispensait tous les jours et *la réalité concrète* de la misère innommable pour des millions de personnes dans son pays, le Bangladesh, il a cherché de tout son être à intervenir. Son engagement nous montre qu'il a non seulement réfléchi, mais qu'il a été *touché* au niveau du cœur et qu'il a continué de **ressentir**, malgré l'inconfort que cela représentait pour lui. Il a accepté de **ressentir** le véritable besoin de tous ces pauvres, sans pour autant trouver immédiatement des solutions. Il n'a pas fui. Il n'a pas refusé **d'éprouver** ce que de telles situations signifiaient du point de vue de la vie. C'est cette **acceptation** qui lui a permis de se rendre compte concrètement de la détresse que pouvait vivre quelqu'un à qui il manque 22 centimes et de ce que ressentent plus de 40 familles qui vivent dans la misère parce qu'il leur manque à elles toutes 27 dollars. Il a écrit alors : « Où était donc la théorie économique qui rendrait compte de leur vie réelle ? » Ne voyant aucune solution dans le cadre des structures financières, économiques et sociales existantes, il a décidé de commencer avec les moyens dont il disposait. Ces moyens étaient d'abord un bon équilibre personnel, une bonne compétence professionnelle, une belle empathie, de l'humour, une excellente capacité relationnelle et quelques économies comme n'importe quel cadre supérieur. Il a évalué le montant indispensable dont les personnes dans la misère avaient besoin pour créer une activité autonome ou une entreprise. Il a ainsi développé les microcrédits, qu'il a principalement octroyés aux femmes pour les sortir de l'extrême pauvreté. Ses qualités humaines lui ont permis de concevoir un système de financement basé sur des données éthiques et humanistes et un cadre relationnel interdépendant et responsabilisant. Cela a permis non seulement le remboursement des prêts, mais l'évolution du contexte social dans son ensemble.

Muhammad Yunus écrit : « Encore aujourd'hui, je considère que mon travail et celui de mes collègues de Grameen, banque de microcrédit au Bangladesh, ne tendent qu'à un seul but : mettre fin à la pauvreté, ce fléau qui humilie l'homme au plus profond de lui-même. » C'est l'engagement personnel par rapport à ce qu'il a *ressenti* sur un plan humain (et non pas quand il a abordé les situations de manière théorique) qui lui a permis de devenir un *leader mondial* dans ce qu'il y a de plus beau : la création de valeur, la paix, l'éthique et la dignité pour tous. Il représente une preuve éclatante du fait que non seulement humanisme et réussite ne s'opposent pas, mais que l'humanisme **est la base de toute véritable réussite**.

Peu importent la situation donnée et les circonstances, la conscience et la décision appartiennent toujours à l'homme. Imaginez *une ville abandonnée* avec tout l'aménagement et tout le matériel encore en place. Il n'y a plus un homme. Il n'y a plus que du matériel scientifique et technologique très sophistiqué, de grande valeur. Imaginez bien cette ville morte. Malgré la valeur de la haute technologie, toute cette *matière inerte* ne pourrait pas ressusciter la ville. **Seule la conscience de l'homme le peut. Nous sommes capables d'agir selon la dimension de conscience que nous avons développée par rapport à nous-mêmes et aux possibilités d'action dans le monde, tout en sachant que cette dimension n'implique pas seulement notre intellect, mais aussi la dimension affective et toutes les autres instances de notre être** (voir *Les quatre niveaux de potentiel*, p. 161-163).

Vous commencez certainement à voir l'énorme piège que représente l'idée de trouver le bonheur dans les moyens matériels. Vous voyez aussi comment, de façon insidieuse, on peut se leurrer et maintenir un consensus d'accumulation et de maintien de biens qui ne nous apportent rien, surtout pas la qualité d'expérience de vie à laquelle nous avons tous droit, et à laquelle nous aspirons tous au fond.

Accepter d'être enchaîné dans une *course aux bénéfices* ou dans les efforts pour remplir ses obligations, c'est s'aliéner. C'est pourtant ce qui se passe aujourd'hui. *Faire courir les hommes* en les mettant sous pression comme des marionnettes articulées éloigne de l'*essentiel*. Cela nous éloigne d'une communication vraie et d'une vie enrichie dans la réciprocité. Cela crée l'aliénation et développe un contentieux avec nos dimensions en profondeur, sans même parler de la culpabilité. Accumuler la matière en la retenant, en la stérilisant et en la cristallisant jusqu'à créer des systèmes, sans accepter de voir qu'on est tombé dans un piège, *c'est se priver de cette dimension de vie, de ce qui est essentiel et sans prix. C'est se priver d'abord, et ensuite tous ceux qui en subissent les conséquences. C'est aussi faire payer demain à nos enfants le prix fort du manque de conscience d'aujourd'hui.*

Viviane Forrester, dans *L'horreur économique*, parle des victimes de cette course à l'argent et au pouvoir dans une dynamique à court terme et prévient des dangers hallucinants. Elle écrit :

« À voir comment on prend, comment on jette des hommes et des femmes en fonction d'un marché du travail erratique, de plus en plus imaginaire, comparable à la “peau de chagrin”, un marché dont ils dépendent, dont leurs vies dépendent mais qui ne dépend pas d'eux; à voir comment déjà, si souvent, on ne les prend plus, on ne les prendra pas, et comme ils végètent alors, jeunes en particulier, dans une vacuité sans bornes, donnée pour dégradante, et comme on leur en veut de cela; à voir comment, à partir de là, la vie les maltraite et comme on l'aide à les maltraiter; à voir qu'au-delà de l'exploitation des hommes, il y avait pire: l'absence de toute exploitation –, comment ne pas se dire que, non exploitables, pas même exploitables, plus du tout nécessaires à l'exploitation, elle-même inutile, les foules peuvent trembler et chacun dans la foule?» (p. 35)

Voici une mise en garde grave. La question de Viviane Forrester est la suivante: que deviendra l'humanité avec des millions et bientôt des milliards de vies ravagées, de destins anéantis qui n'auraient même plus de raison d'être?

Oser ressentir la misère et agir

Il vous suffit de vous identifier à *une seule vie humiliée*, ravagée par les manques, les contraintes, les souffrances physiques et morales, dans un environnement où cohabitent le non-sens et la violence. À cela s'ajoute peut-être le manque de *bagage intellectuel*. Prendre le temps de se mettre vraiment *dans la peau* d'une ou deux personnes sur un tel *chemin de vie* et ressentir dans tout son corps qu'on se réveille le matin, dans cette situation, pour vivre ensuite une journée, vous donnent une bonne idée de ce que cela représente. **Il faut oser le faire** en sachant que c'est là que nous nous prouvons notre force intérieure.

Imaginez-vous prendre dès demain des décisions importantes en vue d'une meilleure répartition des richesses. Vous verrez très vite si vous avez peur et si vous êtes *attaché à la rentabilité et à l'augmentation du profit à tout prix* ou si vous vous sentez en sécurité et serein. Vous pouvez ensuite vérifier si votre réflexion vise l'épanouissement, la réalisation, *la justesse* et la plus grande qualité de vie pour tous ou si elle est centrée sur le fait de *s'assurer* des possessions et du pouvoir. Ensuite, faites *voyager* mentalement les répercussions et les enchaînements de *causes à effets* à partir de vos décisions sur trois ou quatre générations et autour de la planète. Prenez le temps et osez voir si les effets sont réellement bénéfiques pour des générations, et partout sur la Terre, et si les processus que vous enclenchez ne comportent pas des contradictions qui contribueraient aux déboires de demain du fait d'une politique axée sur le court terme.

Je vous propose de créer une carte avec l'ensemble de ces chaînes de causes à effets et des évaluations sur plusieurs générations, en utilisant des symboles et des couleurs. Vous verrez, ce sera passionnant et très révélateur. Certains passages de ce livre vous aideront peut-être dans cette entreprise. Profitez-en pour évaluer les effets d'un repositionnement (voir le shéma de la p. 197).

Il faut être courageux pour aller voir, mais je crois que c'est être de son temps que de pratiquer aujourd'hui le discernement.

Les premiers bénéficiaires sont ceux qui savent prendre du recul et mettre les *vraies valeurs* à leur place. Investir dans le *savoir-être* et développer un *savoir-faire* d'excellence afin d'engendrer des *processus de création de valeurs* placent devant un véritable challenge tous les leaders qui ont vécu en fonction des critères du *passé* dans la dynamique économique classique.

Malgré les difficultés qui se présentent et l'énorme travail à accomplir, les personnes qui font ce choix éprouvent toujours plus le plaisir de vivre et voient leur qualité de vie augmenter en flèche. Plus conscientes, elles deviennent plus exigeantes, recherchent une plus grande qualité de vie et découvrent des champs d'intérêt inexplorés.

C'est en accompagnant ceux qui cherchent le bénéfice que je constate l'immense soulagement que représente, pour eux, un *arrêt sur image* qui leur permet d'abord de voir l'enchaînement, le cercle infernal et puis la possibilité de faire autrement. Ils s'ouvrent à une vision globale, développent une stratégie de réussite à court, moyen et long terme. Ils savent *relativiser* et mettre le bénéfice à sa *juste place. Centrés sur l'essentiel*, ils deviennent plus efficaces, plus performants. Ils prennent du temps pour eux. *Choisir des axes qui assurent de façon constructive la pérennité et contribuer à l'évolution deviennent alors des priorités.*

Exercer le discernement par un regard critique qui distingue *être* et *avoir* est réservé à ceux qui ne veulent pas se faire « avoir ». Ils voient alors qu'accumuler des honneurs, des fonctions et de la matière, c'est essayer de remplir le *manque intérieur*.

Mais s'agit-il de juger, de condamner ou de ne rien faire et de continuer à courir ? *Non, il s'agit d'agir !*

Le défi d'agir repose sur quelques principes simples :

1° *Savoir identifier chaque fois la source réelle, les vrais mobiles et les raisons de privilégier un fonctionnement à court terme quant aux personnes* (à commencer par soi et donc par son *intentionnalité* et sa *finalité véritable*) **au lieu de** les chercher au niveau des *structures* ou dans les *processus.* Ceux-ci représentent déjà *le résultat* et sont *la conséquence* d'un ensemble de décisions, de choix et d'orientations.

2° *Observer* ensuite la *course* dans laquelle les hommes sont engagés et qui sert à compenser le *manque intérieur.* Entreprendre l'observation chez soi d'abord. Vous en constaterez très vite l'illusion, l'aberration. La notion de *richesse* signifie alors « accumulation de biens matériels », en eux-mêmes inertes, morts et dépourvus « d'impulsion ».

3° *Voir clairement tout ce que vous gagnez* en changeant de **position de vie.**

4° *Savoir qu'en toute logique c'est par soi-même qu'il faut commencer. S'ouvrir à ses propres richesses,* au *fond de soi, permet non seulement d'assumer ses manques, mais de les combler progressivement.*

5° *Comprendre* qu'il faut réellement *agir ici et maintenant* et s'en donner les moyens en se rappelant *son potentiel* et tout ce qui est *essentiel.*

6° *Vous servir de votre potentiel pour vous adresser au potentiel des autres et ainsi éveiller leur intérêt* et élargir la *vision* de tous ceux qui fonctionnent aujourd'hui dans le cadre du court terme. Vous en convenez, ils sont nombreux. **Sans éveiller leur intérêt, rien ne se fera !** Cependant, si vous ouvrez les mentalités aux perspectives nouvelles et passionnantes en mettant l'humain au cœur de vos préoccupations, vous participerez à l'introduction d'un nouveau paradigme.

7° *Valoriser* tout progrès, toute réussite pour soi et pour les autres.

8° *Persévérer* absolument, assurer la cohérence en dépit des difficultés, exercer le discernement et savoir que pour *créer* le bonheur, comme pour le contraire, la *richesse* a toujours un *pouvoir amplificateur*.

Vous ne pourrez ainsi plus vous contenter de *l'ersatz* que procurent des actions basées sur *l'intérêt personnel,* cet intérêt qu'on appelle *bénéfice secondaire*. Vous dominerez la matière et non pas les autres, en ayant compris l'utopie derrière la croyance qu'on *domine* les autres. Au contraire, vous utiliserez le pouvoir et les moyens matériels pour créer des valeurs et pour participer à l'évolution, en étant à la tête des innovations.

Le vrai créateur se jettera alors dans le travail pour développer la conscience sur terre.

Développer la conscience sur terre exige, comme je le disais, de commencer par soi-même, car on ne peut amener les autres là où l'on n'est pas allé. *C'est en connaissant son propre fonctionnement qu'il est possible de connaître les réactions et les freins des autres.* On peut ensuite apporter ce qu'il faut pour développer la conscience de chacun relative à sa propre valeur, ses qualités et ses capacités. C'est accorder à chacun son *droit de naissance,* de se reconnaître lui-même, de se respecter et de se réaliser. Après cela, une dynamique de croissance et de développement peut être créée, laquelle procurera autant de joie et de satisfaction qu'elle exigera de force et de cohérence.

Seul l'individu fort peut accepter qu'un autre se développe et devienne fort sans être déstabilisé et jaloux. Celui qui est *centré et équilibré* sait qu'il y aura des difficultés et qu'il ne faudra pas oublier *l'exemplarité*, ni la qualité de management. Il devra faire face à la résolution de problèmes dans un climat de changement et de transformation. Il devra négocier, orienter et déléguer. Oui, le vrai créateur le sait. Il s'agit du défi à relever qui l'amènera à se dépasser. Chaque minute de sa vie acquiert du sens dès qu'il crée des valeurs et plus d'équité sur terre et ainsi, bien sûr, plus de joie et de bonheur à partager.

Le vrai créateur sait alors que ce n'est pas dans la bataille, ni dans la lutte, ni dans la domination, ni par la menace qu'il rencontrera la grâce ou qu'il fera l'expérience de ce qui donne *sens* à sa vie.

Il répond au plus grand défi de sa vie : à savoir *s'occuper de lui* et « récupérer » ce qui semblait perdu, en l'occurrence toute une partie de lui-même. Commencer à nous occuper de ce que nous avons le plus négligé, c'est-à-dire nous-mêmes, c'est amorcer un processus de conscience qui nous ouvre les portes pour percevoir de plus en plus la réalité dans sa globalité.

La plupart du temps nous découvrons *que nous nous étions coupés de toute une partie de nous-mêmes* afin de nous protéger, pour **ne pas ressentir** de choses désagréables. N'ayant alors plus accès à *la totalité* de nos *capteurs* et de nos *récepteurs*, la réalité dans sa globalité nous est restée inaccessible.

Un test simple pour le vérifier consiste à vous demander si vous arrivez à *ressentir dans votre corps, et principalement dans votre cœur, le désarroi et la souffrance* des innombrables humains qui vivent des situations tragiques. Voyez si vous savez vous mettre « dans la peau » de l'autre sans aussitôt vous défendre ou vous refermer, et cela, sans tricher. Si vous réussissez, vous avez gagné un pari. Si vous ne réussissez pas tout de suite, donnez-vous les moyens de vous *ouvrir et d'oser le ressentir.* Regardez le schéma du repositionnement dans la *Psychologie d'Évolution.* Vous y voyez que les effets de vos qualités, développées sur le plan de votre *savoir-être* par suite d'un repositionnement, sont démultipliés de façon quasiment exponentielle au niveau du *savoir-faire* et ces impacts créés sur la société civile et les générations futures.

Un seul changement d'attitude peut entraîner de gros changements dans le monde !

En devenant un être entier et intègre, non coupé d'une partie de nous-mêmes, nous pouvons alors agir. Cependant, tant que nous n'avons pas accès à une partie de nous-mêmes (ressentir son corps, son cœur ou accéder à son intuition), nous n'avons pas accès à une grande partie de la réalité du monde. Par exemple, si je suis coupée de mon ressenti, je ne ressens pas ce que ressentent et vivent les autres.

Imaginez le décalage entre les décisions prises sur la base d'un mental abstrait, coupé de la vie (celui qui est le plus fréquent) et des décisions prises en fonction de la réalité concrète… Qui prend la mesure de ce que cela représente du point de vue de la vie, ose franchir ce pas et se repositionner. Cela changera alors toute sa vie et lui donnera infiniment plus de sens. Dans *Sur le bord de la rivière Piedra je me suis assise et j'ai pleuré*, Paulo Coelho parle de cette ouverture intérieure. Il s'agit de la capacité d'aimer. Il dit :

Malheureux celui qui a eu peur de prendre des risques. Car celui-là ne sera peut-être jamais déçu, ne connaîtra peut-être pas la désillusion, ne souffrira pas comme ceux qui ont un rêve à poursuivre. Mais quand il regardera derrière lui (car nous en venons toujours à regarder en arrière), il entendra son cœur lui dire : « Qu'as-tu fait des miracles que Dieu a semés sur tes jours ? Qu'as-tu fait des talents que le Maître t'a confiés ? Tu les as enterrés tout au fond d'un trou parce que tu avais peur de les perdre. Alors, c'est là ce qui te reste maintenant, la certitude d'avoir perdu ta vie. » Malheureux celui qui entend ces paroles. C'est alors qu'il croira aux miracles, mais les instants magiques de l'existence seront déjà passés.

En effet, celui qui veut connaître la *magie de la vie* ne devra pas fuir le jour qui s'appelle *aujourd'hui*. Celui qui développe la capacité d'aimer comprendra que nous sommes tous nés pour partager nos richesses de cœur et développer l'abondance pour tous. Plus nous réussissons à la vivre, moins nous souffrons…

Quand nous nous ouvrons à nous-mêmes, à cette dimension où tout « en dedans » est bien vivant, où tout interagit – le cœur, le corps et l'esprit –, alors, « au-dehors », notre force agit en contribuant à une vie épanouie pour tous.

En acceptant de *ressentir* réellement en vous-même ce qui se passe *ailleurs,* chez les autres, sans rajouter ni retrancher et sans biaiser, vous avez le courage d'affronter la réalité effective sur cette Terre. Si vous osez réellement, vraiment *ressentir* dans votre corps et dans votre cœur ce que vivent d'innombrables congénères, alors la *distance*, le *mépris*, *l'abandon* ou *l'impuissance* céderont la place ou l'espace à un *désir d'aider* et une *immense force* pour *agir*, qui monteront en vous. Cette expérience puissante vous donnera *des ailes* à condition que vous acceptiez réellement de vous imaginer *être ces personnes*, *vivre* ce qu'elles vivent et *ressentir* ce qu'elles ressentent. Peut-être avez-vous le désir maintenant de prendre un moment pour cela.

Être en éveil et vivre une expérience passionnante

Vous entrez ainsi dans *l'expérience humaine qui est l'expérience la plus passionnante que nous puissions tous faire.* Par contre, se concentrer uniquement sur l'étude et l'utilisation de la matière nous enferme dans des limites, avant même que nous ne prenions notre envol. Nous méritons tous mieux que cela.

Ouverts à nous-mêmes et aux autres, nous sommes ainsi en éveil et capables d'agir de façon pertinente et efficace sur les situations. *Accepter de ressentir nous permet de voir mieux ce qui se passe en nous et autour de nous.* C'est plus facile en respectant un certain nombre de conditions. Sinon, nous nous laissons encore une fois *piéger* par notre côté *réactionnel* et *émotionnel* et par toutes les peurs qui y habitent.

Comme je le disais, quand le cœur, le corps et l'intelligence communiquent et quand le tout est pénétré par l'esprit, alors la puissance de la vie, laquelle est richesse infinie, s'exprime dans le monde de façon positive et constructive au moyen des ***amplificateurs*** *que représentent le pouvoir et la richesse matérielle.*

Le pouvoir et les moyens matériels
sont des multiplicateurs de nos dispositions intérieures

C'est à ce moment-là que la richesse matérielle procure la plus grande joie, voire de l'exaltation, en devenant, sous la tutelle de notre conscience, l'agent de qualité de vie, de bonheur et d'abondance.

Quand vous aurez fait cette formidable prise de conscience pour agir, vous stimulerez d'autres personnes qui découvriront à leur tour le goût de la dynamique de vie. Ils mobiliseront eux aussi leurs capacités et leurs compétences pour apporter, individuellement ou en groupe, leur contribution à l'évolution.

Le vrai créateur de « qualité de vie » saura qu'un des challenges est de réunir les « détenteurs de richesses et de pouvoir ». Il créera l'émulation et présentera une nouvelle vision pour réunir les hommes et les moyens d'action.

Agir ici et maintenant

Le vrai créateur de *qualité de vie* saura, s'il est vraiment conscient, que les initiatives se prennent au présent. C'est *ici et maintenant* que se joue le défi pour celui qui a compris ! C'est savoir saisir les instants magiques de la vie et s'accorder le talent d'être un vrai créateur de valeurs.

C'est toujours selon la dimension de conscience, selon la mobilisation de l'intelligence et selon le degré d'humanité de tous, et des dirigeants en particulier, que les pays émergents pourront être aidés. C'est en *prenant conscience* de cette réalité qu'on cesse de jeter dans la dépendance une grande partie de l'humanité. *À vous tous, qui êtes jeunes d'esprit et justes*, de leur montrer *comment* utiliser et rentabiliser leur potentiel et leur *propre génie* pour entrer dans une dynamique de vie en complémentarité avec les autres civilisations.

Créer partout des nations riches qui peuvent acheter et payer semble dans l'intérêt de tous.

Pour mieux sentir de quoi il est question, je propose à ceux qui détiennent les moyens et le pouvoir, de regarder mentalement dans les yeux ceux qui subissent les effets de la dynamique actuelle. Osent-ils alors remonter la chaîne véritable des causes aux effets ? Sont-ils toujours prêts à continuer à créer ce qu'ils créent ?

À vous les détenteurs de richesses et de pouvoir d'oser explorer le trésor de votre être intérieur et de déverser ses innombrables qualités à l'extérieur, au moyen de *l'amplificateur* créé par le pouvoir et la matière.

Osez sans tarder et la surprise sera vôtre. Au lieu de continuer à courir et à dépenser votre énergie dans la bataille habituelle, dans les transactions qui protègent et augmentent les « biens » de quelques-uns, vivez et concentrez-vous sur l'essentiel. Votre vie deviendra ainsi plus harmonieuse et plus belle. Au lieu de développer simplement des « moyens » qui n'apportent rien de plus à la qualité d'existence sur terre, au lieu d'avoir peur, accédez à ce pourquoi vous êtes nés, à cette dimension de réalité et de conscience qui, de façon transcendante, donne *sens* à votre vie.

Je suis certaine que tous ceux qui ont déjà accompli ce pas ressentent bien ce qui est dit ici. Nous pouvons les féliciter, les remercier d'avoir agi et créé de la qualité sur cette planète. En devenant *créateurs de valeurs* pour les autres et la société, ils ont développé leur propre bonheur. Ils ont compris que pour créer l'abondance en même temps que l'harmonie, il faut savoir s'arrêter, écouter et ensuite répondre à l'appel de la vie.

C'est cette dimension de conscience qui fait agir. Elle permet de développer l'action de manière épanouie, passionnée et enthousiaste et non plus de façon rétrécie, coupée et stressée. C'est l'action positive et constructive qui donne sens et qui, comme on dit, soulève des montagnes.

Au lieu de vous *vider*, au lieu de *perdre*, vous allez vous *enrichir*. Tout n'ira pas tout droit. Nous le savons et pour créer du *sens*, nous savons également que le travail à fournir doit être continu et intense. Nous voyons se développer alors une nouvelle conception de vie, celle qui non pas sépare, mais *réunit*. Elle réunit les hommes et conjugue harmonieusement travail, intégrité, cohérence, humanité, joie et sérénité et, tous les jours, un peu plus d'amour. Pour ceux, et j'espère qu'ils sont nombreux, qui souhaitent le vérifier, ce n'est pas une utopie si, et seulement si, chacun se sent suffisamment fort *pour commencer par lui-même.*

Si cette force en vous est réunie, vous verrez alors que rien, au royaume de la matière, ne vous aura procuré autant de bonheur que l'affirmation de ce que vous êtes réellement et en profondeur.

Être créateur de valeurs

Ainsi l'aventure la plus passionnante commencera, celle du vrai créateur qui ne se perd pas dans les « choses », dans la matière mais qui, à l'aide de son regard intérieur, aura touché son cœur, mobilisé ses forces et, malgré toutes les pressions et toutes les influences, osé voir clair et pris des décisions.

Ayant ainsi fait le chemin le plus périlleux et augmenté sa lucidité après avoir développé sa conscience, *l'explorateur de conscience deviendra créateur en puissance.* Établir un bilan de l'existant en exerçant son discernement sur la base d'une vision véritablement globale réserve bien souvent des surprises. Peut-être avez-vous la motivation d'établir un bilan prévisionnel en le centrant sur ce qui est *essentiel dans la vie*: la vôtre et celle de tous.

Nous savons que les meilleurs « multiplicateurs de conscience » sur la Terre sont les moyens investis dans une éducation innovante, qui développe en même temps *l'intelligence de la raison* et *l'intelligence du cœur*. C'est une éducation qui donne aux enfants des repères qui se situent à l'intérieur d'eux. Être *créateur de valeurs*, c'est développer globalement des pédagogies, des formations et des informations qui mettent en avant la reconnaissance de la valeur de chacun en tant que richesse potentielle. En introduisant ces nouveaux repères, vous participerez à développer la conscience, la responsabilité de citoyen, la responsabilité sociétale et environnementale. Vous développez ainsi l'initiative et maintes autres qualités.

En *créateurs de valeurs*, vous pourrez créer des réseaux et promouvoir massivement le développement de la conscience individuelle et collective. Vous aurez à cœur de diffuser la notion de partage, d'utiliser le développement personnel comme une base et de former, informer, responsabiliser et mobiliser.

Le vrai créateur ne le fera pas en biaisant, pour s'assurer quelques avantages au passage, mais dans l'éthique et avec intégrité.

Amusez-vous maintenant à faire la *différence* entre les *effets* engendrés par l'un et l'autre de ces comportements.

Dans le premier cas, le bénéfice retiré est capitalisé. L'argent *travaille* pour produire de nouveau de l'argent dans la dynamique ancienne que nous avons évoquée. Vous rappelez-vous la parabole de l'échange de l'œuf et de l'échange des idées? Si le bénéfice est *immobilisé* et que le capital *dort*, il *assure*, dans un périmètre restreint, une *sécurité* matérielle. La sérénité, l'équilibre personnel et la *sécurité intérieure* de ceux qui opèrent ainsi sont loin d'être toujours assurés. Aujourd'hui, nous savons que même la sécurité matérielle n'est pas garantie. Il y a une réflexion intéressante à amorcer. Quant à la **sécurité intérieure**, elle est basée sur un *sentiment d'union avec la vie* et, en même temps, sur la *conscience* *d'un potentiel de création illimité* pour créer l'abondance et le bien-être.

Développer la sécurité intérieure

Pour développer la sécurité intérieure, il est important de se déstresser. Quand vous êtes plus détendu, plus dans l'harmonie tout en vous rappelant le *potentiel de création illimité* dont vous êtes détenteur comme chaque Être humain, un sentiment de sécurité intérieure s'installe progressivement. C'est alors que nous osons davantage ouvrir les yeux sur le monde. Nous percevons ainsi *plus globalement* la vie. Comme nous l'avons vu, notre cerveau fonctionne différemment en état de détente et nous mobilisons de cette manière beaucoup plus de « capteurs » pour *percevoir* à la fois plus globalement et plus profondément la réalité. En étant plus sereins, nous devenons à la fois plus objectifs et plus *humains*. La *vision globale* nous permet de prendre du *recul*. *Je rappelle que le « recul » est caractérisé d'un côté par l'objectivité et la logique et de l'autre, par la proximité et la chaleur humaine. Il ne faut donc pas confondre cela avec « la distance » et le fait d'être froid et « coupé » des autres.*

Accéder à la richesse intérieure pour créer l'abondance pour tous

Je résume rapidement les différentes étapes nécessaires pour s'ouvrir réellement à soi-même et donc aux autres :

1) Lâcher complètement pour un temps les préoccupations matérielles et se centrer sereinement sur soi.
2) Prendre le temps de se relaxer sans se laisser envahir par les tensions et les préoccupations de la journée.
3) S'ouvrir sans peur à une vision globale. Accepter de *laisser venir* les images agréables et désagréables, sans juger et sans réagir.
4) Inclure dans la vision l'humanité entière.
5) Accepter de ressentir des situations difficiles sans se défendre, sans fuir.

6) Ressentir son potentiel et sa capacité d'agir.
7) Laisser remonter la motivation.
8) Laisser venir des images vous montrant en train d'agir et de contribuer à réduire la misère et à créer des valeurs.
9) Ressentir dans votre corps, de façon agréable, les effets positifs que vous créez pour les autres.

Ainsi *déstressé, vous ressentez les besoins urgents des autres dans votre propre corps et dans votre cœur.* Sans angoisse, il n'y a *ni refus ni rejet* de cette sensation et de ce sentiment, même si cette réalité se présente comme *inconfortable.* Vous avez donc réellement *capté* cette réalité. Elle est présente et vous êtes *présent* à elle. Vous n'êtes pas *coupé* d'elle, mais vous êtes réellement *conscient* de ce que cela représente et vous êtes proche des personnes qui sont dans le besoin.

Le potentiel affectif fonctionne en tant que capteur de la réalité humaine et, plus largement, de la réalité sensible, y compris de la nature. Puis, ouvrez-vous à votre potentiel sensoriel et à votre intuition. Ayez plaisir à vivre cette sensibilité et percevez ce potentiel plus global ; ressentez-le bien dans tout votre être, dans toutes les cellules de votre corps. Reprenez maintenant les étapes précédentes de 6 à 9. Vous vous sentirez heureux d'agir.

Quand nous créons cet état d'ouverture et de conscience, il nous permet l'accès à notre propre potentiel (puisque nous sommes réellement détendus, pas angoissés, stressés ou *contractés).* Nous avons alors *accès* à cette sensation de richesse intérieure et à notre capacité de réalisation et de création. Nous savons ainsi que nous pouvons changer les mentalités et concrétiser de belles réalisations. Nous savons que nous allons trouver les moyens et la manière de le faire.

Cela développe, comme je le disais, une sensation de plaisir et de motivation pour apporter, concevoir, créer et aider. Tout en conservant le *recul*, nous avons une grande satisfaction et beaucoup de joie. Ceci représente d'énormes *bénéfices* pour soi, pas des *bénéfices secondaires...* Tout cela crée un fort équilibre et consolide notre potentiel. Nous commençons alors à rayonner une qualité d'énergie bien meilleure autour de nous. Le succès matériel, *basé sur la dimension humaine*, se développe alors de façon marquée et dans une vision à long terme.

Devenir contributeur pour un monde meilleur

Après les réels bénéfices pour soi, abordons ceux pour les autres, notamment les enfants. Au lieu d'avoir *un capital* qui « dort » ou qui « travaille », vous pouvez contribuer à *ouvrir* un *chemin de vie et de découverte passionnant* pour les enfants et les futures générations. Si ensuite vous *ressentez en vous* leur épanouissement, soyez assurés d'être portés par un élan de vie qui crée la joie. En restant passif, on contribuerait au contraire à créer un monde de violence.

Amusez-vous à extrapoler le plus globalement possible tous *les effets* que chaque enfant créera à son tour. Ensuite, amusez-vous à évaluer un tant soit peu l'incidence que cela aura sur les générations à venir et dites-vous : « C'est cela, ma contribution. »

Ceci est valable en investissant dans le *capital humain* au moyen de processus d'éducation et de formation pour les adultes dans une vision éthique et de mobilisation du potentiel individuel. Le travail sur le *savoir-être* développe des comportements positifs et constructifs.

Cette « nouvelle vision du monde » permettra des remodelages considérables. Les repères *ayant été changés, la priorité sera donnée à l'investissement dans tout ce qui est* ressources *et* potentialités *humaines, pour faire émerger l'immense potentiel actuellement en sommeil. L'évolution, bénéfique à tous les niveaux de la société et de l'humanité en général, fera un bond en avant.*

À tout cela peuvent s'ajouter des réflexions beaucoup plus approfondies sur les mécanismes de démultiplication et les effets à partir de deux positions de vie quasiment opposées.

Des chaînes de « causes à effets » sur plusieurs générations

Les dirigeants et actionnaires des grands groupes et des organisations ont un rôle immense à jouer. Ils savent que *leurs pressions* influencent gravement les décisions qui affectent des millions de vies humaines. S'ils développent à la fois *une vision globale*, *une ouverture du cœur* et *l'objectivité*, ils investiront dans l'éthique. Ils assureront la responsabilité sociétale de l'entreprise en incluant la dimension humaine dans une vision d'évolution et en tenant compte des *chaînes de causes à effets* sur plusieurs générations dans l'évaluation de *la capitalisation des Valeurs de Vie*. Cette évaluation permettra de faire de nouveaux choix et de mettre en place de nouvelles dispositions pour créer de la qualité à long terme.

Je crois qu'il n'est pas nécessaire d'insister sur l'importance de leur positionnement personnel compte tenu du **multiplicateur de valeurs** qu'ils ont en main. Encore une fois, je souhaite m'adresser à l'Être humain que vous êtes. Si vous êtes riche ou très riche et que vous avez déjà beaucoup de *biens* matériels ou du pouvoir, alors posez-vous, de façon répétée, des questions sur ce que vous voulez. Une fois que vous y aurez répondu, demandez-vous : « Quand j'aurai obtenu cela, qu'est-ce que je veux après et après ? Puis quand j'aurai tout cela, qu'est-ce que je veux encore ? *Qu'est-ce que je veux vraiment au fond de moi ?* » Répétez ces questions jusqu'à ce que la réponse vienne du fond du cœur et vous sentirez vous-même ce qui est vrai. Cet exercice peut durer une à deux heures tout ou plus, mais il peut remplacer des années de stress et d'insatisfaction. Je le recommande vivement.

À vous de trouver vos propres réponses. Cependant, il se peut bien qu'apparaisse, après votre propre désir d'épanouissement, votre désir d'aimer et d'être aimé, le désir d'investir dans les *Valeurs de Vie*. Cela vous tiendra peut-être *à cœur de* créer moins de souffrance et plus de dignité et de joie pour les enfants et les humains dans leur ensemble.

Une civilisation nouvelle

Les meilleurs **multiplicateurs de conscience** sur la Terre sont ceux qui permettent de *voir clair*, quels que soient la situation, le lieu, la spécialité et le secteur. Pour cela, la connaissance de soi, l'équilibre et l'esprit libre centré sur *l'essentiel* sont les bases d'une civilisation nouvelle. Au lieu de créer son propre déclin dans le chaos du court terme, l'être du renouveau espéré se ressaisit *ainsi* et investit dans ce qui s'inscrit en vérité, et non pas en faux, dans la vie.

Tout ce qui n'est pas inséré dans une « circulation dynamique » de création de valeurs est une « charge » pour *celui qui retient et immobilise les valeurs et une « privation » pour tous ceux qui ne bénéficient pas de cette circulation de valeurs.* La *charge* pour les uns et la *privation* pour les autres augmentent dans les mêmes proportions dans lesquelles la combinaison *intelligence-éthique* est absente, autrement dit : moins il y a de conscience, plus la charge pèse et plus la privation augmente. C'est ce que nous vivons actuellement sur la Terre.

C'est valable dans les domaines de l'éducation, des médias, de la santé, de la formation, de l'industrie et de l'agroalimentaire, des produits pharmaceutiques comme dans les autres secteurs. Examinez et vérifiez comment *la charge* augmente pour celui qui porte « le poids » des moyens matériels, et comment la *privation* augmente pour ceux qui n'en bénéficient pas.

Imaginez !

Imaginez-vous, par exemple, la différence de richesses pour la nation entre la somme nécessaire à un investissement dans une centaine de crèches, de collèges et de lycées et la même somme qui, au lieu d'être mise à disposition dans ce contexte, dort dans des possessions qui n'apportent rien à l'évolution et à la qualité de vie des humains. Ces possessions sont en effet une garantie pour ceux qui font des transactions et renforcent *leur position financière*. Maintenant imaginons que cet investissement dans les établissements scolaires devienne effectif. Il permettra ainsi d'offrir

aux enseignants les formations dont ils ont besoin, parmi lesquelles le développement personnel et les connaissances psychologiques, ainsi qu'une organisation de leur travail pour qu'ils puissent vivre leur vocation avec plus de plaisir et de satisfaction. Les enseignants pourront ainsi apporter leur contribution et leur aide aux parents dans la préparation d'une vie réussie pour les enfants. Cela permettra de créer des conditions optimales d'études et d'expérience sur la base de dynamiques pédagogiques innovantes. Les enfants auront la possibilité de s'épanouir réellement et de mobiliser leur intelligence, comme cela se pratique déjà dans un certain nombre d'écoles pilotes. Imaginons ces enfants... ! Imaginons ce qu'un tel changement leur apportera pour plus tard. Cela donnera aussi une qualité de vie infiniment supérieure aux enseignants.

Imaginons donc ces enfants épanouis, ayant réussi. Imaginons les milliers de moments générateurs de bonheur, de bonnes dispositions, de comportement social productif, de milliers d'idées riches et géniales générant la réussite, l'ouverture, la capacité d'adaptation et la capacité d'innovation, etc. À cette liste s'ajoutent surtout la capacité de créer de la qualité de vie pour ces enfants devenus adultes et la capacité de transmettre à leur tour à la jeune génération des *Valeurs de Vie*.

Sur l'île de Maui à Hawaii, une école a été créée dans les années 1990, où la liberté d'initiative et de conduite de projets des collégiens était si grande que les élèves, passionnés, rentraient chez eux souvent très tard, tant ils avaient des choses intéressantes à faire.

À notre école des leaders éthiques, des *Projets de vie* ont été conçus, dont celui de Caroline Sost qui a créé Living School, une école bilingue innovante à Paris, où les enfants s'épanouissent en apprenant. D'autres projets ont été conçus et réalisés dans une vision de création de valeur dans des domaines aussi variés que la forêt, l'éducation, la santé des enfants dans le monde, l'eau pure et l'accès à l'eau, la condition de la femme, l'expertise de consultation sur la base du leadership éthique à l'échelle planétaire…

Des initiatives du même ordre peuvent être prises partout dans d'autres secteurs. Informer, éduquer et faire évoluer les consciences sur la planète est la grande priorité. Prévenir la maladie, réduire la misère, créer des juridictions qui rendent la dignité et la sécurité à tous sur la planète et développer un leadership éthique, représentent quelques-uns de ces aspects.

Je pourrais aller beaucoup plus dans le détail, mais je crois que vous voyez déjà bien *l'immense différence « de valeur » entre le fait d'investir sur l'humain* et le fait de *préserver le capital matériel.*

Tout cela implique un nouveau défi, celui d'un *changement de position de vie*!

Ce changement de position de vie, si vous l'acceptez, vous offrira la possibilité d'établir un *Projet de vie* dont il est question plus loin. *Un Projet de vie inclut l'idéal le plus élevé* que nous avons dans la vie, tout en tenant compte de *la réalité concrète* de notre vie. Il nous amène ensuite à rapprocher de plus en plus notre *idéal de notre réalité concrète*, sans brusquer ni démolir et en ayant toujours les pieds sur terre.

Choisir le bon chemin

Je vous souhaite :

- de trouver du plaisir et même d'être impatient de vous mettre en route pour créer l'œuvre la plus belle sur cette planète et, de façon concrète, *engendrer une dynamique mondiale d'évolution individuelle et collective avec une répartition des richesses* assurant à la fois la sécurité, la dignité et le développement d'une conscience planétaire chez tous les individus ;
- *de ne jamais avoir peur et de découvrir ou conserver la vraie sécurité, celle qui est intérieure* ;
- de découvrir que l'intelligence est sans limites, surtout si elle ouvre à la vision, à l'intuition et à la créativité. C'est valable, bien sûr, pour les femmes comme pour les hommes de ce nouveau millénaire. C'est *l'intelligence globale* sous ses formes multiples qui vous fera trouver des solutions innovantes pour accomplir sans crainte des transformations et des changements ;
- de créer des *dynamiques de vie* pour développer la joie et l'adhésion, pour que de nouvelles solutions émergent ;
- d'accepter de nouveaux paradigmes, de nouveaux cadres de référence, à commencer par la notion de *globalité* (vision globale, personne humaine entière, l'humanité entière, la Terre entière, le long terme). Cela veut dire, entre autres, envisager tout projet avec ses effets à long terme. Ce sont nos cadeaux à nos petits enfants ;
- de changer de repères et passer de la matière et du *quantitatif* au *qualitatif* et donc à la dimension humaine. C'est passer d'ambitions matérielles, axées sur les moyens et le confort personnel, au souci de *la réalité humaine.* Je souhaite que vous puissiez, en tant *que détenteurs de pouvoir et de richesse*, aborder ainsi ce *qu'il y a de plus complexe dans l'Univers, à savoir l'Être humain.* Pénétrer les secrets de nos propres richesses et progressivement embrasser globalement notre riche potentiel devraient être *les priorités des priorités* de chacun d'entre nous. Ensuite, apprendre à gérer ces masses de potentiel *pour servir la VIE* (en soi, pour soi, partout et pour tous) semble couler de source. Ainsi l'homme pourra gérer la matière, au lieu d'être géré par elle. À lui de prendre sa destinée en main. Se manager, manager les hommes, développer

la conscience et participer à l'évolution deviennent enfin des priorités;

- d'être conseillé collectivement par un Comité de Sages représentant la communauté internationale;
- d'utiliser tous les moyens pour sauver les mégatonnes d'intelligence, de joie et de forces créatrices, aujourd'hui gâchées, perdues et ignorées sur cette planète. Les saisir, les multiplier et en *ressentir* la joie dans votre être;
- de vivre le plus possible la positivité: engendrer une attitude, un positionnement et un comportement fondamentalement constructifs et prendre des décisions en conséquence;
- de faire radicalement la différence entre *Être humain* et *position sociale et fonction*. Rappelez-vous que la *fonction* n'est rien, sinon *l'ensemble des responsabilités que vous avez acceptées*. Ressentez-le et si c'est bien clair, vous verrez que la valeur la plus grande appartient au *vivant* et en tout premier lieu à *l'Être humain. Soyez aventurier de la vie, chercheur, découvreur et développeur de conscience*;
- de savoir que si vous êtes le promoteur de tout cela, vous en êtes bien sûr le premier gagnant;
- de ressentir au plus profond de vous que le fait d'aider les autres *à réussir leur vie fera de votre vie une réussite*;
- d'apprendre ensuite à chanter la vie, à la danser, à jouer au *jeu de la vie* et de ressentir, peut-être, que l'essentiel n'était pas là où on le croyait;
- de découvrir ainsi que c'est seulement dans une *authentique et profonde quête d'évolution*, avec tout ce que cela comporte de décision, de cohérence et d'implication, que la vie livre ses secrets, ces si beaux secrets, poignants et forts, qui nous portent et nous transportent. La vie nous permet ainsi de la découvrir davantage, tout en jouant avec nous pour nous montrer que nous avons à peine entrevu un tout petit début de ce qu'elle a à nous offrir.

Ce sont peut-être quelques actions concrètes que nous demande la vie sur cette planète.

La vie m'a permis d'accompagner de telles réorientations et je suis témoin du gain considérable que cela représente pour la personne qui ose créer cette ouverture. Comme je l'ai dit au début, je ne m'adresse ni à la *fonction* ni à la *position* que vous occupez, mais à **l'Être humain** que vous êtes, en sachant que si je peux toucher un tant soit peu l'être que vous êtes au fond, alors beaucoup de choses peuvent changer.

Quand nous sommes touchés et que nous répondons par un « oui », alors quelque chose de grand se passe pour nous dans la vie. Quand le cœur s'ouvre, la joie d'entreprendre et d'agir nous envahit. C'est cela qui ouvre les portes de l'intelligence et de l'esprit et qui permet d'offrir l'abondance et la prospérité, progressivement, à toute l'humanité. Ce sont les portes à franchir. C'est le pas à accomplir pour celui qui n'appartient pas au passé, mais à la vie présente et à l'avenir.

Je voudrais, pour terminer, illustrer ce que je viens de dire en partageant avec vous une anecdote racontée par un scientifique au sujet d'un de ses professeurs.

Les gros cailloux

Un jour, un vieux professeur de l'École nationale d'administration (ENA) fut engagé pour donner une formation sur l'organisation efficace de son temps à un groupe d'une quinzaine de dirigeants de compagnies nord-américaines. Ce cours constituait l'un des cinq ateliers de leur journée de formation. Le professeur n'avait donc qu'une heure pour « passer son message ».

Debout devant ce groupe d'élite prêt à noter tout ce que l'expert allait enseigner, le vieux prof les regarda un par un, lentement, puis leur dit : « Nous allons réaliser une expérience. » Il sortit de dessous la table qui le séparait de ses apprenants un immense pot de verre de plus de quatre litres, qu'il posa délicatement en face de lui. Ensuite, il sortit une douzaine de cailloux à peu près gros comme des balles de tennis et les plaça délicatement un par un dans le grand pot. Lorsque le pot fut rempli jusqu'au bord et qu'il fut impossible d'y ajouter un caillou, l'enseignant leva lentement les yeux vers ses étudiants et leur demanda : « Est-ce que ce pot est plein ? » Tous répondirent « oui ». Il attendit quelques secondes et ajouta : « Vraiment ? »

Alors il se pencha de nouveau et sortit de dessous la table un récipient rempli de gravier. Avec minutie, il versa ce gravier sur les gros cailloux puis brassa légèrement le pot. Les morceaux de gravier s'infiltrèrent entre les cailloux jusqu'au fond du pot. Le vieux prof leva à nouveau les yeux vers l'auditoire et demanda : « Est-ce que ce pot est plein ? » Cette fois, ses brillants étudiants commençaient à comprendre son manège. L'un d'eux répondit : « Probablement pas ! – Bien ! » répondit le vieux professeur. Il se pencha à nouveau et cette fois sortit de dessous la table un seau de sable. Il versa le sable dans le pot. Il emplit les espaces entre les gros cailloux et le gravier. Encore une fois, le vénérable enseignant demanda : « Est-ce que ce pot est plein ? » Cette fois sans hésiter et en chœur, les brillants élèves répondirent « Non ! – Bien », répondit le vieux prof. Et comme s'y attendaient ses prestigieux élèves, il prit le pichet d'eau sur la table et remplit le pot jusqu'à ras bord.

Le vieux professeur leva alors les yeux vers son groupe et demanda : « Quelle grande vérité nous démontre cette expérience ? » Pas fou, le plus audacieux de la classe, songeant au sujet de ce cours, répondit : « Cela démontre que même lorsque l'on croit que notre agenda est complètement rempli, si on le veut vraiment, on peut ajouter plus de rendez-vous, plus de choses à faire. – Non, répondit le vieux prof, ce n'est pas cela. La grande vérité que nous démontre cette expérience est la suivante : si on ne met pas les gros cailloux en premier dans le pot, on ne pourra jamais les faire entrer par la suite. »

Il y eut un profond silence, chacun prenant conscience de l'évidence de ces propos. Le vieux prof leur dit alors : « Quels sont les gros cailloux dans votre vie ? Votre santé, votre famille, vos amis ? Réaliser vos rêves ? Faire ce que vous aimez ? Apprendre ? Défendre une cause ? Se relaxer ? Prendre le temps ou toute autre chose ? Ce qu'il faut retenir, c'est l'importance de mettre ses GROS CAILLOUX en premier dans sa vie, sinon on risque de ne pas réussir… sa vie. Si on donne priorité aux peccadilles (le gravier, le sable), on remplira sa vie de peccadilles et on n'aura plus suffisamment de temps précieux à consacrer aux éléments importants de sa vie. Alors n'oubliez pas de vous poser à vous-même la question : "Quels sont les GROS CAILLOUX dans ma vie ?" Ensuite mettez-les en premier dans votre pot. » D'un geste amical de la main, le vieux professeur salua lentement son auditoire et quitta la salle…

Pour ma part, j'ai constaté au cours de mes 25 années d'accompagnement que les plus gros cailloux, pour chacun des Êtres humains, étaient *un épanouissement personnel* et *une qualité d'être* qui se manifestait naturellement par une communication et des échanges extrêmement positifs avec les autres et par les bienfaits dont bénéficiaient leur entourage et l'humanité. C'est leur réel épanouissement et la liberté qu'ils ont trouvée avec cela qui leur a permis à la fois de se réaliser, de se mettre dans la peau des autres, de percevoir leurs vrais besoins et ensuite d'éprouver de la joie en contemplant les effets bénéfiques de leurs initiatives. Cela leur procure un bien-être, un grand équilibre, une joie profonde et beaucoup d'enthousiasme. Ils se créent ainsi, globalement, une vie riche de sens, d'événements et de qualité.

Maintenant, à vous de prendre des initiatives.

Et si un Hitler

Si un Hitler, un seul, a pu faire autant de mal ou un Staline, un seul, alors une personne, *une seule*, comme vous et moi, peut non seulement apporter autant de bien qu'ils ont apporté de mal, mais encore bien plus. En réalité, une personne, une seule, peut apporter beaucoup plus de bien sur cette Terre, que tout le mal répandu par un Hitler, un Staline, un Mussolini ou d'autres dictateurs, si et seulement si elle est du côté de la *vie*.

La vie est toujours plus forte et plus grande que la mort. La vie dépasse la mort et se recrée elle-même. C'est *par principe* qu'elle est créatrice de réalités pour manifester ses infinies qualités. Plus nous sommes conscients de ce qu'on peut appeler *le principe de vie*, plus nous sommes capables de qualité. Plus notre conscience est étendue, plus elle englobe les différents aspects de la réalité, plus nous créons et organisons, de façon globale et pour toute l'humanité, une vie de qualité.

Ce qu'on pourrait appeler *le principe de mort* est, en réalité, *l'absence de principe*. C'est le manque de conscience, la désorganisation, le chaos, l'anarchie, l'affolement, la folie.

Si le non-respect de la vie, qu'il soit mental, psychologique, physiologique, physique ou tout cela, peut être étendu en créant la destruction, le respect de la vie peut, lui aussi, être étendu, pour autant qu'un nombre suffisant d'individus sur la Terre vibrent dans la même prise de conscience.

Nous pourrions revenir sur l'exemple de la *physique quantique*. Elle nous fait comprendre comment tout l'Univers vibre en interaction. Il n'y a pas de « trou » ou de « vide » dans l'Univers. Tout communique. À la lumière des connaissances scientifiques, il apparaît qu'un froissement d'ailes de papillon peut déclencher une tempête à l'autre bout du monde. Tout interagit. Même si nous apparaissons chacun comme des unités de « matière dense » bien séparées les unes des autres, la science nous enseigne que tout est mouvement, tout est vibration. Tout est oscillation et ondes, y compris nous. Nous sommes immergés dans un champ de matière en vibration où tout communique à tous les niveaux.

Les individus et l'humanité tout entière, selon qu'ils vivent des états de conscience élevés ou non, créent des phénomènes plus ou moins positifs ou négatifs qui interagissent.

Si une population, par ses normes sociales (oppression, intolérance, soumission, souffrances, violences, dénuement, etc.), s'est déjà trop écartée des conditions nécessaires à une vie naturellement épanouie, elle risque à un moment ou à un autre d'être le théâtre d'événements tragiques. Par exemple, trop d'oppression peut appeler une réaction, telle qu'une révolution. Trop d'affaiblissement d'un peuple peut en amener d'autres à le dominer sous une forme ou une autre. Cela entraîne alors la fausse impression de la diminution des tensions et des problématiques qui existent ailleurs. Nous le constatons chaque fois qu'un *point chaud* se développe sur le globe. Cela vaut non seulement pour des populations, mais aussi pour des individus. Si c'est supposément « l'autre » qui est *porteur de problèmes* et qu'en plus, on en profite, il y a de quoi se sentir mieux… C'est seulement en prenant conscience que nous avons besoin de résoudre nos propres problématiques par nous-mêmes et, en l'acceptant, que nous pouvons *assumer* pleinement nos difficultés. Nos difficultés et problèmes peuvent être de tous ordres : incompréhension et rejet des autres, incapacité de concevoir que des individus ou des populations aient, comme nous-mêmes, un riche potentiel de création. De façon plus générale, nous pouvons avoir des problèmes de jugement, de rejet et de rationalisation et être dans l'incapacité d'envisager une coopération positive et une réussite commune ou encore être dans la peur de *manquer* pour soi. Bref, projeter et puis trouver ses propres problèmes « *ailleurs* », chez les autres, est tellement plus commode ! Il serait intéressant d'évaluer le pourcentage de problèmes individuels (et donc collectifs) *non résolus* dans un pays, qui « n'exporterait pas » et donc « qui ne projetterait pas » ses problèmes sur d'autres personnes, d'autres groupes ou d'autres pays.

Cela me conduit à adresser ces quelques propos aux jeunes générations de mon pays d'origine, l'Allemagne, dont le monde entier se rappelle l'histoire. « Vous, qui êtes ouverts à la vie, savez que notre peuple a des richesses et des trésors inouïs en vitalité, en force et en finesse, permettant à chaque personne de s'épanouir et d'apporter sa contribution à l'évolution de l'humanité. C'est tout à fait possible si chacun donne à la VIE la première place dans les différentes sphères au quotidien, quels que soient le contexte historique et l'héritage culturel. Cela exigera de vous d'être à la fois souples et constructifs, mais *non culpabilisés.* Rappelez-vous, un bon positionnement exige *0 % de culpabilité, 100 % de responsabilité.* Cela vous demandera d'être *tolérants* envers vous-même et les autres, au quotidien, plutôt que d'être dans *l'obligation,* dans *l'irritation* et dans *le jugement* et, bien des fois, dans *l'angoisse.* Ainsi, vous rendrez **l'excès** impossible. Si vous ajoutez à cela une touche *d'humour*, un peu plus de légèreté et le droit de ne pas être *parfaits*, plus jamais, oui, plus jamais nous ne ferons l'expérience d'un Hitler. Au contraire, les immenses richesses et l'énergie dont nous disposons pourront se déployer, de façon constructive et efficace, avec celles des autres nations pour créer ensemble un monde meilleur. »

J'apporte cette remarque avec tout l'amour que je peux éprouver pour le peuple au sein duquel je suis née et qui constitue des racines solides pour moi. Je pense, en effet, que non seulement ce peuple, mais **chaque peuple** pourrait amorcer une réflexion approfondie sur la tolérance et sur les différents aspects qu'il a à optimiser ainsi que sur les choses qui demandent à être changées en son sein. C'est pourquoi j'adresse ce message bien volontiers aussi aux autres nations.

Si une seule personne réellement positive et constructive et entièrement dans la vie peut développer autour d'elle une dynamique de vie, alors chacun d'entre nous devrait essayer de mobiliser son potentiel pour déployer une telle dynamique. La prise de conscience commence toujours par soi et après, il suffit de quelques-uns pour amorcer un réel changement. Nous l'avons vu avec les propos de Margaret Mead : « Les grands changements dans le monde ont toujours été réalisés par un petit groupe de personnes. » J'y ajoute qu'il suffit pour cela d'avoir conscience du potentiel propre à chacun de nous.

Si un seul homme peut développer une si grande puissance de destruction, rien qu'une personne, une seule, peut donc créer une dynamique de vie aux répercussions infinies. Dans la mesure où celle-ci a conscience de son potentiel, elle sait que ce sera d'autant plus vrai si elle est capable de conjuguer cette force de vie avec d'autres personnes en créant non pas des relations hiérarchiques, mais la diversité dans l'égalité et la complémentarité. Ainsi, une telle impulsion peut se propager, contribuer à l'évolution et représenter un bienfait pour les générations à venir.

Le manque de conscience rapproche l'individu de la *lourdeur* de la matière et le soumet ainsi aux lois de la matière. C'est seulement le discernement qui permet de faire le tri entre ce qui appartient à la vie (autrement dit ce qui assure la vie de façon globale et à long terme) et ce qui, en réalité, détruit et casse. L'action destructrice, signe du manque de conscience, est limitée dans ses effets malgré l'étendue des désastres et de la souffrance qu'elle génère, alors que, par la suite, la vie reprend ses droits et transcende ce qui est limité.

Un individu qui a *conscience* des vrais besoins et de ce qui est *essentiel* dans nos vies se met à vraiment mobiliser son intelligence. Nous entendons par *conscience* le fait d'être plus *présent* à soi-même, plus globalement *présent* au monde et attentif à la chaîne de *causes à effets* que nous créons. C'est être capable de voir et accepter les *réels besoins* des humains et de la vie en général et d'y répondre avec intégrité, là où nous sommes.

Une telle personne sait vivre et utiliser ses qualités tout en restant équilibrée. Quand elle s'oriente vers les autres, elle fait appel au potentiel, au sien et à celui des autres. Si elle a bien intégré la *dimension du temps* sans être excitée et sans se précipiter, tout en s'activant avec efficacité, ce qu'elle crée est infiniment plus grand, plus puissant et plus durable que le chaos créé par un destructeur.

Une telle personne développe et assure des *Valeurs de Vie* pour des générations. Le jour où les hommes chercheront vraiment à développer des *Valeurs de Vie*, et non pas à les fuir, ils pourront accéder à un niveau plus élevé de conscience, de capacités, et créer ensemble leur réalité. Ils sauront qu'ils doivent constamment chercher à *dépasser* leurs propres limites, leurs propres faiblesses et leurs problématiques, plutôt que de les transférer et les projeter sur autrui. Le jour où les hommes auront suffisamment évolué pour donner vraiment la première place à la vie, ils sauront que cela vaut pour un individu, pour un groupe, une nation et l'humanité tout entière. Il sera clair alors qu'au fond, si un Hitler avait été, au début de sa vie, reconnu et aimé, et que si son énergie avait été canalisée de façon constructive, il aurait sûrement pu, comme tous les enfants, se réaliser positivement.

Beaucoup de formes de despotisme et de domination s'inscrivent dans un cadre tout à fait reconnu et organisé. Le développement de certaines croyances et la manipulation des populations peuvent conduire à ce qu'une certaine forme de vie destructrice soit pleinement acceptée, voire désirée.

À chacun de nous de développer suffisamment de lucidité. À chacun d'être le plus objectif possible et d'oser un regard honnête non seulement sur ce qu'il crée, mais aussi sur ce qu'il accepte et implicitement maintient. Parfois, des souffrances sont maintenues parce qu'elles font déjà partie de ce qui est considéré comme *normal*, alors qu'au regard de la vie, cela est intolérable. Si nous souhaitons être du *côté de la vie* ou nous orienter dans cette direction, le travail commence par identifier et répertorier nos *bénéfices secondaires* (*principal frein à l'évolution*), qui représentent ce confort et ces avantages qui nous empêchent de nous positionner, d'agir, de vivre la qualité de vie que nous méritons pourtant tous. Si vous êtes du côté des nantis et que vous éprouvez des **difficultés à ressentir** ce que cela veut dire *être de l'autre côté*, chez les personnes démunies, au jour le jour, offrez-vous l'expérience de les rejoindre dans leur quotidien pour un jour, une semaine ou plus, non pas en touriste, mais en étant proche et en vous mettant « à leur place ». Qui sait quelles prises de conscience cette expérience vous réserve, mais ce moment sera pour vous, à coup sûr, un enrichissement pour toujours.

Si nous ne bougeons pas individuellement, si nous restons avec nos *petits avantages*, dans le confort, dans les satisfactions, si nous restons dans la soumission confortable ou la sensation stimulante d'être *en réaction* sans agir constructivement, nous sommes en train de nous *leurrer* en ratant le *cadeau de notre naissance*, à savoir faire une *expérience de vie dans sa dimension globale et dans toute sa richesse* à un moment unique de l'histoire. Cette expérience est possible avec une réelle ouverture à soi-même, aux autres et à la vie en général et, bien sûr, en lâchant le confort immédiat que procure « le rejet instantané » d'une telle idée.

Rien ne vaut le fait de se pencher sur son potentiel de vie, même s'il faut faire un effort pour se dépasser. Rien ne vaut le fait de devenir davantage conscient, même au risque de constater qu'on est un despote dans sa famille ou dans ses responsabilités professionnelles ou qu'on est un de ceux qui, jusque-là, ont accepté ce qui demandait à être refusé et transformé.

Sortir du manque de conscience et de la *réaction*, qu'il s'agisse de soumission ou de domination, apparaît la solution évidente. Découvrir son potentiel créateur, en étant à la fois ouvert et lucide, permet de sortir de la peur et de créer des valeurs. Nous devenons alors contributeurs non pas de ce qui est destructeur, mais de ce qui développe, tous les jours un peu plus, la qualité de vie sur terre.

Célébrer la vie et agir

Célébrer la vie et agir dès demain, dès aujourd'hui, c'est ce que je vous souhaite. Sentir la lumière en vous, la force, la joie et la conviction. Sentir la douceur et la chaleur de votre cœur, sentir la misère et dire non.

Je vous souhaite de respirer profondément la vie malgré ce qui vous entoure et de créer cet espace personnel que seul vous occupez. Cet espace symbolique qui permet de créer le silence en vous et de prendre le temps nécessaire pour voir clair. Cet espace personnel qui, de façon rigoureuse, vous appartient, vous donne l'occasion d'aller de l'avant et de prendre le souffle qui vous donne la force d'agir au lieu de fuir.

Je vous souhaite de vous identifier à la force en vous, à la force de la vie, de vous identifier à l'esprit, à la conscience, à l'amour universel et non pas à la pesanteur de la matière, cette matière qui s'entrechoque et dégénère.

Cela fait beaucoup, me dites-vous ? Je vous réponds tout simplement : essayez bien consciemment. Essayez de vivre et d'agir un jour selon les lois de l'esprit et un autre jour, vivez et agissez selon les lois de la matière. Répétez-le plusieurs fois. Faites l'expérience intéressante, en vous organisant bien, de vous *identifier* un jour à la *conscience* et à la *force* et puis un autre jour, au *corps*, et donc à la masse et aux lois de la *matière*. Après avoir répété cet exercice plusieurs fois, faites le bilan et prenez vos décisions. C'est cette liberté de conscience et de décision qui nous confère la dignité, celle d'être un humain complet et responsable de lui-même.

Je vous souhaite de célébrer la vie et d'être humain. Je vous souhaite de chercher la lumière dans les yeux des autres. Vous verrez, vous la trouverez si, par votre comportement chaleureux et en ouverture, l'autre aperçoit la lumière, la vôtre.

Célébrez alors la vie en ayant la flamme en vous, la passion de créer, d'innover, de réaliser des actions et des projets dignes de ce que vous êtes. Célébrez avec les autres en partageant la flamme, en partageant la dignité. Cela vous fait percevoir, ici et maintenant, un clin d'œil de l'éternité.

Je vous souhaite de célébrer la vie en cultivant en vous l'affirmation, l'art de la négociation et la force de la persuasion pour faire accepter des transformations, des réorientations, des changements nécessaires à la survie de l'humanité et à son évolution.

Je vous souhaite de célébrer la vie en toutes circonstances. Ne faites pas le bien par culpabilité. Faites le bien parce que vous avez aperçu *l'étincelle de vie* en l'autre qui, lui, l'a peut-être perdue de vue pour un instant, pour un moment et, parfois, pour tout un pan de vie. Alors, laissez bondir en vous cet élan d'amour, tout en respectant l'espace de l'autre, en le voyant dans toute sa « grandeur », tout en étant proche et chaleureux.

Je vous souhaite de célébrer la vie et d'agir, d'étudier, de travailler et de construire, mais pas dans la pénibilité et enchaîné par une *vision de nécessité*. Je vous souhaite de vous rendre libre *au fond de vous-même*, digne de votre potentiel qui n'existe pas pour subir mais pour *agir* et pour *inventer*, *réaliser* et *construire*.

Je vous souhaite de célébrer la vie dans votre corps, dans chaque cellule, et de sentir l'étincelle de vie et le souffle de l'esprit dans chaque atome, dans chaque molécule. Je vous souhaite d'être à l'écoute, active et sensible, des besoins de vos organes et du langage de votre corps et, par le respect que vous lui témoignez, de lui accorder son droit élémentaire, la santé. Puis, toujours en le respectant, donnez-lui droit aux plaisirs, laissez s'exprimer sa force pour agir et accomplir ce qui doit être accompli. Laissez-le chanter et danser la vie, marcher bien debout, bien droit, sans orgueil, de façon élancée et souple. Permettez-lui de donner et de recevoir de l'amour et de réunir en lui force, douceur et aisance. Ainsi vous pourrez investir votre corps de plus en plus consciemment.

Reconnu et aimé et non pas objet de rejet, d'agressivité et de culpabilité, le corps nous confirme à l'infini qu'il nous appartient pour célébrer la vie.

Je vous souhaite de célébrer la vie en structurant un nouveau comportement, en ayant plaisir à vous dépasser tous les jours de nouveau, même si la route n'est pas toute droite. Célébrez la vie en *relativisant* ce qui, dans le quotidien, dans l'expérience habituelle, ne marche pas tout de suite.

Célébrez la vie dans l'aventure et dans l'évolution personnelle, dans l'exceptionnel, dans le quotidien, dans l'imprévu, dans ce qui stagne aujourd'hui et qui « demain » cédera la place à la vie.

Célébrez la vie en pardonnant et non pas en vous déchirant ou en vivant le rapport de force qui blesse et compense la faiblesse, ou en jouant sur l'apparence, sans entrer dans votre champ de conscience.

Célébrez la vie en pardonnant non pas par culpabilité, mais pour vous libérer de l'enchaînement et de la dépendance. Au fond, vous n'êtes pas dupe. Vous savez que nous sommes tous faits de la même *étoffe*. Nous sommes faits de potentiel ou *d'énergie de vie*; seuls les problèmes, les difficultés, les peurs et les conflits ne nous ont pas permis de bien le comprendre.

Célébrez la vie, que vous soyez au bureau ou à l'usine, en train de faire le ménage, de donner le biberon ou de prendre une décision qui implique la vie de centaines et de milliers d'hommes. Célébrez la vie en incluant chaque fois dans votre champ de conscience l'action du moment et *toutes ses conséquences*. Célébrez la vie de tous les instants.

Je vous souhaite de célébrer la vie en agissant de façon constructive et positive alors que vous écrivez, communiquez, formez, informez, cherchez et développez. Célébrez la vie lorsque vous commercialisez, construisez, produisez, changez, transformez, inventez afin de faire de cette Terre un *lieu de vie* pour ce nouveau millénaire. Je vous souhaite de célébrer la vie et de « lâcher » ce qui, dans le passé, vous a handicapé et empêché de la célébrer.

Célébrez la vie en vérifiant la qualité que vous produisez et à laquelle vous participez, là où vous êtes pour assurer une vie durable sur notre planète. Veillez à être en cohérence avec vous-même pour créer une grande qualité partout, celle qui dure et qui assure la vie sur terre. Alors, grâce à votre cohérence et à la qualité de votre présence, vous assurerez l'extension de la conscience sur cette planète.

Prenez du recul, cherchez à pénétrer les secrets de la vie et vous découvrirez des univers entiers, *des dynamiques de vie* et de *qualité* qui reposent sur des notions de *globalité*. Si vous constatez, en étant honnête avec vous-même, qu'il y aurait des changements à apporter, ne tombez pas dans le piège de la peur, mais ciel! Rappelez-vous votre potentiel et célébrez la vie.

Célébrez la vie en célébrant la confiance que vous avez en vous-même, en votre potentiel et en vos idées créatrices. Célébrez votre qualité de communication, votre capacité de négociation, votre intuition, votre inspiration. Célébrez votre force d'entreprendre et votre esprit souple et toujours prêt à apprendre.

Célébrez la vie en créant la **Famille Humaine**. Célébrez chaque effort à faire en le transformant en joie, en dynamique de vie. N'oubliez pas de danser, de rire, de plaisanter et de courir. Ne fonctionnez pas en suant, en vous coinçant, en grinçant et en vous lamentant. Vivez une expérience passionnante de façon constructive et positive tout en connaissant le poids, l'importance et le volume de ce qui est à faire, sans en être accablé. Accueillez le défi que l'Histoire nous réserve et profitez-en pour vous dépasser, pour grandir et célébrer la vie à l'infini.

Et si tout va bien, alors célébrez la vie chaque jour, chaque heure, chaque minute. Louez le ciel et la terre par le biais de chaque geste et chaque mot prononcé. Célébrez la vie par chaque action et chaque réalisation. Soyez uni à la vie et célébrez-la à l'infini.

Pour conclure, que vous dire, sinon de célébrer la vie et d'agir dès demain, dès aujourd'hui! C'est en effet ce que je vous souhaite: de sentir la lumière en vous, la force, la joie et la conviction. Sentir la douceur et la chaleur de votre cœur, sentir la souffrance et la misère sur cette Terre et savoir dire « non »...

Les personnes du troisième âge

Quel réservoir de richesse du monde moderne retiré, ignoré, stérilisé, mis à l'écart pour se dégrader dans le silence !

Ces hommes et ces femmes qui ont vaillamment travaillé pour soutenir et enrichir leur pays, *se retirent* ou plutôt sont retirés du *mouvement de la vie.*

Voici ce que je voudrais dire. Le cloisonnement de nos sociétés compartimente, classe et ordonnance les hommes, non seulement du point de vue professionnel et social, mais en plus, selon les *tranches* d'âge. Les Êtres humains se trouvent sectorisés, vectorisés et répartis selon que la société considère qu'il est *trop tôt* pour avoir droit à la liberté ou trop *tard* pour l'exercer.

Bien sûr, nos personnes du troisième âge peuvent se *reposer*. C'est vrai. Mais aujourd'hui, à l'âge de 60 ans et parfois plus tôt, les personnes ne sont pas fatiguées au point de se coucher et se reposer comme après une maladie.

Il faut pour nos aînés une vie belle, libre et active à leur manière.

Ils sont nos ressources en expérience de vie. Chacun d'eux a des richesses à partager, des trésors de vie et de la sagesse à offrir. Certains sont devenus de vrais sages. Ils sont souvent restés jeunes dans leur cœur, ou le sont devenus après s'être libérés des *carcans* qui les avaient éloignés de la vie.

Plutôt que de « gagner » notre vie dans une dynamique de « survie », nous devrions d'abord chercher à créer de la valeur et du sens. Au lieu de nous sentir *impuissants* à le faire, nous pourrions reconnaître notre potentiel et l'utiliser avec joie pour créer de la qualité et de la valeur.

Certains voyagent, s'évadent. Ils *cherchent* quelque chose et souvent le trouvent; mais de retour, beaucoup s'ennuient. C'est le traintrain et bien rapidement s'empare d'eux une sorte de fond de découragement. Ils feront tout pour ne pas le sentir, mais la porte est entrouverte à l'endormissement de la spontanéité, de la créativité et de la curiosité du mouvement, pour déboucher ensuite sur le *sentiment d'incapacité à agir* et à apporter leur contribution à la société de façon intéressante. Chez beaucoup, la *résignation* pèse dans l'âme d'abord, pour ensuite s'installer dans le corps.

Voici ce que je propose :

Changer toute notre philosophie par rapport à la retraite. On pourrait certainement trouver d'autres appellations que « retraité » en faisant référence à *l'accomplissement*, au *partage* et au *don*. Peut-être avez-vous des idées ?

Pour commencer, toute *notre attitude* est à changer d'abord par rapport au travail et puis par rapport à la retraite, ce moment où les personnes deviennent *actives autrement*. Notre conception du travail (du latin *tripalium*, instrument de torture à trois pieux), avec la notion de pénibilité et de souffrance, requiert un changement en profondeur. Ainsi un *consensus nouveau et différent* pourrait se développer pour que les personnes à l'âge de la retraite puissent choisir d'autres activités sans être totalement épuisées. Il faudrait qu'elles puissent se sentir libres, en forme, riches en potentialités et maintenir une bonne hygiène de vie.

Des cercles de rencontres, de partage, de créativité devraient exister partout. La *tonalité* de quelques cercles existants demande à être changée. Il serait bon d'y introduire plus de gaieté, de valorisation, d'élan, avec des objectifs plus intéressants, afin de permettre aux personnes de vivre une meilleure qualité d'expérience et d'éveiller davantage leur désir de s'impliquer dans des projets enrichissants. Il se trouve tant d'intelligence, de potentiel, de désir d'apporter et d'aimer pour contribuer à une société davantage épanouie et valorisée. Tellement peu de choses ont été créées face à tant de besoins.

Dans les écoles et les centres de vacances, un échange intensif pourrait se faire et beaucoup d'amour pourrait être échangé au lieu d'aboutir dans la Méga-Poubelle de la société.

Les hôpitaux hébergent tant d'âmes qui ont besoin de présence et d'être écoutées et consolées. Pourquoi cet échange et cette présence n'existent-ils pas spontanément ? Apporter une chaleureuse attention permettrait *d'adoucir* beaucoup de souffrances. Plus d'amour circulerait, les uns et les autres en bénéficieraient et la vie en serait enrichie.

Il y a surtout une grande réflexion à mener sur la façon de réintroduire davantage les personnes du troisième âge dans la société. Maintenir une activité professionnelle gratifiante permet aux personnes de rester « dans la vie », comme on le constate chez les artistes, les patrons, les hommes et femmes politiques dont la plupart ne prennent pas de retraite et restent ainsi actifs et dynamiques.

Il faut savoir que l'âme humaine reste éternellement jeune. Si elle a droit à l'expression, elle embellit considérablement cette période de la vie qui peut réunir, dans un sentiment de réalisation : sagesse, amour et action efficace.

Le chômage

Le chômage est un des fléaux dans le monde qui résulte du manque d'évolution des sociétés dans leur ensemble. Dans ce livre, il est beaucoup question d'évolution : des mentalités, des pratiques et, plus globalement, dans le sens de *passer à un niveau de conscience plus élevé*. Le chômage engendre le stress et, avec lui, l'angoisse, la honte, le sentiment de rejet, ce qui peut aller jusqu'à la dégradation progressive de l'individu et son exclusion de la société. J'ai entendu un comique demander dernièrement à la radio, d'une voix se voulant candide : « Pourquoi nomme-t-on “ministre” toute sa vie un homme qui a été ministre une seule fois, alors qu'un homme honnête qui a travaillé et souvent trimé *toute sa vie*, on l'appelle un fainéant lorsqu'il est au chômage ? »

Nous assistons aujourd'hui à un phénomène de clivages. Notre société a développé, d'un côté, des très riches pour leur permettre de devenir encore plus riches. De l'autre côté, elle appauvrit les classes moyennes et tous ceux qui vivent déjà dans la précarité. *Seules des prises de conscience urgentes peuvent permettre des changements sur ce plan*. Cela requiert le développement d'une vision globale, beaucoup de créativité, d'initiatives et de courage pour réorienter cette situation dans une vision de « justesse », c'est-à-dire avec les choses à leur juste place.

Un système plus dynamique de mise en contact avec les entreprises et les organisations devrait permettre de réinsérer chaque chômeur en quelques mois. En attendant, on devrait exiger une contribution à la communauté, un ou deux jours par semaine, des personnes au chômage depuis plusieurs mois. Une telle activité leur permettrait de ne pas se sentir exclus et de se sentir utiles. Ils ne perdraient pas un certain nombre de réflexes et pourraient probablement enrichir, selon les situations, leurs compétences et leurs relations interpersonnelles. Nous manquons tellement de personnel dans le domaine de l'éducation. Nous en manquons encore plus dans le domaine hospitalier. Nous en manquons dans le domaine public et dans bien d'autres secteurs. Nous en manquons dans des situations d'urgence et la présence auprès de personnes âgées fait souvent cruellement défaut. Cela me semblerait purement du *bon sens* que de recourir, dans des situations d'urgence, à des forces vives en sommeil qui souffrent d'exclusion, de rejet, de dénigrement, de déconsidération et de délabrement d'image d'elles-mêmes. Ce serait une action valorisante pour ces personnes de pouvoir se reconnaître en tant que *force vive* de la société, plutôt que d'attendre que certaines de ces forces vives se retournent contre la société et finissent par tomber dans la délinquance. Un regard analytique en vue de traiter toutes ces situations et un *changement de mentalités* contribueraient à améliorer la santé de la population d'un pays.

L'intégration de chacun dans la société, dans une vision d'échange juste, me paraît une base d'équité. Une société moderne devrait pouvoir assurer cela sans avoir tant recours à des *palabres* et sans avoir à parlementer pendant des mois et des années.

Plutôt que de créer d'innombrables *complications administratives* pour les chômeurs qui doivent courir après leurs *quelques deniers*, on devrait étudier la rentabilité d'une simplification des formalités et d'une *reconnaissance financière notable* pour tous ceux qui reprennent le travail. En France, de nombreuses personnes se retrouvent actuellement avec la même somme d'argent à la fin du mois, qu'elles travaillent ou non. Cela paraît aberrant et en conduit fatalement plus d'un à développer un positionnement d'assisté.

La situation d'un chômeur sera certainement beaucoup moins difficile le jour où, de façon globale, il sera davantage intégré dans la société, stimulé et récompensé de ses efforts pour apporter sa contribution, sous une forme ou une autre, à la population « active ».

Il est inconcevable et humainement inacceptable aujourd'hui que des pays, de surcroît des pays riches, ne puissent pas assurer un minimum d'allocation pour ceux et celles qui se voient projetés dans des difficultés graves après la perte de leur emploi, avec des conséquences de dégradation et de totale exclusion pour nombre d'entre elles.

Aujourd'hui, à l'heure de la mondialisation, tous les pays devraient avoir établi des mesures de sécurité et des dynamiques de réinsertion pour toutes les personnes qui perdent leur travail pour une raison ou pour une autre. On pourrait concevoir un **salaire minimum mondial**, tenant compte des adaptations de façon juste, *selon ce qui est proposé par des représentants de quelques organisations internationales, de manière à mettre chaque être sur cette Terre à l'abri de situations dramatiques devenant, dans bien des cas, inhumaines.* La question qui se pose aujourd'hui est beaucoup plus de l'ordre d'un *changement de niveau de conscience.* Un niveau de conscience plus élevé permettrait de déployer une vision plus globale, d'inclure de façon plus juste nombre de paramètres et de concevoir, avec un minimum de débats, de querelles et temps, des mesures pour créer une base de fonctionnement responsable et digne, sur le plan humain.

Chapitre 4

Une nouvelle culture planétaire

La Famille Humaine

Vous tous, qui êtes sincèrement ouverts à créer de la qualité, de la dignité et à offrir un lendemain en toute sécurité à tous les Êtres humains de la Terre, c'est vous qui avez l'honneur, la joie, le privilège et la responsabilité de créer dans les premières décennies :

la Famille Humaine.

C'est vous que l'Histoire a choisis ou qui avez choisi le moment historique pour vivre cette époque passionnante.

Vive votre potentiel de création infini qui est la ressource pour demain !

Vive votre richesse intérieure qui révélera des trésors d'intelligence et de bonté !

Vive votre génie qui pourra se révéler tout simplement parce que vous savez que chacun de vous est *unique* et que, dans votre particularité, vous avez accès à ce qui est *essentiel* !

Vive votre joie, car elle vous ouvrira des dimensions de vie insoupçonnées !

Vive votre foi en l'Être humain, votre intégrité et votre désir d'être juste, parce que ces qualités seront un repère pour l'humanité !

Vive aussi votre côté visionnaire, votre intuition parce qu'ils vous permettent d'ouvrir les *portes du futur* !

Maintenant, avec toutes ces qualités réunies, au début de ce nouveau millénaire, créez l'œuvre la plus belle, la plus passionnante, la plus extraordinaire, créez sur cette planète **la Famille Humaine.**

C'est vous qui êtes les éclaireurs et qui ouvrez la voie vers l'expérience du troisième millénaire. C'est un privilège extraordinaire. C'est exaltant. C'est un challenge. Toutes ces qualités et bien d'autres vous seront nécessaires pour créer cette **Famille Humaine.**

Jamais l'Histoire n'aura été aussi exigeante. Jamais l'enjeu n'aura été aussi important et, pour cette raison, *l'évolution tangible de l'esprit humain est une condition sine qua non* pour garantir à l'humanité ce qu'elle mérite, **un éveil collectif** qui ouvre à une dimension de vie jusqu'à présent inconnue. Au lieu de se retourner *contre elle-même* par des hostilités, la domination, les batailles, dans le manque de conscience, dans la douleur et les dures souffrances, *la vie*, si elle est vraiment reconnue, acceptée et respectée chez chacun d'entre nous, permettra de faire de la Terre un paradis.

Si donc, *en commençant par nous-mêmes*, nous orientons notre regard vers notre intérieur, ce qu'il y a de plus profond, de plus vrai, de plus beau et de plus riche en nous, en *l'acceptant* pleinement, alors nous aurons déjà fait un grand pas.

Si de plus nous osons faire un constat clair et honnête de l'état du monde, comme au début de cet ouvrage, et nous nous accordons vraiment le potentiel pour agir, alors un changement véritable pourra avoir lieu.

Si, par la suite, nous nous engageons de façon concrète pour agir et contribuer en personne responsable, voire en leader éthique, alors le pari est gagné.

Cela nous amènera à respecter chaque être sur cette Terre où qu'il soit, à commencer par nous-mêmes, et ainsi un vrai échange pourra avoir lieu. Si de plus nous voyons la beauté unique de chaque personne, son âme et toute sa richesse, alors seulement nous pouvons prétendre à cette vie, telle que tous, au fond, nous la souhaitons.

Nous pouvons alors faire l'expérience de voir réunis le ciel et la terre, vous et moi, aujourd'hui et demain, ici et ailleurs, dans une seule et grande prise de conscience et comprendre que la vie, la vraie, celle de tous les temps, a toujours été unie en elle-même. C'était seulement nous qui l'avions perçue séparée, avec tout ce que cela comporte…

Comme je le disais précédemment, même notre raison peut aujourd'hui vérifier la réalité de l'unité de la vie. Les sciences en apportent tous les jours davantage d'explications et de preuves. La rigueur commande ainsi de s'ouvrir pour toute considération, pour toute action et transaction, à la *globalité* et non pas de négliger cette réalité.

La vie a toujours été unie en elle-même et nous, les Êtres humains, avons toujours été intégrés dans ce « tout vivant ». À nous d'en prendre conscience aujourd'hui et d'en tirer pleinement parti.

Quelle expérience ! L'humanité a mis des millénaires pour s'éveiller à une expérience collective qui couvre la planète entière.

Dans cette « ville de lumière », ou ce « grand village » qui couvre la planète entière, de plus en plus d'Êtres humains se rencontrent et se réunissent. Si chacun apporte sa contribution, à commencer toujours par soi – c'est la loi – alors les hommes se reconnaîtront tous les jours davantage.

À vous l'honneur, vous qui êtes généreux, lucides et ouverts à la création de qualité, d'utiliser les *moyens gigantesques* dont nous disposons, qu'il s'agisse des moyens matériels, des savoirs ou du potentiel, pour créer tous les jours plus de raisons de vivre. À vous de déjouer les stratégies à court terme qui ferment les portes d'accès au futur.

Je crois qu'au fond, vous êtes en accord avec moi, nous avons tous en nous cette dimension de vie qui nous permet d'agir, même si pour certains elle est restée enfouie.

C'est donc à vous tous que ce message s'adresse : « La force de vie vous appartient », cette force qui nous unit et nous réunit. C'est elle qui nous apprend non pas à lutter, mais à *créer, à développer et à célébrer la vie.*

C'est ELLE, cette force exceptionnelle, individuelle et collective, cette force universelle, qui nous apprend, tout en célébrant de façon incessante la vie, à être persévérants, travailleurs, intègres et forts dans nos décisions. C'est elle qui nous réserve la plus belle rencontre, la rencontre avec nous-mêmes.

C'est cette rencontre qui ouvre toutes les portes et qui permet la rencontre avec *l'autre*. Chacun d'entre nous est interpellé et c'est sur ces bases que je vous propose de créer, de façon pérenne, la **Famille Humaine**. C'est alors cette joie et cette force en nous qui nous permettent la rencontre avec la vie dans ce qu'elle a d'immédiat et dans ce qu'elle a d'infini.

Pour ma part, j'ai passé beaucoup de temps à méditer ces phrases avant de vous les adresser. Peut-être souhaitez-vous vous faire « le cadeau du temps » pour les laisser résonner au fond de votre être.

Le développement d'une culture planétaire

Le terrain commun

Le développement d'une culture planétaire exige la reconnaissance d'une identité fondamentale de l'humanité qui se partage un terrain commun dans ses besoins fondamentaux et dans ses demandes à la vie.

Comme je l'ai dit plus tôt, nous avons tous besoin d'être en sécurité, d'être acceptés, reconnus, intégrés, aimés, libres, d'être en bonne santé, de pouvoir agir, réaliser et créer. Chacun souhaite être heureux et faire une expérience de vie passionnante. Seules les **modalités** diffèrent, le **fond** reste le même. Selon le mode de vie dans un environnement donné et selon le conditionnement que nous avons subi, nous avons *un mode particulier* d'exprimer la vie. Nous développons ainsi des convictions, des croyances, des représentations, des habitudes et des comportements spécifiques. Les personnes agissent selon leurs croyances et leurs habitudes de façon différente. Revenons à l'exemple du serpent évoqué à la p. 249. En face d'un serpent, l'Africain dans la brousse cherchera peut-être du lait pour le nourrir et le laisser partir. Le Parisien ou le New-Yorkais, pris de peur, cherchera peut-être à le tuer. Le même serpent présenté à un disciple de Vishnu le fera peut-être tomber à genoux devant la manifestation divine.

La mondialisation permet et oblige le rapprochement des différentes cultures. L'enjeu est grand. Comment ne pas perdre l'identité culturelle et quels paramètres privilégier pour se rapprocher ?

La compétence à développer portera sur la capacité à créer un **terrain commun** au-delà des contextes historiques ou culturels, étant donné que l'humanité entière se partage les mêmes besoins et les mêmes désirs fondamentaux.

Le développement d'une culture planétaire se déroulera en trois phases. Quand l'homme a migré vers les villes et s'est arraché à la terre, il est entré dans une phase de création de moyens matériels. L'homme, déraciné, a de plus en plus développé son fonctionnement intellectuel pour organiser, gérer et produire. Il a développé le savoir-faire en s'appuyant toujours plus sur des données intellectuelles et abstraites. Cette première phase est marquée par le développement de la puissance matérielle.

La deuxième a trait au développement des « moyens » de communication, lequel, conjugué à la démultiplication des moyens matériels, a conduit à la mondialisation et à la rencontre planétaire des différentes populations, avec tout ce que cela comporte.

La troisième phase concerne l'avènement d'une véritable communication d'Être humain à Être humain et d'une « humanisation » de façon globale. C'est la phase dans laquelle nous entrons actuellement. Cette troisième phase d'évolution repositionne l'homme et lui confère un statut nouveau : celui du créateur de sa réalité en reconnaissant le potentiel individuel de chaque personne.

Cette troisième phase d'évolution, l'époque actuelle, ouvre à la reconnaissance du potentiel de création infini de chaque personne, infini en capacité de vision, de perception, de conception, infini en nombre d'idées, en possibilités, de réalisation, d'innovation et d'expérience.

Le potentiel intellectuel, créateur de puissance matérielle et d'un univers mécaniste, s'ouvre progressivement au potentiel global de l'Être humain. L'homme commence à s'éveiller à lui-même et à expérimenter le fait qu'il est créateur de sa réalité. Il sait qu'il la détermine par ses attitudes, ses convictions, ses croyances et surtout à travers son acceptation d'évoluer ou son refus.

L'homme étant entré dans cette troisième phase, à savoir l'évolution dans une vision de mondialisation, il devient urgent d'abandonner le simple fonctionnement intellectuel et abstrait, coupé de la réalité concrète, pour s'ouvrir à l'**expérience.** L'**expérience** représente un processus beaucoup plus global et complexe, qui permet une mobilisation de son potentiel beaucoup plus en profondeur, de manière plus vaste et pérenne. Cela inclut, à la fois, la dimension intellectuelle et la dimension du cœur, c'est-à-dire la dimension affective et émotionnelle. C'est l'utilisation conjointe de *l'intelligence de la raison* et de *l'intelligence du cœur* qui permet de raisonner selon les lois de la **logique globale** et **transcendante** au service de la vie. En développant la capacité de gérer un processus d'expérience globale (en commençant par la sienne propre), la personne s'humanise tout en développant une logique qui transcende les raisonnements abstraits, au lieu d'une rationalité abstraite et illusoire. Cette logique permet à la personne d'analyser tous les paramètres pour réaliser concrètement des objectifs au service et dans le respect de la vie. C'est cette expérience réussie qui permet à l'humanité d'accéder à un niveau supérieur d'évolution.

Le développement d'une culture planétaire, sur la base de ces trois phases d'évolution, implique de reconnaître que chaque Être humain est unique et qu'il dispose d'un potentiel aux possibilités de réalisation unique pour apporter, de façon unique, le meilleur service à la société. Chaque Être humain est ainsi une richesse pour l'humanité. Chaque région et chaque nation, étant faites de la somme des individus qui les composent, ont développé leur particularité et disposent d'une culture bien spécifique qu'on ne peut trouver nulle part ailleurs sur la planète.

Malgré l'importance des échanges culturels à l'échelle mondiale, nous pouvons constater, au début de ce troisième millénaire, plutôt un nivellement culturel. Aujourd'hui, il y a un grand besoin de passer à un autre niveau et de développer des échanges culturels visant non plus seulement la connaissance de l'art, de l'histoire ou des coutumes d'un autre pays ou d'une autre religion, mais aussi et surtout, *l'évolution des consciences et l'évolution de l'humanité dans son ensemble.*

De telles rencontres créeraient progressivement une dynamique d'évolution qui pourrait amener chaque groupe et chaque nation à favoriser le développement des aspects constructifs et positifs dans une vision planétaire.

Pour réaliser cela, la prise de conscience et l'évolution individuelles sont indispensables. C'est bien grâce à un ensemble de prises de conscience et à notre évolution que nous pouvons développer une vision globale et un terrain commun, de même que notre capacité à gérer les différences.

La positivité et la contribution réciproque pourront ainsi progressivement évoluer vers une « norme sociale ». Au fur et à mesure qu'une dynamique plus constructive pourra se développer dans différentes sociétés, l'expérience en montrera très vite la force. Autrement dit, dès que deux ou trois personnes réellement positives et constructives ont la ferme intention de réussir et qu'elles sont prêtes à s'en donner les moyens, elles matérialisent leurs intentions beaucoup plus vite et plus puissamment qu'un nombre important de personnes qui ne sont pas profondément en accord entre elles et qui ne sont pas portées par un idéal fort.

La joie de produire ensemble de la qualité aux effets bénéfiques pour tous est le stimulant le plus puissant pour le développement d'une culture planétaire.

Des systèmes éducatifs innovants devraient réduire progressivement l'héritage massif du conditionnement à la limitation et à la souffrance sous ses formes les plus variées.

Personne ne se fait d'illusions quant aux efforts que cela demande, quant à l'investissement individuel et collectif nécessaire et quant au caractère très progressif d'une telle évolution. Une euphorie à ce niveau est d'autant moins probable si nous regardons le fonctionnement de nos sociétés avec leurs conflits, leur immobilisme administratif, leurs guerres et la détresse que cela représente sur le plan humain.

C'est pourquoi seule une réelle **humanisation** à l'individuel comme au collectif représente une garantie pour envisager sereinement l'avenir. La contribution de chacun d'entre nous est plus que précieuse.

À vous, les porteurs de richesses culturelles

Du plus profond de mon cœur, je souhaite vous dire – et je le fais autant que ce livre puisse s'y prêter – que chacun de vous porte une richesse unique avec une capacité de réalisation unique, que vous soyez en Asie, en Afrique, en Australie, en Amérique, en Europe ou en Océanie.

Chaque Être humain est un enfant de la vie et donc un espoir pour l'humanité. Autrement dit nous sommes, au fond, chacun un espoir pour l'humanité. Selon l'endroit où nous sommes nés et selon l'environnement qui nous a façonnés, nous avons développé une manière tout à fait particulière d'apprécier et de partager les trésors de la vie.

Je vous invite à approfondir les trésors de votre culture, car chacune est naturellement riche et recèle d'énormes trésors. Chacune a de la beauté, des couleurs, un élan, une force, des symboles et une intelligence bien spécifiques. Chaque culture nous montre son ancrage par le biais de son folklore, de ses traditions et de son rapport à la terre. Sa puissance dynamique se révèle par ses façons originales de construire et de créer dans les différents domaines, mais aussi par sa façon de danser, de marcher et de communiquer. *L'éthique* de chaque culture se mesure par la qualité de contribution à une vie digne et à l'évolution de l'humanité.

Chaque civilisation a sa sensibilité propre, un art de voir la vie et le monde. Ainsi, cherchez-en le meilleur et apportez-le à l'humanité. Gardez et préservez de votre culture son expression très particulière. C'est votre richesse. Apportez toujours des valeurs, des idées, un élan et la notion de qualité, dont la composante de *valeur universelle* peut enrichir l'humanité. Autrement dit, identifiez et mettez en avant cette partie ou cet aspect qui est valable pour tous les humains et qui enrichit. Par exemple, si une des richesses de votre culture est la *coopération* ou la *tolérance*, qui apporte un *plus* à la qualité de vie au quotidien, alors cherchez et étudiez comment apporter cette valeur aux autres. Si votre peuple est plutôt gai, aime chanter et est capable d'humour face aux difficultés, alors n'exportez pas **la manière** de le faire, mais **l'impulsion** qui pourra ensuite s'exprimer selon les tempéraments des autres peuples. Il est important de bien comprendre la différence entre un **principe** qui vaut pour tout le monde et qui représente l'impulsion, l'énergie, la dynamique et la qualité et, d'autre part, la **modalité spécifique**, c'est-à-dire la façon de l'appliquer. La **modalité**, la manière de faire, est unique et réservée à chaque peuple. Cependant, la dynamique générale, *le sens*, la valeur de cela (c'est-à-dire le *principe général* qui anime la façon de faire) peuvent être exportés pour être offerts en *cadeau au monde* et contribuer ainsi à l'évolution. Cela vaut pour toutes les autres qualités, telles que le courage, l'intégrité, la bonté, le don artistique, l'amour pour les enfants et l'ouverture. Gardez toujours l'expression particulière qui est votre richesse, mais apportez la *qualité* aux autres peuples de la Terre. Par exemple, certains peuples aiment et cultivent beaucoup le chant. Ce n'est pas le folklore à exporter, mais la dynamique et l'amour pour le chant, etc.

Votre richesse est d'autant plus grande que vous êtes à la fois conscient de votre potentiel personnel de réalisation, des trésors culturels de votre ethnie et de votre capacité à contribuer à l'évolution. Nous abordons les trésors culturels dans leur ensemble, pas les croyances et les religions. La richesse d'une culture trouve ses racines dans le comportement et les traits de caractère d'une population : le courage, le caractère joyeux, l'intégrité, l'ouverture vers l'évolution à tel ou tel niveau, etc. Il s'agit toujours d'aspects très généraux de votre peuple qui peuvent représenter *un enrichissement* pour l'humanité et non pas un apport d'éléments qui induisent, sous une forme ou une autre, la souffrance et des préjudices. Il sera intéressant d'étudier certains « mélanges » de valeurs. Votre discernement vous permettra d'exporter ce qui représente une contribution positive et constructive. J'entends par là **tout ce qui fait évoluer et développe la qualité d'expérience de vie sans que des Êtres humains aient à en souffrir ou à en subir les effets négatifs de façon directe ou indirecte. Ces conditions doivent être valables à court, moyen et long terme pour le plus grand bien de tous ceux qui sont touchés de près ou de loin, aujourd'hui ou demain.**

Voici comment s'y prendre pour évaluer « la qualité des effets ». Vous vous détendez un instant. Vous créez le calme en vous. Respirez calmement et profondément. Entrez en vous et demandez-vous : « **Qu'est-ce qu'il y a pour moi de plus important, de plus essentiel et fondamental dans la vie ?** » Trouvez les trois éléments les plus importants pour vous.

Posez le livre et notez vos trois réponses. Peut-être souhaitez-vous juste fermer les yeux et vous donner ces réponses ? Les avez-vous trouvées ? Avez-vous vraiment senti ce qu'il y a de plus important, essentiel et fondamental dans votre vie ? Maintenant que vous avez répondu, vous constaterez certainement que vos réponses sont positives et valables pour tous les hommes. Si vous n'avez pas de réponse, c'est que vous avez besoin de descendre en vous davantage en profondeur. Recommencez alors et, dès que vous aurez réussi, notez les trois facteurs.

Voyez quels sont les éléments culturels de votre région ou pays qui expriment et nourrissent ces aspects. Si vous avez dit que l'Amour était le plus important pour vous, alors cherchez les caractéristiques de votre peuple qui développent un sentiment d'amour pour soi, pour les autres et pour l'humanité. Les caractéristiques à exporter sont peut-être la tolérance, la qualité d'accueil, le respect, l'ouverture envers l'humain, la compréhension, l'énergie pour agir, etc. Ce seront toujours des qualités qui apporteront du bien à l'humanité. Il y a mille façons de les exporter. Il peut y avoir une sensibilisation à l'art ou simplement une impulsion positive pour construire, créer, éduquer, former et rendre la vie plus belle pour vous et pour les autres. Prenez le plus beau de votre culture en sachant qu'il exprime toujours une belle énergie de vie, de la joie, de l'amour, de la force, de la beauté, une esthétique de vie et, d'une certaine manière, de la sagesse. Apportez cela au monde, *à votre manière,* en créant des effets bénéfiques pour les autres.

Il nous suffit très souvent de laisser se développer notre élan dans un but positif pour apporter une contribution de qualité. Par exemple, nous pouvons être messagers des côtés forts de notre culture, en utilisant la beauté et la force dans notre *Projet de vie*. Reportez-vous aux Projets de vie cités dans ce livre. Vous verrez qu'ils comportent toujours, par leur caractère positif, un aspect valable pour tous les hommes, de façon universelle. Ils ne nuisent jamais et apportent du bien partout par leur qualité et les effets positifs qu'ils créent.

Vous me direz peut-être : « Attention, tout n'est pas rose, regardez le monde comme il fonctionne. » Je répondrai qu'il est bien clair que chaque culture contient également, dans une mesure plus ou moins importante, des traditions, des habitudes, des croyances et des comportements qui font souffrir des personnes, des groupes et parfois des populations entières. Ce ne sont pas là des éléments à entretenir ou à exporter. Au contraire, voyez comment vous pouvez contribuer à les réduire et à les faire disparaître, même s'ils existent depuis très longtemps. Chaque culture recèle des tendances et des dispositions destructrices, souvent transmises de génération en génération. C'est seulement notre *centrage*, notre *prise de recul* et notre *discernement* qui nous permettent de faire le tri et c'est notre *force intérieure* qui nous rend capables de contribuer de façon constructive à un mieux. C'est pourquoi je vous invite d'abord à voir clair en vous-même et ensuite à apporter de la qualité au monde.

Sélectionnez tout ce qui est riche et beau dans votre culture. Faites évaluer cet aspect aussi par des personnes n'y appartenant pas. Ensuite offrez, sous une forme ou une autre, l'idée ou plutôt l'impulsion de cette qualité au monde en veillant à ne jamais porter préjudice à votre culture. Évitez tout excès. Soyez positif en exerçant *l'intelligence globale* comme nous l'avons vu ensemble.

Exercez constamment le discernement. Faites le tri et prenez tout ce qui demeure « beau » sous un regard en profondeur. Comme je le disais, ne nourrissez jamais *ce qui fait souffrir*, de manière subtile ou brutale. Ne soyez pas complice. J'ai évoqué la notion de *complicité* en début d'ouvrage. Utilisez et partagez les traits positifs et forts de votre culture. Vivez-les pleinement et, renforcé, en sécurité, ouvrez-vous à la *famille humaine*, sans perdre votre spécificité.

Développez une *vision globale*, regardez le monde et l'humanité dans sa diversité, dans ses richesses et dans ses souffrances. Observez l'accélération de l'Histoire. Regardez comment tout va tous les jours plus vite et regardez comment le **court terme** se *raccourcit* tous les jours davantage, alors que nous aurions besoin de **visibilité**…

Versez alors en commun les choses les plus riches en permettant à chacun de garder sa spécificité. Vous verrez, vous aurez à cœur de contribuer à réduire les aspects chargés négativement et de les abandonner. Ce sont des caractéristiques parfois profondément enfouies dans le passé et léguées aux générations d'aujourd'hui. **Ne les transmettez pas aux générations futures.** *Parmi les caractéristiques les plus importantes, on trouve l'intolérance, la haine, la résignation, l'esprit guerrier, la réaction hostile, la violence, l'oppression et la guerre des sexes, la rancœur ancestrale, le conditionnement à la limitation, la dépendance sous des formes variées, le cynisme et donc la perversité, l'oppression sociale, le jugement rapide dans le sens de la condamnation et du rejet, la délinquance, la pauvreté, la déchéance, la domination par la peur, la manipulation, la comparaison, la malhonnêteté, le rapport de force et l'excès sous toutes ses formes.*

Vous voyez, il y a de quoi faire, mais c'est faire preuve de réalisme. Il faut savoir **faire un vrai bilan, demeurer calme et ne pas prétexter qu'il y a trop à faire pour stagner.** Vous pourrez ainsi agir à l'intérieur et à l'extérieur de votre pays. Rappelons-nous ce qu'a dit John F. Kennedy lors de son investiture présidentielle : « Ne demandez pas ce que votre pays peut faire pour vous, mais ce que vous pouvez faire pour votre pays. »

Créez pour cela des *réseaux de qualité*. Il pourrait y avoir des **réseaux** où seraient recensées toutes les nouvelles technologies *non polluantes et sans effets secondaires.* Des réseaux orientés vers une *santé globale*, vers la *vitalité* et le *développement personnel* demandent à être créés. Des réseaux d'échanges et de création commencent à se développer, ayant pour objet une éducation et une scolarité plus positives et plus adaptées aux besoins des enfants. De plus en plus de réseaux d'entreprises citoyennes voient le jour dans le monde entier, qui permettent de se renforcer mutuellement. La créativité, la positivité et la joie de contribuer doivent faire partie intégrante de tels réseaux. La créativité pourrait être développée, avec pour objectif de nouvelles possibilités de réorientation, de développement durable et positif dans différents secteurs.

Nombre de dirigeants s'accrochaient jusqu'à présent aux fonctionnements du passé parce qu'ils ne pouvaient pas concevoir un changement en étant proactifs. Ce sont **les nouveaux dirigeants** qui se montrent dynamiques et ouverts à l'évolution. Ils engendrent suffisamment de créativité pour opérer les changements et les réorientations nécessaires. Leurs repères ne sont pas placés dans le contexte aléatoire des fluctuations des marchés et des politiques. Ils sont d'abord placés à l'intérieur d'eux-mêmes et dans le potentiel mobilisable des hommes et des femmes. Tout en étant humbles, ils se font confiance et agissent ici et maintenant.

Le monde a besoin de ce nouveau type de leaders, des meneurs qui redonnent toute sa place à l'Humain et qui s'engagent. Ils ont pour base l'éthique. Le mouvement est en route, mais il demande à être accéléré. *La motivation des nouveaux leaders est basée sur le désir de contribuer à une véritable évolution de l'humanité en développant, à la place de la dynamique de pression et de manque (y compris le manque d'idées et le manque d'humanité), le concept d'abondance et de prospérité pour tous. À vous de visualiser cette qualité de leadership, d'en promouvoir l'idée et puis de l'assumer.*

Je vous invite maintenant à vous asseoir et à faire l'inventaire des richesses culturelles de votre région ou de votre pays d'origine ou d'adoption. Nous avons vu qu'il ne faut considérer comme *trésors* de votre culture que les qualités qui ont *une composante universelle* telle que *la dimension de respect, de non-violence, d'élan de vie et de force créatrice positive.* En somme, il s'agit de tout ce qui se révèle positif et constructif pour chaque enfant, chaque femme et chaque homme dans le monde aujourd'hui et dans le futur.

Si l'amour et le respect des enfants représentent un côté fort pour un pays, comme la Finlande où les enfants bénéficient d'une scolarité tout à fait épanouissante, cette belle force de vie est à partager avec toute l'humanité. Cela peut conduire dans d'autres pays au développement d'une pédagogie nouvelle qui tienne compte du besoin d'épanouissement global des enfants et de leur droit de se réaliser. C'est alors un bien pour toute l'humanité. Un élan demande, en effet, à être impulsé dans ce sens dans les différentes parties du monde, y compris là où l'enseignement fait cruellement défaut. Des lois pour la protection des enfants pourraient ainsi se multiplier.

Dans le domaine de la **justice**, la notion de **justesse** demande à être développée. Il faudrait créer des « juridictions » sur un plan international pour réduire et puis éliminer la barbarie sous toutes ses formes. C'est un besoin urgent. Affiner, élargir et appliquer mondialement des notions de *crimes contre l'humanité* fait partie des enjeux d'une *humanité en évolution*. Des lois demandent à être instaurées par rapport au harcèlement moral, à tous les niveaux, y compris d'ailleurs le harcèlement moral des enfants dans nombre de familles. La loi de la « toute-puissance » parentale demande à être remplacée, comme je le disais, par le respect et la protection des enfants pour leur donner une chance pour le futur. Le livre de Maurice Berger, *Voulons-nous des enfants barbares* ?, nous donne une bonne idée de ce qu'un enfant peut attendre de la vie une fois que son espace de vie a été à ce point violé et humilié au tréfonds de son être. Même dans beaucoup de familles tout à fait « comme il faut », il est parfaitement « normal », selon les moments, de s'abattre sur les enfants pour les réduire au silence quand ils sont supposément « énervants ». Il s'agit d'une question d'évolution pour l'humanité, une question d'éveil de la conscience et d'elévation. La protection des enfants permet d'évoluer vers des générations futures plus conscientes, plus éveillées et plus justes.

Je recommande à chacun de lire le livre *Oui, la nature humaine est bonne !* d'Olivier Maurel. Il apporte un éclairage historique sur la violence éducative ordinaire (fessées, gifles, tapes et bastonnades…) et ses conséquences. Il dit que les enquêtes les plus sérieuses montrent que plus de 80 % des enfants subissent encore des méthodes éducatives violentes.

Des pays nordiques comme la Suède, la Norvège et la Finlande ont créé des structures qui protègent les enfants des abus parentaux. Ce sont de bons exemples à généraliser. Ils ont également pris des initiatives sur le plan de la protection juridique de la femme en matière de prostitution. C'est seulement une humanité, devenue plus consciente de ses potentialités, de ses qualités et de ses capacités, qui pourra, avec le temps, développer une dynamique qui se situe véritablement dans la vie. Cela permet d'abandonner la façon d'agir dans la réaction émotionnelle et la compensation aux différents niveaux de la vie sans même être conscient des effets qui sont créés.

C'est par des efforts individuels pour dépasser ses faiblesses et ses limites et par des efforts collectifs pour structurer et créer de nouveaux fonctionnements de la société, qu'on pourra enclencher une véritable évolution. La réflexion et la contribution de chacun sont absolument nécessaires, et ne dites pas que vous ne pouvez rien faire, mais dites-vous : « *J'ai du potentiel, je peux faire quelque chose.* » Fixez-vous aussitôt un objectif et dites-vous : « *Je peux le faire.* »

Créer des lois par rapport au harcèlement moral à tous les niveaux dans les différentes sociétés et créer des systèmes internationaux de prévention, de prévision à long terme et d'éducation, nécessitent la contribution de toutes les populations de la Terre.

Cherchez donc ce qui caractérise votre culture. Est-ce la non-violence ? Est-ce un *savoir-faire* dans le domaine de l'éducation ? Est-ce une sensibilité pour l'environnement ? Est-ce une dynamique d'action et d'initiative d'avant-garde ou encore une force et une logique de construction qui permettent d'engendrer une évolution durable ? Est-ce la capacité de s'engager ? Quelle capacité de s'ouvrir au changement une population a-t-elle ?

Quels sont les aspects de votre culture qui permettraient d'introduire davantage d'humanité et de réduire l'inégalité ? Quel est le contexte économique ? Comment, par exemple, réorganiser les systèmes financiers de façon plus juste ? Quant à l'inégalité, il faudrait commencer par réduire l'inégalité entre les hommes et les femmes, puis entre les « trop riches » et les « trop pauvres ». **L'équilibre mondial précaire, avec tous les dangers que cela comporte, exige de réduire de façon urgente la monstrueuse inégalité, non seulement à l'intérieur des pays, mais aussi entre les différentes ethnies et les différents pays.** Des informations et des formations au niveau du *savoir-être* et du *savoir-faire* de ces populations demandent à être transmises dès maintenant afin de leur permettre de développer leur propre potentiel créateur.

Nous pourrions peut-être aussi nous poser la question suivante : Quels sont les ressorts d'une culture progressiste pour créer un *fonds commun* définissant un salaire minimal mondial avec les adaptations nécessaires et de façon juste ? Souhaitez-vous promouvoir par le recours aux moyens modernes, tel Internet, un système d'éducation qui permette à tout enfant sur la Terre d'accéder à la connaissance gratuitement ? Tout cela est possible et contribue à créer une culture planétaire de respect et de réciprocité.

Il serait certainement souhaitable et bénéfique pour tout jeune de toutes les nations d'être **travailleur social** pour un certain nombre de mois (voire jusqu'à trois ans) à l'instar de Barack Obama, pour être *en contact concret* avec les besoins des personnes démunies. C'est le *processus d'expérience* qui implique la globalité de notre potentiel. C'est ensuite la conscience que nous avons de notre potentiel qui nous fait prendre la « pleine mesure » de la situation. Nous agissons de facon plus logique et objective qu'en abordant les situations concrètes uniquement intellectuellement. Chaque pays pourrait légiférer en conséquence. Plutôt que d'avoir la tête remplie de théories abstraites et de chiffres, les jeunes pourraient se confronter aux besoins concrets des humains. Ils pourraient effectuer un travail social plus ou moins planifié dans leur propre pays, mais de préférence au sein d'autres nations pour s'enrichir humainement et culturellement. Chaque jeune ayant fait cette expérience humaine en sortirait grandi et chaque nation s'en trouverait enrichie.

Il y a tant de richesses culturelles à conjuguer pour remplacer la violence sous ses formes variées par des actions constructives et efficaces. Nous avons approfondi, dans différents chapitres de cet ouvrage, des possibilités de changement de repères. Il suffit de prendre de vraies décisions sur une base éthique et de les appliquer.

Nous passons actuellement à une ère de responsabilisation individuelle et collective. Chacun est appelé à développer sa conscience et à contribuer, à sa façon, à l'évolution de l'espèce humaine. L'information constructive, la formation au *savoir-être*, le développement personnel, l'éducation et l'accompagnement de carrière prennent de plus en plus de place dans la société. Chacun peut s'informer, se former et évoluer. En tout cas, l'époque que nous vivons l'exige.

Vous êtes européen, africain ou américain. Que pouvez-vous apporter au monde ? Vous êtes indien, australien, peut-être chinois ou japonais, vous vivez au Moyen-Orient. Comment pouvez-vous contribuer à un mieux dans le monde ?

Si vous appartenez à un peuple riche, avez l'esprit d'un pionnier et constatez l'arrogance et la violence qui se développent dans un climat de surabondance, tandis que les trois quarts des enfants du monde pleurent, souffrent et meurent de faim, alors utilisez le « ressort culturel » et *soyez pionnier pour un monde meilleur et plus humain.* Dites-vous que le monde est un grand village et que vous ne voulez pas que vos amis d'à côté meurent.

Que pouvez-vous faire au sein d'un peuple qui doit passer, en accéléré, d'un *régime ancien* à la démocratie, et qui doit faire face à la corruption ? Utilisez avec intelligence et discernement la formidable *force de vie* en place, pour agir et faire évoluer la situation de manière plus positive.

Que faire si, malgré le contact avec le monde moderne, des traditions ancrées dans des systèmes archaïques continuent à faire souffrir les enfants et les femmes en maintenant l'inégalité profondément ancrée dans les mentalités et les habitudes? Comment accélérer des processus qui introduisent de nouvelles valeurs où personne n'est perdant?

Créez pour cela des *alliances* positives. Développez l'impact de l'éducation et de l'information. Créez des *partenariats* avec des pays dont la culture est exemplaire sur ce plan, même s'ils sont très éloignés. De l'autre côté, utilisez les richesses sur place. Utilisez l'ouverture du cœur qui est là. Elle est si précieuse. Utilisez le désir d'être heureux et de propager le bonheur, inhérent à chaque individu. Ne pensez pas que c'est une chimère, mais employez votre intelligence à trouver *la façon adaptée au contexte* afin d'amener le changement. Ne vous mettez jamais en danger, mais développez un *savoir-être* fort, fin et positif, et un *savoir-faire* de qualité pour créer les conditions de réussite pour vous et pour les autres.

Pour bien apprécier *l'impact* d'une action sur un plan culturel, mettez-vous toujours dans la peau des personnes touchées par un besoin de changement. Ressentez à la fois leur besoin, leur sensibilité et leur vulnérabilité, et puis les systèmes et les fonctionnements. Étudiez, mettez-vous en réseau. Cela vous permet d'obtenir un maximum d'informations et de soutien. Utilisez toujours la force très particulière à votre peuple et l'aspect culturel le plus favorable, pour amener des changements.

Réunissez les éléments de la sagesse ancienne et la capacité de développer des savoir-faire d'aujourd'hui. Songeons à l'Inde, qui permet aujourd'hui au monde de bénéficier de plusieurs éléments de sa sagesse ancienne et qui, dans un contexte de modernité, adopte, entre autres, des mesures antipollution en introduisant des voitures électriques tout en permettant aux *rickshaw* (vélos-taxis motorisés) de continuer de s'alimenter en essence pour ne pas les appauvrir.

L'Inde se voit cependant confrontée au défi de résorber sa grande pauvreté, issue de sa propre tradition. Vous tous à l'esprit ouvert, avez le pouvoir de créer maintenant un monde nouveau et de faire ce qu'il faut pour vivre pleinement, sans tomber dans les travers du monde moderne. Non seulement l'Inde, mais tant d'autres populations du monde émergent se demandent comment mobiliser des populations exposées à la pauvreté. Comment mobiliser ces mégatonnes de potentiel en friche pour créer ensemble une meilleure qualité de vie ? Comment valoriser davantage la position de la femme ?

Avec le développement de la conscience et l'émergence de **l'identité individuelle**, la capacité d'agir et *d'exercer un impact sur l'évolution* se développe de jour en jour. Lorsqu'un certain nombre de personnes ou de groupes réunissent leur potentiel et leurs forces, il est possible aujourd'hui de prendre des initiatives et de concrétiser les actions dans des délais relativement courts. *Chacun* peut aujourd'hui créer des associations nationales ou internationales. *Chacun* sait se servir d'Internet ou commence à savoir s'en servir, et l'éducation des enfants se place aujourd'hui dans une perspective planétaire, alors que la vision éducative des différents États était plutôt repliée sur elle-même il y a à peine 50 ans.

Aujourd'hui, le monde s'ouvre et tout peut être créé, le bon comme le mauvais. Seuls notre discernement et notre *intelligence globale*, avec l'accès à notre *ressenti*, peuvent faire le tri dans nos cultures entre ce qui construit et ce qui détruit. Ces qualités nous permettent de bien analyser les *amalgames* que d'aucuns font pour justifier et « rationaliser » la protection de leurs avantages, en maintenant des systèmes de contraintes non épanouissants et préjudiciables, au lieu de promouvoir une véritable évolution. C'est notre *intelligence globale* qui trouve et applique des solutions si nous sommes suffisamment ancrés et lucides, le cœur ouvert.

En conclusion, chaque culture bénéficierait ainsi d'un *renforcement positif* de toute la richesse déjà en place, ce qui diminuerait naturellement les éléments peu constructifs. En plus, on pourrait développer ou importer des éléments positifs qui font plutôt défaut. Toutes ces initiatives sont à réaliser en préservant les particularités, les richesses, les spécificités et la diversité des cultures. C'est ce qui permet d'aller dans la *complémentarité* vers une *réelle évolution*. Si une nation veut garder sa richesse, elle accomplira cette tâche tout en partageant les valeurs universelles et en gardant les couleurs locales. L'humanité en évolution cultivera ainsi l'art de promouvoir et de transmettre ce qui est essentiel à tous, tout en protégeant la diversité et l'expression particulière. Je vous souhaite une expérience passionnante en vous engageant chacun, autant sur le plan personnel que dans le cadre de vos fonctions, à contribuer à l'évolution.

CHAPITRE 5

Propositions et projets d'évolution

Que faire maintenant ?

En juin 1992, le Sommet de la Terre de Rio de Janeiro représentait un grand espoir pour l'humanité. Une décennie après, le constat d'échec était inévitable. Le décalage entre les pays riches et les pays pauvres s'était accru et les nombreux problèmes abordés n'avaient pas trouvé leur résolution. En août-septembre 2002, les nations se réunissaient à nouveau au Sommet de Johannesburg. Cependant, les États n'arrivaient pas à s'entendre et la communauté internationale perdit un peu plus confiance en la possibilité de trouver des solutions sur la base d'un « terrain commun ». La vision *à court terme* et les intérêts particuliers dominent le début de ce millénaire, pourtant censé préparer l'entrée de l'humanité dans une ère, marquée par l'évolution de l'humanité.

L'accès à l'eau, à l'électricité et aux médicaments est un besoin criant, et pourtant les solutions existent. Des continents entiers sont ravagés par la maladie. Le changement des conditions climatiques provoque des catastrophes de plus en plus fréquentes. La violence se développe un peu partout sur le globe. Les scandales financiers se succèdent. Les nombreux besoins dans les domaines les plus variés restent insatisfaits pour une grande partie de la population mondiale.

Que faire maintenant? Cela vous offusquerait-il de lire que le problème de l'humanité est *le manque de cœur* et *le manque d'élan*? Pour ma part, c'est ce que j'observe. *L'élan du cœur* ne se déclenche, chez la plupart des personnes, que dans des situations tragiques les concernant directement et caractérisées par la mort, la violence, la perte et la souffrance intense. Les gens ont besoin de vivre des situations extrêmes pour parvenir à ressentir la souffrance d'autrui et développer un élan pour agir. **Or, le secret de l'évolution de l'humanité réside dans *sa capacité* à vivre cet élan du cœur envers tous les Êtres humains avant de se trouver face à des situations tragiques. Plus précisément, il faudrait qu'un tel élan du cœur soit la base des civilisations. C'est une question d'évolution. Cependant, la seule personne au monde qui puisse contribuer à un tel changement et créer *l'élan du cœur*, c'est soi-même. Autrement dit, chacun d'entre nous, vous et moi, sommes concernés en tout premier lieu. L'enjeu qui se présente à l'humanité est le suivant : trouver des moyens pour accélérer le développement des qualités du cœur, sachant que seule la combinaison i*ntelligence de la raison/intelligence du cœur* permettra d'y parvenir.**

Comme on le voit, il n'est pas si facile de s'ouvrir à la solidarité, d'être capable d'empathie, de pouvoir réellement s'aimer et aimer les autres. Dès le début de cet ouvrage, je vous ai sensibilisé au besoin de réunir *l'intelligence de la raison* et *l'intelligence du cœur*, comme la condition même de l'évolution (voir *Les yeux des enfants*, p. 85).

Combien de personnes ont *soi-disant* des projets, mais ne les réalisent jamais ? Nous voici dans une démarche qui nous sort des illusions et du *rêve impossible à réaliser* pour entrer dans le *concret*. Nous avons souvent abordé la notion du *réel* dans ce livre. Les différents rappels contenus dans cet ouvrage permettent une intégration progressive pour concrètement réussir comme vous le souhaitez. Pour cela, il est non seulement réaliste mais indispensable de développer un comportement et des réflexes adaptés.

Que faire maintenant ? D'abord, il s'agit de prendre du recul et de se *centrer* sur son potentiel (voir *Le management de soi ou le travail sur soi*, p. 229). Dès que nous nous centrons ainsi sur notre potentiel tout en demeurant proches des autres et chaleureux, nous sommes portés à prendre des initiatives. Apporter notre contribution, en nous sentant riches de qualités, est source de joie profonde. Ce n'est pas le cas quand nos repères sont à l'extérieur. Or, le monde d'aujourd'hui fonctionne en grande partie selon des *repères extérieurs* dans une **conscience de manque**, de peur et de comparaison, qui n'a rien à voir avec les véritables besoins des humains. Les situations s'aggravent, hommes et femmes sont de plus en plus stressés, la souffrance s'intensifie sur la Terre. Accepter que les deux tiers de l'humanité souffrent me paraît indigne de nous. **Nous habituer à un sentiment d'impuissance face à ces situations, c'est dénigrer ouvertement notre potentiel, alors que c'est lui qui nous permet d'agir.**

Rappelez-vous de garder vivante votre conscience de votre potentiel. C'est le repère à ne jamais perdre. Il représente votre potentiel de création infini. Entraînez-vous réellement à vous y identifier; il faut non seulement le penser, mais le *ressentir* intensément, profondément et de manière durable non pas jusqu'à développer une *seconde nature*, mais jusqu'à être et vivre tout simplement ce potentiel. C'est un élément de base que nous aborderons tout à l'heure en nous servant de la *Pyramide de Réussite*.

Il vous suffit de répondre à deux conditions pour être réellement capable d'agir:

a) sentir que vous détenez un potentiel de création illimité,
b) vous mettre complètement *dans la peau* de ceux qui vivent les difficultés, l'incertitude, le dénuement et la misère.

Où que vous soyez sur ce globe, sachez que vous avez un potentiel important et, dans tous les cas, suffisant pour vous épanouir et apporter un service de qualité à l'humanité. Quelle que soit votre situation sur cette Terre, préparez-vous à vaincre et à dépasser les situations qui ne sont ni justes, ni positives. Créez pour vous et pour les autres, malgré tous les efforts que cela puisse comporter, des conditions de vie propices à une aventure passionnante et créatrice de valeurs positives et constructives. Cela dit, *évitez l'excès en toute chose*. Si vous développez à la fois *l'intelligence de la raison* et *l'intelligence du cœur*, vous ne participerez jamais au fait de tuer, ni rapidement ni lentement, que ce soit à travers l'alimentation, des produits toxiques ou des conditions de vie préjudiciables. Si vous parvenez avec le temps à n'être ni *passivement soumis* ni *en réaction*, votre vie changera. Elle vous ouvrira à une tout autre dimension et deviendra passionnante.

Je vous propose de revoir différents passages du livre, de façon à prendre des initiatives et développer des activités en vue de contribuer à l'évolution. La section *Le repère intérieur* (p. 41) vous permet de vous positionner par rapport à vos convictions et aux capacités et moyens d'intervention à votre disposition. Il incite à une réflexion approfondie. Il évoque le *besoin de repenser le fonctionnement de notre société et tout notre savoir-faire* qui est conçu et organisé en fonction de *repères extérieurs*, autrement dit sur des « sables mouvants », au lieu d'être consolidé par un savoir-être de qualité. Cela exige un positionnement personnel qui réunisse responsabilité, éthique et positivité.

Vous pouvez peut-être apporter des réponses à la question suivante : « *Quelle contribution puis-je apporter dans mon secteur ou dans un domaine qui me tient à cœur ?* » Nul doute que les sections *La Charte de la Terre* (p. 59) et *Notre besoin aujourd'hui : le développement de l'homme et de son savoir-être* (p. 69) vous stimuleront. Vous aussi avez un plus à apporter, à votre manière...

Le changement des mentalités

Tous les grands changements impliquent un changement des mentalités. Aujourd'hui, il est beaucoup question de rupture et de fractures. La division se fait à l'intérieur des sociétés et l'humanité elle-même semble se diviser. La fracture met en évidence une dynamique où les riches deviennent de plus en plus riches et les pauvres de plus en plus pauvres. Nos mentalités ont conduit à cela. Aujourd'hui, il est question de changer de mentalité. Il existe, me semble-t-il, deux facteurs principaux qui pourront, si nous les intégrons, susciter un changement colossal.

Le premier a trait à **la prise de conscience de notre potentiel individuel.** J'entends par « prise de conscience » *un ressenti global de notre potentiel*, au point de développer l'envie d'agir et de réussir les projets qui nous tiennent à cœur. Cela implique d'abandonner tous nos préjugés à ce niveau.

Le deuxième changement consiste à passer **du sentiment de peur au sentiment d'affirmation et de solidarité.** Au lieu de se mettre en compétition, de se *protéger* dans un monde hostile, de maintenir des limitations basées sur la peur et de se rattraper par toutes sortes de compensations, il faut développer une *nouvelle mentalité* qui prenne pour base le *potentiel de création infini* dont nous sommes tous détenteurs. C'est en l'utilisant dès maintenant que nous entreprendrons le travail nécessaire pour que les masses s'approprient progressivement cette notion et l'expérimentent à leur tour. Cette nouvelle « façon d'être » entraîne des changements profonds dans les différents domaines de la vie. L'éducation des enfants, basée sur ces données, permettra alors de développer de nouveaux *réflexes.*

Alors, plutôt que de réagir face à un monde hostile de façon automatique en se protégeant, en se défendant, en fuyant ou en agressant, les individus développeraient des *réflexes* d'ouverture, de reconnaissance, de plaisir, de recherche, et le désir de créer la meilleure qualité ensemble. Il existe des initiatives sur ce plan qui fonctionnent très bien.

Je pense que ces deux paramètres, *prendre conscience de notre potentiel individuel* et *passer du sentiment de peur au sentiment d'affirmation et de solidarité*, pourraient entraîner des changements en profondeur. La section *Le cadeau pour soi* (p. 239) souligne notre intérêt à reconnaître tout notre potentiel et à nous ouvrir généreusement à la dimension de nos sentiments. La vie prend alors des couleurs. Ces deux changements suffisent à nous rendre plus inventifs, plus actifs, plus ouverts, plus concrets, plus créateurs, plus responsables, plus humains, plus confiants en nous-mêmes, plus positifs et, en somme, plus vivants.

À la base de toutes les innovations et réorientations majeures, nous trouvons toujours un changement de mentalité. Nous avons presque tous été éduqués d'une manière plus ou moins traditionnelle et insérés dans un certain cadre d'idées et de comportements (voir *Les larmes des générations*, p. 219). Comme vous avez pu le voir tout au long de cet ouvrage, nous avons besoin de changer beaucoup d'aspects *en nous-mêmes* pour réaliser des changements à l'extérieur.

En tout premier lieu, nous avons besoin de nous repositionner et de prendre conscience de notre valeur et de notre potentiel. Notre conscience des possibilités qui s'offrent à nous *à tout instant* demande également à évoluer. En effet, tout *changement de mentalité* qui nous amène à être plus positifs dans la vie, nous permet de concrétiser plus facilement ce qui nous tient à cœur et de nous en donner les moyens.

Les mentalités traditionnelles sont enfermées dans une sorte de passéisme et de fatalisme par rapport aux événements. La plupart des gens sont soumis au *conditionnement mental et émotionnel*, se stressent tous les jours davantage et se soumettent dans une sorte de résignation, en déclarant « illusoire » toute tentative d'optimisation et de transformation.

Vous avez donc besoin de créer *un espace personnel* pour vous préserver et préserver vos forces et votre énergie afin de pouvoir *aller de l'avant* avec vos projets. Ne permettez en aucun cas que votre énergie positive se réduise à cause des influences extérieures. Restez centré, prenez du recul et maintenez toujours votre vision. Soyez constamment dans l'attente d'événements et de coïncidences positifs. Préservez un état de réceptivité intuitive pour saisir des occasions, des possibilités. Provoquez des circonstances favorables et rencontrez des personnes qui vous aident et vous apportent leur concours. Si vous vous trouvez régulièrement avec des personnes qui vous nuisent, vous avez besoin d'en détecter la cause et de changer la dynamique au fond de vous-même, qui vous amène à *recréer* ces situations préjudiciables et à être avec de telles personnes. Ensuite prenez des décisions.

Développez un *sentiment de gratitude constant*. Plus vous restez dans cet état d'ouverture et d'anticipation, plus les circonstances favorables augmentent en nombre et en qualité. Observez les phénomènes de très près et vous verrez que c'est *vous* qui les déclenchez. Vous saurez alors que vous êtes créateur au-delà de tout ce que vous auriez cru possible.

Une discipline à acquérir

Aller dans le sens du travail sur soi implique de devenir réellement actif et d'abandonner certains consensus dans la facilité. C'est un entraînement à vivre pleinement. Qu'est-ce que cela signifie concrètement ? Entre autres, de commencer la journée plus tôt en la préparant de manière approfondie aussi bien psychiquement que physiquement. Mettez-vous profondément en harmonie avec vous-même et avec l'univers et mobilisez votre corps avec des exercices en souplesse pour être en pleine forme pour la journée. Des exercices d'étirements vous mettent très vite en forme. Des exercices de tai-chi, ou proches des mouvements du tai-chi, ou les cinq tibétains mettent en mouvement tous les muscles de votre corps. J'évoque ceci à titre indicatif, en dehors de tous les exercices que vous connaissez certainement vous-même.

Vous pouvez vous entraîner à une *respiration profonde et régulière.* Il existe beaucoup d'exercices. Bref, vous créez les conditions favorables pour exercer la plus grande vigilance, dans la plus grande détente et la plus grande sérénité. Si vous échouez, dites-vous de nouveau : «*Je me pardonne. Je mérite mieux et je recommence en mieux.*» Maintenez votre vision élevée quels qu'en soient les écueils. Exécutez les tâches journalières dans la joie de la réalisation et de l'accomplissement progressif de votre rêve. Ainsi, chaque geste prendra sa signification. Rappelez-vous toujours que *toute pensée finit par se matérialiser, que celle-ci soit négative ou positive.* Vous verrez à quel point vous aurez besoin d'être persévérant pour changer vos habitudes. Il est donc conseillé d'être aussi patient que décidé pour réussir. Étant donné que nos réflexes sont automatiques et inconscients, le changement doit s'effectuer en profondeur.

Le changement des mentalités

Ce n'est qu'un profond changement de mentalité sur la base d'un travail soutenu sur soi qui pourra, avec le temps, engendrer de nouvelles décisions et des initiatives. C'est ce changement et ce repositionnement qui permettent de fixer des objectifs plus justes et de réussir, non pas dans la compétition par l'élimination des autres, par l'agressivité et par des comportements plus ou moins préjudiciables, mais par la mobilisation intelligente des potentiels et en créant l'abondance pour tous sur la base d'un fonctionnement par complémentarité.

Comme vous le voyez, il est clair aujourd'hui que le challenge de se dépasser, ou plutôt de dépasser ses faiblesses, d'avancer et d'évoluer, s'adresse à chacun individuellement. Le processus d'évolution dans son ensemble exige que chacun d'entre nous, en plus d'évoluer, partage cette dimension d'évolution avec le maximum de personnes.

Étant donné qu'aujourd'hui c'est le *business* qui exerce l'hégémonie sur le monde *en créant un confort en surface et des effets graves en profondeur*, ce n'est qu'en introduisant la **dimension humaine et l'éthique** dans cette sphère de la vie que le monde ira mieux *demain*. Le développement des capacités de savoir-être et de travail sur soi entre dans les grandes priorités de ce début du 21e siècle. Si vous êtes sensibilisé au développement de l'éthique et à la dimension humaine, jetez-vous dans le travail. Il y a tout à faire. Mais attention, rien n'est possible sans assurer la cohérence et l'exemplarité. C'est un travail difficile, mais ô combien gratifiant et porteur de sens !

La philosophie

Nous avons vu que la réussite véritable est d'abord un état intérieur. C'est un état d'équilibre, de calme, de sérénité, de joie et de confiance en soi. C'est aussi la conscience de posséder un immense potentiel de réalisation. C'est la sensation d'être engagé avec énergie et vigueur dans l'aventure de la vie pour créer la plus grande qualité pour soi-même et les autres. C'est une *philosophie de vie* qui réunit *sérénité* et *vigilance* dans une dynamique de progression constante pour soi-même et les autres.

La démarche repose sur une philosophie porteuse, visant la réalisation individuelle et l'élévation de la dimension de conscience de l'humanité en général. Elle est centrée sur la quête d'approfondir ce qui, au regard de la vie, est réellement **important, essentiel et**

fondamental pour créer une expérience de vie de la plus grande qualité pour soi et en contribution à l'humanité.

Que faire maintenant ? Vérifiez si vous **ressentez** cet état intérieur. Je vous propose de reprendre chaque mot et d'en ressentir la signification. Si vous n'arrivez pas à ressentir, reportez-vous aux chapitres correspondants pour approfondir la qualité du ressenti.

La vision

Développez une vision en total accord avec ce que vous ressentez vraiment en vous représentant la réalité telle que vous voudriez la vivre. Ressentez alors le plaisir de créer la plus grande qualité par vos actions et vos activités, pour le plus grand bien de tous. Laissez venir les images et visualisez bien les étapes à parcourir. Puis visualisez les moyens que vous vous donnerez pour persévérer et réussir. Vérifiez si vous êtes vraiment motivé et absolument décidé à aller de l'avant. Sans cela, vous ne franchirez pas les obstacles qui peuvent se trouver sur le chemin de votre réalisation.

Visualisez toutes les autres personnes sur cette planète empruntant le même chemin. Ressentez à quel point nous sommes tous proches les uns des autres, partageant au fond la même quête, quelle qu'en soit l'apparence, le même enthousiasme et le courage d'aller de l'avant. Que vous soyez engagés dans des démarches ou des lieux différents ou même sur différents continents n'enlève rien à cette sensation *d'être proches* les uns des autres si vous arrivez à toucher une certaine profondeur et le ressenti. Au contraire, cela montre que nous sommes tous complémentaires les uns des autres. Ne rien ressentir indiquerait notre besoin absolu de changer.

Visualisez le monde auquel vous aspirez. Entraînez-vous à ne plus limiter votre impact sur le monde en coupant votre élan par des **déclarations d'impuissance**, comme : « C'est bien beau de rêver, c'est de l'utopie », « Cela ne sert à rien. Le monde ne sera jamais comme on voudrait qu'il soit » ou encore « Les hommes se battront toujours ». Ne nourrissez plus ces énergies. Elles mourront peut-être de faim par votre décision de construire et de participer à l'avènement d'un monde meilleur.

Peu importe la contribution que nous souhaitons apporter ou le projet que nous voulons réaliser, nous avons besoin de mobiliser notre potentiel. Cela nous permet de révéler nos talents. La section *Le génie et la notion du potentiel* (p. 87) contient des éléments valables pour les enfants comme pour vous-même, si vous souhaitez puiser une puissance de création en vous et utiliser vos talents au maximum.

Je vous invite maintenant à vous faire un réel plaisir et à laisser sourdre naturellement vos dons et jaillir votre intelligence en route vers l'innovation et la production de qualité dans la facilité.

Être créateur de sa réalité

Si vous n'avez pas encore travaillé les différences entre *affirmation* et *réaction* et entre *amour* et *état réactionnel*, je vous convie à les approfondir dans le texte *Les quatre niveaux de potentiel de l'Être humain* (p. 161) et à vous y exercer au quotidien. Ces éléments sont à la base d'une réelle capacité de discernement, de clarification et d'évaluation des valeurs.

La *Psychologie d'Évolution* est l'une des rares approches qui ait la *dimension du cœur* parmi ses axes fondateurs. Si vous sentez que vous avez besoin de développer un peu plus d'amour pour vous-même et pour les autres, alors pourquoi ne pas retrouver les textes où le *cœur s'exprime*? Quant au management de soi, il demande un travail constant quels que soient vos projets. Je vous propose de vous procurer du matériel tel que des CD de relaxation et des livres qui font évoluer. Pensez aussi aux exercices corporels. C'est ainsi que votre vie deviendra de plus en plus riche. Offrez-vous le cadeau évoqué dans le texte intitulé *Le cadeau pour soi* : « Le cadeau pour soi, c'est d'avoir appris à célébrer la vie et d'apporter, là où nous sommes, notre contribution à l'évolution. »

Les parents et les personnes qui se consacrent à l'éducation trouveront des informations et des incitations à la réflexion dans différentes parties de ce livre. Étant donné l'importance de la relation parents/enfants, un ouvrage à part y sera toutefois consacré. Comme je le disais, ce livre ne constitue pas une étude théorique, mais un moyen de stimulation, de réflexion, d'approfondissement, de remise en question et de mobilisation du potentiel pour que chacun puisse, *à sa manière*, prendre des initiatives, en fonction du stade où il en est.

Pour commencer, informez-vous, documentez-vous, réfléchissez (pas trop longtemps). Lisez des livres qui font évoluer, tels des livres de pensée positive et de développement personnel. J'en ai listé un certain nombre. Faites de la créativité et cherchez des gens partout sur cette Terre qui en font autant, qui pratiquent la pensée positive et qui développent des projets éthiques « bons pour soi » et « bons pour tous ». Formez. Créez des *Cercles d'Évolution* dont il sera question plus loin et développez des réseaux d'évolution. Commencez par trouver une personne qui partage vos idées et allez de l'avant, sans *jamais* vous décourager. Évitez les querelles. Cela « mange » de l'énergie.

Le champ de la responsabilité individuelle s'ouvre en grand et, avec lui, la nécessité évidente de l'action individuelle constructive.

La Charte de la Terre peut être vue comme un appel individuel qui s'adresse à chacun. *Le développement de l'homme et de son savoir-être* représente également une base de réflexion par rapport aux réponses innovantes à apporter au début de ce 21e siècle (voir *Notre besoin aujourd'hui…*, p. 69).

Voici quelques initiatives à prendre parmi des milliers d'autres :

- Évaluez le degré de qualité que vous vivez :
  – situation professionnelle et valeurs créées
  – vie familiale, sociale et contribution apportée.
- Comment pouvez-vous optimiser votre vie au quotidien, à commencer par votre vie familiale ? Vous avez peut-être déjà commencé à prendre des décisions. Qu'est-ce qui a vraiment

changé ? Votre vie sociale est-elle riche et favorise-t-elle l'idée d'évolution ?

- Repérez des projets innovants et constructifs. Ils vous inspireront.
- Multipliez les groupes d'évolution et les comités éthiques.
- Évaluez la qualité des objectifs de l'organisation ou de l'entreprise à laquelle vous apportez votre contribution.

Posez-vous la question :

- Quels sont *les effets et les conséquences* à moyen et à long terme de mon activité ou de mon entreprise ?
- Est-ce que cela correspond toujours à mes valeurs ?
- Si vous êtes en accord avec les principes de votre entreprise, évaluez la possibilité de contribuer davantage sur un plan qualitatif et éthique. Conservez et réalisez un plan de carrière intéressant.
- Si vous n'êtes pas *en accord* avec les principes de votre entreprise, quels sont les moyens que vous vous donnez pour vous réorienter ? Créez une transition en sécurité et de façon responsable. C'est peut-être une indication pour réaliser votre *Projet de vie*.
- Listez les possibilités et travaillez alors sur votre potentiel. Je rappelle qu'il est infini en capacité de création, en nombre d'idées, en capacité d'attention, de vision et de conception, en motivation, en capacité d'innovation, d'initiatives, de réalisation et d'optimisation, de transformation et de réorientation, etc.
- Développez maintenant une *vision globale*, mais réellement globale, dans une perspective à long terme.
- Cherchez le désir le plus profond de vous réaliser puis voyez toutes les possibilités qui existent pour y parvenir.
- C'est le moment d'éviter de tomber dans **le tout ou rien** et de refermer le dossier en étant résigné. Cela comporte trop de *bénefs marshmallows*, n'est-ce pas ? Prenez du temps pour réunir les informations nécessaires sur des filières classiques, mais aussi sur des pratiques alternatives innovantes, à caractère positif. Approfondissez chaque approche respectueuse de la nature

et de l'environnement par rapport aux *effets à long terme* et aux *valeurs* que celle-ci permet de véhiculer en contribution à l'évolution et sur la base d'une conscience élargie. Vous risquez de découvrir des voies intéressantes et nouvelles. Ne les éliminez jamais d'office. Certaines attitudes condescendantes reposant sur des jugements hâtifs, témoignent de la peur et non d'une intelligence brillante. Cherchez le désir réellement au fond de vous pour trouver l'élan de contribuer à un monde meilleur.

- Éliminez tout ce qui ne correspond pas à la Qualité Globale à Dimension Humaine. Je rappelle que ce concept nous amène à rechercher toujours, dans tout ce que nous créons, réalisons ou commercialisons, *la plus grande qualité partout et pour tous, aujourd'hui et demain, sur place et ailleurs.*
- *Soyez vigilant afin d'éviter* de créer des contradictions et des incohérences. Évitez, comme je le disais, l'excès et la violence. Vous avez suffisamment de potentiel pour trouver d'autres voies de réalisation. Vous n'avez pas besoin pour autant d'attendre des années.

Pour réaliser vos projets

- Notez les éléments les plus importants à optimiser sur le plan de la discipline à acquérir en vue d'un efficace *travail sur soi ou management de soi.*
- Établissez un plan d'action concret comportant des dates et des modalités précises.
- Ne restez pas seul dans votre quête ; cherchez des amis, proches ou éloignés, des personnes positives qui vous soutiennent dans votre recherche. Internet est une des voies.
- Concoctez un programme santé : exercices, mouvements, respiration, alimentation, équilibre psychique et absence de stress malgré les projets passionnants.
- Utilisez un ensemble de carnets, tels :
  - le carnet *Initiatives et dépassements*, de manière à noter vos dépassements journaliers et les dépassements exceptionnels,

– et le carnet des *Idées créatrices*. Toutes les idées nouvelles et positives et tous les projets, même lointains, y sont inscrits et si possible illustrés, avec beaucoup de couleurs. Pour ma part, je n'aurais jamais réalisé autant de projets sans un tel carnet. C'est l'endroit pour y consigner vos plus belles idées et, une fois celles-ci réalisées, c'est avec bonheur que vous ferez une rétrospective dans votre cahier. Vous remarquerez alors probablement qu'il y a encore d'autres projets passionnants à concrétiser.

- Créez également un carnet *Résultats et réussites*, où vous inscrirez tous les résultats et les réussites, même les moindres, de manière à consolider la progression, comme on réalise la construction d'une maison en posant une brique sur l'autre. Cela vous évite d'oublier, de banaliser ou même de dénigrer vos réussites. Vous déjouerez ainsi le sabotage inconscient.

Si vous reprenez les différents aspects de la vie abordés dans ce livre, vous êtes en mesure de prendre du recul et de développer une vision globale sur le paysage culturel qui vous entoure. Par paysage culturel, j'entends une ethnie, une nation ou un pays. L'observation, sans jugement et sans complaisance, fait émerger rapidement les côtés positifs et constructifs d'un contexte culturel qui représente une richesse pour l'humanité dans son ensemble. On peut partager avec d'autres populations et transmettre les valeurs constructives d'une culture dans la sagesse et l'exemplarité, tout en gardant leur *originalité* et leur *spécificité*. Chaque collectivité offre une richesse immense pour l'humanité, à condition de l'apporter de façon constructive et avec discernement (lire *À vous, les porteurs de richesses culturelles*, p. 433).

Avant de plonger dans l'action, je vous invite chaque fois à ne valider une idée ou une action que sur la base d'une *vision globale*. Vous éviterez ainsi les incohérences du court terme et des réalisations aux effets préjudiciables. Vous pouvez parcourir la section *Le Projet de vie* (p. 491). Et souvenez-vous que « *le discernement est le joyau de la conscience qui permet de voir clair* » (p. 133).

Croyances limitatives et échec

Vous pouvez faire un constat intéressant :

a) Dressez une petite liste de vos *croyances limitatives* par rapport à vous-même et à votre vision du monde jusqu'à maintenant. Énumérez-les.

b) Vérifiez comment elles se manifestent dans des situations de votre vie et dans votre fonctionnement.

c) Imaginez bien clairement que vous gardiez ces croyances : quels résultats voyez-vous si vous les gardez pendant un an ?

   Ensuite, visualisez que vous les gardez pendant cinq ans. Quels résultats voyez- vous ?

   Regardez l'impact sur votre vie si vous gardiez toujours ces croyances. Prenez le temps de bien le ressentir.

   Maintenant, recréez votre vision d'épanouissement et de réalisation de vous-même en y voyant l'évolution à un an. Ressentez la différence dans votre corps.

   Ensuite, regardez l'évolution après cinq ans et l'évolution de façon durable. Ressentez profondément la différence entre les deux options. Recommencez si vous en sentez le besoin.

d) Consignez les résultats.

Il est intéressant de voir comment les croyances *se matérialisent, se vérifient* et à quel point nous sommes **créateurs de notre réalité.**

Avoir plaisir à avancer avec facilité élimine d'emblée une quantité impressionnante d'obstacles, de frustrations et de manques de qualité. Faites des déclarations basées sur l'élan et la dynamique positive de progression. Rencontrez d'autres personnes et contactez, si possible, le public au moyen de conférences, par l'organisation de salons, en écrivant des articles, des livres et, bien sûr, le plus possible par la création de réseaux. Développez, de façon globale, la vision d'une *évolution positive et dynamique*, aussi bien au niveau local que mondial. Développez des stratégies innovantes pour créer de la valeur. Comparez cela avec une vision mettant en scène des réactions brutales, des conflits, des perturbations de tous ordres et la guerre. En ressentant la différence en vous, vous n'aurez pas besoin de vous motiver davantage pour avancer.

Élevez votre énergie et visualisez le *jeu des synchronicités* en accueillant les circonstances et les événements favorables simultanés. Si vous y êtes sensible, vous en tirerez parti pour favoriser votre propre évolution et celle de l'humanité. Imprégnez-vous du sentiment de ne pas évoluer en solitaire, peu importe l'endroit où vous vous trouvez. Au contraire, visualisez comment se forme la **masse critique** et comment elle entraîne un renversement qualitatif, à partir d'un certain moment, pour réorienter l'humanité plus globalement vers une évolution durable. Gardez cette énergie et ne permettez *à rien* au monde de la faire disparaître ou de la perturber.

Pour vous accompagner dans la réalisation de votre projet, j'ai émis des commentaires détaillés pour chaque étape de la *Pyramide de Réussite*. Vous pouvez vérifier à l'aide de cette pyramide si vous répondez positivement à toutes les étapes en allant de bas en haut. Je vous propose de la reproduire sur un de vos supports papier ou carton et d'en faire un outil de travail.

C'est une démarche progressive, comportant les étapes les plus importantes d'un projet. Le respect et la bonne réalisation de chaque étape faciliteront grandement la réalisation de l'ensemble de vos objectifs. Souvent, les personnes qui ignorent les exigences d'une vraie réussite (intérieure et extérieure) ne franchissent pas la première étape de la pyramide. Si une personne manque d'ouverture par rapport à la possibilité de réussir, elle peut couper court avec de petites phrases, telles que : « Ça n'ira jamais ! », « Pas possible ! » ou « Hors de question ! ». Une personne qui manque de confiance en elle ajoutera peut-être : « De toute façon, je n'en ai ni les moyens ni les capacités. » En réalité, l'une et l'autre de ces personnes ont PEUR. Comme je le disais, j'entends par *réussite* à la fois la *réussite intérieure* et la *réussite extérieure*. Si la *réussite extérieure* n'est pas fondée sur l'harmonie, la joie et l'équilibre intérieur, elle représente plutôt une compensation au *manque intérieur*, une sorte de béquille.

LA PYRAMIDE DE RÉUSSITE

Les étapes indispensables à une *réussite globale et positive*
(de bas en haut)

Assurer la cohérence

Toujours garder les valeurs et le cap pour maintenir la qualité de vie, la qualité de projet et la joie de progresser

Créer des plans d'action

Accepter de concrétiser ici et maintenant et bâtir la stratégie pour concrétiser sa vision

Considérer tous les éléments personnels et professionnels, passés, présents et futurs

Redéployer une vision épanouissante pour soi et bénéfique pour tous

Éviter le sabotage lié à des appréhensions plus ou moins inconscientes. Éviter les compromis qui baissent la qualité. Accepter de vraiment réussir

Développer une vision globale et à long terme de son projet

Reconnaître son désir de se réaliser et se donner le droit à la réussite. Accepter d'éprouver de la joie et la garder tout au long du projet

Écouter au fond de soi et trouver le meilleur service qu'il est possible d'apporter à l'humanité et au monde en s'épanouissant

Reconnaître pleinement ses ressources et ses potentialités et s'entraîner à bien les ressentir

Assurer pour commencer la base de cette pyramide en étant bien ancré et conscient des infinies possibilités de réalisation en soi et dans le monde

Un certain nombre de personnes franchissent la première étape de la pyramide, mais restent ensuite coincées dans les étapes suivantes. Moins nombreux sont ceux qui mobilisent réellement leur énergie et commencent à aller de l'avant sur la base d'une décision ferme de concrétiser. C'est pourtant ce que je vous propose. Lorsque nous relevons un tel défi, nous en sommes profondément heureux.

Les trois premières étapes de la pyramide représentent la base à consolider avant d'entreprendre quoi que ce soit. Des personnes, sur différents continents, se sont servies de cette pyramide pour réussir leur projet. Une fois notre intervention sur place terminée, elles ont travaillé sur ce modèle à distance. Vous pouvez faire ce travail en groupe ou avec une autre personne. Il se révèle davantage stimulant. Acceptez d'y prendre vraiment plaisir. Faites-vous *le cadeau* de sortir d'une mentalité ancienne très répandue, celle du labeur, du stress et de l'épuisement, voire de l'agacement.

Vous assurez ainsi *la base*, *les fondations*, pour ensuite construire votre projet. En fait, nous n'entreprenons une action que pour la réussir, alors autant le faire avec plaisir et nous accorder le bénéfice de parvenir au résultat concret.

Voici les commentaires sur chaque étape de bas en haut :

Étape 1 – Assurer, pour commencer, la base de cette pyramide en étant bien ancré et conscient des infinies possibilités de réalisation en soi et dans le monde.

Si nous ne sommes pas dans l'ouverture et si nous n'avons pas conscience qu'il est possible de réussir, nous n'avons *aucune possibilité* de créer ou de réaliser des projets, et surtout pas des projets innovants. Un *changement de mentalité* et un repositionnement sont alors nécessaires.

Si nous souhaitons vraiment réussir, il est indispensable de savoir que la réussite est *d'abord un état intérieur*. C'est cet *état intérieur* qui va se concrétiser au fur et à mesure à l'extérieur. La réussite se différencie du fait de « gagner ». Si quelqu'un gagne, il crée toujours un ou plusieurs perdants. Nous le voyons dans le sport. Une *véritable* réussite repose sur la création d'un projet de qualité bon *pour soi et pour tous*. La « réussite », contrairement au fait de gagner, ne nous oppose jamais à l'autre, mais favorise son succès. Ainsi, nous sommes autonomes tout en étant ouverts aux autres. Nous ne dépendons donc plus des *repères extérieurs* qui nous conditionnent, nous soumettent et nous rendent dépendants, mais au contraire, le *repère intérieur* nous oriente et nous rend forts, créatifs, imaginatifs, productifs et nous libère. Devenir conscients de notre force intérieure nous confère une sensation de joie, d'équilibre, de bien-être et d'élan, et fait émerger nos dons et notre désir entrepreneurial.

Dès que nous sommes réellement ouverts, nous constatons en effet que les possibilités de réalisation sont absolument infinies. Nous pouvons accomplir des changements en nous-mêmes, autant au niveau de notre santé que l'équilibre, le positionnement, la vision des choses, etc. Il est étonnant de voir à quel point sont ignorées les *possibilités du* **travail sur soi**, alors que c'est la base même d'infinies possibilités d'évolution, de réalisation et de création. L'attention est généralement orientée vers le *savoir-faire* dans les différents domaines, plutôt que le *savoir-être*. Or ce dernier est à la base de toute qualité et non-qualité du *savoir-faire*.

Quel que soit le projet faisant l'objet de cette *Pyramide de Réussite*, vous avez intérêt à travailler certains aspects de votre *savoir-être* afin de constituer *la base la plus solide* en vue de réaliser votre projet. Nous avons tous quelques lacunes, faiblesses ou fragilités liées au *savoir-être* qui ne sont pas favorables à une réussite véritablement globale et qui demandent à être travaillées.

Il est bon de savoir que les possibilités de concrétisation de vos projets, dans leur forme et leur nature, ont d'infinies variantes. Si nous sommes souples et vraiment prêts à réussir, les choses se simplifient et peuvent même être faciles. Cependant, il est essentiel d'être bien ancré, autrement dit bien enraciné et bien centré, pour s'ouvrir à tout ce que nous venons d'indiquer et pour bien avancer.

Étape 2 – Reconnaître pleinement ses ressources et ses potentialités et s'entraîner à bien les ressentir

Sentez-vous riche en potentialités et en ressources. La vie est l'ensemble des potentialités et vous êtes la vie. Ainsi, vous êtes naturellement riche de potentiels. Relisez les différents passages sur le potentiel au besoin. Affirmez votre potentiel, célébrez-le et ouvrez-vous maintenant à ce voyage passionnant vers la réalisation de vos projets. Vérifiez que vous ressentez bien que vous avez tout le potentiel nécessaire. Ne vous comparez pas à d'autres. Retrouvez le repère intérieur.

Il est évident que nous avons besoin de bien reconnaître les infinies potentialités dont nous disposons. Avoir confiance en soi est une condition de base. Si nécessaire, revoyez les chapitres qui s'y rapportent et notez toutes les qualités dont vous disposez. Sortez, si besoin est, d'une attitude de *modestie mal placée*. Il ne s'agit pas de vous mettre sur un piédestal, mais simplement de reconnaître vos propres qualités et celles de toutes les autres personnes.

Étape 3 – Écouter au fond de soi et trouver le meilleur service qu'il est possible d'apporter au monde en s'épanouissant

Beaucoup de personnes ont un vague désir d'apporter un service au monde et de se faire plaisir, sans savoir très clairement quoi réaliser. Plusieurs autres éprouvent un certain plaisir à réaliser les choses sans être réellement satisfaits de leur création et sans vraiment s'épanouir. Voici la façon de procéder pour trouver votre motivation en profondeur et donner du sens à votre action. Imaginez-vous le monde tel que vous voudriez qu'il soit. Visualisez l'humanité, avec son degré d'évolution, telle que vous aimeriez la voir. Visualisez également les situations, les aspects que vous n'aimez pas dans la société, sur le plan de l'humanité qui la forme et de la planète. Ensuite plongez dans votre potentiel et ressentez, parmi tous ces aspects, ceux pour lesquels vous êtes motivé et ce que vous aimeriez faire. Que désirez-vous réaliser pour contribuer à ce que la société soit telle que vous la souhaitez ? Qu'aimeriez-vous faire pour diminuer et réduire les situations que vous n'aimez pas sur la Terre ? Comment pouvez-vous contribuer à créer davantage de qualité sur cette planète ? Dans quelle sphère cela se situe-t-il ? Celle des enfants, de la jeunesse, de l'environnement ? Est-ce que vous souhaitez innover dans votre secteur ? Sur un plan alimentaire, industriel, financier ou autre ?

Une fois que vous avez fixé l'objectif, *par principe*, d'apporter un PLUS, un MIEUX et que vous ressentez que cela correspond à vos dispositions, à votre potentiel et à votre vision des choses, vous serez certainement très heureux de réaliser ce projet.

Il est malheureusement très peu connu que chacun d'entre nous souhaite, au fond de lui, apporter le meilleur service à l'humanité. Un projet de qualité sommeille en chacun de nous. Trouvez-le si vous ne l'avez pas encore découvert. Imaginez des Êtres humains non conditionnés à la limitation et au manque de valeur, au manque de compétence et au manque d'intelligence, mais dont le potentiel est valorisé et mobilisé en vue de créer et de réussir. À quoi ressembleraient l humanité et le monde? Imaginez ce que les Êtres humains pourraient vivre en comparaison avec la situation actuelle!

Je crois qu'il faut commencer par concevoir un monde nouveau, par *rêver* un autre monde et être nombreux à le faire.

« *Lorsqu'un seul homme rêve, ce n'est qu'un rêve. Mais si beaucoup d'hommes rêvent ensemble, c'est le début d'une nouvelle réalité* » (Friedensreich Regentag Dunkelbunt Hundertwasser)

Étape 4 – Reconnaître son désir de se réaliser et se donner le droit de réussir. Accepter d'éprouver de la joie et la garder tout au long du projet

Maintenant que vous vous êtes bien entraînés à ressentir vos ressources et vos potentialités de façon constante, vous ressentez en même temps que vous avez envie de vous réaliser par une action ou un projet. Nous sommes tous venus sur terre pour pleinement nous réaliser grâce à un projet de qualité rempli de sens, qui nous comble et apporte de la valeur à la société. En effet, il n'y a rien de plus stimulant que de mener à bien un projet qui nous tient à cœur. Or, l'éducation fait que de nombreuses personnes ne se donnent pas complètement le droit de réussir. Beaucoup ont entendu qu'il faudrait faire plutôt ceci, ou plutôt cela, renoncer à telle activité ou songer à embrasser telle profession. Il est donc fondamental de consacrer du temps, de façon approfondie, pour vous autoriser la réussite dans le domaine ou la spécialité que vous avez choisi. Si nous souhaitons réellement nous réaliser, nous avons besoin de faire appel à toute notre énergie, à tout notre potentiel pour dépasser des moments de faiblesse, des difficultés, des doutes, des peurs, des sensations de manque et laisser sortir du fond de nous-mêmes toute cette énergie et ces ressources qui ne demandent qu'à se concrétiser. Il faut donc bien nous connecter à toute cette richesse et tout ce potentiel au fond de nous, les valoriser et créer un climat de réussite.

Nous ne ressentons du plaisir et la joie de réussir que si nous accomplissons quelque chose qui nous tient vraiment **à cœur**, même si cela nous amène à dépasser nos limites. Un tel projet se situe en général dans l'« essentiel » tout en étant porteur de valeur et de sens. Cela concerne, bien sûr, des projets dans tous les secteurs.

La sensation du dépassement de ses limites et de ses faiblesses est alors une grande satisfaction. Il ne s'agit pas d'un dépassement dans la compétition et la démonstration, mais d'un dépassement qui a pour objectifs *l'épanouissement de soi* et la création de valeur. Le bonheur et la joie que nous pouvons alors éprouver sont d'une qualité exceptionnelle. Nous allons dans le sens de la vie. Cela nous procure une profonde sensation **d'être** et nous amène à la découverte de nos richesses intérieures. Celles-ci nous permettent de déployer nos compétences dans le monde extérieur. Nous sommes alors engagés dans l'aventure la plus passionnante, celle d'avancer et d'explorer la vie sous toutes ses facettes, ses couleurs, avec ses secrets et toute sa beauté. Il apparaît clairement que toute cette beauté est encore plus pleinement perçue à travers un projet de qualité bénéfique pour soi et pour autrui et qui, autant que possible, contribue à l'évolution des humains. Il n'y a rien de plus beau que d'évoluer soi-même en participant à l'évolution de tous. C'est aller plus loin et conserver la joie d'explorer et de réussir au fur et à mesure de notre progression.

Étape 5 – Développer une vision globale et à long terme de son projet

Déployez la vision la plus large, la plus ambitieuse, la plus belle et la plus extraordinaire de votre chemin de réalisation. Ensuite déployez la vision du projet que vous souhaitez mener à bien.

Vérifiez bien que vous n'êtes pas en train de créer un projet pour *démontrer* à d'autres personnes que vous êtes « capable » ou que vous êtes fort. Vous sombreriez dans la *dépendance* et dans le *repère extérieur*, ayant quitté votre *chemin d'épanouissement*. Aucune image ne doit se présenter pour essayer de *démontrer* quoi que ce soit à qui que ce soit. Si vous vous fixez un *repère extérieur*, votre projet est déjà faussé. Ne cherchez pas à gagner, car en *gagnant*, vous créez des *perdants*. Par contre, si vous réussissez un projet de valeur, vous créez de la qualité pour vous et pour les autres et, avec cela, une qualité de vie et de partage bénéfique et ressourçante.

Maintenant, développez la vision la plus ambitieuse et la plus belle du projet, tel que vous souhaitez le voir une fois entièrement terminé et en mode opérationnel. À ce stade, ne réfléchissez pas à la façon de le réaliser, mais regardez seulement le projet. C'est un peu comme si vous étiez un visiteur qui regarde dans un an ou trois ans (ou le temps qu'il faudra) pour voir ce projet terminé. Je vous propose aussi de le dessiner en tenant compte des particularités. Une telle représentation du projet est par la suite extrêmement stimulante. Il peut y avoir un tel projet aussi pour un groupe. Il y a juste quelques semaines, une équipe de direction, en formation chez nous, a dessiné sur le *paperboard* l'ensemble de ses projets d'innovation et de transformation et cela a décuplé la motivation de chacun. Cela a, en quelque sorte, rendu la vision de leurs ambitions plus concrète.

Cherchez réellement ce plaisir et cette joie profonde que procure le développement d'une activité ou des projets que vous aimez. Ressentez le bonheur que cela vous apporte. C'est l'essentiel. C'est ainsi que cette activité ou ces projets représenteront un apport qualitatif et une contribution de valeur pour les autres. Une fois vraiment ouvert à votre profond désir d'épanouissement à l'aide de ces activités, l'élan vous soulève naturellement; les idées affluent.

Étape 6 – Éviter le sabotage lié à des appréhensions plus ou moins inconscientes. Éviter les compromis qui baissent la qualité. Accepter de vraiment réussir

Une fois que nous sommes vraiment en accord avec la qualité de service et de produit que nous souhaitons apporter, nous déployons naturellement une vision véritablement globale. Ainsi nous ne sommes plus dans la crainte, dans les restrictions du court terme et une vision rétrécie. Cependant, nous avons besoin de vérifier que notre vision n'est pas conditionnée par l'extérieur, par le besoin de démonstration ou de compensation, ni parasitée par une peur quelconque. Quand l'accord intérieur est réalisé, c'est une pure joie de déployer sa vision, de la contempler, de la nourrir et d'être globalement porté par la qualité de son projet. Il est important d'insister sur cette notion de qualité. Nous avons tous, au fond de nous, ce désir d'apporter la meilleure qualité aux humains. Si nous ne le ressentons pas immédiatement, cherchons ce qui freine encore, jusqu'au moment où la joie s'installe.

Faisons rapidement la différence entre le plaisir et la joie. Quand j'éprouve du plaisir, je me centre sur un élément bien spécifique; il peut même s'agir d'une compensation et donc d'un *bénéfice secondaire*, qui peut me faire plaisir. La joie est une vibration qui ne traverse pas seulement mon corps, mais mon être dans son intégralité. C'est la joie qui développe l'élan, c'est la joie qui stimule la créativité, c'est la joie qui facilite l'inspiration et l'innovation, de même que le déploiement de la qualité et de la contribution à tous les niveaux de notre potentiel.

Vous allez peut-être me dire: « C'est facile d'accepter la réussite dans la mesure où je l'ai toujours souhaitée. » Permettez-moi de vous répondre. J'ai dû apprendre, durant toutes ces années où j'ai accompagné les personnes sur le chemin de leur réussite, que le fait d'accepter une *véritable réussite* (intérieure et extérieure) est, pour la quasi-totalité d'entre nous, l'une des réalisations les plus difficiles. Je parle de la réussite vraie où nous nous mettons vraiment en accord avec nous-mêmes par rapport à ce que nous ressentons au fond de nous. Il est important que cela se fasse en totale liberté et avec la pleine reconnaissance de notre potentiel et de celui d'autrui. C'est en général associé à des projets qui nous tiennent très à cœur, mais irréalisables jusque-là. À cette étape, il est important de ne pas être tiraillé par la *culpabilité* et par *l'interdiction implicite* de réussir. Ces *stratégies inconscientes de sabotage* et de non-aboutissement peuvent subtilement annihiler notre enthousiasme, notre sérénité, notre vision globale et freiner la dynamique de progression. Celles-ci nous amènent à focaliser l'attention sur le court terme en portant des œillères. Il faut toujours être très vigilant et prendre immédiatement des initiatives pour dépasser ces états.

Tant de personnes manquent des rendez-vous décisifs pour la réalisation de leur projet. Certaines tombent malades juste à un moment important, elles qui ne le sont jamais. D'autres encore sabotent leur projet autrement et trouvent une série de justifications sur l'impossibilité de le concrétiser. Certaines s'y emploient de manière répétitive. Cela devient une habitude, puisque *l'interdiction inconsciente* réémerge chaque fois que la personne tente de se réaliser.

Les *stratégies inconscientes* avec de telles *dynamiques de sabotage* en surface ont ces racines très en profondeur. Si vous vous observez en train de fléchir subitement et que vous remarquez un changement ou un arrêt dans votre dynamique de création, soyez extrêmement vigilant. Stoppez tous ces mécanismes. Prenez du recul. Centrez-vous. Redéployez une vision globale. Recherchez des expériences du passé, durant votre enfance ou votre jeunesse, qui pourraient ressembler à cette situation. Essayez de ressentir si le climat général excluait des initiatives comme celles que vous souhaitez prendre maintenant. Si oui, retournez lire *L'imaginaire : bon ou mauvais?* (p. 247) et changez le climat antérieur en climat d'approbation. Trouvez des moments où votre élan a été stoppé, brisé et les initiatives rendues difficiles ; comparez les situations. Cherchez d'autres moments dans le passé où vous avez été fort, dans la joie. Imprégnez-vous complètement de cette énergie. Prenez du temps pour cela, c'est important. Puis allez de l'avant.

Respirez, affirmez vos qualités et entraînez-vous de la manière la plus dynamique possible au dépassement de ces situations. Célébrez vos réussites, si petites soient-elles, et les dépassements des vieux schémas de comportement avec les jugements, les sentiments négatifs, les réactions, les peurs non assumées dans le passé, etc. Certaines personnes ont de telles interdictions de s'épanouir et de réellement réussir qu'elles évitent soigneusement de célébrer quand elles finissent par réussir, ce qui peut les amener, la fois suivante, à retourner aux anciennes habitudes.

Étape 7 – Redéployer une vision épanouissante pour soi et bénéfique pour tous

Maintenant que vous avez fait le point, de façon approfondie, par rapport à d'éventuelles stratégies de sabotage, le moment est venu de redéployer la vision la plus belle et la plus épanouissante pour vous. Quand nous sommes profondément en harmonie avec nous-mêmes, par rapport au désir d'apporter la plus belle qualité au monde à l'aide d'un projet passionnant, il nous est aisé d'intégrer tous les éléments à très court, court, moyen et long terme dans notre vision. Nous ne sommes alors plus effrayés par l'investissement énergétique et financier, car nous sommes prêts à mettre en œuvre une stratégie qui tienne compte de tous ces paramètres et à nous organiser de manière à réussir de façon concrète et positive. Prenez du recul et recentrez-vous afin de voir les choses de la façon la plus objective possible et de ne rien négliger lorsque vous mettez en route votre projet. Je vous propose maintenant de compléter la vision que vous avez projetée sur le papier pour y voir votre projet dans toute sa beauté et ensuite de célébrer cette vision. Gardez constamment cet aide-mémoire près de vous, quelles que soient les étapes de la réalisation de votre projet.

Étape 8 – Considérer tous les éléments personnels et professionnels, passés, présents et futurs

Lors de la réalisation d'un projet, nous avons besoin d'être très exigeants vis-à-vis de nous-mêmes. Pour le *structurer*, il nous faut veiller à notre propre structuration et assurer notre capacité à faire face aux multiples exigences qui se présenteront à toutes les étapes de concrétisation. L'une de ces exigences consiste à reconnaître avec objectivité notre passé, y compris notre passé professionnel, de manière à ne rien laisser de côté et à ne pas construire sur des éléments qui pourraient s'avérer préjudiciables par la suite.

J'ai accompagné des personnes qui étaient sur le point de monter une entreprise, alors qu'elles avaient toujours été dans un grand groupe. Comme elles s'y étaient toujours senties en sécurité et bien soutenues, elles n'étaient pas préparées à faire face aux multiples défis, exigences et imprévus auxquels est confronté tout créateur d'entreprise qui en porte l'entière responsabilité. Il leur fallait d'abord bien comprendre la différence entre ces deux situations, travailler leur potentiel et leur autonomie, s'ancrer pour pouvoir, selon les circonstances, s'affirmer, ou au contraire être souples afin de réussir.

D'autres porteurs de projets avaient de superbes idées sur l'innovation sans même jamais envisager le moindre effort pour les concrétiser. Il leur fallait créer la *cohérence* entre le rêve et la réalité pour traduire leur vision dans le concret. Après une véritable *acceptation* de toutes les implications *de la stratégie de réussite et d'évolution*, ils ont réalisé, de façon logique, toutes les étapes de leur projet. Lorsqu'ils ont réussi leur projet, ils en ont été profondément heureux et n'auraient jamais voulu retourner à la situation antérieure « inconfortablement confortable » dans laquelle ils vivaient dans l'imaginaire, coupés de la réalité, sans avoir la capacité d'avancer. D'autres ont décidé de réorienter leur projet, car celui-ci ne correspondait pas à une vision réaliste de concrétisation. Cela me fait penser à un homme qui souhaitait entrer dans la course à la présidence, car il se voyait « président de la République ». Une fois que nous avons fait un *bilan de situation* de tous les éléments concrets (personnalité, expérience passée, moyens concrets, exigences adressées à un président de la République, etc.), il a décidé de changer d'orientation.

Le dirigeant d'un grand groupe souhaitait y introduire la dimension éthique, sans prendre la mesure de ce que cela lui demanderait pour optimiser son engagement et de faire preuve, d'un côté, de plus d'empathie envers l'ensemble de ses collaborateurs et, de l'autre côté, d'une meilleure capacité d'affirmation pour faire part de sa décision au comité de direction. Il lui fallait également intégrer des notions de suivi pour veiller à ce que la dimension éthique soit introduite aux différents niveaux hiérarchiques afin que ceux-ci évoluent comme il le souhaitait.

Vous avez besoin de construire sur des fondations solides. Autrement dit, quel que soit votre passé avec ses atouts et ses manques, reconnaissez-le afin d'en *utiliser* les atouts et d'en *combler* les manques. Il est important de faire un *bilan de situation* clair en y intégrant tous les paramètres de vos objectifs. Soyez aussi juste que possible dans l'appréciation des données. Si, d'une manière ou d'une autre, vous vous sentez mal à l'aise, traitez aussitôt et clarifiez les questions. Maintenant, développez une *vision globale* et, si besoin est, modifiez des paramètres. *Restez toujours centré et positif.* Je rappelle *qu'être positif* ne veut pas dire se bercer d'illusions. Être positif veut dire, dans tout contexte, être réaliste, savoir à la fois relativiser les difficultés sans pour autant les sous-estimer et aller de l'avant. Ne vous accrochez pas aux résultats, mais faites tout pour les atteindre. Soyez serein, gardez la vision coûte que coûte et conservez constamment un sentiment de gratitude.

Étape 9 – Accepter d'agir *ici et maintenant* et bâtir la stratégie pour concrétiser sa vision

À cette étape, il est question du désir en profondeur de chaque Être humain de se réaliser et de l'acceptation de concrétiser ce désir. Il s'agit aussi d'utiliser effectivement notre potentiel pour créer la cohérence entre ce que nous souhaitons et ce que nous faisons concrètement. Il n'est question de rien d'autre. Nous avons dit que le *jour favorable* est « *aujourd'hui* ». ***Ici et maintenant*** est la devise de tous ceux qui concrétisent. Voyez donc ce que vous pouvez faire aujourd'hui même en vue de la concrétisation de votre projet.

Pour accomplir votre vision, vous pouvez vous imaginer un très grand cercle, loin devant vous. Ensuite, vous vous imaginez une route qui vous relie à cet endroit rond. Cette route représente la stratégie. La stratégie est *la manière d'avancer* pour réaliser la vision. Vous allez donc décider des moyens que vous vous donnerez pour réussir votre projet. Quelles démarches allez-vous entreprendre ? Qu'allez-vous faire en priorité ? De quels atouts personnels vous servirez-vous ? Quels contacts allez-vous choisir ? Avec quelles personnes allez-vous éventuellement avancer ou quelles coopérations envisagez-vous ? De quels moyens disposez-vous et quels sont ceux que vous avez besoin de mobiliser ? Comment allez-vous procéder ? Quels sont les axes porteurs de votre projet ? Que devez-vous éviter et que devez-vous mettre en œuvre ? Ensuite, voyez l'ordre chronologique précis et prévoyez des échéances. Selon l'importance des projets, vous créez un calendrier pour le premier mois, les trois premiers mois, les six premiers, la première année et les années suivantes. Vérifiez toujours le tout, sans pour autant être obsessionnel, de façon à vous donner tous les moyens de réaliser votre vision à mesure de façon concrète. Il n'y a rien de plus préjudiciable que d'imaginer un projet, puis de mal l'organiser pour se retrouver ensuite avec des déboires et de la déception.

Étape 10 – Créer des plans d'action

Maintenant que vous avez déterminé votre stratégie et clarifié les grandes lignes de votre projet et tous les à-côtés, vous pouvez fixer des plans d'action précis. Vous allez ainsi noter, dans le détail, ce que cela implique, en fonction de votre calendrier, sur le plan des actions et des réalisations. Il vaut la peine de consacrer le temps nécessaire à l'élaboration du plan d'action, de façon à inclure tous les éléments indispensables au bon déroulement de toutes les étapes du projet. Veillez bien aux priorités en y incluant toujours le facteur qualitatif et les éléments à respecter dans une vision à long terme. Il est très utile de se demander régulièrement : « **De quoi est-il vraiment question ?** » Cela nous permet de maintenir le cap ou de le retrouver. Dans le cadre de votre organisation générale, prévoyez toujours une marge de sécurité. Cela vous évitera d'être stressé, tendu et de vous retrouver en difficulté. Restez toujours serein car c'est un élément essentiel dans le cadre de votre projet. Cette disposition vous permet de conserver une vision globale et de prioriser ce qui doit l'être, car cela vous permet de rester objectif et maître de votre projet.

Étape 11 – Toujours garder les valeurs et le cap pour maintenir la qualité de vie, la qualité du projet et la joie de progresser

Mes collaborateurs et moi-même avons observé, aussi bien auprès des personnes qui ont créé des projets qu'auprès des entreprises, qu'il faut toujours rester vigilant et bien maintenir les *axes porteurs*, le niveau de qualité et un fonctionnement éthique. Cela permet, entre autres, d'entretenir un climat d'enthousiasme et d'élan. Conservez toujours la *vision globale* et la positivité. Cela vous permet de réajuster, selon les besoins, ce qui demande à l'être.

Bien sûr, il s'agit d'une réalisation importante et peut-être même de votre *Projet de vie* qui demande à être construit sur des valeurs et des principes. Je vous invite donc à tout faire pour ancrer votre projet. Si vous en développez une *vision globale*, vous pouvez inclure un grand nombre d'éléments et de considérations vous permettant de prioriser ce qui est vraiment essentiel et porteur. Garder le cap et les valeurs est une condition fondamentale pour créer un projet pérenne et de qualité.

Étape 12 – Assurer la cohérence

Rester cohérent dans le temps, en dépit des difficultés, est la seule garantie pour maintenir et développer votre projet dans le respect des valeurs initiales. Cela exige de la rigueur autant au niveau du *savoir-être* que du *savoir-faire*. Il ne faut jamais céder à la tentation de faire des compromis qu'on risque de regretter. Cela demande parfois des remises en question et exige un suivi constant et des vérifications en maintenant bien la vision et les valeurs.

Je vous propose de bien intégrer les étapes de la pyramide, l'une après l'autre, d'en intégrer la philosophie, la vision et, autant que nécessaire, un changement de mentalité tout en restant constamment connecté avec votre désir de réalisation en profondeur.

Au fur et à mesure que vous avancez dans votre *Pyramide de Réussite*, vous avez besoin de vérifier si vous avez bien intégré les étapes précédentes. Revenez parfois sur ces étapes, car chaque niveau conditionne le niveau supérieur. Cela vous évite de créer des déséquilibres dont votre projet souffrirait. Cette pyramide a permis à des personnes sur d'autres continents de continuer à progresser dans leur projet, alors que nous avions terminé la formation et que nous étions retournés en Europe. C'est un très bon outil de travail qui demande néanmoins de bien intégrer toutes les étapes et d'y revenir aussi souvent que nécessaire. Je vous souhaite donc une progression passionnante dans le cadre de la réalisation d'un projet qui vous enthousiasme et qui représente, à votre niveau, un PLUS pour l'humanité.

Les *Cercles d'Évolution*

Un des points les plus importants est de ne pas rester seul, mais bien de stimuler un maximum de personnes, de vous réunir, d'avancer ensemble et de démultiplier.

Notre évolution personnelle devrait nous tenir à cœur. La notion même d'évolution devrait être un « ingrédient » de la vie de tous les jours de chaque Être humain. Ce n'est pas forcément le cas aujourd'hui. Cependant, dans une vision innovante et dans le cadre du nouveau paradigme, l'évolution de chaque personne apparaît non seulement sensée, mais nécessaire. Regardons aujourd'hui la situation sur la planète et le vécu quotidien des six milliards et demi de personnes. Jamais l'incertitude n'a été aussi grande par rapport à l'avenir et jamais les opportunités d'évoluer n'ont été aussi nombreuses. L'accélération du temps et les différents phénomènes qui en résultent nous réservent, tous les jours, des surprises. Nous avons vu l'instabilité des *repères extérieurs.* C'est pourquoi il est utile, bénéfique, voire essentiel, de nous orienter vers le *repère intérieur*, notre potentiel global, de façon à vivre une vie épanouie et à apporter la meilleure contribution possible à la société.

Les *Cercles d'Évolution* représentent un excellent moyen d'avancer rapidement et dans de bonnes conditions sur notre chemin d'évolution et dans notre quête de la qualité à apporter à la société. Ces cercles sont constitués de plusieurs personnes qui ont le désir d'avancer dans la vie, d'évoluer et de créer des projets. Nous aborderons aussi la constitution de ces cercles dans le domaine professionnel. Ils fonctionnent sur la base de quelques consignes incontournables, dont le non-jugement absolu, c'est-à-dire qu'aucun jugement de valeur n'est fondé ni sur soi, ni sur les autres ; seul un constat objectif de la situation étant effectué sans culpabiliser soi ou un autre. Nous savons maintenant que le jugement de valeur est complètement irrationnel, dans la mesure où nous avons tous un potentiel de création infini.

Vous vous rappelez la mesure de l'un de nos positionnements importants : *vivre 0 % de culpabilité et 100 % de responsabilité.* Cela nous permet d'accéder instantanément à notre potentiel, ce qui n'est pas le cas lorsque nous nous sentons coupables. C'est donc un facteur de responsabilisation. Si nous ajoutons la valorisation de notre potentiel et de celui des autres, nous pouvons le mobiliser très rapidement pour notre plus grand bien et pour le bénéfice de tous. Chaque *Cercle d'Évolution* trouvera son organisation en faisant tourner la responsabilité de l'animation, tout en favorisant l'implication de chacun et en sélectionnant les sujets ou les thèmes selon le moment ou l'orientation.

Vous constaterez très rapidement que, pour évoluer dans les meilleures conditions et pour être porté par son élan, rien ne vaut l'appui d'un groupe de personnes positives et dynamiques qui avancent ensemble. Les *Cercles d'Évolution* vous donnent l'occasion de réunir des personnes qui souhaitent aller dans le même sens et avoir un échange de qualité. Ils vous donnent aussi l'occasion *d'accélérer* votre propre évolution et la réalisation de vos projets. Si vous êtes différents porteurs de projets, un tel cercle est un moyen d'avancer dans les meilleures conditions.

Les *Cercles d'Évolution* sont des structures souples qui favorisent l'évolution. Par évolution, j'entends : évoluer soi-même, faciliter l'évolution des autres avec sa propre évolution et faire évoluer les systèmes et les fonctionnements dans la société sur le plan national et international.

La section *Notre besoin aujourd'hui : le développement de l'homme et de son savoir-être* (p. 69) résume les besoins fondamentaux de nos sociétés. Vous y verrez un certain nombre de besoins à considérer chaque fois, dans le cadre des projets que vous souhaitez réaliser. Quelques exemples suivent.

« Responsabiliser et sensibiliser tout être humain aux *effets* de ses actions et aux *conséquences* de ses réalisations et de ses créations. » Cela veut dire, en tout premier lieu, faire attention aux effets que nous produisons sur notre environnement familial, sur la société et sur la planète. Ensuite, nous pourrons sensibiliser les autres aux effets qu'ils produisent.

« Créer un corps social en bonne santé. » Il y a, en effet, beaucoup à faire.

« Développer, de façon générale, la conscience, le potentiel, la responsabilité et la joie de chacun. »

« Passer de la compétition à une réelle coopération avec tout ce que cela implique et sortir du court terme pour assurer un avenir pérenne », etc.

Vous aurez plaisir à valoriser chaque personne, *à vous dépasser et à vous remettre en question.* Si vous vous engagez de façon cohérente dans cette démarche, vous verrez rapidement que votre repositionnement non seulement vous permettra de développer une vision plus claire de ce qui demande à être transformé, optimisé, innové et créé, mais qu'il vous ouvrira aussi à une compréhension nouvelle des moyens et de la stratégie à déployer pour y parvenir. La dynamique du *Cercle d'Évolution* favorisera l'élan de chacun pour passer à l'action et concrétiser.

Il faudra donc concevoir le rythme des réunions. Fixez très clairement les conditions de fonctionnement du cercle et déterminez-en la fréquence : une fois par semaine, tous les quinze jours ou une réunion plus espacée importe peu. L'important, c'est que vous soyez bien et que cela réponde à vos besoins et à vos désirs. Si vous désignez une personne différente comme responsable du bon déroulement de chaque réunion, l'efficacité sera certainement optimisée. Cependant, les *Cercles d'Évolution* entièrement autogérés peuvent fonctionner avec beaucoup de facilité si chacun s'implique à fond. N'oubliez en aucun cas d'appliquer le **non-jugement.** Vous savez que chacun a un potentiel infini d'idées, de suggestions, de vision et de capacités qu'il serait totalement irrationnel de juger. Ce n'est d'ailleurs pas ce que vous souhaitez faire. Ajoutez un peu d'humour et un grand sourire et tout fonctionnera bien. Non seulement la liberté et le respect mutuel, mais la **positivité** et la dynamique partagée de la stratégie de réussite, constituent les bases d'un bon fonctionnement pour votre Cercle d'Évolution.

Organisez vos réunions de manière à en sortir à chaque fois joyeux, comblés, peut-être pensifs, mais toujours riches d'expérience et heureux d'avoir avancé. N'hésitez pas à applaudir et à beaucoup valoriser vos qualités et votre potentiel. Cela développe l'élan et décrispe. Il est important de commencer chaque session par les réussites. C'est ce que nous faisons dans les comités de direction. C'est un superbe entraînement que de créer des dynamiques profondes, riches, positives, constructives et participatives qui développent l'ensemble de nos qualités et de nos compétences.

Célébrez tous les résultats, y compris le fait de vivre ensemble un moment privilégié. Accordez-vous toujours un temps pour faire, selon le moment, des exercices de respiration, de relaxation, des mouvements, de l'introspection, de la visualisation, etc. Ensuite, consacrez-vous au projet que vous pouvez réaliser individuellement ou collectivement.

Exemples supplémentaires

Les exemples ci-dessous montrent à quel point nous pouvons agir efficacement, où que nous soyons.

Un dirigeant d'entreprise, à un moment donné, a fait un *arrêt sur image* pour se pencher sur lui. Il a réalisé une véritable introspection et a regardé ce qui était réellement important, essentiel et fondamental dans sa vie. Il a alors pris conscience de ses véritables priorités. Il a choisi de changer de métier. Il est devenu consultant en leadership éthique auprès de dirigeants et il exerce, par sa vision, son exemplarité et sa cohérence, un impact sur l'existence de milliers de personnes, dans le cadre de ses interventions. Ce n'est cependant pas *le sentiment de puissance* qui l'a conduit à ce métier, mais *la découverte du sentiment de joie* de pouvoir contribuer à une meilleure qualité de vie pour autant de personnes. Il constate d'ailleurs que les dirigeants sont de plus en plus nombreux à prendre des initiatives sur un plan éthique et à introduire dans l'entreprise des valeurs nouvelles.

Des dirigeants dans le domaine pharmaceutique ont pris l'initiative de devenir de façon globale des acteurs non pas au service de la pathologie, mais de la santé en incluant la prévention, l'éducation et l'aspect social. Leur implication est grandement récompensée. Ces pionniers se développent plus vite et dans de meilleures conditions que leurs concurrents. Ils ont constaté qu'une entreprise qui se soucie des effets créés sur la société civile par ses produits, ses services et son fonctionnement, doit introduire un management qui mobilise le potentiel des collaborateurs. Une telle entreprise vise la réussite à la fois sur les plans humain et économique.

Autre exemple : une femme victime de violence conjugale pendant des années a décidé un jour de ne plus accepter cette situation. Elle est partie, a trouvé refuge et a créé une entreprise de nettoyage. Elle est allée voir les assistantes sociales de différentes organisations et a recruté 25 femmes battues en trois mois. Son entreprise continue à se développer malgré les délais de paiement énormes que lui impose sa clientèle, constituée de grands groupes. Cette personne n'a pas été accompagnée par nous, mais par une association à l'étranger. Cet exemple montre qu'il est possible de réussir, même dans des situations tragiques où la personne doit commencer en partant de rien, et se reconstruire.

« Créer une entreprise sans stress ! », c'était le projet d'un dirigeant extrêmement sous pression qui gérait son temps avec d'énormes difficultés et dont toute l'équipe était sous stress. Il voyageait dans le monde entier et avait toujours du retard dans le traitement de ses obligations et des urgences. Son équipe, qui n'était pas accompagnée comme il aurait fallu, était en proie à un stress chronique et, sur le plan du recrutement, il n'avait pas forcément trouvé les personnes les plus contributives à l'évolution de son entreprise. Il a ainsi éprouvé bien souvent des difficultés, d'autant plus qu'il devait faire face à des urgences relatives à des événements à organiser à l'international à des dates bien précises. Qu'a-t-il fait pour réussir ? Il a commencé par travailler son *savoir-être*, comprenant qu'il était lui-même à la base de toute qualité et non-qualité du *savoir-faire*. Il a d'abord repéré ses tensions, ses automatismes, ses justifications irrationnelles et sa fuite en avant. Il a aussitôt constaté les impacts que cela avait créés sur le plan du management. Il a donc introduit un management avec plus de communication, plus de clarté, plus de délégation, plus d'écoute et plus de compréhension. Comment a-t-il pu donner plus de temps à ses collaborateurs, alors que lui-même en avait tant manqué ? Il a changé ses priorités. Au lieu de s'appesantir sur les détails et de courir dans tous les sens, il a choisi des axes porteurs par rapport à la qualité, aux priorités stratégiques et à l'évolution qualitative qu'il voulait donner à son entreprise. Les salariés ont vécu, d'abord avec un soulagement évident, puis avec un grand plaisir, les améliorations successives. Aujourd'hui, c'est une entreprise exemplaire. Tous les salariés adhèrent pleinement à la philosophie de l'entreprise et apportent le meilleur service, tout en bénéficiant d'avantages et d'attentions. Une réorganisation a été trouvée pour créer un climat de travail de grande qualité. Un voyage à vocation humanitaire à l'étranger est offert à chaque salarié. La valorisation de chaque personne est devenue un élément essentiel et l'entreprise se développe dans d'excellentes conditions.

Je pourrais ajouter des centaines d'exemples, mais je me permets d'en rajouter un seul. Il s'agit d'une jeune femme africaine qui vit aujourd'hui dans un pays de l'Est. Après avoir travaillé dans un groupe international, elle a créé une organisation qui facilite l'échange de connaissances et le transfert de méthodologies évolutives pour favoriser le rapprochement des différents peuples africains et européens dans une vision d'évolution.

Vous voyez qu'il est facile de réaliser des projets. Les freins ne se trouvent jamais dans les situations extérieures. Ils sont à chercher en profondeur à l'intérieur de soi. Lorsque notre façon *d'être* commence à changer, nous percevons tous les jours davantage que nous sommes pleinement créateurs de notre réalité et qu'il nous suffit de bien nous rencontrer pour créer la réalité la plus passionnante qui soit pour nous-mêmes et pour beaucoup d'autres.

Nous avons vu à quel point chaque individu est déterminé par les expériences vécues tôt dans sa vie, par les impacts subis, par les apports ou les privations et par son *conditionnement mental et émotionnel*. Nous pouvons même parler de *transmission des comportements* par les impacts produits d'une génération à l'autre et le conditionnement que cela représente pour la génération montante. Cette nouvelle génération, à son tour, influence la société par la qualité de l'apport de chacun et donc le nôtre.

La bonne compréhension de ce processus d'évolution nous donne une vision beaucoup plus claire de la réalité.

Si vous partagez, dans votre *Cercle d'Évolution*, une conscience de réussite, de joie et d'entraide, vous ferez tous une belle expérience et vous aurez une belle contribution à la société. Si par moments l'ego se pointe, soyez dans le non-jugement, avec le sourire, exercez le lâcher-prise et avancez.

L'évolution personnelle développe notre empathie et nous permet de concrétiser notre désir d'apporter notre contribution. La *positivité* est donc un élément fondamental de ces cercles. **Je rappelle que la positivité est caractérisée à la fois par l'ouverture du cœur, par un fonctionnement serein et fluide, par la cohérence et la rigueur. Elle se caractérise également par la capacité de produire, dans les meilleurs délais, des résultats concrets et positifs ainsi que par la faculté de les célébrer comme il se doit.**

Vous pouvez prendre en charge des projets sur un plan social ou créer des actions en contribution ou des actions tout à fait ponctuelles qui vous font réellement plaisir et apportent beaucoup de joie et de mieux-être à d'autres.

Voyez comment vous pouvez toucher des *personnes relais*, *des personnes clés* et ainsi *démultiplier* et optimiser les résultats. Vous pouvez également démultiplier les effets grâce à l'information, aux médias ou à des formations.

Aujourd'hui, de nombreuses initiatives voient le jour sur les plans les plus variés. Si, par exemple, vous avez des projets créatifs dans le domaine de la scolarité qui s'avèrent une réussite, cherchez à les démultiplier.

Des *Cercles d'Évolution* pour les professionnels

Vous pouvez également constituer des *Cercles d'Évolution* avec des professionnels du même domaine pour réfléchir sur les optimisations à apporter. Une réflexion approfondie sur les possibilités et modalités de changement représenterait certainement un travail passionnant. Des participants actifs provenant de différents secteurs bénéficieraient, dans le cadre d'un *Cercle d'Évolution*, de la contribution de tous ceux qui abordent leur vision à partir de leur perspective. Cela élargirait la vision de chacun. La créativité pourrait y tenir une place privilégiée. Cela vous permettrait en plus d'expérimenter l'importance du *positionnement personnel* dans la conception, l'innovation, la réorientation, la transformation et dans tout ce que nous créons.

Que vous œuvriez sur un plan professionnel ou personnel, évitez dans tous les cas de tomber dans la « sinistrose » et le découragement face aux difficultés. Maintenez toujours, quel que soit le contexte, un climat de sérénité, de positivité, d'élan, et si vous n'arrivez pas à réaliser certaines idées ou des projets bien définis, *lâchez prise* et réorientez-vous. Ne soyez jamais « accroché » au résultat. Faites tout pour l'obtenir, mais n'y soyez jamais accroché.

Je pourrais ajouter beaucoup de propositions, mais le moment arrive de laisser la place à votre propre créativité, à votre inventivité, à votre dynamique et à votre initiative.

Il y a une suggestion qui me tient très à cœur : n'oubliez jamais l'humour. On dit que l'humour est divin. L'humour est une valeur ajoutée à une qualité relationnelle dans la transparence et la positivité. Des jeux, des applaudissements, des encouragements, de la respiration, de la méditation, de la profondeur et (pourquoi pas !) des mouvements corporels d'assouplissement sont autant d'ingrédients qui vous feront vivre tout ce que vous entreprendrez de manière chaque fois passionnante. Cultivez la passion, cultivez l'élan. Vérifiez si votre intime conviction est vraiment enracinée dans la VIE (non pas dans la réaction) et dans la certitude que vous êtes né pour apporter, partager et célébrer la qualité. Cela vous donne la possibilité de vous exercer au centrage, de travailler sur vous-même dans de bonnes conditions de non-jugement. Ces réunions représentent un moment privilégié pour vous rendre disponible, pour être à l'écoute et dans l'entraide, sans jamais oublier de célébrer l'infini potentiel de création dont vous êtes tous, et chacun, détenteurs. Je vous invite à être très valorisant, très positif, à cultiver ce qui est JUSTE. Juste en temps (durée des réunions, temps d'expression accordé à chacun), en répartition et en appréciation.

Faites des visualisations (des imageries mentales) aussi souvent que vous le pouvez. Chacun pourra ainsi exposer et partager l'idéal qui l'habite au fond de lui pour, ensuite, étudier ensemble comment les uns et les autres pourraient s'orienter dans la bonne direction. Vous pouvez alors bénéficier du *soutien* et du *miroir* des personnes de manière à envisager, puis élaborer, votre projet de façon réaliste. Un tel échange met plus vite en évidence certaines difficultés de façon à les résoudre, sans jamais se décourager. C'est l'occasion d'être créatif pour trouver des solutions.

Cela permettra aux uns et aux autres de rédiger leur projet professionnel et d'établir un plan d'action à très court, court, moyen et à long terme et de se reporter, si souhaité, aux nombreux thèmes abordés dans ce livre. Les sujets à traiter se situent autant dans le domaine des intérêts personnels que dans les domaines de l'art, de l'alimentation, de la santé, de la recherche et, au fond, dans n'importe quel secteur.

Par principe, partez du fait que la réussite, c'est d'abord un *état intérieur* qui se manifeste *ensuite* dans la réalité concrète. Autrement dit, l'évolution personnelle doit être à la base des réalisations concrètes. Les *Cercles d'Évolution* peuvent prendre des formes variées et servir aussi à faire des recherches, aider à réfléchir à un avenir meilleur pour l'humanité, pour étudier comment avoir un impact sur la réalité. Ils vous permettent également de vous apporter mutuellement des informations. Plus vous serez engagé, plus vous aurez d'élan, plus vous partagerez de la joie et de l'enthousiasme, plus vous allez réussir. Plus vous réussirez, plus vous aurez de satisfaction à vous retrouver et à progresser dans vos démarches.

Du *Cercle d'Évolution* au Réseau d'Évolution

Bien sûr, la puissance de votre potentiel commencera à rayonner et le désir tout à fait naturel d'étendre la qualité d'échange à d'autres cercles se manifestera. Voyez comment vous pouvez stimuler d'autres personnes ailleurs, dans d'autres villes ou d'autres pays ou sur d'autres continents, pour qu'elles créent à leur tour des *Cercles d'Évolution*, de manière à échanger vos expériences, à vous rencontrer et à vous enrichir mutuellement. Servez-vous d'Internet. C'est un outil magnifique au service de l'évolution individuelle et collective. *Créez un réseau d'interaction dynamique.* Développez l'ouverture, l'accueil, l'encouragement, la joie partagée, la stimulation, le discernement et la qualité dans tout ce que vous faites. Partagez cette dimension d'exigence. Nous savons que *l'exigence* s'adresse d'abord à nous-mêmes pour nous stimuler et nous permettre de créer la qualité de vie à laquelle devrait avoir droit toute l'humanité. C'est l'occasion rêvée de démultiplication. *C'est assurer l'exemplarité et pouvoir apporter, dans de bonnes conditions, ce qui est juste.*

Les *Cercles d'Évolution* peuvent être vus comme des cercles concentriques qui se forment dans l'eau quand vous jetez un caillou. Vous voyez que les effets se propagent sans fin vers l'extérieur, pour ensuite se perdre dans l'eau. Imaginez maintenant différents cailloux jetés en même temps dans l'eau, à une certaine distance les uns des autres. Vous observerez que les cercles s'étendent à partir de chaque impact pour ensuite s'interpénétrer et finir par se mélanger.

Dans le cas des *Cercles d'Évolution*, l'impact du caillou dans l'eau représente votre *décision d'agir* à la fois sur vous-même et sur la société. Il en résulte une dynamique, des répercussions et des effets qui se propagent ensuite dans votre environnement familial, social et économique. Les différentes initiatives se rejoignent, créent une dynamique nouvelle et participent à un changement. Il est étonnant de voir comment les initiatives sur la base des prises de conscience se multiplient déjà un peu partout dans le monde et comment cette conscience nouvelle d'une humanité plus unie, véritablement plus fraternelle et plus ancrée dans son potentiel, commence à se manifester. Il suffit d'être à l'écoute pour voir comment les sociétés changent « dans les coulisses » et laissent éclore, pour ne pas dire exploser, les fruits de cette gestation.

Une fois que vous aurez suffisamment consolidé votre propre cercle, vous constaterez que peut-être des rencontres inter-cercles faciliteront la réalisation de projets en commun. Ne négligez jamais les contacts et la notion de démultiplication et de facilitation. Au fur et à mesure que vous intégrerez les notions *d'intelligence globale*, vous irez de l'avant rapidement, tout en étant de plus en plus calme et stable.

La *progression systématique* dans la construction de la réussite est l'une des choses les plus importantes pour réaliser des projets ensemble. Pour cela, servez-vous de la *Pyramide de Réussite*. Vous verrez, un raisonnement et un fonctionnement nouveaux s'enclenchent.

Si vous vous trouvez activement engagé dans l'un de ces *Cercles d'Évolution*, vous serez un *acteur*, qui participe au développement d'une nouvelle conscience planétaire. Vous ne serez plus un simple « spectateur » de la réalité qui « subit » les événements.

Si vous vous trouvez seul, développez la vision claire d'un objectif positif et constructif et créez une dynamique qui vous mettra en face des infinies possibilités inhérentes à la vie. Vous avancerez ainsi dans les meilleures conditions et, tôt ou tard, vous rencontrerez d'autres personnes sur votre chemin.

Le Projet de vie

Créer des bases solides et une vision globale

Pour établir un *Projet de vie*, nous avons besoin de développer une vision globale, de façon à inclure tous les aspects et éléments qui peuvent nous permettre de réussir. Un *Projet de vie* conjugue parfaitement *notre idéal le plus élevé et la réalité concrète* telle que nous la vivons au jour le jour avec tout ce qu'elle peut avoir parfois de difficile et de réducteur. Le *Projet de vie* exige de nous d'avoir *les pieds sur terre.*

C'est pourquoi, en construisant notre *Projet de vie*, nous avons besoin de bien connaître nos atouts et nos axes forts. Pour bien consolider les fondations de ce projet, nous avons besoin d'être bien ancrés dans la réalité concrète. C'est d'autant plus important que la réalisation de notre *Projet de vie* exige de le réussir pleinement, même si le contexte ne se présente pas sous les meilleurs auspices. Plusieurs *Projets de vie* sont basés sur des critères innovants et des visions anticipatrices, alors que les porteurs du projet se trouvent souvent dans un environnement imprégné du passé (et de freins à l'évolution).

Considérer la situation dans sa globalité est une base pour ne pas s'illusionner. Celle-ci comprend le passé, qui a conditionné notre comportement et celui de notre entourage comme celui des gens qui prennent des décisions importantes en ce monde. Cette prise en considération nous évite peut-être d'avancer trop vite ou d'une manière trop légère, mais peut aussi nous freiner. Pour réunir les meilleures conditions de base afin d'assurer une bonne progression et une réalisation complète, il faut aller de l'avant à la fois avec réalisme et enthousiasme.

Établir un *Projet de vie* est une des entreprises les plus passionnantes qui soit, car cette initiative réunit nos rêves, nos visions, l'élan du cœur et la réalité de demain. Elle crée en plus l'accord entre notre fonctionnement habituel et les dimensions profondes de notre être. Le *Projet de vie* se réalise dans l'innovation et tient compte des besoins socio-économiques. Il a un *impact positif et constructif* sur la réalité existante. Il représente une *contribution à l'évolution, en accord* avec notre intuition et nos sensations.

Créer un accord en profondeur et prendre le temps de clarifier

La magie commence alors à opérer. Un élan extraordinaire nous soulève lorsque nous sommes profondément *en accord* et suffisamment généreux envers nous-mêmes et lucides par rapport à la réalité concrète. C'est tout à fait le cas des projets en *Psychologie d'Évolution* que j'ai mentionnés. Cet élan permet de concrétiser des projets que, bien des fois, l'on jugerait *impossibles à réaliser* dans le cadre d'une vision habituelle. Si nous gardons toujours *la vision de notre objectif déjà réalisé,* nous pouvons avancer vite, car cette image nous attire. Elle nous donne envie d'aller de l'avant.

Si nous décidons de nous orienter vers la publication ou les médias, la première décision à prendre est qualitative : Quelle qualité je veux diffuser ? Qu'est-ce que je veux faire « sortir » dans le monde ? Et comment ? Est-ce que je me rends bien compte de *l'impact* et des *effets* que créent les mots et les images que j'envoie ? Est-ce que je veux vraiment contribuer à l'évolution de l'humanité et apporter le plus de qualité possible ? Ai-je la sensibilité de me mettre dans la peau de l'autre et de ressentir les effets que je produis ou les critères financiers et mon intérêt personnel sont-ils mes seules motivations ? Mes convictions laissent-elles suffisamment de place à l'objectivité ? Ces questions et d'autres nous permettent de clarifier nos véritables intentions. Au fur et à mesure que nous évoluons, nous constatons que plus l'objectif est qualitativement élevé, plus il nous attire.

Au fond, nous travaillons tous pour apporter un service à la société. Cependant, en interrogeant les gens au hasard à ce sujet, je me suis rendu compte que la plupart n'y avaient jamais vraiment réfléchi. Ils ne faisaient quasiment jamais le lien entre leur travail et leur contribution à la société. Ils faisaient encore moins le rapport entre leur action en tant que source ou « cause » et l'impact ou « l'effet » sur ceux qui reçoivent leurs services ou consomment leurs produits. Ils vivaient plutôt une sorte de fatalité de « devoir » travailler pour survivre et la liaison n'était pas faite entre « la cause » et « les effets » créés dans la vie d'une ou de plusieurs personnes. La création d'un *Projet de vie* nous amène à aller jusqu'au bout de la chaîne des répercussions et incidences que nous créons pour nous-mêmes, sans même parler des effets pour les autres.

De telles réflexions sont essentielles et importantes pour notre avenir et surtout celui de nos enfants. Cela mérite bien que l'on se pose quelques questions. N'êtes-vous pas d'accord avec moi ?

Si nous souhaitons contribuer à l'éducation ou à la santé, demandons-nous ce que, au fond, nous souhaitons réellement apporter. Est-ce que je souhaite que l'Être humain reçoive réellement la meilleure qualité de service et qu'on tienne compte de tout son potentiel ? Est-ce que je veux vraiment qu'il soit heureux ou est-ce que je n'y pense pas vraiment ? Ai-je une formation psychologique qui me rapproche des enfants si je m'oriente vers l'éducation ou des humains en général dans le domaine de la santé, non seulement par la connaissance intellectuelle, mais aussi par le cœur ? Si je ne dispose pas de formation, est-ce que je sens que j'ai naturellement une ouverture du cœur et une véritable sensibilité pour contribuer positivement à ces domaines ? Plus simplement encore, est-ce que j'aime les enfants ? Est-ce que j'aime les Êtres humains en général ?

Il ne s'agit pas de se confesser à soi-même, mais de se faire un cadeau. Si nous sommes vraiment honnêtes et clairs avec nous-mêmes, nous sommes les premiers gagnants, même si nous constatons que nous avons besoin de progresser sur le plan du *savoir-être*. C'est alors le moment de prendre des décisions afin de commencer ou continuer à intensifier le travail sur soi-même. Si vous souhaitez, par exemple, vous orienter vers l'éducation, demandez-vous si vous avez vraiment *plaisir* à être avec les enfants. Si la réponse est oui, allez-y.

C'est après vous être posé ces questions et y avoir répondu positivement, que vous êtes dans la bonne voie pour vous orienter vers une activité ou pour entamer des études.

C'est en développant une *vision globale* incluant les effets (y compris d'éventuels effets secondaires) produits de près ou de loin par notre projet, que nous pouvons vérifier s'il représente véritablement une contribution positive et constructive à l'humanité. Si oui, nous avons réuni les conditions pour emprunter un chemin de vie passionnant. Ce moment de vérification prend toute son importance par *l'intégrité* qu'il exige. Nous pourrions, ô combien facilement, nous raconter des histoires et affirmer le caractère positif du projet, alors qu'il s'agirait en réalité d'un avantage ou d'un plaisir personnel à court terme ayant, à bien regarder, des effets peu positifs ou carrément négatifs pour d'autres.

Si vous voulez développer des produits ou y participer, avant de vous attaquer à la chose proprement dite, prenez du recul, *posez-vous* et demandez-vous : « *Au fond, qu'est-ce que je souhaite apporter ? Quelle est la qualité de service que je souhaite apporter ?* » Ce sont, en effet, ces principes de base qui demandent *à être clarifiés plutôt que d'y voir d'abord une opportunité, une façon de gagner* de *l'argent ou d'occuper un poste*. Si le projet s'avère qualitativement élevé et qu'il correspond toujours aux *conditions de base* d'un *Projet de vie*, alors vérifiez tous les points et demandez-vous aussi : « Quels sont les effets sur les hommes et sur la Terre à court, à moyen et à long terme ? » Si la réponse est toujours : « *Bon pour moi et bon pour tous, aujourd'hui et demain* », alors foncez. Foncez tout de même *assez* lentement pour garder une vision globale et le recul nécessaire afin de rester maître de votre projet, en harmonie avec vous-même et votre environnement.

Nous voyons donc que dans la mesure où le projet représente un désir de réaliser un idéal et un engagement fort qui donnera une orientation à notre vie et où il apporte une contribution sincère et positive à la qualité de vie et à l'évolution de l'humanité, alors il s'agit d'un Projet de vie au sens véritable du terme.

La plupart des personnes qui font des *Projets de vie*, dans le cadre de notre cursus sur trois ans, le Master pour le Développement du Leadership Éthique, sont des parents aux responsabilités professionnelles importantes. Ils découvrent au cours de ce cursus leur fabuleux potentiel, leur envie de créer des projets ambitieux tout en veillant à garder un équilibre familial. Cela sollicite de la vigilance, du discernement et du lâcher-prise selon les moments. Progressivement, ils réussissent de plus en plus à conjuguer les différents impératifs. Ils apprennent à célébrer leurs réussites et vivent peu à peu une vie de plus en plus passionnante. Pour nous tous, le dépassement des écueils difficiles, le dépassement des résistances à l'évolution en soi-même d'abord, et dans le cadre des projets professionnels ensuite, apportent une sensation intense de vivre. La joie et les effets positifs qui sont créés nous amènent à progresser et à évoluer rapidement. J'ai tous les jours des témoignages de porteurs de projet qui s'engagent dans la réalisation de leur *Projet de vie*. Ils m'affirment tous que c'est la période la plus épanouissante de leur vie et qu'ils ressentent bien qu'une fois le projet réalisé, cette sensation ne s'arrêtera pas. Pour ma part, je le confirme, une telle passion ne prend jamais fin.

Le *Projet de vie* est ce merveilleux projet de nous accomplir au moyen d'une action de qualité qui, par sa valeur, contribue à l'évolution. C'est créer des réalisations dans les meilleures conditions pour notre plus grand bien et celui de tous. Le *Projet de vie* est « créateur de valeur ». Il est toujours centré sur « l'essentiel ». *L'essentiel*, c'est d'abord de savoir assurer notre survie sur cette planète et ensuite de créer des conditions optimales de vie. En partant de la situation actuelle de l'humanité, vous voyez la masse d'actes à accomplir et de choses à réaliser. Cherchez un maximum d'informations sur des pratiques novatrices et alternatives. Une fois une vision globale établie, les décisions et les choix justes vous permettront d'avancer d'autant plus vite.

Faire son travail avec amour n'a pas de prix. Si, en plus, la qualité de notre travail affecte positivement l'humanité, même à très petite échelle, nous en sommes gratifiés. Nous avons agi avec amour et, tout naturellement, la vie nous envoie du bonheur en retour. Sachons que le « retour » fait parfois quelques détours... mais qu'il arrive toujours, sans exception, et décuplé si nous ne l'attendons pas.

La réalisation de soi n'est pas une idée abstraite, mais une réalité concrète. Les personnes qui ont fait de nouveaux choix basés sur des prises de conscience ont commencé par dépasser leurs vieux schémas de comportement. C'est cela qui leur a permis de se réorienter, créer, innover, optimiser et transformer l'existant pour satisfaire une vision globale et agir dans l'éthique de façon réelle et profonde. Si je mets l'accent sur les *infinies possibilités*, ce n'est pas une vague idée ni un concept abstrait, mais une réalité vérifiable, très concrète. Les schémas des quatre niveaux de potentiel dans la *Psychologie d'Évolution* (chapitre 2) nous montrent clairement l'accessibilité et l'inaccessibilité de nos différents potentiels, selon que nous entretenons nos vieux schémas de fonctionnement ou non.

C'est ainsi que de nombreuses personnes ont découvert que, dans le cadre de leur activité, elles pouvaient multiplier leurs actions positives et constructives et apporter un service qualitativement beaucoup plus élevé. D'autres ont trouvé ailleurs leur vocation. Des médecins sont devenus des consultants, des architectes sont devenus des éducateurs, des littéraires se sont réorientés vers des filières scientifiques. Des personnes n'ayant pas bénéficié du système éducatif pour faire des études supérieures se sont ainsi lancées dans l'apprentissage et ont créé et développé l'activité dont elles avaient rêvé. C'est de cette façon encore que nombre d'entre elles se sont lancées à l'aventure afin d'apporter leur aide au monde. D'autres, plus nombreuses encore, se sont formées pour devenir des consultants, des formateurs, des conseillers, des éducateurs et des enseignants, pour apporter de la connaissance et participer au développement de la conscience et à l'évolution.

Le *Projet de vie* comporte toujours un maximum de valeurs, une dimension d'épanouissement et d'accomplissement pour soi-même et une contribution à l'évolution de l'humanité. C'est pourquoi nous avons besoin d'avoir les deux pieds sur terre. Un tel projet vaut bien l'effort de nous donner toutes les chances de réussite *ici et maintenant.*

Ces projets traduisent pour les personnes intéressées le bonheur de travailler et de créer, tout en étant grandement utiles à la société.

Vous aussi avez le potentiel, où que vous soyez, de prendre l'initiative de créer de la valeur ajoutée, d'être persévérant pour concrétiser et heureux des résultats que vous obtenez.

Permettez-moi d'autres exemples, qui illustrent la contribution de valeur à la société que peuvent représenter des *Projets de vie.*

Muhammad Yunus, créateur du microcrédit, évoqué dans cet ouvrage à plusieurs reprises et prix Nobel de la paix 2006, est un extraordinaire créateur de *Projets de vie.* Il mérite qu'on s'y attarde. Une analyse des différents aspects qui ont conduit à la réussite nous fournit beaucoup d'informations. Il écrit dans son livre *Vers un monde sans pauvreté* qu'il se souvient de l'enthousiasme avec lequel il enseignait les théories économiques, montrant qu'elles apportaient des réponses à des problèmes de toutes sortes. Il écrit : « Je savais d'entrée de jeu que chaque problème économique trouverait une solution élégante. » Cependant, un peu plus loin, il ajoute : « Mais lorsque je sortais de ma classe, j'étais confronté au monde réel. Là, les héros étaient roués de coups, piétinés sauvagement, je voyais la vie quotidienne devenir toujours plus dure et les pauvres devenir toujours plus pauvres. Pour eux, mourir d'inanition semblait la seule issue. Où était donc la théorie économique qui rendrait compte de leur vie réelle ? Comment continuer à raconter de belles histoires à mes étudiants ? »

En 1974, lors de la grande famine au Bangladesh, la misère s'est vraiment approchée de Muhammad Yunus. Il a *accepté* de la *regarder*, de ***ressentir*** ce que voulait dire vivre la misère et mourir. En d'autres termes, ce n'est pas l'hémisphère gauche de son néocortex qui lui aurait donné une réponse intelligente à cette situation, mais c'est l'ouverture du cœur qui lui a donné la possibilité de comprendre et de développer son intelligence globale, lui permettant d'appréhender la réalité dans sa globalité. C'est le potentiel d'intelligence sur un plan affectif qui lui a permis de capter la réalité et de la traduire en une réponse créative. Il dira plus tard : « Mon expérience au sein de Grameen m'a donné une foi inébranlable en la créativité des Êtres humains. J'en suis venu à penser qu'ils ne sont pas nés pour souffrir de faim et de la misère. S'ils en souffrent aujourd'hui, comme ils l'ont fait par le passé, c'est que nous détournons les yeux de ce problème. » Il est allé dans un petit village, pour apprendre auprès des personnes les plus démunies ce qu'elles pouvaient lui enseigner. C'est de cette façon qu'il a trouvé des idées totalement innovantes pour permettre à ces personnes de s'en sortir. Conjuguant alors *intelligence de la raison* et *intelligence du cœur*, il a permis aux plus pauvres des pauvres de retrouver leur dignité – et, comme je le disais, principalement aux femmes – en leur procurant des prêts, refusés sur le plan mondial par le système bancaire classique. Il a su créer une dynamique permettant des remboursements supérieurs à 90 % non seulement dans son pays, le Bangladesh, mais aujourd'hui dans plus de 60 autres nations, dont les États-Unis, l'Afrique du Sud, la Chine et la France. Sa banque, la Grameen, dispensatrice de ces microcrédits, est devenue un exemple mondial d'inspiration pour d'autres organismes. Aujourd'hui, alors que les emprunteurs sont devenus très nombreux, M. Yunus et donc la Grameen Bank devront assurer un suivi important pour que les prêts servent effectivement à développer l'activité professionnelle. On évitera de la sorte un surendettement progressif des familles et l'assimilation de leur microcrédit à des *prêts à la consommation*, appelés « microcrédit » par d'autres organismes financiers pratiquant des taux abusifs.

Nous voyons qu'on ne peut créer de vraies valeurs sur la Terre que dans la mesure où *l'intelligence de la raison* et *l'intelligence du cœur* coopèrent de façon parfaite pour apporter des réponses.

C'est porteur de sens et ensuite cela nous comble. La qualité des résultats affecte ainsi directement, de façon extrêmement positive et constructive, la qualité d'existence des humains.

J'ai lu de nombreux exemples passionnants dans *30 hommes pour changer le monde*, tel celui de Carlos Petrini. En réponse au *fast food* avec tout l'impact destructeur que cela comporte sur les hommes et la nature, il a introduit le Slow Food, une gastronomie alternative plus saine et plus respectueuse des traditions.

Le système immunitaire de l'homme moderne ne peut que s'affaiblir. On n'a qu'à songer au cumul de la pollution par les pesticides et les agents perturbateurs endocriniens et autres, notamment le rayonnement électromagnétique, les hormones administrées aux animaux, les engrais chimiques, le bruit, le stress et une nourriture chargée en graisse et en sucre. Cela laisse place aux maladies et aux épidémies. Je pense que des *Projets de vie* pour créer des chaînes de restaurants bio basés sur une conception et un marketing originaux, seraient d'une grande utilité publique. Cela pourrait contribuer à une réorientation de ce secteur.

On note un besoin considérable de reforestation. La planète est mise à mal. On abat les forêts, souvent sauvagement, pour bénéficier d'espace supplémentaire pour l'élevage ou les biocarburants. Cela entraîne la disparition progressive de la biodiversité, le dérèglement climatique, l'érosion des sols et la désertification....

Je vous donne maintenant des exemples de Projets de vie réalisés dans le cadre du *Master pour le Développement du Leadership Éthique*.

Le projet ambitieux de Nicolas Métro

« **Mon Projet de vie est d'inverser la tendance de la déforestation mondiale en plantant ou en contribuant de façon décisive à préserver 15 milliards d'arbres à l'horizon 2018, puis au moins autant les 10 années suivantes.** Pour cela, il faut inventer et déployer, au profit des communautés locales et en partenariat avec des entreprises privées et des organisations non gouvernementales (ONG), des modèles de valorisation durable et multifonctionnelle des forêts : bois énergie ; ingrédients alimentaires, pharmaceutiques ou cosmétiques ; services environnementaux pour la gestion de l'eau et du sol ; séquestration du carbone ; éco-loisirs...

« [...] Parallèlement, contribuer à la prise de conscience, d'autant d'Êtres humains que d'arbres plantés (jusqu'à toucher tous les Êtres humains d'une façon ou d'une autre), de l'importance et de la valeur des forêts existantes et futures. »

Aujourd'hui, son entreprise est en pleine expansion. Il termine un tour du monde avec tous les constats qui incitent à l'action démultipliée...

Le témoignage de Véronique Chabernaud

« Vice-présidente Marketing Ventes au niveau international d'un groupe pharmaceutique, j'ai déployé mes compétences dans le but exclusif du développement de la performance économique et, notamment, financière du groupe. Cependant, c'est dans le cadre du "Master pour le Développement du Leadership Éthique" que j'ai découvert en moi des ressources et une motivation profonde de contribution à une humanité plus épanouie, que je ne soupçonnais pas. À l'issue de ce parcours passionnant et très exigeant, j'ai pu accepter de faire face à la réalité de la santé dans le monde, laquelle demande un repositionnement immédiat et massif vers la promotion de la santé et, au-delà, de retrouver la notion même de *vitalité*. J'ai alors défini mon Projet de vie, celui de me mettre en marche et de me positionner face à ce constat, en faisant de ce besoin de repositionnement une profession nouvelle, **la Promotion de la Santé et de la Vitalité**, basée sur les repères du leadership éthique. Je vis maintenant une aventure passionnante qui me permet au quotidien d'allier profession, sens, contribution et enthousiasme ! »

Aujourd'hui Véronique Chabernaud est pionnière dans ce domaine. Elle fait prendre conscience aux dirigeants des entreprises et des organisations de différents secteurs, qu'ils ont un impact sur la santé de la société civile avec leur positionnement, leur fonctionnement, leurs services et leurs produits. Cet impact s'exerce autant sur leurs collaborateurs, selon que le climat d'entreprise ou de l'administration est marqué par le stress, la pression ou, au contraire, caractérisé par le bien-être et la qualité de vie et de compétence, que sur la population dans son ensemble par le biais de *cœur de métier*. Par exemple, dans le domaine alimentaire, quel impact avons-nous vraiment sur la santé de la société dans une vision globale et à long terme, en considérant de façon rigoureuse tous les aspects et composantes de la chaîne alimentaire ? Si nous sommes dans le domaine de la santé, axons-nous notre développement sur la maladie et donc la pathologie ou agissons-nous de façon importante sur le plan de la prévention primaire (c'est-à-dire créer des conditions de vie saines) afin d'éviter des souffrances ?

Au-delà du concept usuel de la prévention, qui conçoit simplement de ne pas tomber malade, Véronique Chabernaud sensibilise les dirigeants à leur rôle dans la promotion de la VITALITÉ qui représente un état de bien-être, de santé et de vie dans la plénitude.

Par des formations, des articles et des conférences, elle permet aux dirigeants des entreprises de comprendre l'importance de l'impact par le biais de leur fonction.

Caroline Sost a créé un projet d'école innovante

Caroline Sost a été cadre supérieure dans le domaine du marketing. Ayant travaillé la dimension humaine, elle s'est orientée vers la direction des ressources humaines pour apporter un plus à son entreprise dans le cadre du management. Elle a réussi. Par la suite, elle s'est rendu compte à quel point elle se sentait proche des enfants, à qui appartenait l'avenir. Elle s'est alors dit : « *C'est par eux qu'il faut que je commence pour engendrer d'emblée un positionnement et une attitude envers la vie et envers l'humanité qui permettront de créer un avenir pérenne.* » Elle a ainsi décidé de créer une école avec l'intention de la démultiplier. Elle était extrêmement joyeuse d'avoir trouvé son *Projet de vie*. Avec beaucoup d'élan et de détermination, elle a entrepris des études en Sciences de l'éducation. Ensuite, elle a dû assumer la réalisation concrète : trouver les fonds et des locaux, veiller à des conformités, puis trouver les enseignants et faire inscrire les enfants, présenter son projet innovant, etc. C'était une période où les seules réponses étaient la conscience de son plein potentiel et le maintien de la vision. Comme en *Psychologie d'Évolution* l'on n'abandonne jamais la vision du projet, malgré les obstacles qui se dressent sur notre chemin, elle a magnifiquement réussi à tous les niveaux. Aujourd'hui, Living School, école innovante et bilingue, ouvre régulièrement de nouvelles classes et se déploie à l'étranger.

Ce qu'il y a de remarquable dans ces témoignages, c'est que la compétence professionnelle et la qualité de performance économique et financière ont été au rendez-vous chez ces personnes avant qu'elles ne prennent conscience de leur désir de réalisation en profondeur. En « apparence », elles étaient comblées, mais *en réalité* il manquait l'essentiel dans leur vie, à savoir le sens, la joie, le ressenti par rapport à la réalité des humains. Il leur manquait aussi la capacité de création de valeurs vraies et, avec cela, le « lien » avec ceux qui bénéficient de leur travail, sans parler de la passion d'évoluer, de faire évoluer et de contribuer à une vie meilleure.

Ils ont trouvé toutes ces richesses en eux, comme vous pouvez les trouver en vous. *Ce qui est important, c'est de vous identifier à vos potentialités.* Vous n'allez pas les développer pour plus tard, vous les *êtes*, ici et maintenant ! Développez cette conscience et faites tout pour actualiser ces richesses. Peu importe ce qui reste à apprendre ou à développer, vous avez les potentialités requises, vous êtes ces potentialités. Si nécessaire, répétez-le-vous tous les jours, non pas abstraitement, mais *ressentez-le* dans chaque cellule de votre corps, jusqu'au jour où ce sera une réalité pérenne. La vie est pure richesse, pures capacités, pures possibilités, et vous êtes la vie. Il suffit d'en avoir conscience. Donc la toute première chose à travailler, c'est le développement de cette conscience.

Si vous vous faites le cadeau de réaliser votre *Projet de vie*, je vous félicite et vous souhaite une immense joie et une grande aventure. Vous vivrez alors l'aventure de la vie en y ayant donné un sens profond. Quand vous jouerez avec les couleurs de la vie qui sont les couleurs de l'arc-en-ciel et que vous réaliserez des choses peut-être ponctuelles, peut-être grandioses, restez toujours serein et n'oubliez pas ce don du ciel qu'est l'humour. Non seulement vous ne vous prendrez pas la tête, mais en plus vous vous accorderez du temps pour célébrer et – pourquoi pas ! – faire la fête. Vous verrez, non seulement cela n'enlèvera rien au sérieux de vos engagements, mais cela vous équilibrera et cimentera vos réussites. En effet, « la voie du milieu » se travaille toute une vie et il n'y a aucun risque de parvenir trop vite à la sagesse...

Maintenant que vous savez que *vous avez un talent et une manière uniques à apporter au monde, quel que soit votre âge,* donnez-vous le moyen de le trouver et le développer. C'est *ici et maintenant* que vous pouvez créer votre *Projet de vie* aux possibilités de réalisation infinies.

Cherchez au fond de vous-même ce que vous aimez vraiment, ce pourquoi vous êtes prêt à aller jusqu'au bout de la réalisation. Laissez-le sortir pour que cela puisse fleurir et agrémenter notre jardin de la vie.

Qu'ajouter, sinon qu'il convient d'accorder cette place à la vie en vivant intensément, pour sans cesse lui rendre grâce !

Créativité et évolution

La créativité est un des moyens les plus extraordinaires de s'offrir une vie passionnante. Ce jeu de l'imaginaire nous amène à nous représenter des choses plutôt agréables et nouvelles, intéressantes, positives et constructives, plutôt que des banalités inintéressantes, voire négatives. Cela permet de trouver des solutions à des situations difficiles et de combler des besoins importants. Plutôt que de rester *enfermés* dans des automatismes, dans des images, des répétitions et les obligations, nous pouvons *générer* des images innovantes et passionnantes. Il faut bien savoir que l'esprit peut toujours *choisir*. C'est donc une possibilité qui nous est offerte à tout instant.

Il suffit d'avoir, chaque jour, *quelques idées auxquelles* peuvent se greffer quelques images innovantes, constructives et agréables, voire des images extraordinaires. Tout cela nous projette réellement en avant et nous amène à forger une vie plus intéressante et plus belle. Cela nous stimule en vue d'une contribution positive à la société. Si nous sommes ouverts à la vie et aimons les Êtres humains, nous pouvons, avec de la créativité, apporter une vision nouvelle et contribuer à un monde meilleur.

Afin d'avancer vite et dans les meilleures conditions, il est bon d'avoir un *cahier de créativité* et d'y travailler avec toutes les couleurs de l'arc-en-ciel. Dessinez-y les symboles que vous concevez vous-même. Notez et consignez toutes les intentions, toutes les idées et tous vos souhaits de création et de réalisation. Mon projet de publier un livre a été consigné dans mon *cahier de créativité* bien des années avant.

Comme je le disais ailleurs, dans le domaine de la pédagogie, et donc dans le domaine scolaire dans son ensemble, il apparaît impérieux d'introduire une dimension de créativité beaucoup plus importante. Cela permettra aux enfants d'éprouver plus de plaisir et de suivre leur rythme. Le jeu, la découverte et la joie qu'ils en éprouvent, développent naturellement l'élan et le désir d'aller plus loin dans l'apprentissage, en dehors de la logique de faire appel d'abord à l'hémisphère droit, comme pour le *brainstorm*. C'est après cela que l'analyse et la structuration se font dans l'hémisphère gauche. Au fur et à mesure que les enfants obtiennent des résultats, ils développent une conscience de réussite. Ils ont ainsi une confirmation de leur *capacité de créer*. De cette manière, les enfants deviennent plus autonomes, créent avec plus d'originalité et de personnalité, cherchent davantage à explorer, réaliser et découvrir. En somme, la société crée ainsi des générations plus riches, plus créatives et plus efficientes dans l'ensemble. La *créativité* fait toujours appel à l'hémisphère droit du cerveau avec toute sa faculté symbolique, son imaginaire, sa vision globale et synthétique et son aptitude, entre autres, à saisir *en une seule fois* tout un ensemble de données. L'intuition est un des trésors de cet hémisphère.

La créativité et les idées positives nous permettent de passer du niveau matériel de travail et de labeur à un niveau qualitativement plus élevé. Je reprends l'exemple que j'ai cité dans *Les Terriens du troisième millénaire* (p. 77), car il illustre de façon tout à fait particulière l'importance de la créativité et de l'échange d'idées en tant que moyen fabuleux de développement et d'évolution. Je vous donne une bonne idée et vous m'en donnez une en retour. Ainsi, chacun aura deux idées. Contrairement à cela, l'échange sur un *plan matériel* « Je vous donne un œuf et vous me donnez un œuf » ne démultiplie rien. Chacun se retrouve après l'échange avec un seul œuf. L'échange d'idées, par contre, permet la démultiplication des idées. *L'échange des idées basé de façon globale sur l'empathie, la positivité, l'intégrité, la cohérence et le désir d'évolution, élève la conscience.*

La *créativité* devrait ainsi être à l'origine des processus de création, d'innovation et d'optimisation. Nous avons vu que des innovations importantes dans les secteurs de l'économie, de la politique et des finances demandent à être réalisées.

Partout sur le globe où nous enregistrons une pénurie, des difficultés et des souffrances, *la créativité* est non seulement une nécessité, mais une *condition de survie.* Être conscient ou rendre chaque homme conscient de son potentiel de création, c'est une responsabilité qui incombe autant aux populations sur place qu'aux populations des pays riches. Il s'agit de changer les mentalités et de quitter les repères anciens, à commencer par le manque de *confiance en soi*, par les croyances obsolètes, les conclusions hâtives, les jugements et les comportements basés sur la résignation, la soumission et la réaction. L'évolution la plus rapide des individus se réalise par la découverte de leur potentiel et leur plaisir de créer, associés à leur responsabilisation sur le plan éthique. C'est de cette manière qu'ils sont capables de sortir des situations difficiles, de créer des projets et de devenir globalement créateurs de valeur. C'est ce que je constate tous les jours chez les personnes qui évoluent dans ce sens.

La prise de conscience

Parlons d'abord du *manque de conscience.* Il engendre un cercle vicieux. Comme je l'ai déjà évoqué, si je pense, en tant que parent, que mon enfant n'arrive pas à comprendre ce qu'on lui dit ou qu'il n'est pas *doué* pour telle ou telle chose ou n'est pas vraiment intelligent, je n'ai tout simplement pas conscience de son potentiel de réalisation. Je n'ai ainsi pas conscience de ses *rythmes* et de ses *besoins* d'apprentissage. *Si je n'ai pas conscience de ces choses, alors ces choses n'existent pas pour moi.* Je ne pourrai donc pas faire appel à ce qui *n'existe pas.* Si un gérant autoritaire *ne ressent pas* les impacts qu'il crée dans son équipe, alors pour lui, les effets négatifs qu'il crée *n'existent pas.* Comme les effets négatifs n'existent pas pour lui, il n'en tient pas compte. Il continuera à fonctionner comme d'habitude. Il est *incapable* de traiter la situation. C'est une forme d'incompétence qui génère beaucoup de souffrances et qui demande à être davantage identifiée et reconnue comme telle dans les entreprises.

Il importe de comprendre que si nous ne sommes pas dans l'ouverture pour *prendre conscience*, alors nous ne pouvons même pas avoir idée de telle ou telle possibilité. Nous ne pouvons ni créer ni optimiser quelque chose qui, pour nous, par nature, est inexistant. **Ainsi, de manière générale, ce dont nous n'avons pas conscience n'existe pas pour nous** (en dépit de la réalité). Le comprendre représente une ouverture supplémentaire. Des possibilités nouvelles se présentent alors et des prises de conscience se font avec de plus en plus de facilité.

Une seule idée peut remplacer mille efforts. Un peu de créativité facilite et améliore la vie. Les idées remplacent tellement de difficultés et de soucis. Elles peuvent remplacer un travail répétitif, pénible et des efforts de toutes sortes. Bien des fois, elles représentent des solutions aux situations difficiles. De façon générale, la créativité nous facilite l'existence.

La toute première idée qui me vient à l'esprit est l'invention de la roue. Pensons à ce que cela a changé pour l'humanité et l'évolution qu'elle a entraînée par la suite. C'était juste une idée.

Pensons ensuite, dans un contexte de modernité, à l'invention du téléphone. La vie sur le plan planétaire en a été transformée. C'était juste une idée, mais une idée extraordinaire. Il est intéressant de se rappeler à cet égard qu'une idée, surtout une idée de créateur, est toujours précédée de l'image, dans un contexte d'intuition, de perception et de sensation. Avant d'avoir « l'idée », nous avons une « forme-pensée », qui sera structurée pour devenir une idée claire par la suite.

Prenons au hasard quelques autres idées, comme les ronds-points ou carrefours giratoires. Ils remplacent les « carrefours noirs » qui étaient autrefois des croisements où il fallait souvent attendre un certain nombre d'accidents mortels avant de prendre l'initiative de les modifier. Aujourd'hui, nous avons des *ronds-points* aménagés, avec des fleurs et de belles décorations. À la place de la mort, nous avons aujourd'hui la sécurité et la beauté.

Évoquons une idée à la fois très utile et drôle, celle de la fermeture Éclair. Combien de milliards de boutons épargnés, combien de temps gagné !

Toutes les inventions et toutes les innovations et créations sont le résultat de visions, d'intuitions et d'idées. Chacun des créateurs a ainsi apporté un plus en qualité à la société, a contribué à nous *enrichir*. Merci à eux.

Vous avez certainement de nombreuses bonnes idées qui vous viennent en tête. Vérifiez d'abord si elles entraînent des *effets positifs et constructifs* et, si c'est le cas, n'hésitez surtout pas à les réaliser. Nous n'avons pas besoin d'être un grand inventeur pour produire de bonnes idées et pour les concrétiser.

La détente, source d'inspiration

Voyons un peu les conditions optimales de créativité. Près de 90 % des inventions ont été trouvées en *situation de détente* et pendant des loisirs. Ce sont des *situations de détente, de relaxation et de bien-être* qui permettent l'éclosion plus facile d'idées créatrices, voire d'idées géniales. Rappelez-vous Archimède, qui s'est exclamé « Eurêka » (« j'ai trouvé »), alors qu'il était dans sa baignoire. Il était *plutôt* en situation de détente et de bien-être. Il était en contact avec le ressenti de son corps et dans l'ouverture sur un plan intuitif. La globalité de son être était disponible et son cerveau a pu fonctionner de façon maximale, naturellement et sans effort. Lorsque nous sommes bien relaxés, sereins et dans le bien-être, notre cerveau fonctionne *naturellement* dans les conditions optimales. C'est pourquoi une nuit de repos nous permet de résoudre des problèmes le matin, alors que la veille, nous ne trouvions pas la solution.

Ce n'est pas en étant *stressés*, comme dans nos entreprises et, de façon plus ou moins *obsessionnelle*, focalisés sur une idée, que nous apportons la meilleure contribution à l'évolution. *Ce ne sont ni la tension, ni la contrainte, ni la croyance en l'obligation qui sont créatrices de qualité véritable* et qui ouvrent les *horizons de demain*. Pour toutes ces raisons, pour nos jeunes, ce ne sont pas non plus les *études stressantes* et *poussées*, dans un esprit de soumission et de compétition, qui développent une *vision globale* de façon réellement constructive et positive au service de l'humanité, dans la cohérence et à long terme. La preuve en est que le monde ne reflète pas aujourd'hui l'harmonie, l'équilibre et la sagesse d'une intelligence globale, malgré les études (probablement trop *poussées*) de beaucoup de théoriciens et de ceux qui sont aux commandes.

Pour faire preuve de créativité et réussir, il faudra toujours réunir *l'intelligence de la raison* et *l'intelligence du cœur.* Bref, les idées présentées de façon créative et les réalisations doivent toujours être bénéfiques pour soi-même et pour tous les autres, aujourd'hui et plus tard. Si en plus nous créons des moments privilégiés de partage d'idées réellement positives, les idées négatives s'en iront toutes seules.

La ressource est en soi

Nous savons tous aujourd'hui que la ressource est en soi ! Le seul repère valable est en soi. Le potentiel est en soi. L'initiative est en soi. L'imaginaire est en soi ; la force, l'amour, la vie, les idées sont en soi. Il suffit d'en prendre conscience ! Tant que nous plaçons les repères, les possibilités, les impossibilités et les capacités d'évolution à l'extérieur, tant que nous plaçons, de façon générale, aussi bien le pouvoir que la faute à l'extérieur, *nous risquons,* sans même le remarquer, de nous déclarer *impuissants.*

Seule la prise de conscience de cette réalité nous permet d'en sortir. Nous avons alors la possibilité de nous épanouir et de contribuer à un mieux pour l'humanité. Si nous en sommes réellement conscients, cela changera notre vie. Le tout est d'abord une question *d'ouverture d'esprit.* Il s'agit ensuite de l'acceptation d'une *impulsion de créer sans se juger*, mais en prenant du recul et en examinant les effets probables, et enfin de la *décision* d'agir et de *concrétiser nos décisions.*

Voilà ces quelques idées lancées en contribution à un PLUS. Je suis persuadée que vous en avez d'excellentes. Il faudra développer une vision globale, inclure tous les aspects du projet et veiller à ce que les effets soient toujours rigoureusement positifs et constructifs pour tous.

Évitez tout excès. La positivité exige de la rigueur envers soi et de la lucidité en général. Soyez clair, vraiment clair, par rapport à vos intentions et aux *effets* que vous cherchez à produire.

La positivité, c'est :

Considérer que chacun peut toujours évoluer et commencer concrètement par soi.

Être positif, constructif et responsable.

Cultiver le regard intérieur à la place de la référence extérieure qui confère à « l'Autre » et aux situations extérieures « le pouvoir et la faute ».

Exercer le management de soi avant de manager les autres.

Développer la respiration consciente.

Valoriser ses réussites et celles des autres.

Accepter de se dépasser constamment tout en conservant l'équilibre.

Donner sens à sa vie et à ses actions.

Réussir sans compétition.

S'ouvrir à une conscience globale (environnement, futur, conscience des effets à long terme).

Viser le résultat concret et positif en toute chose.

Utiliser tous les supports pour développer la positivité : cahiers, symboles, pense-bête, etc.

Faire du développement personnel et des prises de conscience une constante de vie.

Être réaliste tout en construisant.

Ne pas s'illusionner sur les progrès trop rapides à obtenir, toujours continuer en assurant à la fois le court, le moyen et le long terme et ne pas démissionner.

Savoir que ce que je fais avec plaisir… je le fais bien.

Cultiver l'humour.

Le concept de positivité est parfois mal interprété et jugé inefficace ou inutile. En réalité, il exige d'adopter un positionnement dans l'ouverture en reconnaissant la richesse de notre potentiel, d'assumer et de transformer nos difficultés, nos problèmes et nos préjugés. La positivité exige de nous intégrité, honnêteté et cohérence. Ce sont les conditions pour que la vie puisse prendre sa place et s'épanouir. Plus largement, être positif, c'est être dans la vie. Être créatif et créateur, c'est être fidèle à ce que nous sommes, à savoir *une étincelle de vie faite pour être créatrice de vie.*

La Semaine planétaire pour créer ensemble un monde meilleur

Je vous présente une de mes idées, que je verrais avec joie se concrétiser : instaurer la *Semaine planétaire pour créer ensemble un monde meilleur*. Cette semaine serait une occasion privilégiée de rencontres, de partage, d'initiatives, de réalisations et d'innovations pour *créer* tous ensemble un *monde meilleur*. Une telle semaine pourrait se terminer par le Festival des Idées positives et constructives pour créer ensemble un monde meilleur. J'ai très peu évoqué cette idée, qui a droit par ailleurs à un accueil enthousiaste. Partons donc de l'hypothèse qu'une telle semaine se concrétise.

Comme vous avez pu le constater, ce livre a pour objectif d'inciter chacun et chacune d'entre nous à prendre des initiatives, autant sur le plan personnel que professionnel, en vue d'apporter notre contribution à la création d'un monde meilleur. Cela commence naturellement par son propre épanouissement et par le développement de la conscience de sa capacité à créer des projets de valeur.

La *Semaine planétaire pour créer ensemble un monde meilleur* représente une sorte de « concentré » d'initiatives, de projets et de réalisations en vue d'effectuer un « saut quantique » d'évolution pour l'humanité. Comme je le dis dans *La Famille Humaine* (p. 425), et comme le montre la Charte éthique décrite plus loin, toute l'humanité partage, par principe, un fonds commun, une sorte de *terrain commun*. Cela signifie que nous avons *en commun* tout ce qui est essentiel, fondamental et important ; seules les *modalités* et les *façons de faire* divergent. Cette *Semaine planétaire pour créer ensemble un monde meilleur* doit offrir l'occasion d'écouter les gens qui vivent à l'autre bout du monde et de comprendre qu'au fond, les Êtres humains ont tous les mêmes attentes de la vie, pour eux-mêmes et pour leurs enfants. Cela permettra à toute l'humanité, en plus de cette prise de conscience, de ressentir à quel point nous avons tous besoin de changer notre comportement, nos objectifs et notre vision afin d'assurer un avenir pérenne et de qualité à nous-mêmes et notre descendance.

On pourra mettre en pratique bien des idées à l'occasion de cette Semaine planétaire, en plus des nombreuses propositions que contient ce livre. De votre côté, vous avez certainement des suggestions et des rêves que vous souhaiteriez concrétiser. À partir du moment où nous touchons à ce qui est essentiel, fondamental et important pour l'Être humain, nous touchons à ce qu'on peut appeler la *vérité*, ou du moins à ce qui est vrai pour beaucoup d'entre nous. Autant nous le partager et être *consciemment créateurs de notre réalité*.

La charte éthique du respect global

Pour éviter des dérives, il faudra concevoir une charte éthique basée sur le respect des besoins fondamentaux et universels de tous les Êtres humains, c'est-à-dire le besoin d'être en bonne santé et en sécurité, de vivre une vie digne, d'être intégré et non pas exclu, d'avoir accès à la connaissance, d'avoir un équilibre et un bien-être de vie, de pouvoir créer un projet et se réaliser. Toutes les activités, les présentations, de même que les projets, devront respecter la Charte éthique. Cela créera une *base commune* – ou ce qu'on peut appeler un *terrain commun*, sur lequel tout le monde pourra se rencontrer et construire.

Tout au long de l'année, les citoyens, associations, groupes, *Cercles d'Évolution* et de travail peuvent développer des actions basées sur le respect de cette Charte éthique et préparer des projets plus ou moins importants afin de les présenter au cours de cette semaine.

Organisation et projets

On pourra désigner des villes qui organiseront des manifestations culturelles autour de thèmes comme la paix, l'éducation et la jeunesse. Des sessions de créativité intensive permettraient d'appliquer la *justesse* dans les différents domaines de la vie professionnelle et personnelle et de trouver des solutions à des problèmes difficiles à résoudre, comme ceux liés aux inégalités, aux coutumes ancestrales qui font souffrir et aux législations obsolètes appliquées au quotidien qui maintiennent la violence, la disparité et les conflits. Je suis persuadée que vous aurez des idées à présenter qui vous tiennent à cœur.

Des groupes de travail et de réflexion peuvent ainsi se mettre en place pour commencer à *structurer dans le concret* les solutions trouvées et pour étudier les conditions à respecter dans une vision d'application et de concrétisation (quels pièges éviter pour ne pas mettre le projet en échec, quelle qualité de suivi, voire quelle persévérance et quelles compétences réunir pour réussir malgré l'opposition en place et les résistances rencontrées, sur quels soutiens s'appuyer, etc.).

Des *commissions régionales*, constituées de représentants de toutes les générations, en nombre égal, pourront préparer des présentations, des interventions et manifestations dans différents secteurs sur la base de la Charte éthique, dans une vision d'innovation et d'introduction d'un nouveau cadre de référence.

Voici quelques exemples de projets possibles :

→ passer de la santé à la *vitalité* et prendre la *vitalité* comme repère ;

→ développer un art qui contribue à l'évolution des consciences et à une vie meilleure ;

→ concilier enseignement et épanouissement des enfants ;

→ créer des lois nationales et internationales, applicables sur toute la planète, qui tiennent compte de l'intégralité de la Charte éthique ;

→ présenter de nouveaux modèles d'entreprise sans stress, qui prospèrent dans tous les secteurs, et qui contribuent à l'évolution de l'humanité avec leurs produits et leurs services et où les collaborateurs sont valorisés et épanouis;

→ innover dans le domaine des médias (télévision, radio, presse, Internet...) et créer des programmes et des magazines qui appliquent l'intégralité de la Charte éthique et qui la diffusent au moyen de contenus et de projets exemplaires, hautement attractifs, créatifs et passionnants, et, bien sûr contributeurs à l'évolution des consciences;

→ innover dans le domaine agroalimentaire et créer des réseaux planétaires d'acteurs dans le domaine des cultures biologiques qui sont sans effets secondaires et préservent les sols;

→ agir pour la préservation et la revalorisation de la forêt et pour l'accélération de la reforestation.

Pour favoriser la réalisation des différents projets, l'esprit d'une telle Semaine conjuguera *intelligence de la raison* et *intelligence du cœur*. La réunion de ces deux éléments est une base réaliste et logique, qui met l'humain et le qualitatif au premier plan. C'est donc une semaine qui nous permet d'agir de façon efficace, tout en étant portés par l'élan vers un objectif commun. L'empathie et l'*intelligence globale* de chacun pourront se révéler, ainsi que la joie qui fait tant défaut dans le contexte de nos fonctionnements habituels.

Donner et offrir plutôt que de revendiquer et de prendre

Toutes les prestations et contributions, sans exception, doivent être offertes. La gratuité, le don et le plaisir d'apporter et d'offrir sont les critères essentiels à une telle dynamique; pas la revendication, les exigences, les critiques, ni d'ailleurs la recherche du profit matériel. De la sorte, chacun pourra arriver dans l'état d'esprit de *donner avant de recevoir*, en apportant sa contribution symbolique ou matérielle. Il y aura diffusion gracieuse des connaissances comprenant des *kits* (trousses) pour permettre à chacun d'évoluer à son niveau, tels que:

– « Comment créer une journée de qualité et contribuer à un mieux »

– « Comment se maintenir en bonne santé »
– « Comment être à l'écoute de ses enfants »
– « Comment créer un relationnel positif »
– « Comment concrétiser un projet »
– « Les conditions de la réussite »
– « Comment développer son savoir-être »
– « Comment développer la positivité »
– « Comment démultiplier »

et des conseils pratiques comme :

– « Comment réduire facilement sa consommation d'eau »
– « Comment éviter la pollution électromagnétique ».

Les nouveaux sportifs pourront proposer des activités. On pourra créer une bourse aux dons, permettant aux personnes intéressées de contribuer sous différentes formes (temps, expertise, financement, moyens…).

Des dynamiques seront créées :

– pour que chacun puisse faire un ACTE DE RECONNAISSANCE DE SON POTENTIEL (sans la conscience de notre potentiel, rien n'est possible),
– pour célébrer L'ENGAGEMENT DE SOI ENVERS SOI,
– et pour développer les *idées positives,* dans le sens de : « C'est une bonne idée d'avoir une bonne idée. »

Je vois cette ***Semaine planétaire pour créer ensemble un monde meilleur*** durant la troisième semaine de mai, qui correspond, dans l'hémisphère Nord, au printemps.

La Semaine planétaire représentera une opportunité extraordinaire pour toutes les personnes de se rencontrer d'Être humain à Être humain, et dans le cadre de leurs fonctions, afin de prendre des décisions aux niveaux local, régional, national et international pour traiter un certain nombre de problèmes à *leur source*, plutôt que de continuer à agir sur les *symptômes* en maintenant les *dynamiques en profondeur*. Il apparaîtra évident que c'est la façon de créer de la vraie qualité. Cette Semaine permettra donc, en impliquant tous les secteurs et toutes les activités, d'instaurer plus de justice et de réduire voire éliminer les abus dans différents domaines, lesquels causent de graves désordres et souffrances sur cette planète. À cette occasion, chacun pourra prendre des initiatives, sur un plan professionnel et personnel, afin de contribuer de façon efficace à la création d'un *monde meilleur*. Et il pourra jeter un regard sur son propre savoir-être, promouvoir le côté positif et constructif et se rappeler son riche potentiel et celui des autres pour créer et construire ensemble, et réussir des projets.

Cette Semaine pourrait non seulement nous inciter à changer nos anciennes habitudes pour en prendre de meilleures, mais aussi contribuer à modifier des comportements plus collectifs.

Sur un plan personnel, c'est l'occasion de créer un *nouvel élan.* L'élan est un mouvement puissant et souple qui monte du fond de nous-mêmes. C'est le contraire d'une *sensation d'obligation* et l'opposé de la disposition qui nous amène à nous soumettre à la *pression.* Je verrais bien que la Semaine entière soit caractérisée par l'élan. *L'élan est basé sur la joie, sur le plaisir et sur l'adhésion. L'élan ne blesse jamais. L'élan est l'expression intense et harmonieuse de la vie. C'est pourquoi tout ce qui est exprimé avec « élan » exprime la vie et fait vivre.* Un carnet ou un cahier de créativité représente un support idéal pour nous permettre, durant l'année, de consigner nos idées créatrices, nos visions, nos élans pour apporter un PLUS.

Si nous le voulons, cela pourra être un grand moment où chacun pourra donner et recevoir, créer ensemble et se ressourcer. Une telle semaine est idéale pour révéler l'immense richesse de nos potentiels. Ainsi, le monde ne pourra qu'évoluer.

Ce sera une occasion de promouvoir le développement plus harmonieux de nos sociétés et de généraliser l'introduction de critères, tels que l'éthique, la vision globale, la dimension humaine et la valorisation du potentiel individuel, à la base de toute réalisation.

On pourrait mettre en place des cellules de démultiplication et d'application concrète de projets de valeur, de conceptions et d'idées innovantes.

Parmi les nombreux ateliers à organiser, on pourra prévoir également des ateliers « parents-enfants » pour favoriser des relations épanouissantes ainsi que des ateliers de « réussite » pour la jeunesse.

Vous pourrez ainsi créer des fêtes extraordinaires pour les enfants en les introduisant dans une dynamique de coopération et en leur donnant des responsabilités. Les enfants, dont le regard n'est pas encore terni (voir *Les yeux des enfants*, p. 85), ont une vision très claire des choses. En effet, ils ont encore accès à l'*intelligence du cœur* et ils sont riches d'idées. Ce seront alors des moments privilégiés pour les valoriser et leur allouer un espace de création.

Des initiatives de leur part, ou proposées par les adultes, demandant à être connues et démultipliées, comme le Parlement des enfants du Rajasthan, en Inde. Ce *parlement* élit des « ministres » (ministre des Finances, de l'Éducation, de l'Agriculture, de la Santé, etc.). C'est ainsi que Neraj Jat, une jeune bergère de 13 ans qui assume les fonctions de ministre de l'Agriculture et de l'Élevage, a réussi à convaincre le Conseil des anciens de son village de construire des citernes pour permettre l'approvisionnement en eau des villages. Elle arrive, par la compétence développée, à se faire entendre malgré le fait que, classiquement, la parole d'une femme, surtout d'une petite fille, ne pèse pas lourd dans un tel environnement.

Permettre aux enfants de prendre activement part à la vie de la société, en leur donnant aussi l'occasion de faire leurs propres choix, créera une belle dynamique pour tous et permettra de valoriser la richesse de leur potentiel. Cela, évidemment, sans projeter notre désir d'adulte sur eux et, bien entendu, en excluant totalement toute sorte d'abus.

Le Parlement des enfants en France vise principalement à sensibiliser les élèves au fonctionnement de la démocratie. Son existence depuis 1994 a permis de mettre en place quatre lois issues des propositions des enfants. Je pense néanmoins qu'on pourrait accorder à ces derniers une marge de manœuvre beaucoup plus grande et être davantage *à l'écoute de leurs propositions*, plutôt que de chercher uniquement à « les insérer » et à leur faire comprendre l'existant.

Ce sera une occasion de valoriser les enfants et, de façon générale, cette Semaine est une occasion de valoriser toutes les personnes.

Toutes les entreprises et organisations sont invitées à être mécènes en ne faisant connaître leur contribution qu'à leurs collaborateurs, dans une *vision partagée de création de valeur*, et donc sans publicité.

Une organisation transversale, basée sur des critères de rigueur, sera mise en place pour assurer une justesse et une transparence optimales, de même que la gestion des fonds, leur arrivée à destination et leur utilisation. Les comptes seraient rendus publics lors de la *Semaine planétaire pour créer un monde meilleur* de l'année suivante.

Les organisations peuvent ainsi présenter des innovations et des créations de valeur, non pas pour faire campagne ou de la publicité, mais pour évoluer et pour contribuer *réellement* à l'évolution de tous. Les associations et les jeunes pourront se réunir et faire de la créativité. Lâcher la critique, la pression, les repères négatifs et limitatifs du passé permettra l'arrivée *d'un flot d'idées nouvelles et positives*, dans le respect et la reconnaissance de chacun. La jeunesse pourra ainsi concevoir des *projets d'évolution* dans une vision de *partenariat* avec d'autres populations et contribuer à un monde meilleur.

Ce sera le moment idéal pour prendre des décisions professionnelles constructives et positives en réunissant *business et éthique, économie et humanité*. La créativité réunira alors *bénéfice, développement et évolution*, et contribuera à développer le leadership éthique.

Un certain nombre d'entreprises jeunes, en plein développement, fonctionnent déjà selon des paradigmes nouveaux, sur un mode plus créatif et plus intelligent. C'est la qualité de l'idée ressentie et acceptée au niveau du cœur qui remplace des semaines, des mois et parfois une vie entière de stress et d'insatisfaction. À chacun de prendre du recul et d'y réfléchir.

Cette Semaine, caractérisée par le traitement et la résolution de problèmes graves, devra aussi revêtir une ambiance de fête. La rencontre de l'humanité rendrait faciles des cocréations culturelles et artistiques aux niveaux les plus variés. On pourrait allouer une grande place à la musique, à la danse, au folklore et à la créativité, permettant de favoriser des dynamiques suivant une vision d'évolution des consciences. Un tel bain de positivité permettra à chacun de bien prendre conscience de son potentiel. Imaginez la démultiplication énergétique que représenterait pour l'humanité le fait de vibrer ensemble en vue d'atteindre un but commun.

Le lieu de la fête?

Bien entendu, la *Semaine planétaire pour créer ensemble un monde meilleur* se répartira dans des grandes villes et des lieux prédéterminés, et s'étendra alors autant que le contexte concret le permettra, sur toute la surface de la Terre, jusque dans le moindre village. Il y aura bien sûr de la musique, des partages et, selon l'inspiration, des décorations et des messages positifs pour créer ensemble *notre avenir* en introduisant progressivement l'idée que chacun dispose d'un potentiel infini de création. Cela permet de mobiliser la dynamique nécessaire à l'évolution et à la création d'un *monde meilleur*.

La *Semaine planétaire pour créer ensemble un monde meilleur* se termine par le Festival des Idées positives et constructives, à l'occasion duquel seront célébrés l'ensemble des résultats et innovations, ainsi que les perspectives et ouvertures créées.

Ce Festival sera une véritable célébration où l'on s'amuse, tout en évoluant et en faisant évoluer les choses autour de soi. Les Êtres humains, ainsi rassemblés, pourront partager leur vision, leur passion dans la joie et le plaisir et dans une dynamique d'évolution et d'épanouissement individuel et collectif, tout en gardant les pieds sur terre et en étant pleinement responsables de leurs conceptions et de l'ensemble de leurs réalisations. Ce sont les conditions même de l'évolution. Je pense que vous voyez bien le climat qui est créé, à la fois par la joie partagée et la conscience de ses responsabilités pleinement assumées.

Durant le Festival des Idées positives et constructives, chacun pourra se familiariser avec l'importance du potentiel humain, surtout dans le cadre d'une dynamique collective. Il en ressortira très clairement que si un clou permet de construire une maison, une idée peut faire le tour du monde. La *boîte à idées* débordera certainement de propositions, de suggestions, de visions innovantes…

Le Festival sera le moment pour prendre de grandes décisions et pour se débarrasser d'un certain nombre de vieux schémas, plus ou moins encombrants. Dans une dynamique plutôt ludique et non moins efficace, chacun pourra concevoir un symbole sur le papier (dinosaures, etc.) et ensuite, dans un *acte de séparation*, jeter ces vieux dinosaures dans le *puits aux dinosaures* ou dans un grand feu. De nouveaux symboles du *plein potentiel*, voire du *potentiel de création infinie*, pourront être conçus à l'occasion de la célébration de tous les potentiels réunis à la fin de ce Festival des Idées positives et constructives.

Maintenant, à chacun d'entre nous de réellement s'écouter au fond de soi et de s'engager suffisamment pour permettre à cette Semaine d'exister le plus largement possible sur notre planète. Dans tous les cas, constatant le besoin immense d'une telle rencontre de l'humanité, je ferai le nécessaire, avec les équipes et les dirigeants de grands groupes qui m'entourent, pour impulser le mouvement.

Je fais ainsi appel à toutes les instances décisionnelles où qu'elles soient, sur la planète, pour prendre des mesures dans ce sens, car une telle semaine représente un *accélérateur d'évolution des consciences* considérable. Je fais également appel à chaque citoyen et à chaque porteur de responsabilité dans les entreprises, les institutions, les associations et les organisations pour promouvoir une telle semaine. Si nous nous impliquons tous, la *Semaine planétaire pour créer ensemble un monde meilleur* existera.

Je pense que l'humanité la mérite.

À nous tous d'en être créateurs !

CONCLUSION

J'ai voulu être fidèle à moi-même

J'ai voulu être fidèle à moi-même. C'est pour cela qu'à certains moments, mes propos ont pu vous paraître un peu incisifs, bousculant les convictions et les habitudes qui conduisent nombre d'entre nous à la résignation et à l'inaction en face des besoins d'aujourd'hui. Ce discours, je le sais, modifie aussi la vision de l'individu et sa perception de son *potentiel*. C'est surtout *la mise en évidence* de notre *capacité d'agir* à tout moment qui me semble primordiale, quelle que soit notre fonction ou notre position sociale.

Nous avons vu que pour nous tous, dans ce mouvement de mondialisation, le moment historique est arrivé de ne plus nous *concurrencer* et nous *battre*, mais de nous *réunir* pour continuer à exister, nous-mêmes d'abord et, avec nous, la planète.

J'ai voulu être fidèle à moi-même et vous dire ce qui, selon ma vision, pourrait permettre ou accélérer les innovations, les créations, les réorientations et l'évolution dans son ensemble.

J'ai voulu parler de *cohérence*, tout en sachant que dans un monde qui vit du *court terme*, la consigne est ferme : au diable la cohérence, *on continue à jouer sur le manque de conscience.*

Cet aveuglement face au besoin urgent de changement en profondeur, à commencer par soi, engendrera demain beaucoup de souffrances. Ce sont, d'un côté, les menaces hallucinantes de destruction évoquées au tout début de ce livre et, de l'autre côté, le constat du fabuleux potentiel que nous possédons tous, mais qui reste pourtant trop souvent ignoré, qui ont été à la base de ma motivation pour vous écrire. Dans le cadre de mon activité professionnelle, je me trouve constamment confrontée à des positionnements reposant sur un *mental abstrait* et sous-tendus par un état *réactionnel et émotionnel*, souvent bien caché, lesquels nuisent à une vision claire de la réalité. Sachant que ces positionnements résultent des conditionnements et des formatages, j'ai voulu partager mon expérience pour permettre à chacun de bénéficier de repères qui lui facilitent une vision globale de ce qui est *fondamental, essentiel et important* pour nous tous, tout en sachant que ce chemin, pour chacun d'entre nous, n'est jamais terminé et que nous pouvons sans fin développer notre potentiel.

Je souhaitais simplement dire que sans une prise de conscience massive et immédiate, demain la douleur sera pour tous, y compris ceux qui, aujourd'hui, n'assument pas leurs responsabilités. Cette dynamique s'est déjà mise en route et vous le savez.

En cherchant vraiment dans tout ce que j'ai vu au cours de mon expérience professionnelle et en explorant jusqu'au fond tout ce que j'ai pu toucher dans la vie, y compris dans mon expérience de vie personnelle, j'arrive inlassablement à la même conclusion : ce potentiel qui est le nôtre, dans sa grande richesse et sa beauté, est si peu reconnu et utilisé, si méprisé et rejeté. Cela commence par notre propre rejet, notre propre ignorance et notre culpabilité de *transgresser* ce qu'on peut appeler « *l'interdit* » d'accéder à notre vrai potentiel qui nous a été implicitement ou explicitement assigné, comme une ligne de démarcation infranchissable.

Que nous soyons du côté de l'intellectuel, du dirigeant « presque » tout-puissant, du côté de l'ouvrier à la chaîne ou encore du déraciné, un étonnant constat s'impose : à l'ère de l'explosion des connaissances, du développement de moyens de plus en plus puissants, de l'exploration de l'infini, *l'être au fond de nous, cet être magnifique, celui que nous sommes vraiment, est resté tout petit, malgré tout ce déploiement*.

Ce constat, mille fois vérifié, et tout ce que cela comporte de difficile et de douloureux pour les Êtres humains, a développé mon désir de contribuer à ce qu'il y ait un peu moins de souffrances et un peu plus de bonheur sur la Terre.

Je crois profondément qu'il nous suffit de prendre conscience des richesses infinies que recèle le potentiel qui est le nôtre ici sur cette Terre pour qu'une nouvelle ère débute. Donnons-nous le droit d'y accéder. J'irai jusqu'à dire que nous avons non seulement le droit, mais aussi le devoir de le mettre à jour afin de le déployer dans ses infinies variantes, dans une dynamique de création de valeur.

Seule cette prise de conscience nous permettra de construire le monde de demain. Nous pourrons le faire par notre courage de nous ouvrir à nous-mêmes et aux autres. Nous le ferons en conjuguant *intelligence de la raison* et *intelligence du cœur*, en faisant fonctionner à plein notre *intuition* et cette facilité que représente *l'inspiration*. Nous réunirons ainsi la Terre et le Ciel et nous partagerons ce qui est universel, tout en évoluant et en apportant, chacun, notre contribution.

Je vous remercie de m'avoir permis d'être fidèle à moi-même et d'avoir pu m'adresser à **l'Être humain** que vous êtes et non pas à la *fonction* et au *statut social*.

Je reviens ainsi à mes propos du début de cet ouvrage : « Que vous soyez sur ce continent ou ailleurs, que vous soyez un haut responsable ou une âme qui peine dans le dénuement, je me suis adressée à vous, non pas à votre statut social ou à votre fonction, mais à l'Être humain que vous êtes, à l'Être qui m'est proche et que j'aime rencontrer. »

Merci à vous et merci à l'Univers, à la Vie et à tout ce qui a permis cette rencontre.

BIBLIOGRAPHIE

ATTALI, Jacques. *Une brève histoire de l'avenir*, Paris, Librairie Arthème Fayard, 2006, 422 p.

BACH, Richard. *Le Messie récalcitrant*, roman, Paris, Flammarion, 1978, 161 p.

BARTILLAT, Laurent de, et Simon RETALLACK. *Stop*, coll. Profil, Paris, Seuil, 2003, 456 p.

BERGER, Maurice. *Voulons-nous des enfants barbares ? Prévenir et traiter la violence extrême*, coll. Enfances, Paris, Dunod, 2008, xi-243 p.

BORNSTEIN, David. *Comment changer le monde. Les entrepreneurs sociaux et le pouvoir des idées nouvelles*, traduit de l'américain par Raymond Clarinard et Isabelle Taudière, Paris, La Découverte, 2005, 300 p. Titre original : *How to Change the World. Social Entrepreneurs and the Power of New Ideas.*

CHASSERIO, Mona. *Cœur de femmes : De l'inexistence à l'existence. Mon engagement aux côtés des femmes de la rue*, Paris, Louis Audibert, 2005, 220 p.

CHOPRA, Deepak. *Dormir enfin sereinement. Comment vaincre l'insomnie et vivre en accord avec ses biorythmes*, coll. Ayurvéda, Paris, Presses du Châtelet, 1998, 157 p. Titre original : *Restful Sleep. The Complete Mind Body Program for Overcoming Insomnia.*

CHOPRA, Deepak. *Un corps sans âge, un esprit immortel. L'alternative quantique à la vieillesse*, traduit de l'américain par Bernard Sigaud, Paris, Inter-Éditions, 1994, 386 p. Titre original : *Ageless Body, Timeless Mind. The Quantum Alternative to Growing Old.*

CLOSETS, François de. *Le bonheur d'apprendre et comment on l'assassine*, Paris, Seuil, 1998 [1996], 346 p.

COELHO, Paulo. *Sur le bord de la rivière Piedra je me suis assise et j'ai pleuré*, traduit du portugais (Brésil) par Jean Orecchioni, Paris, Anne Carrière, 1995, 278 p.

COELHO, Paulo. *L'alchimiste*, Paris, Anne Carrière, 1994, 256 p.

COMTE-SPONVILLE, André. *Petit traité des grandes vertus*, coll. Perspectives critiques, Paris, Presses Universitaires de France, 1995, 391 p.

COUSENS, Gabriel. *Spiritual Nutrition. Six Foundations for Spiritual Life and the Awakening of Kundalini*, préface de Viktoras Kulvinskas, Berkeley (CA), North Atlantic Books, 1987, 628 p.

DARNIL, Sylvain, et Mathieu LE ROUX. *80 hommes pour changer le monde. Entreprendre pour la planète*, Paris, J.C. Lattès, 2005, 282 p.

FILLIOZAT, Anne-Marie, et Gérard GUASCH. *Aide-toi, ton corps t'aidera*, coll. Clés, Paris, Albin Michel, 2006, 336 p.

FORRESTER, Viviane. *L'horreur économique*, Paris, Librairie Arthème Fayard, 1996, 215 p.

GARDNER, Howard. *Les intelligences multiples. Pour changer l'école: la prise en compte des différentes formes d'intelligence*, traduction de l'américain, coll. Psychologie, Paris, Retz, 1996, 236 p. Titre original : *Multiple Intelligences : The Theory in Practice.*

GOLEMAN, Daniel. *L'intelligence émotionnelle*, traduit de l'américain par Thierry Piélat, Paris, Robert Laffont, 1997, tome 1 : *Comment transformer ses émotions en intelligence*, 421 p. Titre original: *Emotional Intelligence.*

HAMEL, Gary, et Coimbatore Krishnarao PRAHALAD. *La conquête du futur. Construire l'avenir de son entreprise plutôt que la subir*, traduit de l'américain par Larry Cohen, Paris, Dunod, 2005 [1999], 325 p. Titre original : Competing for the Future.

HOWE, Michael J.A. *IQ in Question. The Truth about Intelligence*, Londres, Sage Publications, 1997, x-173 p.

JACQUARD, Albert. *Mon utopie*, Paris, Stock, 2006, 193 p.

JARDIN, Alexandre. *1 + 1 + 1 = une révolution*, Paris, Grasset, 2005 [2002], 178 p.

LASZLO, Ervin et Edgar MORIN. *Les défis du troisième millénaire*, préface de Peter Ustinov, Paris, Village Mondial, 1997, 160 p.

LAYET, Maxence. *L'Énergie secrète de l'univers*, coll. Le Temps d'Agir, Paris, Guy Trédaniel, 2006, 260 p.

LE DOUARIN, Nicole M. *Les cellules souches, porteuses d'immortalité*, essai, coll. Sciences, Paris, Odile Jacob, 2007, 410 p.

MANNING, Jeane et Nick BEGICH. *Les anges ne jouent pas de cette HAARP*, traduit de l'américain par Liliane Roth, Saint-Zénon, Louise Courteau, éditrice, 2003, 399 p. Titre original: *Angels Don't Play this HAARP.*

MAUREL, Olivier. *Oui, la nature humaine est bonne! Comment la violence éducative ordinaire la pervertit depuis des millénaires*, Paris, Robert Laffont, 2009 [2002], 352 p.

MILLMAN, Dan. *Le guerrier pacifique. L'aventure fascinante de la conquête de soi*, traduit de l'anglais par Olivier Clerc et Edmonde Klehman, Chêne-Bourg, Vivez Soleil, 1985, 273 p. Titre original: *Way of the Peaceful Warrior.*

MORGAN, Marlo. *Message des hommes vrais au monde mutant*, essai, traduit par Caroline Rivouer, coll. Aventure secrète, Paris, J'ai lu, 2008 [2004], 240 p.

MORSE, Melvin. *La divine connexion*, version mise à jour avec préface française du Dr Melvin Morse qui s'ajoute aux préfaces de François Brunet et du Dr Charles Jeleff, Paris, Le Jardin des Livres, 2002, 214 p. Titre original: *Where God Lives. The Science Of The Paranormal And How Our Brains Are Linked To The Universe.*

MOSS, Richard. *Le papillon noir. Invitation à un changement radical*, traduit de l'américain par Claire Lévi, coll. Chrysalide, Paris, Le Souffle d'Or, 1989, 324 p. Titre original: *The Black Butterfly. An Invitation to Radical Aliveness.*

OCKRENT, Christine (dir.). *Le livre noir de la condition des femmes*, coordination de Sandrine TREINER et postface de Françoise Gaspard, Paris, XO, 2006, 784 p.

REDFIELD, James. *La prophétie des Andes. À la poursuite du manuscrit secret dans la jungle du Pérou*, traduit de l'américain par Bernard Willerval, roman, coll. Best-Sellers, Paris, Robert Laffont, 1994, 268 p. Titre original : *The Celestine Prophecy. An Adventure.*

REEVES, Hubert. *L'heure de s'enivrer. L'univers a-t-il un sens?*, coll. Science ouverte, Paris, Seuil, 1992 [1986], 290 p.

Ruby, Margareth. *Reconquérir son ADN. Reprogrammer votre héritage génétique*, traduit de l'américain par Louis Royer, coll. Série Ariane, Outremont (QC), Ariane, 2007, 196 p. Titre original : *DNA of Healing. A Five-Step Process for Total Wellness & Abundance.*

Serres, Michel. *La légende des anges*, coll. Légende, Paris, Flammarion, 1993, 302 p.

Servan-Schreiber, David. *Guérir le stress, l'anxiété et la dépression sans médicaments ni psychanalyse*, coll. Réponses, Paris, Robert Laffont, 2003, 302 p.

Spangler, David. *Amour et identité. Le couple spirituel*, coll. Spiritualité, Paris, Le Souffle d'Or, 1983, 107 p.

Spitzer, Manfred. *Vorsicht Bildschirm ! Elektronische Medien, Gehirnentwicklung, Gesundheit und Gesellschaft* (*Prudence écrans !*), Stuttgart, Ernst Klett, 2005, 303 p.

Stone, Merlin. *Quand Dieu était femme. Au-delà de la fable d'Adam et Ève : d'où provient notre mythologie intérieure ?*, traduit de l'anglais, coll. Opuscule, Montréal, L'Étincelle, 1978 [1976], 349 p. Titre original : *The Paradise Papers* (au Royaume-Uni), mais plus connu sous son titre américain : *When God was a Woman.*

Uvnäs Moberg, Kerstin. *Ocytocine : l'hormone de l'amour. Santé – Bien-être – Relations*, préface de Michel Odent, traduit par Jane Martin, coll. Champ d'idées, Paris, Le Souffle d'Or, 2006, 207 p.

Wagner, David, et Cousens, Gabriel. *Tachyon Energy. A New Paradigm in Holistic Healing*, Berkeley (CA), North Atlantic Books, 1999, 147 p.

Walsch, Neale Donald. *Conversations avec Dieu. Un dialogue hors du commun*, traduit de l'anglais par Michel Saint-Germain, Outremont (QC), Ariane, 1997, tomes 1 et 2, 214 et 265 p.

Yunus, Muhammad. *Vers un monde sans pauvreté*, traduit par Olivier Ragasol Barbey et Ruth Alimi, Paris, J.C. Lattès, 1997, 352 p.

6, rue Molière
92100 Boulogne-Billancourt
FRANCE
Tél. : (33) 01 46 21 09 47
Téléc. : (33) 01 46 21 09 13

HYPERLIEN http://www.recherches-et-evolution.com
www.recherches-et-evolution.com

MARQUIS

Marquis imprimeur inc.

Québec, Canada
2009

Imprimé sur du papier Silva Enviro 100 % postconsommation,
traité sans chlore, accrédité Éco-Logo et fait à partir de biogaz.

certifié

procédé
sans
chlore

100 % post-
consommation

PERMANENT
archives
permanentes

BIO GAZ
ÉNERGIE
énergie
biogaz